KB261045

감정의 롤러코스터

감정의 롤러코스터

emotional rollercoaster   클라우디아 해먼드 | 이상원 옮김

부모님께

감사의 글

이 책을 쓰는 과정에서 기꺼이 귀중한 시간을 할애해 내 질문에 답하고 집필 방향을 함께 고민했던 고마운 분들이 너무도 많았다. 또 관련 기사나 책을 보내 주신 분들도 많았다.

인간의 감정에 오랜 관심을 가지고 있던 내가 감정의 과학을 다루는 시리즈물이라는 기획안을 들고 처음 만난 사람은 BBC 라디오 4의 편성국장 제인 엘리슨이었다. 엘리슨 덕분에 나는 인내심 많고 대단히 뛰어난 프로듀서 마리아 버지스와 함께 작업하는 행운도 누렸다.

책을 출판하기 위해 출판사를 찾는 과정에서는 유능한 에이전트인 데이비드 밀러, 그리고 크리스 팔링, 안나 맥너미, 아날리사 바비에리의 도움과 조언이 큰 힘이 되었다.

특히 많은 도움을 주셨던 분들로 랜디 코르넬리우스, 딜런 에번스, 마크 맥더모트, 메리 더글러스, 한나 스타인버그, 크리스티나 존스, 조애너 호손, 크리스 피터슨, 니콜라 그린, 발 커티스, 메리 필립스, 조제프 르두, 폴 스테너, 리카르도 드라기 로렌츠, 일레인 해트필드, 나키아 고든, 안드레아스 바텔스, 윌리엄 펄스, 폴 에크먼, 폴 로진, 어니 노블, 앤 매니언드, 앤디 필드, 롭 브라이너, 재닛 폴리비, 앨리슨 본드, 필 코언, 사이먼 겔소프, 로버트 프랭크, 카를 그람마, 윌리엄 모건 등이 있다. 이 중에는 이 책을 쓰기 한참 전에 만났지만 내가 감정에 대해 이해하는 데 큰 도움을 주셨던 분들도 있다. 존 오어츠나 존 애글턴처럼 책을 빌려 주거나 유용한 자료를 구해 주신 분들도 많다.

자신의 감정적 경험을 내게 들려 준 분들은 더욱 많다. (일부는 성은 빼고 이름만 언급되는 식으로 책 속에 등장하기도 한다.) 클로에, 매기와 데이비드, 질리언, 칼, 그랜트 달베스, 크리스틴 스튜어트, 앤드루, 벤 길로우, 알렉스, 레이철 헤들리, 조 모리스, 샌디 라판, 샐리 맥케이, 나이젤 잭슨, 제임스 마셜, 에릭 무디, 스테피 웨스트, 앨런 머레이, 레그, 마조리, 줄리아 채프먼 등은 감정적 경험을 특히 솔직하게 공유해 주었던 이들이다.

조 모리스, 조 색스비, 매트 테일러, 니콜라 그린, 앨런 핀치는 사진을 제공해 주었다. 특별히 이 책을 위해 사진을 찍어 준 샌디 라판과 아담 티올에게도 감사한다.

출판 중개 역할을 해 준 조지나 레이콕과 필립 그윈 존스, 출판사의 니콜라스 피어슨과 닉 데이비스 등의 훌륭한 조언에도 감사한다. 특히 이 책의 완성도를 높여 준 케이트 하이드 편집장께 머리 숙여 감사한다. 색인 작업을 맡아 준 사만다 누넌에게도 감사한다.

친구들과 가족들은 모든 면에서 큰 도움이 되었다. 끊임없는 내 질문에 답해 주셨던 어머니 보니와 아버지 닉 해먼드께 각별한 감사 인사를 전한다. 초고부터 읽고 여러 가지 조언을 해 준 안토니아와 데이비드 스터트 해먼드, 어슐러 선더스, 딜런 에번스, 그리고 팀에게도 고맙다.

차례

머리말

독일, 1944년 10월

레그는 독일 포로수용소의 자기 침상에 누웠다. 고대하던 편지가 마침내 적십자 행랑에 담겨 전달된 참이었다. 뮌헨 근처 아이크슈타트에 위치한 장교 수용소에 갇혀 있는 그를 포함한 포로 600명은 한 방에서 20명씩 몰려 지내야 했다. 좁은 공간에서 20명이 비좁게 몰려 생활하는 상황이었다. 레그는 늘 춥고 배가 고팠다. 편지는 선생 발빌 직전에 만났던 매력적인 무용수 마조리가 보낸 것으로 무려 3개월 만에 듣는 소식이었다.

검은 머리에 날렵한 몸매를 가진 육군 장교 레그는 런던 홀본 엠파이어 극장의 막스 밀러 쇼에서 무용수 7명과 함께 춤을 추는 마조리를 처음 보았다. 풍성한 금발에 다리가 아주 긴 마조리는 영화배우처럼 아름다웠다. 공연 직후 역으로 달려가 고향 가는 막차를 잡아타야 하는 상황이 아니었다면 레그는 분명 극장 밖에서 마조리를 기다렸을 것이었다. 레그는 마조리에게 한눈에 반했지만 마조리는 수많은 관객들 틈에서 그의 존재를 과연 알아차리기나 했는지 의문이었다. 사랑스러운 무용수에게 접근할 다른 방법이 분명 있을 것이었다.

레그는 운이 좋았다. 부모님의 친구 하나가 마조리를 알고 있어서 중간 다리 역할을 해 주겠다고 약속했던 것이다. 과연 편지를 써도 좋다는 허락을 받을 것인가? 마조리는 좋다고 했다. 그럼 언제 오후에 만나 차라도 마실 수 있을까? 이 역시 좋다는 대답이 왔다. 레그는 뛸 듯이 기뻤고 마조리가 자기 운명의 여인이라고 생각했다. 하지만 전쟁이 터지고 말았다. 첫 데이트를 하기도 전에 그가 소속된 부대는 갑자기 프랑스 릴로 옮겨 가게 되었다. 여전히 낙관적이었던 레그는 2개월 후 고국으로 돌아가면 만나자고 약속을 했다. 하지만 2개월이 지나도 레그는 귀국하지 못했다. 마조리는 레그가 작전 중 실종되었다는 소식을 들었고 전사한 것은 아닐까 몹시 걱정했다. 다행히 1940년 6월 12일, 생발레리앙코에서 레그가 독일군의 전쟁 포로가 되었다는 소식이 전해졌다. 두 사람은 이제 편지로 마음을 주고받을 수밖에 없었다.

마조리의 편지는 늘 레그에게 힘을 북돋아 주었지만 이번에는 느낌이 이상했다. 필체가 어딘지 낯설었다. 과연 내용을 보니 마조리의 어머니가 나쁜 소식을 전하고 있었다. 런던의 공연이 중단되자 나름대로 전쟁에 힘을 보태기로 작정한 마조리는 예비 부대의 호송 담당자로 일하고 있었다. 다른 처녀 25명과 함께 켄트 지방에서 군 트럭이 제대로 화물을 실었는지 확인하고 트럭들 사이에 일정 거리가 유지되도록 감독하며 지시받은 대로 트럭을 내보내는 일이었다. 어느 날 아침 마조리는 심한 복통 때문에 일하러 나갈 수 없어 숙소에 남았다. 몇 시간 후 머리 위에서 익숙한 폭격기 소리가 들려왔고 이어 작은 비행기처럼 보이는 폭탄이 날아왔다. 마조리는 그 광경을 내다보며 제발 폭탄이 자기 머리 위로 떨어지지 않기를 빌었다. 마조리는 삶과 죽음이 갈리는 그런 아슬아슬한 경험을 이미 여러 차례 겪었던 터였고 불운은 늘 그녀 곁을 비켜 갔다. 하지만 이번에는 아니었다. 10여 초 후 폭탄은 마조리의 숙소 지붕 위를 정확히 맞추었다. 세 층이 순식간에 무너졌고 마조리는 깨진 조각들에 파묻혔다. 통나무 기둥이 떨어지면서 마조리의 다리를 으스러뜨렸다. 꼼짝 못하게 된 마조리는 고통 속에서 비명을 지르려 했지만 소리가 나오지 않았다. 이웃 사람이 출동한 소방대원들에게 집안에 아무도 없다고 설명하는 소리가 들렸다. 아니, 날 이렇게 버려두고 가면 안 돼! 제발 가지 마! 사람들의 목소리가 점점 멀어지면서 마조리는 가까스로 고함을 지를 수 있었다. 소방대원들은 무려 4시간 동안 벽돌과 철근을 하나씩 손으로 옮긴 후에야 마조리의 모습을 볼 수 있었다. 골반이 부러지고 등 뒤의 기둥 때문에 움직이지도 못하는 상태였다. 소방대원들이 마조리를 꺼낼 방법은 오직 하나뿐이었다. 마조리 귀에 "달리 방법이 없어요. 다리를 절단하는 수밖에요."라는 말소리가 들렸다. 마조리는 단호히 거부하며 다른 방법을 찾아 달라고 했다. 그 다른 방법이 아무리 고통스러워도 상관없었다. 결국 마조리는 무사히 구출되었지만 병원에서의 진단 결과는 비관적이었다. 골반이 다섯 조각으로 부러졌고 등도 두 군데나 부러져 하반신 마비를 피할 수 없다는 것이었다.

포로수용소 침상 위에서 편지를 읽던 레그는 마조리가 건물 잔해에 갇혀 버린 모습을 상상했다. 겨우 몇 개월 전 생매장 당했을 때의 공포도 떠올랐다. 탈출용 땅굴을 파는 와중에 앞쪽의 동료가 실수로 받침대를 건드렸던 것이다. 순식간에 땅굴이 무너져 내렸고 레그는 바닥에 엎드린 자세에서 흙과 돌, 먼지에 파묻혔다. 겁에 질려 동료의 이름을 부르고 있는데 뒤쪽에서 소리가 들려왔다. 동료들이 흙을 헤치고 그를 구하러 기어 온 것이다. 동료들은 레그의 발목을 붙잡고 끌어당겼다. 정강이와 무릎 피부가 긁히고 까지면서 몹시 아팠다. 무사히 빠져나오고 보니 다리 외에는 다친 곳이 없었다. 하지만 앞쪽 동료를 끌어냈을 때 그의 몸은 축 늘어져 있었다. 그만 감전되고 만 것이다.

그 끔찍한 기억을 머릿속에서 몰아내기 위해 레그는 마조리에게 닥친 일에만 정신을 집중했다. 그러자 공포심 대신 분노가 치솟았다. 자기한테는 독일 놈들이 어떤 짓을 해도 상관없었다. 하지만 어떻게 그 예쁜 마조리에게 폭탄을 떨어뜨릴 수 있단 말인가? 대체 왜 아무 죄도 없는 마조리가 불구로 살아야 한다는 말인가? 레그는 막사에서 뛰쳐나왔고 마주친 독일 헌병에게 욕설을 퍼부었다. 그리하여 지하 독방에 갇히고 말았다. 이전까지 독방형은 레그에게 그리 고통스러운 것이 아니었다. 오히려 600명이나 되는 포로들 틈에서 생활하면서는 느끼기 어려운 평화를 누릴 수 있었다. 하지만 이번에는 독일군에 대한 분노와, 마조리를 위로해 줄 수 없다는 슬픔이 오락가락하는 외로운 시간을 보내야 했다. 다른 감정도 있었다. 바로 희망이었다. 그는 평생을 통틀어 가장 간절한 마음으로 마조리의 쾌유를 빌었다. 병원에 입원한 마조리도 똑같은 희망을 가지고 걷기 연습을 시작했다.

포로수용소에서 사병들은 하루 종일 근처 농장에 나가 일을 했지만 레그를 비롯한 장교들은 제네바 조약에 따라 노동을 하지 않았다. 불을 피우기 위해 솔방울을 모으는 등의 '자발적 노동'을 제외한다면 말이다. 남는 시간 동안 장교들은 다음번 탈출 계획을 짜곤 했다. 몇 년 동안이나 영양 부족에 시달린 레그는 자신에게 탈출할 힘이 없다는 것을 알고 있었다. 하지만 다른 사람의 탈출을 돕는다는 생각만으로도 희망을 느꼈다. 지루한 결핍의 세월을 보내면서도 장교들은 웃음을 잃지 않았다. "우리는 주위에서 우스꽝스러운 일들을 발견하면서 버텼습니다. 아주 사소한 일들 말입니다. 예를 들어 독일 병사가 쓰고 있던 모자가 바람에 날려 연병장에 떨어지면 모두들 박장대소를 했지요." 또 포로들은 수용소 안에 몰래 들어오는

'특별 용품'을 학수고대했다. 예를 들어 겉보기에는 만년필이나 면도 크림이지만 실제로는 지독한 냄새를 풍기고 잘 지워지지도 않는 화학 물질로 채워진 물건도 있었다. 포로들은 독일 경비병과 부딪치는 척하면서 만년필을 대고 눌러 그 화학 물질을 잔뜩 묻혀 놓았다. 여벌의 군복이 있는 것도 아니고 얼룩을 뺄 방법도 없었던 경비병들은 하는 수 없이 악취를 풍기면서 근무해야 했다. 포로들에게 이는 독일군의 자존심에 타격을 입히는 동시에 영국군의 명예를 드높이는 행동이었다.

기쁨이나 슬픔 같은 감정이 오갔다. 레그에게는 분노와 희망이라는 다른 두 감정이 늘 마음속에 자리 잡고 있었다. 분노는 독일군이 마조리에게, 또 동료 포로들에게 저지른 짓에 대한 것이었고 희망은 연합군이 곧 승리해 자신이 고향으로 돌아가게 될 것이라는 확고한 믿음이었다. 실제로 영국인 포로들은 서로 서로 희망을 강요했다. 누군가 절망적인 말을 내뱉으면 다른 포로들이 곧 분위기를 바꿨다. 턱을 높이 쳐들어야 한다는 것이 암묵적인 규칙이었다. 승리는 시간의 문제일 따름이었다. 기운을 내야 할 이유는 또 있었다. 조만간 레그는 마조리, 벌써 몇 년 동안이나 사랑했지만 아직 한번도 만나지 못한 그녀와 첫 데이트를 하게 될 것이었다.

레그와 마조리의 이야기는 러브 스토리이다. 하지만 이는 동시에 분노, 혐오감, 기쁨, 두려움, 슬픔과 희망의 이야기이기도 하다. 여기서 감정은 아주 중요한 역할을 한다. 우리 경험의 중심에는 바로 감정이 있는 것이다.

　20세기를 거치는 동안 심리학은 눈부시게 발전했지만 감정은 여전히 중요하게 다루어지지 못했다. 감정은 이성적 사고를 방해해 잘못된 행동을 하게 만드는 모호한 존재로만 생각되었다. 학자들은 감정을 양적으로 측정하기 어려운 대상이라 생각했고 대신 기억, 인지, 학습 등 더 명확한 주제에 집중했다. 하지만 지난 10여 년간 감정에 대한 연구가 봇물 터지듯 이루어지면서 급작스러운 상황 변화가 일어났다.

　감정에 휘둘리지 않는다면 나은 삶을 살 수 있다든지, 감정은 불시에 튀어나와 의도하지 않았던 실수를 하게 만든다는 식의 생각이 아직도 널리 퍼져 있다. 하지만 신경 과학이나 심리학, 생물학 등의 도움을 받아 감정을 연구해 나가다 보면 감정이라는 것이 우리가 생각했던 것보다 훨씬 더 현명하고 유용한 존재임을 알 수 있다.

　이 책에서 나는 아홉 가지 감정을 상세히 다루려 한다. 감정을 연구하는 학자들조차 어떤 것이 진정한 감정이고, 또 어떤 것은 감정이 아닌지에 대해 합의를 이루지 못했다. 이 책이 다룬 아홉 가지 감정은 우리가 세상에 대처하는 방식, 우리 뇌가 신체와 상호 작용하는 방식을 가장 잘 보여 주는 종류라 판단되어 선택한 것이다. 얼핏 생각하기에는 이 아홉 가지 중에 긍정적인 것보다는 부정적인 것이 더 많다고 여겨질 수 있다. 하지만 이 책을 통해 감정들을 살피다 보면 어떤 감정도 단순히 좋거나 나쁠 수는 없다는 점이 드러날 것이다.

　감정을 다루면서 나는 극단적인 사례보다는 일상적 경험에 초점을 맞추었다. 또 감정에 대해 많은 것을 알려 주는 기존 연구들을 소개했다. 격한 감정에 대응해 신체가 심장 박동수 증가나 위장 경련 증세를 나타내는 것에서 드러나듯 생리학 또한 감정과 밀접히 관련되어 있다. 예를 들어 얼굴 근육을 웃는 표정이 되도록 만들어 주면 웃고 있다는 사실을 의식하지 못한다 해도 기분이 좋아진다는 실험 결과가 있을 정도다. 뇌 영상 기술의 발전, 뇌 영상 기기 사용 비용 감소 등에 힘입어 이제 특정 감정에 대한 뇌의 반응 양상을 관찰하기도 쉬워졌다. 물론 두려울 때는 뇌의 특정 부분이 움직이고 분노하면 다른 특정 부분이 빛을 내는 식으로 우리 뇌는 작동하지 않는다. 그보다는 뇌 여러 부분이 각 감정마다 서로 다르게 조합된다고 보는 편이 정확하다. 이러한 연구를 통해 각 감정이 어떤 용도를 가지고 있는지 이제 막 밝혀지기 시작했다. 하지만 뇌의 화학 물질과 우리의 느낌이 어떻게 관련되는지가 드러난다고 해서 곧 인간이 감정적 뇌의 지배를 받는 존재이며 각 상황에 따라 미리 정해진 반응을 보인다고 말할 수는 없다. 외부의 사건들, 그 사건들에 대해 어떻게 생각할 것인가 하는 우리의 선택이 화학 반응에 영향을 미치기 때문이다. 이 모든 차원에서 감정을 고려해야만 전체 그림을 파악할 수 있다.

감정이 가진 독특한 측면 중 하나는 겉으로 보이는 상황들이 완전히 달라진다고 해도 감정의 느낌 자체는 평생 똑같이 유지된다는 데 있다. 노인의 즐거움은 평생에 걸친 복잡한 기억과 관련되어 있지만 그 감정 자체는 걸음마를 배우는 아이가 느끼는 것과 똑같다. 노인과 아이 모두 즐거움을 전하기 위해 같은 표정을 사용한다.

물론 태어났을 때부터 모든 감정이 존재한다거나 추적 가능한 것은 아니다. 아이가 삶의 여러 영역에서 발달해 가면 감정적 능력도 함께 성장한다. 나는 즐거움과 혐오감 같은 기본적인 감정에서 출발해 나이 들면서 발달하게 되는 죄책감 같은 감정을 거쳐 삶의 핵심을 이룬다고 여겨지는 희망에까지 탐험해 가려고 한다. 이 여행을 통해 눈물의 목적, 귓불 길이와 질투심의 관계, 침을 뱉어 놓은(그것이 자기 침이라 해도) 물을 마시기 싫어하는 이유, 희망과 수명의 연관성 등 여러 주제를 언급하게 될 것이다.

즐거움

지구 온난화로 런던에 두 번 다시 눈이 내리지 않을지도 모른다는 신문기사가 나온 지 1주일도 지니지 않은 2003년 1월의 어느 수요일, 나는 이상하게 고요한 분위기에서 잠을 깼다. 휠체어 바퀴가 울퉁불퉁한 인도 위를 지나가며 내는 덜커덩 소리도, 가게 모퉁이의 철제 기둥에 쇼핑 카트가 부딪치는 철커덕 소리도 없었다. 이유는 오직 하나였다. 눈이 내린 것이다! 평소와 달리 들리는 단 하나의 소리는 하얗게 변한 세상을 보고 아이들이 내지르는 신나는 함성뿐이었다. 나는 책상에 앉아 일을 시작했지만 창밖의 눈송이에 계속 정신이 팔렸다. 오후가 되자 더 이상 참을 수 없어 친구와 프림로즈 힐로 나갔다. 런던 동물원과 그 너머의 돔, 카나리 워프, 런던 아이, 우체국 탑에 이르는 시내 전경이 한눈에 들어오는 멋진 공원이다. 수요일 오후였던 만큼 공원이 한적할 것이라 생각했지만 수백 명은 족히 되는 사람들이 몰려 있었다. 언덕 꼭대기까지 올라가는 동안, 사람들이 모여 연을 날리며 소풍을 즐기는 화창한 주말과는 다른 어떤 특별한 분위기가 느껴졌다. 그 낯설고 특별한 분위기는 바로 즐거움, 예기치 못한 눈이 만들어 낸 순수한 즐거움에서 비롯된 것이었다. 마치 새해 전날 밤에 그렇듯 모르는 사람들끼리도 미소를 주고받았다. 두꺼운 포장 상자니 플라스틱 봉투 같은 것을 깔고 앉아 언덕 위에서 미끄럼을 타는 이들도 많았다. 아이들이 없었는데도 벌써 커다란 눈사람이 만들어져 있었다. 작은 나뭇가지들이 더벅머리를 이룬 눈사람이었다. 마침 스키를 가지고 나온 남자들이 언덕을 오르기 시작했고 사진기를 든 지역 신문사 기자가 뒤를 따랐다. 어느 남녀는 버려진 종이 상자를 적당한 크기로 찢어 썰매를 타보고 싶어 하는 사람들에게 나누어 주느라 분주했다. 모두들 즐거운 미소를 머금고 있었다. 정말로 예기치 못하게 찾아온 즐거움이었다. 아이들은 하나도 없었다. 어른들이 일하다 말고 밖으로 나와 놀고 있는 것이었다. 한 무리의 사람들이 커다란 눈공을 굴리기 시작하자 다른 이들도 합세했다. 눈공은 언

덕길을 데굴데굴 굴러 내려오더니 아래쪽 나무에 부딪쳐 산산
조각이 났고 모두들 웃음을 터뜨렸다.

이것은 계획에 없던 즐거움이었다. 반면 우리가 기꺼이 시
간과 노력을 투자하여 얻어 내는 즐거움도 있다. 휴가를 위해
저축하고 친구들과 모임 약속을 잡고 멋진 식당을 찾고 하는
식으로 말이다. 음식, 섹스, 편안한 목욕 등은 우리를 행복하게
만든다. 여기에는 육체적 기쁨보다 더 큰 즐거움이 있다. 그 즐
거움과 기쁨은 순간적이든 지속적이든 우리를 온통 사로잡는
다. 내가 만난 한 어린 소년은 축구 시합에 이긴 후 사흘 동안
이나 기뻤다고 털어놓았다.

사람들에게 감정의 목록을 만들어 보라고 하면 대개 행복
이 첫 번째로 등장한다. 대부분의 감정 연구자들도 행복을 기
본 감정에 포함시키지만 행복이라는 단어 대신 더 순간적인
의미를 띤 즐거움이라는 용어를 사용한다. 행복이 배경을 이
루는 감정이라면 즐거움은 특정 순간의 느낌을 나타낸다고 할
수 있다.

새 샌들 사건

코블렛 비치는 채널 제도의 올더니 섬 한쪽 끝에 있는 성채에
면한 넓은 해안으로, 우리 식구가 즐겨 찾던 곳이었다. 파도가
물러나면 경사진 바위에 누워 독서나 일광욕을 하고 밀물이

들어오면 위쪽 풀밭으로 올라가면 되었다. (그곳에 도시락으로 싸간 치즈와 오이피클 바게트를 물어 가는 쥐가 살고 있다는 점을 알기 전까지는 그랬다.) 쥐의 존재에 대해서는 아직 까맣게 모르던 1979년 7월의 어느 날, 나는 새로 산 푸른 샌들을 바위에 얹어 놓고 동생과 물속에서 놀기 시작했다. 그러고는 샌들을 까맣게 잊어버린 채 오후 내내 모래밭에서 원반 던지기 놀이를 하고 모래성도 쌓으면서 놀았다. 천천히 파도가 밀려오면서 모래성은 우리가 쌓는 속도보다 더 빨리 무너져 내렸다. 해변을 떠나야 할 때가 되어서야 나는 바위가 물에 잠긴 것을 보고 깜짝 놀랐다. 새로 산 샌들이 바다 속으로 떠내려간 것이다! 까딱 잘못했으면 이 책의 슬픔 편에 실리게 되었을지도 모를 이 일화는 어느 할머니가 다가와 혹시 무언가를 잃어버리지 않았느냐고 물어봄으로써 바뀌게 되었다. 할머니 손에는 내 샌들이 들려 있었다. 처음에는 샌들을 찾았다는 생각에 기뻤지만 그 할머니가 유명한 아동 작가인 엘리자베스 베레스포드라는 것을 알게 되자 조금 전과 비교도 할 수 없을 정도로 기뻤다. 베레스포드가 작고 하얀 말에 우리를 태워 숙소까지 데려다 주었을 때에 나는 완전 흥분 상태에 빠져 있었다. '내 샌들이 바다에 떠내려간 날'은 '엘리자베스 베레스포드가 내 샌들을 구해 준 날'로 바뀌었다. 슬픔이 순식간에 즐거움으로 바뀌었고 나는 너무도 행복했다. 슬픈 상황이 벌어질 수 있었다는 가능성이 즐거움을 더 크게 했다.

16세기에 프랑스의 미셸 드 몽테뉴는 고통의 부재가 가져오는 커다란 즐거움에 대해 언급한 적이 있다. 끔찍한 고통을 주었던 담석에 관한 글에서 그는 "담석을 배출해 내는 극단적인 아픔을 겪고 난 순간 완벽한 건강을 되찾아 자유로워졌다고 깨닫게 되는 것만큼 감격스러운 일이 또 있을까? 통증이 제아무리 지독하다 해도 회복의 즐거움보다 클 수 있을까? 아, 질병 후 되찾은 이 건강은 그 얼마나 아름다운가!"라고 썼다.

사람들에게 최근 언제 즐거움을 느꼈냐는 질문을 던져 보면 고통으로부터 해방된 순간이라는 응답은 잘 나오지 않는다. 그보다는 친구를 만나거나 맛있는 것을 먹었던 일, 섹스를 하거나 성취감을 느낀 상황이 언급되곤 한다. 우리는 스스로 경험하는 즐거운 순간들을 제대로 인식하지 못하는 것 같다. 저명한 캐나다 심리학자 키스 오어틀리는 우리가 여러 감정을 경험하는 빈도를 알아내기 위해 다양한 방법론을 사용했다. 일기를 쓰고 특별한 감정이 느껴질 때마다 기록하게 했을 때에는 부정적인 감정이 압도적으로 많이 나타났다. 하지만 무선 호출기를 통해 연락하며 해당 시점의 감정을 알려 달라고 했을 경우 행복한 순간이 화나거나 두려운 순간보다 2배나 더 많았다고 한다. 결국 우리는 부정적인 감정을 더 잘 인식하는 것 같다. 부정적인 감정들을 덜 느낀다면 즐거운 순간이 더 늘어날지도 모른다.

즐거움에 대한 연구는 생각보다 쉽지 않다. 조너선 프리드먼이라는 연구자에 따르면 언제 즐거움을 느끼느냐는 질문을 받은 이들은 눈에 띄게 당황한다고 한다. 즐거움보다는 차라리 성생활에 대해 이야기하는 편이 더 쉬울 정도이다. 성생활은 낯선 이 앞에서 털어놓기 힘든 극히 사적인 주제인데도 말이다. 즐거움에 대한 논의가 활발하지 못하다는 점은 즐거움에 대한 언어적 표현이 빈곤하다는 데서도 드러난다. '비참한', '슬픈', '침체된', '홀로 내동댕이쳐진', '거부당한', '불행한' 등등 부정적 상황을 묘사하는 단어는 풍부한 반면 즐거움에 해당하는 단어는 훨씬 적다. 표현의 사용 빈도도 전자의 경우가 훨씬 많다.

문학 작품에서도 즐거움보다는 비참한 상황이 자주 등장한다. 프랑스 소설가 앙리 드 몽테를랑은 행복은 흰 글씨로 씌어져 보이지 않는다고 말했다. 모든 사람이 즐거움을 추구하고 또 즐거움이 인생을 가치 있게 만든다고 말하지만 정작 연구자들의 관심은 두려움이나 슬픔 등 부정적인 것에 집중된다. 아마 부정적 감정이 더 많은 문제를 일으키기 때문인 모양이다. 심리학자 마틴 셀리그먼은 긍정적 심리학이라고 알려진 선구적 심리학 분야를 이끌며 즐거움 같은 긍정적 감정에 초점을 맞추었다. 행복하게 잘 사는 법에 대한 연구를 장려하려고 매년 10만 달러의 상금이 길리기도 했다. 이런 노력을 통해 즐거움은 좋은 감정, 그리고 더 나아가 핵심적인 감정으로 서서히 인식되기 시작했다.

어느 늦은 밤 집에 돌아가기 위해 거리를 걷던 중, 나는 즐거움을 목격했다. 독일 악센트가 심한 남자 하나가 건너편에서 걸어가면서 휴대 전화에 대고 큰 소리로 떠드는 중이었다.

"전화를 걸지 않을 수가 있어야지. 얼마나 행복한지 몰라! 피카딜리에 있는 정말 비싼 식당에 가서 점심을 먹었지 뭔가. 우리 6명이 다 공짜로 말이야. 난 런던의 최고급 식당에 취직이 된 거야! 음식이든, 포도주든 뭐든 공짜로 먹을 수 있지. 이건 세상에서 제일 좋은 직업이야. 좋아 죽겠어."

그 남자는 걸으면서 펄쩍펄쩍 뛰었다. 즐거움이 온몸에 넘쳐흘렀다. 즐거운 감정은 심장 박동을 빠르게 만들고 우리를 활기 넘치게 한다. 우리는 기쁜 소식을 들었을 때 자리에서 벌떡 일어선다. 반대로 나쁜 소식을 들으면 털썩 주저앉고 만다. 감정의 과학에 특별한 관심을 가지고 있었던 찰스 다윈은 1865년 《메디컬 미러》에 '심리적 중독' 사례를 보고한 바 있다. 거액의 유산을 상속받게 되었다는 전보를 받은 젊은이가 처음에는 창백해졌다가 다음 순간 한없이 들떠 버렸던 것이다. 그는 거리를 이리저리 뛰어다니며 커다란 소리로 웃기도 하고 쉴 새 없이 떠들거나 노래를 불렀다고 한다. 행인들은 모두 그가 잔뜩 퍼마신 줄 알았을 정도였다. (결국 그는 먹었던 것을 토해 내 술을 한 방울도 마시지 않았음을 증명했다.) 그는 그저 한없이 즐거울 따름이었다.

즐거움과 뇌

유산 상속 소식을 듣고 한없이 들뜬 상태라면 신중하게 상황을 분석하고 평가하는 이성적 모습을 보이기가 어렵다. 우리 감정은 우리가 생각하는 방식마저 바꿔 놓는다. 두려움이든 희열이든 어느 한 감정을 강하게 느끼는 경우 우리는 정보를 충분히 검토하지 않고 결정을 내리는 경향이 있다. 그저 직관이나 고정관념에 의지해 판단하고 마는 것이다.

표준적인 심리 검사에서는 누군가에 대한 짧은 설명을 제시하고 잠시 후 그 사람에 대한 질문을 던지는 방법으로 실험 참가자의 감정 상태를 측정한다. 이때 강한 감정 상태에 놓인 실험 참가자들이라면 총체적 정보보다는 설명 속에 포함된 특정 단어에 반응해 고정관념에 의존하는 모습을 보인다. 이런 경향은 위기의 순간에 효율성을 높인다는 장점이 있다. 어두운 골목길에서 뒤를 따라오는 누추한 차림새의 남자가 위험할 것이라는 단정은 근거 없고 부당할지 모르지만 그 불안 덕분에 우리는 걸음을 재촉해 서둘러 번화한 대로로 접어들게 된다. 설사 그 남자가 실제로는 전혀 위험하지 않았다 해도 우리가 걸음을 재촉해서 손해 볼 것은 없다. 만약 남자의 행동에 무언가 수상쩍은 점은 없는지, 혹은 그 옷차림 때문에 잘못된 판단을 내리는 것은 아닌지 생각하기 위해 걸음을 늦췄다면 정말로 위험에 빠졌을 수도 있다. 감정이 효율적인 의사 결정을 방해하고 비이성적 충동을 유발하기는 하지만 그렇다고 언제나 냉철한 판단을 가로막는 것은 아니다. 경우에 따라서는 기분이 좋을 때 더 나은 결정을 하게 된다는 연구 결과도 있다. 특히 창의력을 필요로 하는 결정일 경우 그렇다.

초와 성냥, 압정 한 상자가 주어졌다고 하자. 촛농이 바닥에 떨어지지 않도록 초를 벽에 고정시키고 불을 붙이는 것이 과제이다. 코미디 영화와 진지한 영화를 관람하면서 감정 조작 과정을 거친 두 실험 참가자 집단이 실험실에서 이 과제를 수행한 결과는 큰 차이를 보였다. 코미디 영화를 보고 난 사람들 중 75퍼센트가 멋진 해결책을 찾은 반면 심각한 영화를 보았던 사람들 중에서는 13퍼센트만이 제대로 임무를 수행했던 것이다. 해결책은 압정을 벽에 꽂고 그 위에 놓은 압정 상자를 받침대 삼아 초를 지탱하는 것이었다. 그러고 나서 초에 불을 붙이면 압정 상자가 촛농을 받아 내는 역할을 했다.

코넬 대학교의 심리학자 앨리스 이센은 이 분야에서 수년 동안 실험을 진행한 결과 작은 행복감이 어린이에서 의사에 이르기까지 모두의 수행 능력을 높인다는 점을 발견했다. 실험 집단이 느끼는 행복감을 살짝 높이는 방법은 여러 가지였다. 돈을 준다든가 과제 수행을 탁월하게 잘 해냈다고 칭찬해 줄 수도 있었고 아니면 그저 주스와 과자를 대접하는 것만으로도 충분했다. 그런 보상을 받지 못한 통제 집단에 비해 행복감을 느꼈던 실험 집단은 기묘한 언어 조합을 만들어 내는 과제를 훨씬 더 잘 수행했다. 또 다른 실험에서는 의사들에게 사탕 한 봉지씩을 선물해 기분을 좋게 만든 뒤에 진단을 내리게 했더니 환자의 이야기를 더 주의 깊게 듣고 훌륭한 진단을 내렸다. 그렇다고 그들이 더 많이 노력한 것도 아니었다. 결국 양적이기보다는 질적인 차이가 나타났던 것이다. 사람들은 행복할 때면 더 다양한 측면에서 문제를 분석할 수 있게 되는 것 같다.

즐거움은 우리가 긍정적으로 사고하도록 하고 성공적이었던 과거를 기억하게 하며 눈앞의 과업에 더욱 집중하도록 만든다. 행복할 때면 협상력도 높아진다. 따라서 연봉 협상 이야기를 해야 한다면 과중한 업무에 지쳤을 때가 아닌 즐거운 기분일 때가 좋다.

뇌 속에서 일어나는 화학 작용을 살펴보면 이러한 과정에 대한 설명이 가능하다. 여기서 작용하는 화학 물질은 도파민이다. 도파민은 수백 가지에 달하는 신경 전달 물질 가운데 가장 잘 알려진 종류이다. 도파민을 만들어 내는 세포는 뇌의 제한된 영역, 주로 뇌간에 존재하지만 그 영향력의 범위는 아주 넓다. 음식, 성관계, 마약 등은 모두 도파민 생성을 촉진하며 즐거운 기분을 만들어 준다. 물론 이것은 시간적으로 유한한 감정이다. 다른 모든 신경 전달 물질과 마찬가지로 도파민은 뇌 속의 뉴런 혹은 신경 세포가 다음 뉴런으로 메시지를 전달하도록 해 준다. 이런 식으로 뇌 속 수백만 뉴런들이 정보를 주고받는다. 도파민은 즐거움을 느낄 때 생겨나고 그 수준에 따라 우리 사고 과정이 영향을 받는다. 이센은 도파민이 뇌의 앞쪽 영역으로 전달되면 시점의 전환이 원활해진다고 주장한다. 다른 시각에서 상황을 바라보는 것은 창의력의 핵심 요소이다. 아이디어를 구상하는 과정에서 도파민이 방출되면 일이 훨씬 쉬워진다. 이는 협상에도 동일하게 적용된다. 성공적으로 합의에 이르자면 자신의 관점 못지않게 상대의 입장을 고려해야 하기 때문이다. 그러면 자신에게 유익한 해결책 쪽으로 상대를 설득하기가 더 쉽다.

1950년대에 제임스 올즈와 피터 밀너라는 두 과학자가 쥐에게 페달 누르기를 가르치는 실험을 했다. 그리고 쥐의 뇌에서 시상하부라고 하는 부분에 약한 전기 자극을 가하면 쥐가 아주 좋아한다는 것을 발견했다. 페달을 누르면 전기 자극이 가해지도록 했더니 쥐들은 하루에 몇 시간씩, 그리고 시간당 무려 2000번씩 페달을 눌렀다. 먹이를 먹을 것인지 페달을 누를 것인지 선택할 수 있는 상황에서도 쥐들은 먹이보다 페달을 택했다. 그런데 이런 현상은 도파민을 생성하는 뇌 부분에 전기 자극이 가해지는 경우에만 나타났다. 그리고 도파민 작용을 억제하는 약물을 투여한 쥐들은 페달에 관심을 보이지 않았다. 이렇게 해서 쥐의 뇌 속에 존재하는 보상 체계가 밝혀졌다. 인간의 뇌에도 동일한 체계가 존재할 것으로 보인다. 러시아의 문호 도스토예프스키는 간질병 발작 전에 아주 유쾌해진다고 했는데 이것도 이러한 뇌 자극으로 설명할 수 있을지 모른다. 그는 간질 발작 직전의 상태를 "정상적인 상태에서는 도저히 상상도 할 수 없을 만큼의 충만한 행복감"을 느끼는 상태라고 묘사했다.

전류가 흐르는 철망 건너편에 먹이 또는 도파민 페달을 놓아 둔 실험에서 쥐는 굶어 죽을지언정 고통스러운 전기 충격을 감수하려 하지 않았지만 도파민 페달을 향해서는 기꺼이 고통을 참아 냈다. 쥐들은 수단과 방법을 가리지 않고 도파민 페달 쪽으로 다가가려고 했다.

코카인, 니코틴, 마리화나, 암페타민과 같은 중독성 물질들은 모두 뇌 속 도파민 농도를 높이는 역할을 한다. 도파민 생성량을 늘리거나 도파민 재흡수 메커니즘을 억제하는 방법으로 뇌로 하여금 더 많은 도파민을 경험하게 하는 것이다. 이는 쥐의 시상하부를 자극하는 것과 동일한 과정이다. 코카인이나 헤로인 같은 중독성 약물의 양이 늘어날수록 도파민도 더 많이 배출된다.

심지어는 마약 투여에 대한 기대감만으로도 도파민이 생성되는 현상이 발견되었다. 이러한 중독 현상의 문제는, 기대감이 갈망으로 변하면서 정작 도파민이 생성되어도 그리 즐겁지 않게 된다는 데 있다. 중독자들이 직업과 가정, 심지어 가족까지 버리고 약물에만 탐닉하는 이유는 이러한 도파민의 힘으로 설명 가능하다. 일단 뇌가 새로운 도파민 수준에 익숙해지고 나면 그저 정상적인 기능을 유지하기 위해서 도파민이 필요한 상태가 되고 만다. 이를 중독의 도파민 이론이라고 부른다. 하지만 이 이론은 그럼 왜 모든 약물 사용자가 중독되지 않는 것인지 설명하지 못한다. 코카인 사용자 중에서 중독되는 비율은 10퍼센트 정도이다. 베트남에서 규칙적으로 헤로인을 투여했던 미군 병사들 중 고국에 돌아와서 다시 헤로인에 손을 댄 경우 역시 10퍼센트뿐이었다. 각 개인의 상황이 중독 과정에 중요하게 작용하는 것이다.

이는 쥐들에게 호화판 환경을 만들어 주었던 캐나다 심리학자 브루스 알렉산더의 연구를 통해 더욱 분명해졌다. 그는 먼저 쥐들이 도파민 페달에 중독되도록 훈련시킨 뒤 일부는 텅 빈 우리 안에, 나머지 일부는 따스한 잠자리, 맛있는 먹이, 놀이터, 멋진 경치 등이 갖추어진 호화판 환경 속에 넣었다. 그러자 호화판 환경에 처한 쥐들은 다른 할 일도 많고 전반적으로 만족스러운 상태였으므로 도파민 페달을 별로 찾지 않았다. 반면 텅 빈 우리에 갇힌 쥐들은 굶주림도 무릅쓰고 필사적으로 페달에 탐닉했다. 이런 것을 보면 마약을 접해 본 많은 이들이 중독 상태에 빠지지 않는 이유가 부분적으로나마 설명된다. 삶 속에서 또 다른 자극 요소를 가진 경우에는 중독을 피할 수 있는 것이다.

혹은 사람마다 도파민 수용체 보유 정도가 다를 가능성도 있다. 도파민 수용체가 적은 사람은 더 많은 마약을 투여해야 남들과 비슷한 즐거움을 얻을 수 있다. 쥐들의 경우 도파민 수용체를 조절하게 되면 중독 정도가 달라졌다.

중독 성향은 애초부터 타고나는 것이라는 극단적인 주장도 있다. 남들과 같은 방법으로는 즐거움을 경험하지 못하게 하는 유전자가 존재한다는 것이다. 이런 주장에는 도파민 수용체 유전자의 형태 자체가 사람에 따라 다를 수 있다는 가정이 깔려 있다. 이 유전자는 뇌에서 도파민이 생성되는 방법을 통제하는데 일반적 유형과 A1이라는 희귀한 유형으로 나뉜다. 캘리포니아 대학교 로스앤젤레스 분교의 어니 노블이 이끄는 연구팀은 코카인과 헤로인, 니코틴 중독, 더 나아가 섭식 장애를 일으키는 데 모두 이 유전자가 작용한다는 점을 밝혀냈다. A1 유전자를 가진 사람은 벤치에 앉아 석양을 바라보거나 멋진 실황 콘서트를 보아도 남들과 같은 수준의 즐거움을 느끼지 못했다. 마약이나 술의 도움이 있어야만 도파민 수준이 남들과 비슷하게 올라갔던 것이다. 그리고 새로운 즐거움을 경험한 이들은 그 경험에 중독되기 시작했다. 모든 중독자가 이 형태의 유전자를 가진 것은 아니지만 중독에서 벗어나기 어려운 이들의 경우는 거의 다 그렇다. 흡연자 중에서도 몇 차례나 금연을 시도했다가 실패한 이들은 A1 유전자를 가진 경우가 많았다.

노블은 오스트레일리아의 알코올 중독자 치료 과정에서도 자신의 이론을 시험했다. 실험 집단의 환자들에게는 도파민 수용체를 활성화시키는 브로모크립틴(bromocryptine)이라는 약물이, 통제 집단에게는 가짜 약이 주어졌다. 약물 투여 결과 A1 유전자를 가진 이들에게서 갈망이 거의 사라졌다. 또한 이들은 불안감을 덜 느끼면서 치료 프로그램을 끝까지 마치는 경향을 보였다. 약물로 도파민 수준이 변화하자 알코올에 대한 욕구가 줄어든 것이다. 이 유선사가 모든 종류의 중독을 설명할 수는 없을 것이다. 하지만 노블은 마약 중독 환자들 중 절반 정도에게는 약물 치료가 효율적이고 나머지 절반에게는 상담이 더 효과가 크다고 주장했다. 그리고 향후에는 중독 치료가 해당자의 유전자 특성에 맞춰 이루어져야 한다고 주장했다. 그의 이론에 따르면 전 인류의 30퍼센트가량이 즐거움을 제대로 느끼지 못하는 유전적 결함을 타고난다고 한다. 그리고 이렇게 태어난 이들은 즐거움을 느껴 보겠다는 희망으로 위험한 행동을 하게 되는 것이다.

이것이 정확히 맞는 이론이라면 현실은 충분히 우려할 만한 것이지만 노블의 주장에 반대하는 이들도 있다. 노블의 실험 결과를 재현하려고 했던 시도들은 실패로 돌아갔다. 또 오직 하나의 유전자가 관여한다는 주장은 너무 단순한 것일지도 모른다. 상황을 결정하는 서로 다른 유전자가 여러 개 존재할 수 있는 것이다. 특정 약물에 대한 것이든, 전반적인 중독 행동에 대한 것이든 말이다.

즐거움과 관련해 궁금한 점은 쥐들의 도파민 지렛대에 상응하는 것이 인간에게 주어질 경우 과연 인간이 그것을 택할 것이냐 하는 문제이다. 1989년, 하버드 대학교의 철학자 로버트 노직이 했던 사고 실험에서는 대부분의 실험 참가자들이 그런 선택을 하지 않겠다고 대답했다. 노직은 원하는 감정을 무엇이든 만들어 주는 기계를 상상하도록 했다. 성공, 우정, 기쁨 등 하나 혹은 여러 감정을 원하는 시간만큼 느끼게 하는 기계 말이다. 단 한 가지 함정은 신체가 건강한 한 여생 동안 그 기계를 떨쳐 버릴 수 없다는 것이었다. 평생 즐거움을 느끼면서 살 수 있고 지루함을 걱정할 필요가 없었는데도 불구하고 사람들은 그 기계를 사용하기를 거부했다. 기계가 주는 행복이 아무리 크다 해도 그것은 진정한 행복이 아니라는 생각 때문이었다.

운동과 중독

제임스는 16세였을 때 크로스컨트리 경기에서 우승했다. 경주가 막바지에 다다랐을 때 제임스는 4위였고 승리하기 위해 마지막 힘을 내기에는 너무 지쳐 있었다. 그런데 그때 이상한 일이 일어났다. "기운이 하나도 없었지만 한 2분 동안 거부할 수 없는 어떤 리듬이 느껴졌어요. 저는 앞으로 달려 나가 첫 번째로 결승선에 닿았지요. 당시에는 아무한테도 그 이야기를 하지 못했어요. 제 의지로 해낸 일이라 말했을 뿐이죠. 마치 몸속의 무엇인가가 제게 상을 주는 것 같았어요. 그건 무슨 화학 작용과도 같은 힘이었어요."

많은 운동선수들이 제임스와 비슷한 경험을 한다. 물론 몇 년 동안이나 그런 순간을 경험하지 못하고 운동하는 사람들도 있다. 이 경험의 핵심은 베타 엔도르핀이라고 한다. 엔도르핀은 생체 모르핀, 즉 몸에서 만들어지는 모르핀이다. 베타 엔도르핀은 고통스러울 때 배출되는 자연 진정제인데 모르핀과 마찬가지로 즐거움을 낳는다. 고통은 지속되지만 더 이상 고통에 신경 쓰지 않게 뇌는 것이다.

이러한 엔도르핀이 정말로 즐거운 기분을 낳을 수 있을까? 우리 몸의 생리적 메커니즘 중에는 물질이 혈액과 뇌 조직 사이를 넘나들지 못하도록 하는 혈액-두뇌 장벽 메커니즘이 있다. 따라서 운동 과정의 혈액 순환에서 생긴 엔도르핀이 혈액-두뇌 장벽을 뚫고 뇌에 영향을 미치게 된다는 것은 수수께끼가 아닐 수 없다. 운동으로 인한 황홀경 상태는 수량화가 어렵고 따라서 체계적으로 연구하기 어려운 대상이다. 그 황홀경의 구성 요소가 무엇인지 정확히 말할 수 있는 사람이 어디 있겠는가?

하지만 운동이 뇌에 영향을 미친다는 점은 분명해 보인다. 그 영향력이 강력하지는 않다 해도 말이다. 이러한 현상은 우리 마음과 신체가 어떻게 감정에 영향을 미치는지 이해하는 데 도움을 준다. 1주일에 두세 번씩 운동을 하는 사람들은 그렇지 않은 경우에 비해 더 행복하다고 말한다. 운동 전에 우울한 상태였다면 더더욱 그렇다. 가벼운 우울증 환자에게 운동 처방을 내려 효과를 보는 의사들도 있다. 운동은 항우울제만큼이나 효과가 크다는 연구도 나왔다. 이런 효과는 베타 엔도르핀이 아니라 도파민 덕분이라는 주장도 많다. 운동이 마치 마약처럼 도파민 수준을 높인다는 것이다.

운동이 기분에 미치는 영향은 명백해 보이지만 이에 대한 연구에도 문제는 있다. 예를 들어 운동 처방을 받은 집단과 그렇지 않은 집단을 비교한 일부 연구에서는 실험 참가자 본인이 원하는 집단을 선택하도록 했다. 이런 방식은 편차를 낳을 수밖에 없다. 운동 처방을 선택한 실험 참가자들은 선택하지 않은 이들과 달리 애초부터 운동의 긍정적인 효과를 기대하고 있었던 것이다. 한 집단은 운동을 하고 다른 집단은 이전과 똑같은 생활을 하도록 하는 이러한 연구는 또한 호손(Hawthorn) 효과라 불리는 문제도 낳는다. 1920년대에 시카고의 웨스턴

엘렉트릭 사를 대상으로 작업 환경의 변화가 미치는 영향을 살펴보는 연구가 이루어졌다. 전화기 조립을 담당하는 여공 집단이 연구 대상으로 선택되었다. 실험 결과 경영층에서 어떤 변화를 도입하든, 즉 휴식 시간을 늘리든 줄이든, 간식을 늘리든 줄이든 간에 생산성이 30퍼센트 정도 증가하는 결과가 나타났다. 여공들은 특별 집단에 끼게 되었다는 생각 때문에 더욱 열심히 일했던 것이다. 운동과 감정을 다룬 연구에서도 동일한 현상이 나타날 수 있다. 특별 운동 프로그램 집단에 끼었다는 이유만으로도 충분히 기분이 좋아지는 것이다.

이러한 방법론적 어려움에도 불구하고 운동이 기분을 좋게 한다는 훌륭한 증거도 존재한다. 세계 최초의 심리약학 교수인 한나 스타인버그는 약물 중독을 치료하는 데 운동이 효과적이라고 주장했다. 치료 과정에서 헤로인 대신 사용되는 메타돈(methadone)을 점차 운동으로 대체할 수 있다는 것이다. 운동을 통해 뇌가 스스로 환각에 빠지도록 하는 셈이다. 대단히 흥미로운 방법이긴 하지만 정작 환자를 설득해 운동을 시작하도록 만드는 것이 무척 힘들다는 문제가 드러나기도 했다.

마약 또는 알코올 중독사 8명을 대성으로 한 네덜란드의 한 연구에서는 병원 입원 기간 동안에만 운동이 중독 현상을 극복하게 하는 효과를 발휘했다. 퇴원한 후에는 모든 중독자들이 운동을 그만두었고 결국 8명 중 5명이 다시 중독 상태로 돌아가고 말았던 것이다. 이 실험은 실험 참가자 수가 너무 적었기 때문에 다른 요소가 작용했을 가능성이 높다. 운동을 통해 황홀경을 경험하게 만드는 데에는 문제가 따른다. 노련한 운동선수라 해도 언제나 그런 황홀 상태를 경험하지는 못하기 때문이다. 또한 운동으로 인한 황홀경의 수준이 마약의 그것과 비교 가능한가도 의문이다. 그 황홀경이 효과를 발휘하는 경우가 있다고는 해도 그것은 치료의 한 부분으로만, 그리고 자발적인 경험으로만 사용되어야 할 것 같다.

운동 후 기분이 좋아지는 현상이 엔도르핀 발생 때문인지는 여전히 불분명하다. 베타 엔도르핀 생성 억제제를 먹은 후 운동을 한 사람도 기분이 좋아진다는 실험 결과를 보면 엔도르핀이 핵심 요소가 아닐 수도 있다. 물론 다른 신경 전달 물질이 엔도르핀의 역할을 대체했을지도 모르지만 말이다. 운동을 마친 후 기분이 상쾌한 것은 무언가 열심히 했다는 성취감에 기쁘기 때문일 수도, 몸매가 가다듬어지는 것이 즐겁기 때문일 수도, 혹은 새로운 일상이 만들어졌다는 만족감 때문일 수도 있다. 이 모든 것이 자기 존중감을 높인다.

마지막으로 사회적 상호작용도 고려해야 할 부분이다. 집에서 우울함을 느낀 사람이 체육관에 가 다른 사람들과 섞이게 되면 단절감을 잠시 잊게 된다. 베타 엔도르핀 생성 억제제를 먹은 후 운동을 해도 여전히 기분이 좋아졌다면 이는 운동이 기분에 작용하는 데 엔도르핀이 전혀 무관할 수도 있다는 뜻이다.

위스컨신매디슨 대학교의 운동 과학과에는 러닝 머신, 웨이트 장비, 자전거, 역기, 그리고 수영장이 갖춰져 있다. 여기서 운동을 하게 되면 심장 박동수가 자동 측정된다. 바깥쪽 식물원에서는 심장 박동 측정 장치를 부착한 실험 참가자들이 덤불을 다듬고 있다. 일을 마치면 실험 참가자들의 불안 정도와 우울 수준이 측정된다. 이 장비들과 실험 참가자들의 도움을 받아 윌리엄 모건은 운동이 어떻게 기분을 좋게 하는지 설명하는 이론을 만들었다. 이는 주의 분산 가설이라 불린다. 내용은 간단하다. 운동은 일상의 근심 걱정을 잊게 하여 기분을 좋게 만든다는 것이다. 하지만 격렬한 신체적 활동으로 불안이 줄어든다 해도 그 효과는 곧 사라지고 24시간 이내에 처음 상태로 되돌아가 버린다고 한다. 따라서 즐거운 상태를 유지하고 불안감을 없애려면 규칙적인 운동이 필요하다. 하지만 지나친 운동은 정반대 효과를 낳는다. 수영 거리를 하루 3000미터에서 1만 2000미터로 늘려 나간 실험 결과를 보면 실험 참가자들의 우울 정도가 조금씩 심해졌다고 한다. 하지만 수영 거리를 줄이기 시작하자 기분도 서서히 정상으로 돌아왔다.

몸을 움직이기보다는 가만히 앉아 있기를 좋아하는 이들에게 반가운 소식도 있다. 모건의 실험에서 다른 집단이 운동하는 시간 동안 조용한 방에서 편안한 의자에 앉아 휴식을 취한 사람들도 똑같은 정도로 기분이 좋아졌다고 한다.

운동이 기분을 좋게 만드는 이유를 설명하는 또 다른 이론으로 열발생 가설도 있다. 운동을 하고 나면 체온이 상승하고 이렇게 높아진 체온이 베타 엔도르핀을 생성시켜 기분이 좋아진다는 주장이다. 이와 관련된 연구는 스칸디나비아 증기 목욕과 사우나를 대상으로 시작되었다. 1972년의 어느 연구에서는 실험 참가자들에게 20분 동안 사우나를 하고 이후 10분 동안 샤워를 하도록 했다. 그리고 사우나 전후에 이들의 기분을 측정했다. 실험 시작 전 남성 참가자 20명 중 2명은 자신들이 사우나를 좋아하지 않는다고 말했고 실제로 4명은 실험 참여를 포기했다. 측정 결과 대부분의 실험 참가자들은 사우나 후에 불안감이 감소했다고 한다. 하지만 옷만 벗은 채 벤치에 앉아 20분 동안 기다렸다가 10분 동안 샤워를 한 통제 집단에서도 비슷하게 불안감이 감소했다.

최근 모건의 연구팀은 운동 후 기분이 좋아지는 원인이 운동 그 자체인지 혹은 체온 상승인지를 확인하고자 했다. 그리고 체온이 올라가면 최대 24시간 동안 기분이 좋아진다는 점, 그리고 혈액 속 베타 엔도르핀 수준이 높아진다는 점을 발견했다. 이어 실험 참가자들에게 운동을 하도록 하되 한 집단은 일반적인 운동복을 입게 하고 다른 집단은 방한복에 장갑과 마스크, 담요까지 두르게 했다. 그러자 체온 상승에도 불구하고 방한복을 입은 집단의 불안감이 더 높았다. 또 다른 실험에서는 운동 전에 30분 동안 냉수욕을 시켰다. 그러자 운동 후에도 체온이 그리 높아지지 않았고 기분도 좋아지지 않았으나 냉수욕을 안 한 집단은 운동 후 기분이 좋아졌다. 이런 결과를 보면 기분을 좋게 만드는 것은 운동 자체가 아니라 체온 상승일지도 모른다.

이론을 검증하는 또 다른 방법은 물속에서 운동을 하게 하여 운동 후에도 체온이 상승하지 않도록 만드는 것이다. 하지만 실험에 참여한 스쿠버 다이버들은 운동 후 기분이 좋아졌다고 말했고 체온은 중요한 요소가 아니라고 진술했다. 캘리포니아 대학교의 숀 영스테트 연구팀은 실험 참가자들에게 머리만 물 바깥으로 내놓고 물속에서 자전거를 타게 했다. 운동 후 기분이 좋아지는 현상은 나타나지 않았다. 하지만 연구자들은 이러한 결과가 전에 해 보지 않았던 낯선 과업 혹은 코에 튜브를 넣어 체온을 재는 장치로 인해 생겨난 불쾌감 때문일 수 있다는 점을 지적했다. 그 외에 얼음이 채워진 목도리를 두르고 운동하게 하고 운동 전후와 운동 중에 체온을 측정하는 실험도 이루어졌다. 이 경우 운동 종료 후 불안감이 감소하는 결과가 나타났지만 이는 실험이 끝났다는 안도감 덕분일 가능성이 컸다. 결국 운동이 기분을 좋게 만드는 것 같기는 해도 아직 정확한 이유는 밝혀내지 못한 셈이다.

거짓 미소

어느 날 길을 걷고 있는데 힘차게 구호를 외치며 뛰고 있는 운동선수들이 보였다. 시끄러운 소리가 약간 거슬리기는 했지만 보기 싫지는 않았다. 운동이 우리 기분을 좋게 만든다는 점은 누구나 의심 없이 받아들인다. 하지만 훨씬 더 쉬운 방법도 있다. 운동과는 비교도 할 수 없이 간단한 일, 즉 미소가 뇌 화학 체계에 영향을 미친다는 점이 최근 연구를 통해 드러난 것이다.

미소에 대해 진지한 연구를 시작한 최초의 인물은 프랑스의 신경학자 뒤셴 드 불로뉴이다. 그는 전기 자극 실험을 통해 얼굴 표정을 만드는 데 필요한 근육들을 조사했다. 1862년, 그는 자신의 발견을 집대성한 책을 출판했다. 책에는 피부 위에 금속 장치들을 부착한 채 공포스러운 표정을 짓고 있는 어떤 남자의 사진들도 실려 있었다. 그 표정은 실제 공포 상황이 아니라 전류가 만들어 낸 것이었다. 얼굴 신경이 마비된 그는 전기 자극에서 아무런 고통도 느끼지 않았다. 이 방법을 사용해 뒤셴은 미소를 포함해 다양한 얼굴 표정에 관여하는 근육들을 상세히 분석해 냈다. 그리고 진짜 미소와 거짓 미소의 차이점도 밝혔다. 여기서 핵심은 까마귀 발 모양의 눈둘레근(orbicularis oculi)이었다. 누구든 입 꼬리를 올리고 치아를 드러내는 식으로 미소를 꾸며 낼 수 있지만 이 문제의 근육이 움직이지 않는다면 그 미소는 공허할 뿐이었다.

오늘날 얼굴 표정의 세계적 권위자는 폴 에크먼이다. 그는 거짓말하는 사람을 가려낼 수 있도록 경찰관을 훈련시키는 일도 맡고 있다. 에크먼은 인간이 의지에 따라 움직일 수 있는 눈둘레근은 눈꺼풀 안쪽에 있는 조그만 근육에 불과하기 때문에 인위적인 미소를 만들어 내기가 쉽지 않다고 설명한다. 이 근육의 바깥 부분을 수축시켜 눈썹을 아래로 당기고 동시에 뺨을 올리며 눈 아래 피부를 끌어올리는 일이 가능한 이들은 10명 중 1명에 불과하다는 것이다. 따라서 미소가 진짜인지 아닌지를 판단하는 방법은 뺨이 위로 올라가고 눈썹이 살짝 아래로 쳐지는지 확인하는 것이다. 거울 앞에서 거짓 미소를 지어 보면서 실험을 해 볼 수도 있다. 아마도 그렇게 하다 보면 스스로 바보스럽다는 생각에 결국 저절로 진짜 미소를 짓게 될 테니 차이를 확인할 수도 있을 것이다. 거짓 미소를 판별하는 또 다른 단서는 어딘지 어색한 비대칭성이 너무 일찍 혹은 늦게 나타난다는 점이다. 오른손잡이인 사람이 거짓 미소를 지을 때면 입 꼬리 왼쪽이 좀 더 위로 올라가는 경향이 있다.

미소의 진정성은 의외의 결과를 불러오기도 한다. 대학 졸업 앨범 사진의 미소를 분석한 연구에서는 눈 주위 근육을 움직이며 진정으로 행복한 미소를 지었던 여성들이 30년 후 행복한 결혼 생활을 하는 것으로 나타났다. 연구자들은 여대생들의 외모를 등급별로 나누어 고려함으로써 혹시라도 미소 짓는 여성들이 더 미인이고 그래서 결혼 상대를 만날 가능성이 높았던 것이 아닌지 확인했지만 그렇지는 않은 것으로 나타났다.

어른들만 거짓 미소를 짓는 것은 아니다. 에크먼은 낯선 이가 다가왔을 때 10개월짜리 아기가 짓는 미소에는 눈둘레근이 사용되지 않지만 어머니가 다가오면 진정한 미소가 나타난다는 점을 발견했다. 아기가 의도적으로 미소를 만드는 것은 아니지만 어떻든 인간은 어렸을 때부터 외교적인 표정을 지을 줄 아는 셈이다.

4~5주가 되었을 때부터 아기들은 60센티미터 정도 거리에서 고개를 끄덕이는 인간의 얼굴에 미소로 반응한다. 아기들

은 미소를 통해 의사소통하고 싶어 하는 듯 보인다. 그리고 이를 통해 아기와 부모는 강한 유대를 형성한다. 사실 아기의 미소는 힘든 육아를 감당하는 초보 부모들이 최초로 받게 되는 보상 중 하나이다. 이보다 더 어린 아기들의 미소는 착각이라고 여겨져 왔지만 새로운 영상 기술이 등장하면서 자궁 속 태아도 미소 짓는다는 점이 밝혀졌다. 물론 태아의 미소가 즐거움의 표현이라고 증명할 수는 없다. 하지만 자궁 속에서 보내는 날들 중에 다른 때보다 더 편안하게 느껴지는 날도 분명 있지 않겠는가. 이렇게 생각하면 아기의 미소가 모방에 불과하다는 기존의 믿음도 바뀌어야 한다. 많이 웃는 아기는 그 미소에 반응하는 미소들을 더 많이 받으며 모방하게 된다는 것이 사실이라 해도 말이다. 하지만 미소 짓는 능력 자체는 애초부터 가지고 태어나는 것이다. 과거에는 아기가 거의 감정을 느끼지 못한다고 여겨졌다. 심지어 고통도 느끼지 못한다 생각해 마취 없이 수술을 하기도 했다. 하지만 이제는 아무리 어린 아기라도 행복감을 느낄 수 있다는 데 합의가 이루어진 상태이다.

케임브리지 대학교의 심리학자 조애너 호손은 초보 부모들을 대상으로 아이 상태를 판단해 적절한 상호작용 시점, 즉 너무 배고프거나 배부르지 않으면서 말똥말똥한 때를 찾아 보도록 했다. 이런 때는 겨우 몇 초에 불과하지만 어른과 아기가 미소를 주고받게 되는 바로 그 순간이다. 아기가 미소를 지으면 어른들은 그 미소를 호감의 신호로 받아들여 미소와 다정한

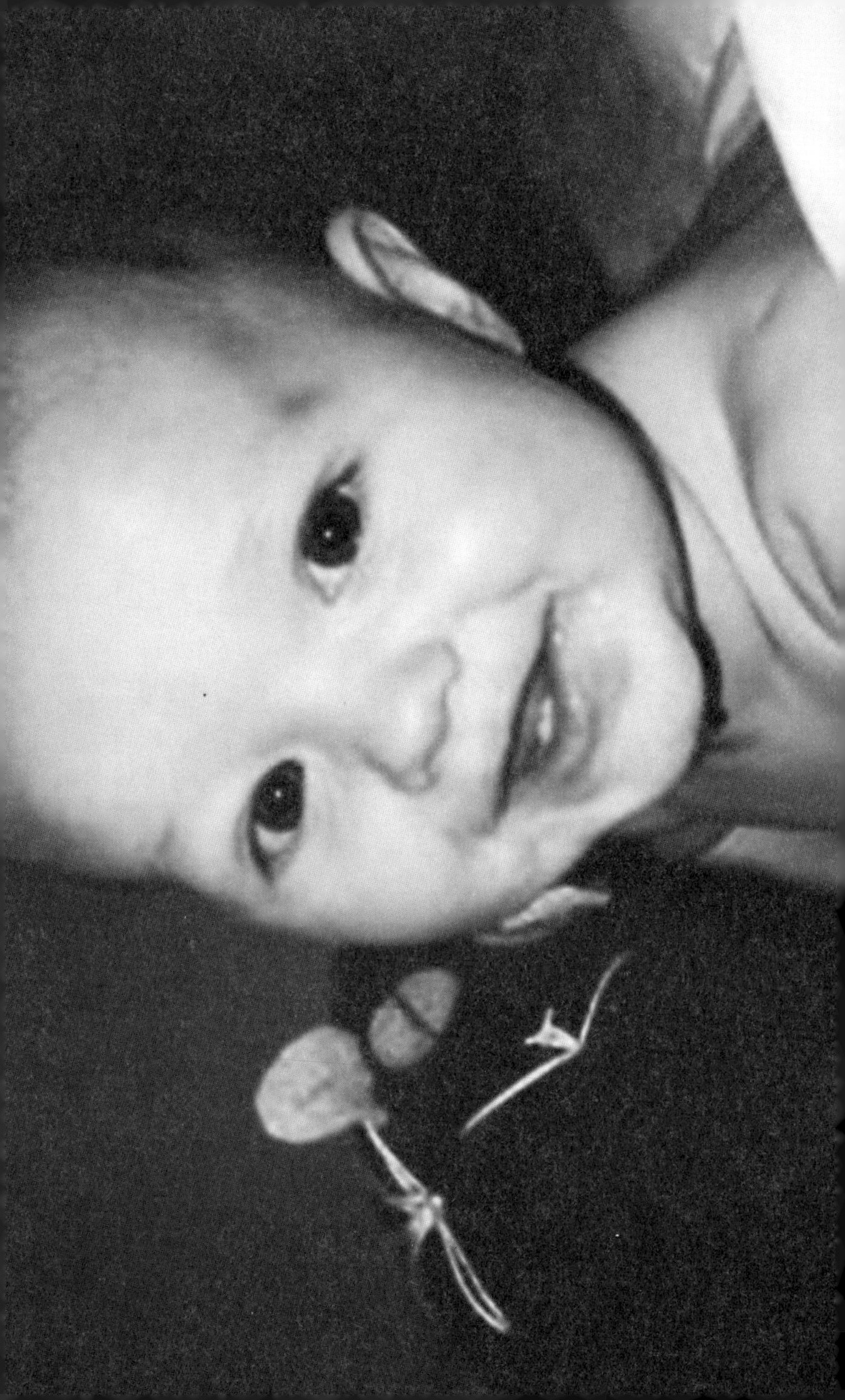

행동으로 답하게 된다.

미소는 또한 어른들 사이의 사회적 상호작용에서도 핵심적 역할을 담당한다. 얼굴 표정이 마비되어 미소를 지을 수 없게 되는 희귀 질환으로 뫼비우스 증후군이라는 것이 있다. 이 증후군을 앓는 환자들은 교우 관계를 형성하거나 유지하지 못한다. 미소는 사회적으로 대단히 중요한 기능을 담당하는 것이다. 물론 친구들과 어울릴 때에도 행복한 사람이 그렇지 않는 사람에 비해 더 많이 웃기는 한다. 볼링장에서 이루어진 실험에서는 스트라이크를 기록한 사람들이 넘어진 볼링 핀을 바라볼 때보다 친구들을 뒤돌아볼 때 더 환하게 웃는 것으로 나타났다.

1992년에는 스페인 연구자들이 올림픽 경기장에서 금메달 수상자 22명을 관찰하는 연구를 했다. 단상에 올라가기 전 대기할 때, 단상 위에 올라섰을 때, 국가가 울려 퍼지는 가운데 국기를 바라볼 때를 비교한 결과 금메달 수상자들은 두 번째 단계에서 가장 많이 미소를 지었다. 승리했다는 행복감은 세 단계 모두에서 동일했을 텐데 말이다. 연구자들은 이를 미소는 행복을 느끼는 때보다는 사회적 상황에 있을 때 더 많이 나타나는 것이라 해석했다. 물론 그러자면 미소를 지어도 좋을 때와 그렇지 않을 때를 구분하는 사회적 규칙이라는 것이 존재한다는 점을 기억해야 한다. 국가가 울려 퍼지는 순간에는 금메달 수상자들이 심각한 표정을 지어야 한다는 암묵적 규칙이 존재하는 것이다.

　　미소와 즐거움 사이의 수수께끼 같은 관계를 연구하기 위해 에크먼은 기발한 실험을 했다. 미소를 지으라는 말 대신 어떤 근육을 움직이라는 상세한 지시를 했던 것이다. 그러자 실험 참가자들은 스스로 미소 짓고 있다는 점도 모른 채 지시받은 대로 특정 근육을 움직이는 것만으로도 행복감을 느꼈다. 비슷한 실험을 실시한 심리학자 프리츠 스트랙은 실험 참가자들에게 입에 펜을 물게 했다. 치아 사이에 펜을 물되 입술은 닿지 않게 하고 실험 참가자들이 의식하지 못하는 사이에 미소 짓는 입 모양을 만들어 냈던 것이다.

　　그러고는 만화를 본 뒤 재미있는 정도를 평가하도록 했다. 그러자 미소 짓는 표정으로 만화를 본 실험 참가자들이 입술을 다물고 펜을 물었던 실험 참가자들에 비해 더 재미있다는 평가를 내렸다. 이 실험의 기본 가정은 얼굴 근육이 매우 민감하다는 것, 근육의 움직임이 뇌에 영향을 미쳐 기분을 좌우할 수 있다는 것이었다. 이를 얼굴 되먹임 가정이라 부른다. 이 가정에 따른다면 미소는 과거 생각했던 것처럼 감정의 결과물일 뿐 아니라 원인도 되는 셈이다. 심지어 자세도 기분을 바꿀 수 있다. 구부정하게 있을 때보다는 등을 똑바로 폈을 때 기분이 좋아진다. 그 영향력이 작용하는 과정은 정확히 밝혀지지 않았다. 그리고 이로 인한 기분 변화가 그리 오래 지속되는 것도 아니다. 미소 짓고 있다는 인식이 기분을 좋게 만드는 것인지, 혹은 순수하게 생리적인 과정인지도 불분명하다.

　　19세기 미국의 철학자이자 심리학자인 윌리엄 제임스는

인간의 신체적 감각에 따라 감정이 좌우된다고 믿었고 자신의
이론을 활용해 우울증에서 벗어날 수 있다고 주장했다. 더 많
이 미소 지을수록 기분이 좋아진다는 것이다. 눈물을 흘리면
서 애써 미소를 짓는다든지, 비참하게 느낄 때 하늘을 바라본
다든지 행복할 때 주로 하는 행동을 함으로써 기분이 나아질
수 있다는 주장이다. 이 이론을 확장하면 왜 우리가 잘 웃는 사
람을 좋아하는지도 설명할 수 있다. 더 많이 웃는 사람에게는
더 많은 미소로 화답하게 되고 이를 통해 우리 스스로 더 행복
해지는 것이다.

웃음 상상 실험

한번 시도해 보라. 자리에서 일어나 배꼽을 잡고 웃을 때처럼
몸을 움직여라. 앞으로 구부렸다가 양쪽으로 흔들었다가 어깨
를 마구 움직이는 식으로 말이다. 무릎을 치는 것도 좋다. 자,
이제 이런 신체적 동작이 어떤 느낌인지를 정확히 기억하라.
그런 다음에는 다시 똑바로 서서 방금 전에 웃을 때 어떤 기분
이었는지를 기억해 보아라. 이어 다시 한번 2배로 크게 웃는 모
습을 상상하라. 다만 이때는 몸을 움직이지 않고 그저 머릿속
으로만 상상하라. 그렇다고 우스꽝스러운 사건이나 우스갯소
리를 떠올리지는 마라. 그저 참을 수 없을 정도로 우스운 상황
에서 몸이 움직이는 모습을 상상하고 어떤 느낌인지 살펴라.

이 실험은 쉽지 않다. 하지만 미시건 주립 대학교의 나키아 고든은 사람들이 바로 이렇게 할 수 있게끔 훈련시켰다. 1시간 짜리 훈련을 세 차례 받고 집에서 충분한 연습 시간을 가졌던 실험 참가자들은 대부분 가만히 누운 상태에서 문제없이 웃거나 울며 걷는 자신을 상상했다고 한다. 그리고 그 각각의 모습은 서로 다른 뇌 활동 유형을 나타냈다. 이 실험은 감정이 신체 움직임과 관련될 수 있다는 가능성을 보여 주었다. 윌리엄 제임스가 아주 오래전에 상상했던 대로 말이다. 더 나아가 실험 참가자들은 웃는 자신을 상상하고 난 후에는 행복감을 느꼈고 우는 자신을 상상한 후에는 슬퍼졌다고 진술했다. 실제로 그런 감정을 느낀 것이 아니라 관련된 신체 동작을 상상했을 뿐인데도 말이다. 이는 우리가 실제 웃음 짓는 행동뿐 아니라 웃음 짓는 상상만으로도 기분이 좋아질 수 있다는 가능성을 제기한다.

웃는 우산

런던 남쪽 대로변 보도에 있는 커다란 노란 우산 밑으로 두 사람의 다리가 보인다. 가까이 다가가면 우산이 살짝 흔들리면서 도저히 못 참겠다는 듯한 킥킥거리는 웃음소리가 새어 나온다. 행인들은 궁금증에 발길을 멈추고 우산을 바라본다. 잠시 후 웃느라 얼굴이 붉게 상기된 남자와 금발 여자가 우산 밖

으로 나오고 남자는 하루를 유쾌하게 만들어 주어 고맙다는
인사를 한 뒤 여전히 웃으면서 그 자리를 떠난다. 여자는 다른
행인에게 다가가 자기가 니콜라 그린이라는 예술가라고 소개
한 뒤 함께 우산에 들어가자고 청한다. 그녀는 직접 고안한 우
산을 도구로 웃음을 수집하는 중이다. 녹음기를 들고 우산 아
래 함께 서서 마음껏 웃을 기회를 주는 것이다. 초상화가인 그
녀는 뒤통수나 발 같은 '사람의 핵심'을 잡아내는 작업을 해
왔다. 그러다가 웃음이 얼마나 많은 것을 드러내는지 깨닫고
우산을 통해 웃음에 접근하기로 한 것이다.

　신호에 따라 웃는 일은 생각보다 쉽지 않았다. 그린의 거실
에서 웃는 우산 아래 들어가 보았을 때 나는 그 점을 새로이
알게 되었다. 내가 길거리를 걷다가 우연히 웃는 우산을 만나
웃어야 하는 상황이었다면 더 쉬웠을지 모르겠다. 하지만 나
는 미리 약속을 하고 그린을 만났고 게다가 어떤 일이 벌어질
지 잘 알고 있었던 것이다. 다행히 그린에게는 이런 경우에 사
용할 수 있는 방법이 마련되어 있었다. 꼬꼬댁 소리를 흉내 내
게 만들면서 웃음을 터뜨리게 하는 것이었다. 그린은 낯선 사
람들 틈에서 웃을 일이라고는 좀체 없는 런던 지하철에서도
실험을 했다고 했다. 아무 칸에나 올라타 "여러분의 웃음소리
를 녹음하고 싶습니다. 제가 호루라기를 불면 모두 함께 웃어
주세요!"라고 외쳤던 것이다. 그럼 승객들은 당황한 눈짓을 주
고받으며 웃어야 하는지 말아야 하는지 고민하게 된다. 혹시
라도 혼자서 웃는 상황이 빚어지면 어떻게 하지? 그냥 무시해

버리고 저 이상한 여자가 다른 칸으로 옮겨 가게 하는 편이 좋지 않을까? 몇 초 동안 승객들은 웃을지 말지 마음의 결정을 내린다. 그런데 그린의 경험에 따르면 결과는 모두가 다 웃거나 아무도 웃지 않거나 둘 중 하나였다고 한다. 빅토리아 역에서는 역무원을 설득해 역사에 있는 모든 사람에게 함께 웃어 달라는 부탁도 했다고 했다. 그리고 마침내 치과의사에서 교회 목사까지 모든 사람의 웃음을 녹음할 수 있었다.

웃음소리를 녹음해 준 사람들이 헤어지면서 감사의 인사를 하는 경우가 많았다는 점이 내게는 인상적이었다. 웃음이 긴장을 누그러뜨려 기분을 좋게 만들었던 것이다. 대개 웃음은 우리를 기분 좋게 만든다고 알려져 있다. 이는 기대에 찬 표정을 하고 웃음 클리닉 앞에 길게 줄지어 선 사람들을 보면 분명하다. 하지만 웃음이 늘 행복을 의미하는 것은 아니다.

웃음 전염병

1962년 1월 30일, 아프리카 빅토리아 호 근처의 카샤샤 마을에서 아주 이상한 일이 벌어졌다. 학생 수가 159명인 가톨릭계 기숙 여학교에서 세 여학생이 몇 시간씩 웃어 대기 시작한 것이다. 웃음이 그치면 울었다가 다시 웃기 시작했다. 2주 후에도 웃음은 멈추지 않았다. 3월 중순이 되자 너무 많은 학생들이 웃고 있었기 때문에 학교는 임시 휴교할 수밖에 없었다. 그

웃음이나 울음의 이유를 아는 사람은 아무도 없었지만 전염되는 것으로 여겨졌다. 다른 학교로 옮겨 간 학생들이 계속 그런 현상을 퍼뜨렸던 것이다. 곧 웃는 소년들도 나타났다. 느샴바 마을에서는 무려 200명의 주민이 이런 증세를 보였다. 곧 남학교 두 곳도 문을 닫았다. 식중독이 아닌가 하여 혈액 검사가 시행되었지만 결과는 정상이었다. 6개월 후에도 사람들은 여전히 키득거리고 있었다. 이는 웃음 전염병이라 이름 붙여졌다. 이 현상은 웃음에 대한 연구에 종종 인용되곤 한다. 하지만 당시 상황에서 정작 웃을 일은 전혀 없었다. 퍼듀 대학교의 크리스찬 헴플먼은 당시 소녀들이 심인성 질환을 앓고 있었으며 웃음은 그 증세 중 하나였다고 분석하고 있다. 그리고 당시 그곳에서 벌어졌던 시대적 전환을 원인으로 추측한다. 1961년 12월에 독립이 이루어졌고 가능한 한 많은 어린이들에게 무상교육을 실시한다는 목표하에 학교가 늘어나는 상황이었던 것이다. 헴플먼은 갑자기 서구식 학교에 가야 하는 아이들의 스트레스가 웃음 전염병을 이끌어 냈다고 분석한다. 결국 이 웃음은 즐거움의 표현이기는커녕 고통의 표현에 불과했던 것이다.

1963년에 《중앙아프리카 과학 저널》을 통해 이 사례를 상세히 보고한 연구자들은 집단 히스테리를 원인으로 꼽았지만 이후 우스갯소리가 원인이었음을 규명하려는 연구가 계속 시도되었다. 처음에 웃음을 유발했던 우스갯소리가 있었고 그것이 너무도 재미있어 사람들이 몇 개월 동안이나 웃게 되었다는 주장이다. 우리에게는 감정의 원인을 찾아내야만 직성이 풀리는 성향이 있는 것 같다. 도저히 참을 수 없는 웃음 같은 강력한 감정이라면 더욱 그렇다. 감정의 원인을 찾아내려는 성향은 1998년, 간질 발작 검사를 받던 16세 소녀의 경우에서도 분명하게 드러난다. 의사들이 뇌의 특정 부분에 전류를 흐르게 하자 소녀가 웃음을 터뜨렸던 것이다. 다른 행동을 하던 중이라 해도 동일한 반응이 나타났다. 그런데 소녀는 매번 자기 웃음의 이유를 대려고 했다. 의사들의 표정이 우스웠다든지 의사가 보여 준 동물 그림이 괴상했다든지 하는 식으로 말이다. 즐거움은 자연스럽게 발현될 수 있지만 우리는 늘 스스로 이유를 부여하려고 한다. 정작 중요한 것은 개개 상황에서 즐거운 이유를 설명하기보다는 어째서 우리가 이런 감정을 느끼도록 진화했는지 밝히는 데 있을 텐데도 말이다.

영원히 초콜릿 케이크를 먹는 법

토요일 저녁을 위한 계획은 완벽했다. 우리는 스코틀랜드의 친구 집을 방문한 참이었다. 차가운 포도주에 양고기 구이로 즐거운 식사를 시작하려는 순간 친구의 휴대폰이 울렸다. 그는 왕진 전문 수의사였고 그 주말 동안 이미 여러 통의 전화를 받으면서 "댁의 개가 기침 감기에 걸린 모양입니다. 응급 상황은 아니군요."라는 식의 대답을 해 오고 있었다. 당연히 이번에도 그러려니 하고 있었는데 상황이 달랐다. 친구는 부인과 함께 거리 끝의 수술실로 달려갔다. 멍하니 기다리는 시간이 30분쯤 흘렀을까. 집 전화가 울렸다. 수술실에 일손이 필요한데 간호사가 오려면 시간이 걸릴 것 같으니 좀 와 달라는 전화였다. 달려가 보니 수술대 위에 작은 치와와 한 마리가 누워 있었다. 제왕절개 수술이라고 했다. 친구가 개 몸속에 손을 집어넣고는 털 없는 쥐새끼 같은 것을 꺼내더니 죽은 듯 축 늘어진 새끼를 마구 흔들어 댔다. 문외한이 보기에는 새끼를 살리기는커녕 금방이라도 목을 부러뜨려 죽일 것 같았다. 잠시 후 새끼가 캑캑 소리를 내기 시작했다. 우리는 수의사의 지시에 따라 고무장갑에 따뜻한 물을 채워 강아지의 가슴을 문질러 주었다. 힘든 일이었고, 강아지는 금방이라도 다시 죽어 버릴 듯 약해 보였지만 결국 혼자 힘으로 숨을 쉬기 시작했다. 모두들 떨 듯이 기뻐했다. 어느덧 어미 개도 마취에서 깨어났다. "어미한테 새끼를 보여 줘야죠. 옆에 뉘어 놓을까요?" 우리가 묻자 친구는 "원하면 그렇게 해도 좋지만 아마 어미는 돌보지 못할 거예요. 쇼크 상태니까."라고 대답했다. 어미는 몸을 떨며 정신을 차리지 못했고 새끼에게도 별 반응을 보이지 못했다. 멋진 저녁 식사는 날아가 버렸지만 강아지의 탄생을 도우면서 느낀 뜻밖의 즐거움은 그것을 보상하고도 남았다.

예상 밖의 일이 그런 즐거움을 안겨 준다는 사실을 보면 즐거움은 평소와 다른 곳에서 평소와 다른 행동을 하도록 동기를 부여해 주는 것 같다. 두려움을 느끼는 사람은 모든 관심을 위험 요소에 집중시킨다. 반면 행복할 때에는 시야가 넓어져 새로운 발견을 할 수 있다. 이는 오늘날에는 그리 중요치 않은 능력일 수 있지만 사냥과 채집을 주로 하던 고대에는 대단히 유용했을 것이다. 즐거운 경험은 다른 사람과의 유대를 강화시키고 이는 다시 생존에 기여한다. 웨스트 오브 잉글랜드 대학교의 인공 지능 전문가 딜런 에번스는 즐거움에 명백한 진화적 목적이 있다고 설명한다. 즐거움을 통해 우리는 정신적 신체적 건강을 과시한다는 것이다. 공개적으로 즐거움을 추구한다면 먹을 것이나 쉴 곳 등 기본적인 욕구를 이미 충족시켰다는 뜻이 되고 이는 잠재적 배우자로서의 매력을 과시하는 수단이 된다.

인간의 기본적 뇌 구조가 즐거움을 찾도록 되어 있고 이 때문에 인간은 즐거운 경험을 추구한다고 주장하는 이들도 있다. 사무실에서 일하는 사람들을 보면 시간과 권한이 허락하는 한 적극적으로 재미를 찾는다. 내가 일하던 사무실에서 어느 날 한 직원이 자기는 한 손으로 재주넘기를 할 수 있다고 말했다. 그러자 또 다른 사람이 자기는 영화 「사랑은 비를 타고」에 나온 대로 의자 등을 타고 넘을 수 있다고 했다. 곧 사무실 안에서 묘기가 벌어졌다. 물론 구경하던 우리는 천장에 붙은 환풍기 때문에 재주넘기가 제대로 되지 못한다는 점, 그리고 뮤지컬 배우들이 평범한 사무용 의자를 쓰지 않는 데는 다 이유가 있다는 점을 깨달았다. 어렸을 때 나는 아버지가 사무실의 책상 타고 넘기 대회에 나갔다가 손가락이 부러지셨다는 얘기를 듣고 놀란 적이 있었다. 아버지가 다치셨다는 점보다는 어른들이 그런 식으로 논다는 점이 놀라웠던 것이다.

 템플턴 긍정적 심리학 상의 첫 수상자로 선정되어 10만 달러의 상금을 탄 사람은 미시건 대학교의 바버라 프레드릭슨이었다. 프레드릭슨은 12년 이상 긍정적 감정들을 연구하면서 이들 감정이 부정적 감정의 효과를 경감시킨다는 결론을 내렸다. 이를 증명하기 위해 프레드릭슨은 실험 참가자들에게 우선 불안감을 유발시켰다. 1분 후 연설을 하나씩 해야 하며 그 연설은 녹화되어 평가를 받게 된다고 말한 것이다. 곧 실험 참가자들의 혈압이 오르고 심장 박동이 빨라지기 시작했다. 다음으로는 실험 참가자들에게 즐겁거나 행복하거나 슬프거나 혹은 중립적인 영화를 보여 주었다. 그러자 재미있거나 행복한 영화를 본 사람들의 혈압과 심장 박동은 다른 경우보다 더 빨리 정상으로 돌아왔다. 긍정적인 감정이 부정적인 감정으로 야기된 심혈관 효과를 경감시켰던 것이다. 의사 등 스트레스가 많은 직종의 종사자들이 업무와 관련된 블랙 코미디를 많이 만들어 내는 이유도 여기에 있을지 모른다. 난생 처음 부상자들을 다루는 의사 초년병들은 끔찍한 사고 이야기보다 정원을 가꾸던 중 홍당무에 미끄러졌다는 따위의 이야기를 훨씬 더 잘 기억한다. 유머를 통해 생겨난 즐거움은 효율적인 대처 메커니즘으로 작용한다.

 미래의 즐거움을 상상하는 것은 장래 계획을 세우는 원동력이 되기도 한다. 내 인생에서 가장 행복했던 순간 중 하나는 단짝 친구 조가 운전면허 시험에 합격한 날이었다. 당시 우리는 17세였고 30킬로미터 정도 떨어진 곳에 살고 있었다. 이제 조가 운전을 할 수 있으니 여러 가지 재미있는 일이 가능해질 것이었다. 더 이상 부모님이나 다른 친구에게 태워 달라고 부탁할 필요가 없었다. 우리는 신이 나서 조의 낡은 차를 타고 돌아다녔다. 느려 빠진 차였지만 당시 우리에게 제일 중요했던 카세트 플레이어는 다행히 멀쩡했다. 차창을 활짝 열고 우리는 카세트 플레이어를 가장 크게 틀어 놓은 채 목청껏 노래를 따라 불렀다. 그러면서 친구들 집을 하나씩 찾아다녔다. 아직 오지 않은 즐거움과 자유를 미리 축하하는 것이긴 했지만 기분은 날아갈 것 같았다. 미래의 행복을 상상할 수 있는 능력 덕분에 우리는 즐거운 마음으로 계획을 세울 수 있다. 설사 미래의 행복을 위해 현재의 기쁨을 얼마간 포기해야 하는 상황이라 해도 말이다.

맛있는 초콜릿 케이크와 초콜릿 케이크 굽는 법 중 하나를 선물로 골라야 하는 아이가 등장하는 이야기가 있다. 이 이야기에서는 눈앞의 케이크보다는 요리법을 택하는 편이 현명하다고 말한다. 그럼 앞으로도 영원히 초콜릿 케이크를 먹을 수 있기 때문이다. 다른 말로 하면 기쁨을 약간 연기하는 셈이다. 실제로도 우리는 따뜻한 침대라는 작은 즐거움을 포기하고 일하러 나가면서, 돈을 모아 멋진 휴가를 보낸다는 더 큰 즐거움을 택한다.

조지타운 대학교의 마이클 앱터는 흥미로운 이론을 내놓았다. 우리 인간은 진지한 목적을 추구하는 '목적 지향(telic)' 상태와, 미래를 계획하기보다는 스스로의 즐거움을 위해 활동하는 '모험 지향(paratelic)' 상태를 오간다는 것이다. 우리는 장소와 기분 등의 요인에 따라 두 상태를 오가게 된다. 따라서 위에 소개했던 선물 고르기에 대한 답도 그 시점에 답하는 사람이 어떤 상태인가에 따라 달라질 것이다. 아마 손가락을 부러뜨렸을 때 우리 아버지는 '모험 지향' 상태였을 것이다.

더 행복한 삶을 위해

최근 긍정적 감정에 대한 연구들이 늘어나고 이 주제가 더 진지하게 다루어지는 추세이긴 하지만 행복에 대한 연구가 실제로 우리 행복에 도움을 줄 것인가는 의문으로 남아 있다. 실험실에서 기분을 좋게 만드는 일은 어렵지 않다. 남극의 얼음 위에서 뒤뚱거리며 걷고 미끄럼을 타며 장난치는 펭귄 영화를 보여 주면 곧 모두들 기분이 좋아진다. 스트레스 치료용 욕조에 누워 큰 소리로 노래를 부르거나 신나는 음악을 듣고 있으면 누구나 들뜬 기분이 된다. 하지만 이런 기분은 일시적이다. 이 때문에 사회 심리학자인 고(故) 마이클 아가일은 지속적인 행복감을 얻는 방법이 무엇일까 고민했다. 이 주제를 수년 동안 연구한 끝에 그는 교회에서 예배 보기, 운동 클럽에서 활동하기, 연속극 보기에 해답이 있다는 결론을 내렸다. 이런 활동을 하는 사람들이 평균적으로 가장 행복한 것으로 분석되었던 것이다. 이 세 가지는 모두 소속감을 불러일으키는 사회 활동이라는 공통점을 가진다. 연속극의 등장인물과 자신을 동일시하는 것은 다른 텔레비전 프로그램과는 비교할 수 없을 정도의 소속감을 느끼게 한다. 그런데 장시간 텔레비전을 시청하는 사람들은 평균보다 행복도가 낮았다. 어쩌면 이 때문에 이들이 집에서 그토록 많은 시간을 보내는지도 몰랐다. 실업 상태이거나 따돌림을 당하거나 밖으로 나가 즐길 경제적 여유가 없다든가 하다면 텔레비전을 보는 것 외에 달리 할 일이 있겠는가? 교회에 나가거나 운동 클럽에서 활동하는 사람들이 제일 행복하다고 하지만 그러자면 일단 그 행동을 선택해야 한다. 모든 사람이 이런 활동을 하면 더 행복해진다고는 말할 수 없는 것이다. 운동에도 종교에도 관심 없는 사람이라면 이런 활동에서 오히려 불행을 느낄지도 모른다. 수년 전 아가일을 만났을 때 그는 행복한 삶을 위한 간단한 요령을 알려 주었다. 하루 두 번씩 10분 정도 가벼운 산책을 하라는 것이었다. 산책한 번은 이후 2시간 동안 기분을 좋게 하니 하루 두 번의 산책은 4시간 동안 좋은 상태를 유지시킨다고 한다.

기분을 좋게 하기 위해 활동을 계획한다는 개념은 치료법에서도 응용되어 왔다. 불행한 사람들은 자기가 했던 일과 느꼈던 기분에 대해 매일 기록하게 된다. 그리고 그 기록을 분석해 어떤 활동이 행복감과 연결되어 있는지를 알아낸 후 그 활동을 일상화시키는 것이다. 좋아하는 활동을 실제로 자주 하지는 못한다 해도 최소한 그 활동을 할 때 기분이 좋아진다는 점을 깨닫는 것은 중요하다.

하지만 아가일의 연구 결과, 행복도가 낮은 사람들의 경우에는 변화가 일어난다 해도 행복도가 별로 바뀌지 않았다. 본래 행복했던 사람이 불행한 사태를 맞아 일시적으로 행복도가 떨어진 경우, 삶에는 별 문제 없지만 불행하다고 느끼는 사람에 비해 여전히 행복도가 더 높았다. 쉽게 사람들과 어울리고 운동을 열심히 하는 편인가 하는 것도 행복 수준을 예측하는 중요한 요인이었다. 금전적인 면에서는 예상 수준보다 소득이 훨씬 더 많은 경우에만 행복도가 높아졌다. 하지만 이들 연구에는 공통적인 한계가 있다. 질문지에 답하는 사람들이 행복을 어떻게 정의하는지가 불분명하다는 점이다. 응답자들은 즐거운 순간에 대해서 생각하는가, 혹은 전반적인 상태를 고려하는가? 예를 들어 스스로 행복하다고 말하는 노르웨이 인이 이탈리아 인에 비해 5배나 많은 이유는 무엇인가? 그 차이는 정말로 그렇게 큰 것인가, 아니면 질문을 해석하는 방식에서 기인하는 것인가? 이런 문제 때문에 정반대로 접근하는 연구자들도 있다. 사람들이 보고하는 행복감이 아닌 자살률을 기준으로 삼는 것이다. 하시만 물론 여기에도 문제는 있다. 자살률이 낮다는 것이 다른 모두가 행복하다는 뜻은 아니기 때문이다.

즐거움은 이미 행복하다고 느끼는 이들이 훨씬 더 많이 경험한다. 이렇게 보면 퍽 불공평한 감정일 수도 있다. 행복한 이들은 스트레스 상황에 더 잘 대처하고 남들에게 인기도 많으며 행복했던 기억들도 더 잘 떠올린다. 또한 행복하다고 느끼기 때문에 더 자주 미소 짓고 그 미소에 대한 상대의 긍정적 반응 덕분에 행복감이 한층 높아진다. 반면 미소의 그런 영향력을 가장 필요로 하는 사람들은 정작 미소를 짓지 못한다. 마음속으로 느끼는 불행 때문이다. 그리고 불행했던 기억만을 되새기며 한없이 사기가 저하되고 만다. 이런 관점에서 생각하면 슬픔은 도무지 긍정적인 작용을 하지 못하는 것 같다. 하지만 다음 장에서 살펴보게 되겠지만 슬픔에도 나름의 역할이 있다.

슬픔

공항은 본래 슬픈 장소가 아니다. 사람들은 일생일대의 휴가나 환상적인 신혼여행, 혹은 자기를 발견하기 위한 휴식을 찾아 공항을 떠난다. 나는 공항에 갈 때마다 출발 항공편 안내 전광판 앞에 서서 새로운 곳으로 날아가는 상상을 하게 된다. 쿠알라룸푸르는 어떨까? 모스크바나 리마 아니면 나이로비는? 하지만 이건 내 경우일 뿐이다. 공항이 늘 행복한 장소는 아닌 것이다.

어깨에 검은 가방을 메고 마직 재킷을 팔에 걸친 여인이 유리 자동문을 향해 천천히 걸어가고 있었다. 여인은 남들의 시선을 의식한 듯 어색한 태도로 돌아보았다. 그리고 풀 죽은 채서 있는 가족들에게 손을 흔들었다. 가족들 눈에는 벌써 눈물이 고여 있었다. 여인은 직원에게 탑승권을 보이고는 안쪽 엑스선 검사대로 들어갔다. 가족들은 그 마지막 순간까지 놓치지 않겠다는 듯 바라보다가 서로 부둥켜 안았고 한동안 그대로 서 있었다. 얼마나 지났을까? 이윽고 그들이 뒤돌아서 천천히 주차장을 향해 걸어가는 옆으로 한 젊은이가 슬픈 표정으로 예쁜 여자 친구를 전송하고 있었다. 1년 동안 배낭여행을 하고 난 뒤 여자 친구는 그 청년 곁으로 돌아오게 될 것인가? 10명 남짓한 일행이 커다란 쇼핑백을 양손에 든 나이많은 인도 여인을 배웅하고 있었다. 철제 칸막이의 기둥 사이를 신나서 왔다 갔다 하는 장난꾸러기 꼬마를 제외하고는 모두 울고 있었다. 이것이 마지막으로 보는 모습이 되지 않을까 걱정하는 듯했다. 공항 탑승구 앞에 모인 사람들의 사연은 다들 다를 테지만 모두 슬픔이라는 감정을 느낀다는 점은 똑같았다.

위의 광경을 상상하는 것만으로도 슬퍼진다고 말하는 사람들도 있다. 내 친구는 감상적인 영화를 보면서 즐거움을 동반한 묘한 슬픔을 느낀다고 말하기도 한다. 공항에서 출발 안내 전광판 대신 환송객들을 바라보았을 때 나도 슬픔을 느꼈다. 진짜 슬픔 말이다.

진짜 슬픔, 상상 속의 슬픔, 재미가 섞인 관음증적 슬픔은 모두 하나의 감정이지만 서로 다른 차원에서 작용한다. 작은 슬픔은 커다란 즐거움으로 다가올 수 있다. 행복했던 시절을 회상할 때면 그 시절이 끝나 버려 다시는 되돌아올 수 없다는 점이 슬프지만 이는 따뜻하고 향수 어린 슬픔이다. 구슬픈 음악도 같은 효과를 낸다. 우리가 일부러 그런 음악을 고르는 이유는 그 슬픔을 즐기기 위해서이다. 사실 지난 수백 년 동안 슬픔이 늘 부정적인 감정은 아니었다. 캐롤 바지소비츠는 17세기 영국인들이 쓴 일기를 분석하면서 과거에는 슬픔이라는 감정 속에 자신감이 담겨 있었다는 점을 발견했다. 이는 심지어 죄의식에 반대되는 개념으로도 여겨졌다. 슬픔에 빠져 있으면 참을성 많고 현명한 사람으로 보인다는 것이다. 또한 바지소비츠는 오늘날에도 슬픔의 이러한 효과가 유지되는 사회가 존재한다고 지적했다. 예를 들어 이란이나 스리랑카에서는 우울함의 수준이 그 사람의 깊이를 나타내 준다고 여긴다.

슬픔이 대체로 부정적으로 인식되는 문화권에서도 슬픔을 전혀 느끼지 못하는 것은 문제가 된다. 약물에 취해 늘 행복을 느끼면서 사는 삶은 올더스 헉슬리의 『멋진 신세계(*Brave New World*)』에서 악몽 같은 미래로 그려진다. 비참함을 느껴 보지 못했다면 진정한 행복 역시 느끼지 못한다는 주장도 나온다. 하지만 그렇다고 해서 우리가 질병 없는 삶을 문제라고 보지는 않는다. 또 몸이 아프면 건강이 얼마나 소중한지 깨닫지만 하루 이틀만 지나면 그 소중함을 금방 잊고 만다. 건강한 순간을 매번 고마워하기 어려운 것처럼 슬픔이 없는 상태를 늘 기뻐하기도 어렵다.

이 장에서는 슬픈 표정이 어떻게 그토록 많은 것을 표현하는지, 슬픔을 느낄 때 뇌 속에서 어떤 일이 일어나는지, 또한 슬픔이나 울음 같은 기이한 현상 뒤에 숨은 화학적 작용이 무엇인지 알아보겠다. 그러자면 우선 슬픔의 목적을 이해하고 슬픔과 유사한, 하지만 훨씬 더 복잡한 감정인 우울에 대해 살펴보아야 한다.

슬픔의 용도

"다시 행복을 느낄 수 있으리라고는 상상조차 할 수 없어. 완전히 무기력하고 공허할 뿐이야. 행복이라는 것이 어떤 것인지 기억도 나지 않고 처음에는 무슨 일이 벌어지는지조차 알 수 없을 거야. 왜 계속 울고 있는지 이유도 모른다고. 혼자서 다른 차원에 들어가 버린 것 같아. 남들과 함께 웃을 수는 있지만 그건 머리에서 시작해 목으로 내려가는 형식적인 웃음일 뿐이야."

학창 시절에 내가 알던 클로에는 언제나 예쁘고 행복한, 인기 있는 소녀였다. 하지만 30대 초반일 때 연인과 헤어지고 뒤이어 직장에서도 문제가 생기게 되자 갑자기 울음을 터뜨리는 일이 잦아졌다. "처음에는 정말 힘들었어. 음식 생각도 안 나. 기운이 하나도 없거든. 방이 너무 지저분해 화가 났지

만 청소할 기운도 없었어. 어머니에게 전화를 했더니 와서 도
와주셨어. 내 방은 현관 바로 옆이었지만 자리에서 일어나 현
관문을 여는 것만으로도 녹초가 되어 바로 다시 침대로 가서
쓰러질 정도였다니까. 그냥 슬픈 것과는 전혀 달라. 겪어 본
사람만이 알 수 있는 일이야. 마음만 먹으면 무언가 건설적인
다른 일을 하면서 문제를 잊어버릴 수 있을 거라고들 쉽게 이
야기하지만 그건 불가능해. 아무것도 할 수 없다는 생각에 패
배감과 죄의식이 생기지. 스스로 아무 쓸모없는 사람이라고
생각하게 되고. 마음의 짐이 엄청 무거운데 제대로 설명할 수
조차 없는 거야."

이 정도로 고통스러운 우울증을 염두에 둔다면 대체 슬픔
이라는 것이 왜 진화하게 되었는지 궁금해진다. 사람마다 슬
픔을 느끼는 경향이 다르기는 해도 누구나 느낀다는 점은 분
명하다. 그렇다면 슬픔은 진화 과정에서 우연히 나타난 부산
물이거나 아니면 특정 목적을 위해 만들어진 것이라고 보아야
한다. 하지만 진화 과정은 우리의 고통 따위는 전혀 고려하지
않는다는 점을 기억할 필요가 있다. 자연선택은 우리가 번식
에 성공할 만큼 충분히 오래 살 수 있느냐 하는 것에만 관심을
쏟는다. 따라서 진화의 목적은 행복한 삶도, 심지어는 건강한
삶도 아니다. 그렇다고는 해도 슬픔이 어느 부분에 끼워 넣어
져야 하는지 알기란 쉽지 않다. 슬픔은 우리를 마비시켜 직장
에서의 성공도, 배우자 탐색도 실패하게 만든다. 번식은 말할
나위도 없다. 즐거움을 다룬 앞 장(章)에서 보았듯 행복을 느끼

는 사람은 즐거운 행동을 계속 추구하려 하고 여기에 수반되는 어려움을 기꺼이 감수한다. 미래에 행복해질 수 있다는 가능성만으로도 추진력을 얻는 것이다. 슬픔은 이와 정반대로 작용해서 우리를 한없이 무기력하게 만들어 일을 하지 못하게 하고 친구를 사귀지 못하게 한다. 침대에서 일어나지 못하도록 만들기도 한다. 병적인 의기소침 상태가 되면 제아무리 절호의 기회가 왔다 해도 새로운 무언가를 시작할 엄두도 내지 못한다. 인지 심리학자 키스 오어틀리는 인간은 전환점을 맞을 때 강렬한 감정을 경험하게 되며 이는 인생의 다음 단계로 건너가기 위한 다리 역할을 한다고 설명한다. 결국 방향 전환을 결심했는지의 여부는 중요하지 않다. 슬픔은 일단 그 자리에서 멈춰 상황을 정리하고 정신을 집중해 생각하도록 만들어 준다는 데 의의가 있다. 하지만 사람들이 슬픔을 느낄 때 움직임이 느려지고 스스로를 고립시킨다고는 해도 반드시 깊은 자기 성찰로 들어가지는 않기 때문에 이러한 이론에 선뜻 동의하기 어렵다. 실제로 슬플 때 어떤 행동을 하는지 조사한 연구에 따르면 음악 듣기나 낮잠 자기가 가장 많았고 인생에 대한 관조라는 응답은 그리 높은 순위가 아니었다.

이 생각을 좀 더 발전시킨 미국의 심리학자 랜돌프 네스는 슬픔이 우리 에너지 수준을 통제하는 역할을 한다고 주장했다. 어떤 일에서 성공할 가능성이 낮다는 점을 깨닫고 나면 우리는 비참함을 느낀다. 그리고 의지를 상실한 채 그 일을 포기함으로써 시간 낭비를 예방한다. 이런 관점에서 보면 우울증을 약물로 치료하는 행위는 이런 유용한 감정을 인위적으로 차단하는 것이 되고 만다.

네스의 이러한 이론은 어느 정도 타당해 보이지만 극단적인 우울증이 자살로 이어지기도 한다는 점을 고려한다면 이 강렬한 감정이 종의 보존이라는 진화의 목적과 어쩐지 부합하지 않는 것처럼 여겨진다. 영국과 아일랜드에서만 82분마다 1명꼴로 자살을 한다. 또한 모든 우울증이 실패가 예견된 일에서 출발하는 것도 아니다. 우울증 자체가 성공의 기회를 망쳐 버리는 상황도 발생하는 것이다. 어쩌면 자그마한 슬픔은 유용하지만 일부 사람들이 너무 강렬한 반응을 보이는 것이 문제인지도 모른다.

『진화 심리학(*Evolutionary Psychiatry*)』에서 앤서니 스티븐스와 존 프라이스가 내놓은 주장은 더욱 극단적이다. 사냥과 채집을 주로 하는 공동 사회에서는 우울증이 유용한 보호 기제였다고 한다. 당시 공동체에 기여하지 못하게 된 구성원은 쫓겨나 홀로 죽음을 맞이할 수밖에 없었다. 하지만 쓸모가 없어진 사람들이 우울증 증세를 보이기 시작하면 환자로 간주되어 보살핌을 받았던 것이다. 이 주장은 오늘날의 상황을 생각하면 썩 설득력을 가지지는 못한다. 실제로 이런 식으로 우울증 증세가 나타나는 경우 많은 사회가 도우려 나서기보다는 그 사람을 홀로 내버려 둘 것 같기 때문이다. 또한 이 이론은 애초에 왜 스스로를 부정적으로 바라보게 되는지를 설명하지 못한다는 점에서 한계를 갖는다. 자신이 주위에 도움이 되고 기여할 수 있다는 점을 알면서도 우울증에 빠지는 경우가 많은 것이다.

슬픔의 목적을 규명하기 위한 또 다른 접근법으로 슬픔이 자신에게 도움이 필요하다는 것을 알리는 효과적인 신호라는 관점이 있다. 하지만 여기에도 모순이 존재한다. 남들의 도움을 받을 수 있는 바로 그 순간에 우울증 환자들은 다른 사람을 피해 혼자만의 세계로 빠져 드는 일이 많기 때문이다. 또한 슬픔에 대한 다른 사람들의 반응이 통일되어 있는 것도 아니다. 아무나 붙잡고 슬프다고 하면 도움을 얻을 수 있는 식이 아니다. 이것은 개인에 따라 또 문화에 따라 다르다. 인류학자들은 전 세계 각 민족이 슬픔에 대해 가진 태도를 관찰하고자 했지만 '슬픔'이라는 단어조차도 다른 언어로 번역되었을 때 의미가 달라진다는 점을 발견했다. 이러한 번역의 문제를 극복하기 위해 표정 사진을 사용한 재치 있는 연구도 있었다. 사진을 보고 인물의 감정을 자기 언어로 표현하도록 한 뒤 그 언어 화자의 도움을 받아 이를 다시 영어로 번역했던 것이다. 이 방법을 통해 그리스에는 다섯 가지의 슬픔이, 일본에는 여섯 가지의 슬픔이 존재한다는 점이 드러났다. 슬픔의 구성 요소는 공통된다 해도 슬픔 자체가 모든 문화권에서 동일하게 나타나는 기본적 감정은 아닐 수 있는 것이다. 어떤 사회에서는 슬픔이 여자나 아이에게만 허용되는 감정으로 간주된다. 이러한 상황은 서구 사회로도 확장될 수 있다. 서구에서도 불행한 여자는 우울증 증세를 많이 나타내지만 같은 상황에서 남자는 폭력을 통해 고통을 표현하는 경향이 있으니 말이다. 슬픔의 목적이 도움을 얻는 데 있다면 이는 상당히 비효율적인 체계라 말할 수밖에 없다. 하소연이나 넋두리를 듣기보다는 유쾌한 상대방과 저녁 시간을 보내고 싶어 하는 사람이 더 많으므로 늘 원하는 도움을 기대할 수는 없기 때문이다.

결국 슬픔의 진화적 목적에 대해서는 아직 명확한 결론을 낼 수 없는 상태이다. 이제까지 소개한 모든 이론들은 각각 슬픔의 한 측면만을 설명하는 것 같다. 슬픔은 우리를 멈춰 서게 하는 감정이고 뒤를 돌아본 후 필요하다면 계획을 바꾸게 하는 감정인 동시에 남들에게 도움의 필요성을 알리고 이를 통해 유대를 강화하는 수단이다. 또한 슬픔에 관한 한 우리 얼굴은 감정 전달에 아주 적합한 도구다.

슬픈 얼굴

슬픔이 의사소통이라는 목적에 어떤 식으로든 기여하려면 우선 명백하게 겉으로 드러날 필요가 있다. 다윈은 슬픔을 표현하는 표정에 대해 연구하면서 많은 문화권에서 입 꼬리를 아래로 내리는 것이 슬픔을 의미한다고 설명했다. 그런데 재미있게도 슬픈 표정은 상대적으로 짧은 시간 동안만 지속된다. 슬픈 감정은 며칠이고 지속될 수 있지만 남들 눈에 보이는 슬픈 모습은 잠깐 동안만 유지되는 것이다. 원한다면 얼마든지 감정을 숨길 수 있다. 즐거움을 다루었던 앞 장에서 거짓 웃음은 눈둘레근의 움직임이 결여된 탓에 쉽게 발각된다는 말을 했었다. 다윈은 열차 안 맞은편 좌석에 앉은 부인을 관찰하다가 그녀가 완벽하게 만족스러운 듯한 표정이지만 입 꼬리가 내려가 있다는 것을 알아차렸다. 부인의 진정한 감정은 바로 그 입 꼬리가 드러내고 있었다. 입 꼬리는 아주 살짝만 내려가도 슬픔을 드러낸다. 나는 바로 이 점 때문에 개인적으로 괴로움을 겪기도 한다. 입을 다물고 가만히 있을 때 나는 입 꼬리가 살짝 처지는 경향이 있기 때문이다. 그래서 무언가에 집중하고 있는 나를 보고 사람들은 무슨 나쁜 일이라도 있느냐고 걱정스럽게 묻곤 한다. 몇 개월 전에는 런던의 차이나타운에서 친구를 기다리며 서 있는데 경찰관 한 사람이 다가와 괜찮냐고 묻기까지 했다. 폐쇄 회로 카메라에 찍힌 내 표정이 너무 슬프고 불안해 마치 누군가에 쫓기는 것처럼 보였다는 것이었다.

아르헨티나의 티에라델푸에고 섬 사람들은 다윈에게 선장 얼굴이 슬퍼 보인다면서 손으로 양 볼을 잡아 늘여 그의 표정을 흉내 냈다. 다윈은 이와 관련해 눈썹이 비스듬한 경사를 이루는 경우 슬픈 표정이 된다고 기술했다. 코 쪽의 눈썹 꼬리가 위로 올라가는 형태이다. 다윈은 여기 관여하는 '슬픔 근육'은 대부분의 경우 슬픔을 느낄 때 자동적으로 움직이지만 몇몇 사람은 이를 자유롭게 움직일 수 있고 이는 유전되는 능력으로 보인다고 썼다. 얼굴 표정에 대한 세계적 권위자인 에크먼은 따로 키워진 일란성 쌍둥이를 연구하여 한쪽이 이 근육을 움직일 수 있다면 다른 한쪽도 그렇다는 점을 발견했다.

우리는 상대의 표정, 그리고 자세나 목소리를 바탕으로 그 감정을 추측하게 된다. 그런데 이런 신호를 읽고 상대의 마음을 알아내는 데 능숙한 사람이 있는 반면, 짐작조차 못하는 둔감한 사람도 있다.

사실 우리가 남들에게서 가장 잘 관찰하는 감정은 그 순간 우리가 느끼는 것과 같은 감정이다. 흔히 슬픔에 빠진 사람은 그 슬픔 때문에 남들 감정에 신경 쓸 여유가 없으리라 여겨지지만 실은 그 반대이다. 슬픈 사람은 똑같이 슬픔을 느끼는 다른 사람을 가장 빨리 찾아낸다. 행복한 사람 역시 다른 행복한 이들을 금방 알아본다. 마치 우리가 현재 느끼는 감정이 우리 인식 속에 너무 강력하게 남아 같은 감정을 가진 남들에게 끌리기라도 하는 것처럼 말이다.

슬픈 마음과 슬픈 몸

3년 진 줄리아는 여행 가방을 밀며 텅 빈 세관 검사대를 지나고 있었다. 베트남 여행은 환상적이었다. 그녀는 평소처럼 선탠을 하고 쉬면서 멋진 시간을 보냈다. 누군가 자기를 마중 나와 주었다면 더 좋지 않을까? 놀랍게도 실제로 그런 일이 일어났다. 여동생의 남자 친구가 난간에 기대어 미소 짓고 있었던 것이다. 하지만 예상과 달리 기분은 전혀 나아지지 않았다. 대체 저 사람이 왜 여기 있는 걸까? 무슨 나쁜 일이 일어난 것일까? 어머니의 암이 재발했나? 다행히 그런 일은 없었다. 그는 모두 잘 지낸다는 것, 다만 줄리아 부모님이 서포크 지방에 가지고 있던 별장용 오두막이 불타 버렸을 뿐이라고 말해 주었다. 줄리아는 심란해졌다. 400년이나 된 그 오두막은 대대로 물려받은 것이었고 아버지가 10세 때부터 살던 곳이기도 했다. '집에 돌아가면 눈물 흘리는 아버지 모습이 커다랗게 실린 지역 신문을 보게 되겠군. 내 자식들도 어머니가 자란 집을 볼 수 없게 되어 버렸어. 아침에 상쾌한 기분으로 깨어났다가도 5초 후면 슬픈 사건이 떠오르는 것, 그런 게 가장 고약한 종류의 슬픔이야. 그건 마치 가슴을 쇳덩이로 짓누르는 것과 같지. 진정한 슬픔은 신체적 고통과도 같아. 내 가슴은 몇 주 동안 계속 고통을 느끼겠지.'

슬픔이 신체에 물리적 영향을 미친다는 것은 사실이다. 피부 전도성(skin conductance)이 높아지면서 땀이 나고 장의 소화 작용에 이상이 생기기도 한다. 1943년에 사례 연구 대상이 되었던 톰이라는 환자는 우울한 상태가 되면 늘 식욕이 없어졌다고 한다. 또 1920년대에 이루어진 다른 연구에서는 우울한 사람의 경우 위장의 소화액 분비가 줄어든다는 결과가 나오기도 했다. 우울한 사람과 그렇지 않은 사람 사이에는 호르몬의 차이도 있다. 우울증 환자의 절반 정도는 혈액 내 코르티솔 호르몬 수준이 비정상적으로 높았다. 이 호르몬은 스트레스 상황에서 시상하부-뇌하수체-부신축(HPA축)이 작용해 분비된다. 이는 연쇄적인 화학 반응의 결과이다. 성적 충동을 관장하고 체온을 유지하는 시상하부(hypothalamus)라는 뇌의 작은 영역에서 먼저 호르몬이 분비되어 뇌하수체(pituitary gland)를 자극하고 여기서 다시 호르몬이 분비되어 신장 위쪽에 자리 잡은 부신(adrenal gland)이 활동해 스트레스 호르몬인 코르티솔이 분비되는 것이다. 이를 통틀어 HPA축이라 부른다. 그런데 이 체계가 제대로 작동하지 않는 경우에는 코르티솔이 과다한 상태가 될 수 있다.

슬픔이라는 감정의 영향을 가장 많이 받는 기관은 당연히 뇌이다. 슬픔을 느끼면 뇌의 수백만 뉴런들 사이를 릴레이 방식으로 연결하는 신경 전달 물질, 즉 화학적 메신저들의 양이 달라진다. 그런 신경 전달 물질 중에는 세로토닌도 있다. 1000분의 1초마다 배출되어 뇌의 모든 활동에 관여하는 것으로 여겨지는 중요한 물질이다. 그런데 우울한 사람에게는 이 세로토닌 수준이 낮아진다. 프로작 같은 항우울제는 바로 이를 바탕으로 개발되었다. 프로작은 선택적 세로토닌 재흡수 차단제이다. 정상적인 경우 신경 말단에서 분비된 세로토닌이 뇌의 수용체에 작용하지만 세로토닌 양이 너무 많아지면 신경 말단에서 다시 흡수되어 버린다. 프로작과 같은 약은 바로 이런 흡수 과정을 차단하여 세로토닌이 더 오랫동안 수용체에 작용하여 기분을 조절하도록 한다. 그 영향은 물론 즉각 나타나지 않는다. 우울함을 느낀 줄리아가 프로작을 복용했을 때 차이를 느낀 것은 몇 주가 지난 후였다. "약을 먹으면서도 며칠 동안은 여전히 상태 변화가 없어요. 왜 귀찮게 약을 먹어야 하는지 알수 없을 지경이었죠. 그러다가 아주 천천히 변화가 시작되었어요. 갑자기 기분이 좋아지거나 행복해지는 게 아니라 내 안의 진정한 자아가 회복이 되는 것 같았고, 약은 숨어 있던 그 진정한 자아가 드러나도록 돕는 데 불과하다는 생각이 들었어요."

프로작과 같은 선택적 세로토닌 재흡수 차단제가 뇌 속 세로토닌의 양을 늘리고 또한 세로토닌이 우리를 행복하게 만들어 준다면 누구든 이 약을 먹기만 하면 더 즐거워야 할 것이다. 하지만 우울증이 없는 사람에게 이 약은 아무런 효과도 내지 못한다. 세로토닌이 작용하는 방식 때문이다. 세로토닌은 즐거움을 느끼게 하는 신경 전달 물질인 도파민과는 다른 종류의 물질이다. 우울하지 않은 상태라면 선택적 세로토닌 재흡수 차단제는 전혀 기분을 바꿔 주지 못한다. 심지어는 우울증 병력이나 가족력이 없는 경우 인위적으로 세로토닌 수준을 낮춘다 해도 기분에는 아무런 변화가 없다. 이는 문제의 핵심이 우울증에 대한 취약성이라는 것을 의미한다. 과거에 우울증을 겪은 상태에서 세로토닌 수준이 심각하게 낮아진다면 다시 우울증을 경험할 확률이 높다. 학자들은 실험 결과 여성들의 세로토닌 수준을 인위적으로 낮추는 일이 더 쉽다는 점을 밝혀냈다. 옥스퍼드 대학교의 신경 정신 약리학 교수인 필 코언은 수년 동안 선택적 세로토닌 재흡수 차단제를 연구한 결과 이 현상이 흉터와 비슷하다고 설명했다. 한번 우울증을 경험했다면 흉터가 남는다. 뇌 속의 관련 경로가 망가져 버리는 것이다. 물론 사람마다 세로토닌 수용체의 수가 다르기 때문에 문제는 좀 더 복잡하다. 일단 수용체가 존재해야 세로토닌이 작용할 수 있으니 말이다.

우울증 진단

우울증과 슬픔의 차이는 사회적으로 규정된다. 오래 지속되는 극단적인 슬픔은 그 어떤 친구와 가족도 도와줄 수 없는 지경에까지 이르게 한다. 그런 지경에 이른 사람, 예를 들어 클로에와 같은 경우는 전문가를 찾게 되고 우울증이라는 진단을 받는다. 이 진단 덕분에 클로에는 마음의 위안을 얻었고 다른 사람을 비난하지 않고도 자기 감정을 설명할 수 있게 되었다.

　우울증 증상은 크게 네 부류로 나뉜다. 우울증 환자라고 해서 이 모든 증세를 다 느끼는 것은 물론 아니다. 가장 명백한 것은 감정적 증상들이다. 환자들은 아침에 가장 슬프고 비참한 느낌을 가시곤 한다. 그 느낌은 '희망 없는', '고독한', '쓸쓸한' 등으로 표현된다. 정상 상태라면 충분히 즐거울 활동, 예를 들어 맛있는 음식을 먹는다든지 친구를 만나는 것도 불안하거나 재미없게 느껴진다. 두 번째는 신체적 증상들로 아침에 너무 일찍 잠에서 깬다든지 식욕이나 성욕이 감퇴하는 경우가 있다. 세 번째는 행동의 의욕과 관련된 증상이다. 우울

증 환자들은 새로운 일을 시작하거나 결정을 내리는 데 커다
란 어려움을 겪는다.

　마지막이자 가장 흥미로운 증상은 인지적인 측면이다. 이
는 사고와도 연결된다. 약간이라도 슬픈 감정을 가지게 되면
생각하는 방식이 달라진다. 간단한 실험으로도 이를 확인할
수 있다. 참여자들에게 헤드폰으로 즐겁거나 서글픈 음악을
들려 준 후 컴퓨터 앞에 앉아 떠오르는 글자들을 보게 했다.
이는 어휘 결정 과제(lexical decision task)라 불리는 표준적인
심리 검사인데 화면 위의 글자들은 단어를 이루기도 하고 그
렇지 않기도 한다. 단어가 나오는 경우 실험 참가자들은 가능
한 한 빨리 이를 인식해야 한다. 그런데 즐거운 음악을 들었던
실험 참가자들은 '기쁨'처럼 행복한 감정과 관련 있는 단어를
더 빨리 인식하는 반면 슬픈 음악을 들은 참여자들은 '울음'
처럼 슬픈 단어를 더 빨리 인식했다. 음악을 통해 잠깐 동안
야기된 감정이 이러한 영향을 끼칠 정도라면 우울증 환자들
의 뇌 작용에는 한층 더 크고 장기적인 영향이 나타날 것이다.
그리고 이러한 사고의 변화는 우울 증세를 유지하는 데 기여
한다.

　우울증 환자들은 스스로 쓸모없다고 느끼며 무언가 잘못
된다면 모두 자기 잘못이라고 믿기 시작한다. 실수로 안경을
떨어뜨려 깨뜨렸다고 하자. 우울증이 없다면 잠깐 동안은 당
황하더라도 곧 유리 조각을 치운 후 더 큰 사고가 나지 않았다
는 데 안도하며 스스로를 위로할 것이다. 하지만 우울증 환자

의 경우라면 자신을 비난하고 그 사고는 향후 모든 것이 엉망진창이 되어 버릴 증거라고 여기게 된다. 그리고 사방을 둘러보면서 자기 삶에는 아무 희망도 없다는 증거를 찾는다. 긍정적인 면이 혹시 보인다 해도 무시하면서 말이다. 인지적 치료법의 첫 단계는 바로 이런 생각의 방식을 드러내는 것이다.

클로에는 우울증 때문에 자신이 앞으로 나아가지 못하고 과거만 곱씹고 있음을 깨달았다. 또 과거에는 자신이 스스로를 분석하는 데 골몰하지 않았고 퍽 행복했다고 느꼈다. 친구에게 닥친 비극적인 사건이 변화의 전기가 되기도 했다. 프로작을 복용하고 몇 개월이 지났을 무렵 클로에는 기분이 많이 호전되었다고 느끼고 오스트레일리아에 사는 친구를 만나러 갔다. 하지만 또다시 슬픈 사건을 겪고 말았다. 2001년 9월 11일, 뉴욕 쌍둥이 빌딩이 붕괴되면서 친구 하나가 실종되었던 것이다. 클로에는 지체없이 뉴욕으로 날아가 수색 작업을 도왔지만 결국 친구는 시체로 발견되었다. 그리고 몇 년 만에 처음으로 클로에는 남에게 의지가 되고 도움을 주어야 하는 상황에 처했다. 슬픔에 빠진 친구의 미망인을 위로해야 했던 것이나. 더 이상 자기 슬픔을 곱씹고 있지 못하게 된 클로에는 친구의 장례식 준비를 돕는 와중에 다시금 자신이 소소한 일들을 처리할 수 있게 되었다는 것을 깨달았다. 그리고 오랫동안 하지 못했던 일, 바로 웃고 미소 짓는 것이 가능해졌다는 점도 말이다.

우울증과 호르몬

이 까닭을 밝히기 위해 전문가들은 여러 가지 이론을 도입했다. 그중 가장 설득력 있는 설명은 사회적 요소가 중요한 역할을 담당한다는 것이다. 여러 가지 일들이 제대로 안 풀리는 힘겨운 상황에서 우울증이 나타난다는 점은 당연해 보인다. 영국 사회학자인 조지 브라운과 티릴 해리스가 1970년대에 발표한 선구적 연구에 따르면 여성의 우울증에서 가장 큰 위험 요소는 가족이나 친구 등 기댈 곳이 전혀 없이 5세 이하의 자녀를 키우는 것, 그리고 11세 미만의 나이에 어머니를 잃는 것으로 나타났다.

하지만 우울증이 나타날 가능성은 이보다 더 앞선 시기, 세상에 태어나기도 전에 시작될 수 있다. 부모나 형제자매 중 우울증 환자가 있다면 우울증을 겪을 가능성이 1.5배에서 3배까지 커지는 것이다. 그렇다고 해서 우울증이 전적으로 유전 때문이라고 말할 수는 없다. 오히려 부모나 형제자매를 보면서 우울증이 최악의 상황에 대한 최선의 대처라는 점을 학습하는 듯하다. 그래서 다른 사람이라면 폭력이나 알코올 중독으로 갈 수 있는 상황에서 우울증에 빠지는 것이다. 유전적 영향과 경험이나 환경의 영향을 분리시켜 파악하기 위한 대표적인 방식은 쌍둥이 연구이다. 일란성 쌍둥이가 따로 키워졌을 때 나타내는 차이는 환경의 영향으로 볼 수 있다는 것이 기본 가정이다. 일란성 쌍둥이 중 하나가 우울증을 겪는다면 다른 하나가 우울증을 겪을 확률은 50퍼센트가 된다. 유전자가 작용한다면 우울증이 나타날 것이고 삶의 경험이 영향을 미친다면 그렇지 않을 수 있는 것이다. 하지만 우울증에 시달릴 것인지 아닌지를 결정하는 유전자는 하나가 아니다. 여러 유전자가 복잡하게 관여하고 있기 때문이다.

우울증의 근원을 파헤치자면 뇌 속의 화학적 변화를 연구해야 한다고 생각하는 학자들도 있다. 하지만 그렇다고 해서 환경의 영향을 무시할 수는 없다. 세로토닌의 작용은 이 모든 요소들이 어떻게 함께 작용하는지 잘 보여 준다. 1990년대 초반의 원숭이 연구에서 무리의 지배적 성원들에게는 세로토닌 수준이 높았다. 하지만 이 수준이 영속적으로 유지되지는 않았다. 실험 과정에서 무리로부터 분리된 원숭이에게서는 세로토닌 수준이 떨어졌다. 인간에게도 동일한 현상이 나타날 수 있다. 직장을 잃고 스스로 지위가 하락했다고 느끼면 세로토닌 수준이 떨어져 슬픈 감정을 느끼는 것이다. 세로토닌 수준 저하가 미치는 영향은 남성이냐 여성이냐에 따라 다르다. 여성은 우울증을 보일 가능성이 높지만 남성의 경우 공격성을 발달시키는 경향이 있다. 원숭이 연구에서 우두머리 원숭이가 무리를 떠난 후 그 자리를 차지한 원숭이에게서는 예외 없이 세로토닌 수준이 높아졌다. 그런데 인위적으로 세로토닌 수준을 높인 원숭이는 사회적 기술이 발전되어 무리 내 지위가 상승했다. 우두머리 자리가 비어 있는 상황이라면 그 자리를 차지하기까지 했다. 반면 인위적으로 세로토닌 수준을 낮추면 지위 또한 낮아질 가능성이 높았다.

앨리슨 본드는 이를 인간에게 적용해, 4주 동안 실험 참가자들이 선택적 세로토닌 재흡수 차단제를 복용한 후 여러 가지 게임을 하도록 했다. 그리고 기숙사 동료들에게 실험 참가자가 보이는 변화를 보고하도록 했다. 게임을 하는 도중 실험 참가자들은 자기가 말할 때 다른 사람들과 눈을 더 많이 맞췄지만 남들이 이야기할 때에는 눈 맞춤 빈도가 낮았다. 이는 지배력이 높아졌다는 뜻이다. 게임을 하는 과정에서는 더 협력적인 모습이 나타났지만 기숙사 동료들로부터는 전에 비해 덜 온순하다는 평가를 받았다. 종합하면 세로토닌 수준 상승이 지배력을 높이고 협력 정도도 높였던 것이다. 이 두 가지는 모순적으로 들릴지도 모르지만 실상 원숭이들이 보이는 모습과 정확히 일치한다. 지위가 높은 원숭이들은 공격성을 드러낼 필요가 없고 따라서 다른 원숭이들과 더 사이좋게 지낸다.

이렇게 보면 세상에서의 성공이 세로토닌 수준을 높일 뿐 아니라, 세로토닌 수준 상승이 대인 관계 개선을 통해 성공을 이끌 수도 있다는 이야기가 된다. 그럼 좀 불공평해 보이기도 한다. 이미 행복하고 세로토닌 수준이 높은 사람은 계속 사회에서 성공하고 행복을 이어 가는 반면 세로토닌 수준이 낮은 사람들, 성공을 통한 변화가 정말로 필요한 사람들은 뒤쳐져 계속 그 상태에 머물러야 하니 말이다. 물론 이 분야의 연구 대부분이 동물을 대상으로 한 것이었고 인간에게도 동일한 효과가 나타난다고 확신할 수는 없다. 하지만 2000년에 피츠버그에서 이루어진 연구를 보면 사회·경제적 지위가 낮은 사람들은 특정 약물에 대해 반응이 무뎠다고 한다. 세로토닌의 변화 경향이 낮았다는 뜻이다. 이런 사람들은 대개 스트레스를 많이 경험하고 신체적·정신적 폭력에도 더 많이 노출되었을 것이다. 따라서 이러한 부정적인 경험이 쌓여 결국에는 세로토닌 수준 변화가 쉽지 않게끔 뇌 구조가 바뀐 것이라고 추론할 수 있다.

이런 점을 고려한다면 화학적 설명을 찾는 연구에서도 인생 경험이 감정에 미치는 영향을 배제할 수 없게 된다. 우리의 감정은 뇌 속 화학 물질의 양에 따라 전적으로 결정되는 것이 아니다. 이 화학 물질들의 변화는 외부로부터의 영향을 반영하는 데 불과하다. 삶에서 상황이 변화하면 화학 물질들의 균형도 바뀌는 것이다. 특히 인생 초기의 경험은 신경 전달 물질의 수준에서 뇌가 변화에 대처하는 방식에 큰 영향을 미친다.

앞에서 스트레스 호르몬 코르티솔에 대해 이미 언급했다. 우울증을 경험하는 이들 중에 코르티솔 작동 체계에 이상을 보이는 경우가 있었던 것이다. 그런데 세로토닌 역시 마찬가지 상황이라면 이제 이들 체계에 문제가 발생하는 이유는 무엇일지 질문이 제기된다. 애초부터 스트레스 호르몬을 지나치게 많이 분비하는 성향을 가지고 태어났을 수도 있고 인생 경험을 통해 체계에 이상이 생겼을 수도 있다. 애틀랜타 에모리 대학교의 찰스 네메로프는 갓 태어난 쥐를 첫 21일 동안 10일씩 어미 쥐에게서 떼어 놓을 경우 스트레스 호르몬 수준이 높아진다는 점을 발견했다. 이는 어린 시절의 부정적 경험이 스트레스에 대응하는 뇌 구조를 바꿀 수 있음을 시사한다. 물론 동물 실험에 바탕을 둔 주장인 만큼 아직은 가설에 불과하다. 하지만 네메로프는 어린 시절의 부정적 경험이 어떻게 성인기까지 연결될 수 있는지에 대한 생화학적 설명을 가능하게 해준 셈이다.

코르티솔과 세로토닌이 우울증과 직접 연결되는 화학 물질이라는 데에도 반론이 존재한다. 이제 등장 단계의 이론이기는 하지만 면역 체계가 관여한다는 주장도 있다. 면역 체계에 이상을 가진 사람들은 자가 면역 질병을 앓든지 우울증을 겪든지 하는 두 가지 방향으로 스트레스에 반응한다는 것이다. 여성은 이 두 반응을 보일 확률이 더욱 높다. 어쩌면 선택적 세로토닌 재흡수 차단제 같은 약은 세로토닌뿐 아니라 면역 체계와 코르티솔 체계에도 영향을 미치는지도 모른다. 그래서 효과가 나타나기까지 몇 주일씩 걸리는 것일 수도 있다.

다시 강조하지만 뇌 속의 화학 변화는 저절로 일어나는 기능 이상이라기보다는 바깥 세상에 대한 반응일 가능성이 높다. 그렇다면 생리적 측면과 사회적 측면을 분리해 생각하는 것은 더 이상 무의미하다. 두 측면은 상호 영향을 주고받는다. 약물 치료와 상담 치료라는 극단적으로 다른 두 방법이 모두 효과를 나타내는 것도 바로 이 때문인지도 모른다.

눈물의 수수께끼

대대로 내려온 오두막집에 화재가 일어나기 2년 전, 줄리아는 암 치료 후 요양 중인 어머니와 함께 브리즈번에서 휴가를 보냈다. 당시 줄리아는 파혼한 지 얼마 안 된 때였고 몹시 슬펐지만 어머니에게 걱정을 끼치지 않기 위해 억지로 웃는 표정을 지으며 휴가를 즐기려 노력했다. 하지만 밤에는 소리 죽여 울곤 했다. 어머니가 잠이 들고 나면 옆 침대에 누워 울었던 것이다. 2주가 지났을 때 어머니가 왜 그렇게 자꾸 우냐고 물어 왔다. 밤마다 울음소리를 들었으며 자기가 아프다고 해서 줄리아가 속내를 털어놓지 않는 것은 싫다는 것이었다.

줄리아는 상상하던 미래가 사라진 것이 슬펐다. 하지만 그 이야기를 함으로써 다른 사람에게 부담을 주고 싶지도 않았다. 두 가지 다 충분히 이해할 수 있는 태도이다. 그렇지만 불행할 때 눈에서 떨어지는 투명한 액체는 얼핏 이해하기 어려운 존재이다. 먼지가 들어갔을 때 눈을 보호하기 위해서 눈물이 나오는 것은 당연한 반응이다. 하지만 마음에 동요가 있을 때 울게 되는 까닭은 무엇일까? 생리적으로 설명하자면 이는 코가 막히면서 눈이 자극되고 얼굴이 부풀면서 두통을 일으키는 현상이다. 하지만 분명 눈물을 흘리지 않을 수 없는 경우가 존재한다.

미네소타 세인트폴 램지 의료 센터에서는 실험 참가자들에게 영화를 관람하도록 했다. 아버지가 돌아가신 지 불과 1년 만에 또다시 중병으로 죽어 가는 어머니를 보살피는 아이들에 대한 영화였다. 영화는 매우 슬프고 감동적이었다. 결국 아이들은 고아가 되고, 첫째 아들은 용감하게도 자신이 동생들을 돌보겠다고 다짐한다. 하지만 마을의 냉정한 어른들은 아이들을 내몰고 싶어 한다. 영화를 보는 실험 참가자들은 서로 만나 본 적이 없는 사이로 이들은 눈물을 모으기 위한 홈이 파인 특수 안경을 쓰고 조용히 영화를 보았다. 이들에게 주어진 임무는 눈물을 흘리는 것이었다.

수년 동안 울음에 대해 연구한 윌리엄 프레이는 이것이 눈물을 모으는 가장 쉬운 방법이라는 점을 발견했다. 하지만 특수 안경은 그리 유용하지 못했다. 실험 참가자들의 뺨을 타고 흘러내리는 눈물이 많았기 때문이다. 결국 작은 통을 주고 실험 참가자들이 직접 눈물을 모으게 하는 것이 가장 효과적인 방법으로 드러났다. 프레이는 여러 영화와 다양한 자리 배치를 시험한 결과 공간이 중요하다는 점을 알아냈다. 낯선 이들과 가까이 앉게 될 경우 사람들은 눈물을 참았다.

프레이는 슬플 때 흘리는 눈물에는 고통이나 자극으로 인한 눈물과 다른 화학 성분이 들어 있지 않을까 하는 의문을 가졌다. 프레이 자신이 어린 시절 이후 울어 본 적이 없다는 것이 연구의 출발점이 되었다. 울음의 빈도를 조사한 연구에 따르면 프레이처럼 한 달 내내 한 번도 울지 않는 사람이 있는가 하면 한 달에 29일을 우는 사람도 있다. 여기에는 물론 우는 행동에 대한 사회적 허용이나 규칙도 작용한다. 특히 소년들이 규제를 많이 받는다. 나의 아버지는 4세 때 편도 적출 수술을 받았는데 그때 이미 간호사에게서 사나이는 울지 말아야 하며 만약 운다면 계집애 취급을 받을 거라는 말을 들었다고 한다. 그런데 실은 이러한 사회적 압력에도 불구하고 12세까지는 남녀가 우는 빈도에 차이가 없다고 한다. 다만 그 이후에는 여자가 남자보다 4배 정도 더 많이 우는 경향이 있다. 10대 소녀가 소년에 비해 더 스트레스를 많이 받는다고 볼 수는 없기 때문에 이는 에스트로겐과 프로락틴 호르몬이 증가한 탓이 아닐까 추정되어 왔다. 하지만 임신기나 생리 전 시기의 울음 빈도에 대한 조사는 일관된 결과를 내놓지 못하고 있다. 혹시 10대 소년의 경우 사춘기를 거치면서 무언가의 영향을 받아 울지 않게 되었을 수도 있다. 그럼 테스토스테론 수준이 높아지면서 그것이 울음 빈도를 줄인 것은 아닐까? 작은 포유동물에게 테스토스테론을 투입하면 소리를 덜 내는 경향이 있다. 또 남자가 나이를 먹게 되면 다시 더 많이 울게 되는 것도 테스토스테론 수준 저하와 연결 지을 수 있을 것이다. 어쩌면 이 모든 것이 순전히 심리적인 요인 때문일 수도 있다. 남자 아이가 청소년기에 접어들면 남들에게 우는 모습을 보이는 것이 부끄러워 눈물을 참지만 할아버지가 된 후에는 남의 눈에 신경을 덜 쓰게 된다는 식으로 말이다.

울음 빈도는 문화권에 따라 아주 다르다. 마틀린 베흐트는 3년여에 걸쳐 29개 나라에서 관련 자료를 수집했다. 그리고 미국의 성인 남녀가 가장 자주 울고 불가리아 남성과 아이슬란드 여성, 루마니아 여성이 가장 적게 운다는 점을 발견했다. 그 이유를 정확히 추론하기는 쉽지 않다. 이 연구에서 한 국가당 조사 대상은 30명에 불과했다. 따라서 이 결과를 국가나 민족으로 확대시키기에는 무리가 있다. 또 지난 4주 동안 몇 번이나 울었느냐는 질문에 대한 답변을 분석했다는 점도 문제다. 울음에 대한 문화적 태도가 응답 빈도에 영향을 미쳤을 수 있기 때문이다. 나는 베흐트의 연구 결과를 알고 있었던 터라 아이슬란드에 갔을 때 계속 주위를 살피며 혹시 우는 사람이 없는지 찾아보았다. 과연 관광 안내원은 장엄하고 아름다운 폭포 앞에서도 눈물 한 방울 흘리지 않았다. 하지만 그곳을 매일 보는 입장에서는 눈물이 나오지 않는 것이 당연할 수도 있다.

사람들이 가장 많이 우는 시간이 저녁 7시와 9시 사이라는 연구 결과는 그다지 놀랍지 않다. 그 시간대는 아마도 하루 중 처음으로 주어지는 개인적인 시간이면서 동시에 피로, 슬픈 텔레비전 프로그램, 가족 간 다툼 등 울고 싶게 만드는 모든 요소를 갖추고 있다. 또한 수면 주기를 관장하는 생활 리듬의 영향도 있을지 모른다. 아기들도 주로 저녁 때 우는데 어른들이라고 왜 다르겠는가?

비탄의 눈물은 인간만이 흘리는 것으로 생각하기 쉽지만 다윈은 인도코끼리도 묶여서 움직이지 못하게 되면 눈물을 흘린다고 기록했다. 프레이는 동물학자와 조련사의 협조를 받아 동물이 눈물을 흘리는지 확인했다. 대부분은 그런 모습을 본 적이 없다고 했지만 애완동물을 키우는 사람들은 돼지부터 치와와까지 모든 동물이 눈물을 흘린다고 진술했다. 마운틴고릴라 연구로 유명한 다이앤 포시는 3세짜리 고릴라인 코코가 창밖을 내다보면서 눈물 흘리는 모습을 목격했다. 이를 '창밖을 보면서 고독을 느끼는 모습'이라 표현하고 싶은 마음은 굴뚝같지만 그렇게 한다면 고릴라의 감정을 제멋대로 해석하는 게 될 터이다. 동물의 행동을 분석하는 데 있어 가장 큰 문제 중 하나는 우리가 모든 것을 의인화해 버리는 경향이 있다는 점이다. 동물이 느끼는 감정은 같은 상황에서 인간이 느끼는 것과 전혀 다를 수 있다.

눈물의 구성 요소

우리는 적어도 인간이 흘리는 눈물의 화학적 구성 성분이 무엇인지 약간은 알고 있다. 1791년에 최초의 분석이 이루어져 눈물은 소금, 점액, 물로 구성된다는 주장이 나왔다. 눈물을 이루는 액체 대부분은 눈 바깥쪽 위에 있는 눈물 분비선에서 나온다. 자이스(Zeis), 몰(Moll), 만즈(Manz), 헨레(Henle) 같은 멋진 이름을 가진 분비샘에서 나오는 이 액체와 합쳐진 상층의 기름막은 눈물이 너무 빨리 증발되지 않도록 한다. 눈을 깜박일 때에는 눈물이 눈 표면을 지나 안쪽 구석으로 모이지만 울 때에는 눈꺼풀 끝에서 뺨으로 흘러내리게 된다.

신생아는 첫 2~3개월 동안 울면서도 눈물은 흘리지 않는다. 이를 두고 다윈은 아이가 자라면서 눈물 흘리는 능력이 발달하는 것이라고 설명했다. 얼굴을 찌푸리는 상황이 되면 눈을 보호하기 위해 눈물이 나온다는 것이다. 그리고 격심한 웃음, 하품, 구토 등의 상황에도 눈물이 동반된다는 점을 관찰하고 이때에도 역시 눈물이 눈을 보호하기 위해 나오는 것이라고 덧붙였다. 얼굴을 찌푸리면 눈 주위 혈관이 충혈되고 이에 따라 눈 표면 보호를 위해 눈물이 나온다는 주장이다. 다윈은 자기 주장을 확인하기 위해 아이들에게 가능한 한 오래 눈 주위 근육에 힘을 주게끔 시키기도 했다. 이렇게 하면 당연히 눈물이 나올 것이라 생각하면서 말이다. 하지만 결과는 예상과 달랐다. 그래도 다윈은 이는 다만 아이들이 제대로 근육을 수축시키지 못했기 때문이라고 설명하며 주장을 굽히지 않았다. 또 티끌이 들어갔을 때에도 눈물이 나온다는 점을 보면 결국 슬픔의 눈물 또한 눈을 보호하기 위한 것이라고 주장했다.

프레이는 이러한 다윈의 생각이 틀렸다는 점을 실험으로 증명해 냈다. 그는 실험 참가자들이 슬퍼서 울게 만들었다가 이어 눈을 자극해 눈물을 흘리게 했다. 후자의 경우를 위해서 최루탄 가스 따위 대신 여러 가지 채소와 풀이 동원된 결과 양파가 가장 효과적인 것으로 나타났다. 양파가 눈물을 흘리게 만든다는 점은 셰익스피어 시대에도 알려져 있어서 「말괄량이 길들이기(The Taming of the Shrew)」를 보면 여자 행세를 하는 소년이 다음과 같은 조언을 듣는 장면이 나온다.

소년에게 여성이 타고난 재능
즉 지시에 따라 펑펑 울 재능이 없다면
양파가 유용한 역할을 할 수 있으리.

프레이는 실험 참가자들에게 아주 슬픈 영화를 감상하면서 눈물을 흘리게 했고 또 그 다음에는 막 썰어 놓은 양파에 얼굴을 갖다 대고 눈을 뜬 채 3분 정도 심호흡을 하면서 눈물을 흘리게 했다. 양파를 썰면 티오프로파날 S 산화물이라 불리는 물질이 공기 중으로 배출된다. 이 물질이 눈물 막에 닿으면 화학 작용으로 황산이 생긴다. 이 때문에 눈이 따가운 것이다. 이 반응을 막는 방법은 눈을 가리거나 아예 처음부터 이 물질이 공기 중으로 날아오르지 못하게 하는 것뿐으로 콘택트렌즈를 끼거나 양파를 물속에 넣고 썰면 된다.

프레이가 수집한 두 종류의 눈물은 구성 성분이 달랐다. 감정에 의한 눈물은 자극에 의한 눈물보다 단백질을 24퍼센트 정도 더 많이 포함하고 있었다. 눈물 속 단백질은 감염을 막고 눈의 산도를 유지하는 역할을 한다. 슬픈 감정으로 눈물을 흘릴 때에는 무언가 특별한 일이 일이니는 것이다. 화학 물질이 배제되고 단백질이 많아지는 이유는 무엇일까? 감정적으로 도움을 주려면 단백질이 스트레스와 무언가 관련이 있어야 할 것 같지만 아직까지 이들 간의 명확한 관련성은 밝혀지지 않았다. 하지만 프레이가 눈물샘을 잘라 보았을 때 스트레스와 관련된 것으로 여겨지는 두 가지 호르몬, 부신 피질 자극 호르

몬(adrenocorticotrophic hormone, ACTH)와 류신-엔케팔린
(leucine-enkephalin)이 발견되었다. ACTH는 눈물 속에도 존재
한다. 프레이는 우리가 눈물을 흘리면서 스트레스로 얻은 독
성 부산물을 배출하는 것이라 설명한다. 눈을 통해 독성 물질
을 밀어냄으로써 결과적으로 기분이 나아진다는 것이다. 실제
로 실컷 울고 난 후 여성의 85퍼센트, 남성의 73퍼센트가 기분
이 좋아졌다고 토로했다. '시원하게 울다.'라는 표현 자체가
눈물의 효용을 알려 주는 것인지도 모른다. 최근 나는 텔레비
전에서 「절로 눈물이 흐르도록 하는 고전 음악」 CD 광고를 보
았다. 이런 제품이 나온다는 것은 모두들 울고 싶을 때가 있다
는 뜻이다.

　하지만 이런 실험을 통해 눈물의 긍정적 효과를 보이는 데
는 한계가 있다. 좀 더 간단한 방법이 필요하다. 그래서 먼저
자신의 감정 상태를 평가하도록 한 뒤 슬픈 영화를 보여 주고
눈물이 그칠 때까지 기다렸다가 다시금 감정 상태를 평가하도
록 함으로써 변화를 파악하는 방법이 시도되었다. 하지만 영
화를 보기 전과 보고 난 후의 기분에는 별 차이가 없었다. 눈물
을 통한 독성 물질 배출이 기분을 좋게 만드는 것은 아니라는
의미이다. 어쩌면 눈물이 다른 사람들의 위로를 받게 해 주어
기분을 낫게 하는지도 모른다. 물론 실험실이라는 인위적 상황
을 현실과 연결하는 데에는 여러 가지 문제가 있다. 슬픈 영화
를 보면서는 그저 등장인물들에 공감하거나 혹은 자신을 등장
인물과 동일시해서 눈물을 흘릴 수 있다. 이는 실제 삶에서 무

력감을 느끼고 우는 것과 전혀 다른 상황이다. 또한 울고 난 후의 기분에는 주변 환경이 중요한 영향을 미칠 수밖에 없다. 집에서라면 실컷 울고 난 후 안도감을 느낄 수 있지만 실험실이나 직장에서라면 어색함이나 부끄러움이 더 클 것이다.

평소에는 울고 나면 개운해졌다고 느끼지만 실험실에서는 그렇지 않았다고 하는 경우, 우리 기억의 편향성이 작용하고 있을 가능성도 있다. 우리 마음은 서로 다른 사건에 대해 똑같은 비중으로 기억하지 않는다. 실제 울었던 일은 여러 번이었지만 스스로 기분이 좋아졌다고 느꼈던 순간만을 기억하고 있을지도 모르는 것이다.

눈물은 의사소통 수단

랜디 코르넬리우스는 미국 포킵시의 지방 라디오 방송 WSPK 스튜디오에 앉아 있었다. 배서 대학의 심리학 교수인 그는 영국 BBC 방송과의 연결을 기다리는 중이었다. 런던 BBC 방송국 스튜디오에는 내가 인터뷰를 준비하며 대기하고 있었다. 한참 동안 양쪽 엔지니어들이 헤드폰을 통해 상황을 조율하는 소리가 들리더니 마침내 누군가 미국식 억양으로 인사를 건네왔다. 나는 마침내 인터뷰 상대와 연결된 것인지 아니면 또 다른 엔지니어가 말하는 것인지 몰라 "코르넬리우스 교수님인가요?"라고 물었다. "그렇소."라는 대답에 런던 스튜디오는 활기를 띄었다. 일단 연결이 된 후에는 울음에 대한 심각한 토론이 펼쳐졌다.

그는 프레이와는 반대로 눈물이 전적으로 의사소통의 수단이라고 본다. 눈물은 내가 감정적으로 동요하고 있다는 점을 남들에게 알려 주며 이는 궁극적으로 내게 유리한 정보라는 것이다. 울음은 상대방의 괴롭힘이 내 신경을 건드리고 있으며 이제 그만두어야 한다는 점을 알리는 효과적인 방법이다. 또한 주위 사람들에게 공감이나 도움이 필요하다는 것을 알리는 신호이기도 하다.

줄리아는 파혼한 후 거리를 걸으면서 흐느껴 울었다. 낯선 행인이 다가와 도움이 필요한지 물어볼 정도로 말이다. 대답조차 제대로 할 수 없는 상태였으므로 줄리아는 고개만 흔들었다. 눈물은 낯선 이들에게서도 도움을 끌어 낼 수 있을 정도로 강력한 메시지가 된다. 코르넬리우스는 실험 연구가 울음의 효과를 보여 주지 못한 이유로 다른 사람들과의 공감이 차단되었다는 점을 들었다. 눈물 흘리는 사람이 아무런 도움도 받지 못하는 상태였으므로 기분이 더 나아질 수도 없었다는 것이다.

코르넬리우스가 사람들에게 언제 주로 눈물을 흘리게 되는지 물었을 때 가장 많이 나온 대답은 친구의 죽음, 실연, 슬픈 영화 감상, 아니면 결혼식처럼 극도로 행복한 때 등이었다. 그러면 이제 가장 최근에 운 적을 떠올려 보라. 이야기가 약간 달라질 것이다. 말다툼 끝에, 제안이 거절당했을 때, 외롭거나 겉도는 느낌일 때 눈물을 흘리지 않았는가. 코르넬리우스는 울음의 핵심적 이유가 무력감이라 설명한다. 상황을 바꾸기 위해 아무것도 할 수 없다고 느낄 때 눈물을 흘린다는 것이다. 바꿔 말하면 스스로 아무것도 할 수 없을 때, 그래서 다른 사람의 도움이 필요할 때 그 상황의 심각성을 알리는 방법이 울음이다. 아기들은 관심과 도움을 필요로 할 때 운다. 어른이 우는 이유도 마찬가지인지 모른다.

놀라움에 사로잡힌 다섯 인물

런던 내셔널 갤러리의 두 번째 전시장으로 들어가면 긴 의자가 줄지어 놓여 있다. 눈앞의 벽에는 실물 크기의 다섯 사람 사진이 걸려 있다. 앞쪽에 2명, 뒤쪽에 3명이 선 모습이다. 이들은 서로 가까이 붙어 있지만 서로를 바라보지 않는다. 세 사람은 비슷한 방향을 보고 있다. 앞줄에 선 여자는 두 손을 가슴에 모아 쥐고 있는데 왼쪽 손에 조금씩 힘이 들어간다. 그러고 보니 이건 사진이 아니다. 다섯 사람은 천천히, 아주 천천히 움직이는 중이다. 여자는 화가 났거나 좌절한 듯 보인다. 입을 열고 어깨를 들어 올리기도 한다. 감정을 억누르려 하지만 여전히 고통 받는 듯 보인다. 여자는 대체 무엇을 보고 있는 것일까? 무엇이 그토록 고통스러운 장면일까? 자기 아이가 죽임을 당하기라도 하는 걸까? 여자의 어깨 뒤로는 눈을 감은 채 행복에

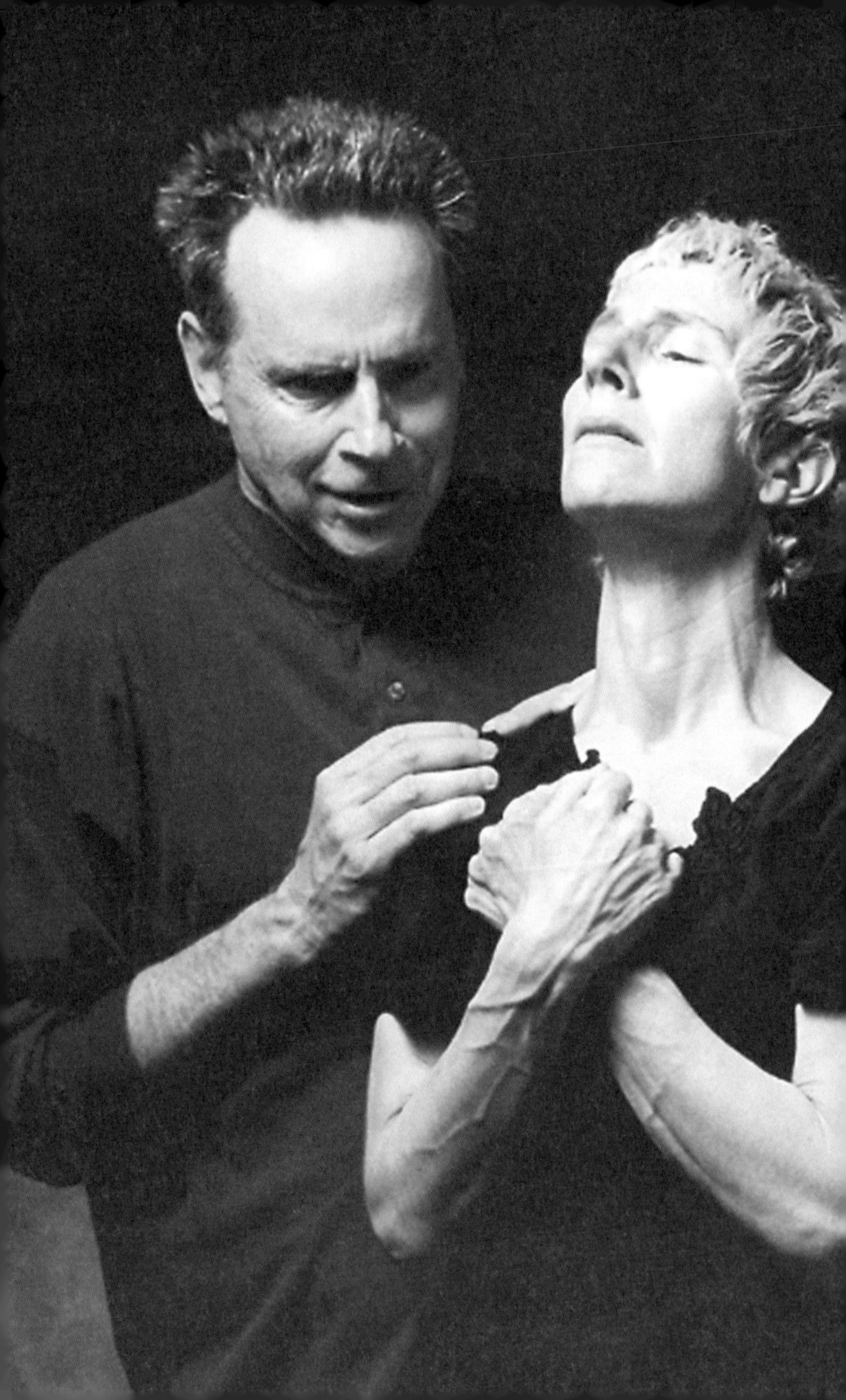

겨운 미소를 짓는 남자가 있다. 무한한 만족을 보여 주는 표정이다. 반면 여자 오른쪽에 선 남자는 온 얼굴을 찌푸리고 있다. 무언가 간절히 바라는 것이 있는 것일까? 남자는 한 손을 가슴에 올려놓았다. 몹시 괴로운 모양이다. 옆에 선 여자의 남편이라도 되는 것일까? 하지만 남자는 여자 쪽으로는 곁눈질도 하지 않은 채 자신만의 고통에 빠져 있다. 왼쪽의 남자가 여자의 어깨 위에 손을 올리지만 표정은 여전히 행복 그 자체이다. 다른 두 사람이 커다란 고통을 겪고 있는데 어떻게 해서 그 남자는 그토록 행복할 수 있을까? 여자의 아랫입술이 분노에 떨며 앞으로 튀어나오기 시작한다. 마주 잡은 두 손에 어찌나 힘이 들어갔는지 혈관이 다 드러날 정도이다. 고통 받는 남자는 비명을 지르기 시작한다. 하지만 그 옆에 선 남자는 괴로워하는 남자의 어깨 위에 손을 얹긴 했어도 정작 그 괴로움에는 아무 관심도 없는 듯 먼 곳을 바라보기만 한다. 이 작품은 명화처럼 액자를 두르고 조명을 받으며 상영되고 있다. 조명은 다섯 사람의 얼굴과 옷자락에 검은 그림자를 만들어 낸다. 이것은 빌 비올라의 작품 「놀라움에 사로잡힌 다섯 인물(Quintet of the Astonished)」이다.

다섯 인물이 느린 동작으로 한 차례 감정을 연기하는 데는 15분이 걸린다. 이 작품을 감상할 때는 마음이 편하지 않다. 두 사람이 고통스러운 모습이기 때문에 그런 것은 아니다. 어차피 등장인물들이 연기를 하고 있다는 점은 분명하다. 마음이 편치 않은 이유는 다섯 사람이 서로를 위로해 주었으면 하고 기대하는 마음 때문이다. 환희에 찬 남자는 고통스러워 하는 여자와 너무도 가까이 붙어 있고 심지어는 여자 머리카락의 냄새를 맡고 만족스러워 하는 듯 보이기도 한다. 서로 몸이 맞닿을 정도로 가까이 붙어 서 있지만 두 남녀는 아무런 상호작용도 하지 않고 심지어 눈조차 마주치지 않는다. 남자는 여자를 향해 서 있고 손을 여자 어깨 위로 올리기도 하지만 관람객들의 기대와 달리 위로하려는 마음을 전혀 드러내지 않고 웃기만 한다. 관람객들은 고통 받는 두 사람을 아무도 도울 수 없다면 최소한 두 사람만이라도 서로를 바라보며 고통을 나누면 좋겠다고 생각하지만 두 사람은 철저히 혼자이다. 서로 가까이 있으면서도 상대의 감정에 무관심한 모습을 지켜보는 것이 이토록 불편하다는 사실은 우리의 감정이 기본적으로 의사소통을 위한 강력한 수단임을 시사한다. 남들 앞에서 울음을 터뜨리는 것이 매우 효과적인 까닭은 대개의 사람들이 그러한 감정 표출을 무시하고 넘어가지 못하기 때문이다.

눈물의 목적이 슬픔을 알리고 도움을 받기 위해서라면 한 가지 문제가 발생한다. 주위에 아무도 없을 때 혼자 우는 경우가 적지 않고 그런 경우에도 울고 난 후 기분이 나아진다고 말하는 사람이 많은 것이다. 심지어는 울고 싶을 때 아무도 눈치채지 못할 곳을 찾는 사람도 많다. 이를 설명하기 위해 설사 혼자 운다 해도 자기 자신이라는 청중이 존재한다는 주장이 나왔다. 자기 스스로에게 공감함으로써 위로를 얻는 것이다.

프레이와 코르넬리우스의 상반되는 의견을 조화시키는 것

도 가능하다. 스트레스의 독성 부산물을 배출하면서 위안을
얻는 것과 자신의 슬픔을 나누면서 남들의 위로를 받는 것이
동시에 이루어질 수 있는 것이다.

울음이 이처럼 긍정적 기능을 한다면 전혀 울지 않는 사람,
예를 들어 프레이와 같은 경우는 건강에 문제가 생기지 않을
까? 서구에서는 오래전부터 눈물을 참으면 해롭다고 여겨져
왔다. 1847년, 앨프레드 로드 테니슨은 「공주(The Princess)」라
는 시에서 다음과 같이 썼다.

죽은 전사를 고향으로 데려왔다.
그녀는 기절하지도, 통곡을 하지도 않았다.
시녀들은 그 모습을 지켜보면서 수근거렸다.
"울지 않으면 죽고 말 텐데."

감정을 억누르면 암이나 심장병, 고혈압 등의 증세가 생길
수 있다는 주장도 많다. 이와 관련된 연구들은 울음보다는 전
체 감정, 특히 분노에 초점을 맞춘 경향이 있다. 실험 참가자들
에게 영화를 보여 주면서 웃음과 눈물을 모두 억누르게 했던
연구를 보면 심장 박동이 증가하는 효과가 관찰되었다. 최소
한 이론상으로는 이러한 행동 유형이 수년간에 걸쳐 반복될
경우 건강에 해를 입는다고 말할 수 있다. 하지만 매일 여러 차
례 눈물을 억누르는 상황에 처할 가능성은 별로 없고 따라서
울음이 건강에 영향을 미치려면 항상 모든 감정을 억누르는

상황에서나 가능할 것이다.

　18세기의 프랑스에서는 여럿이 함께 눈물 흘리는 것이 공감의 표시로 긍정적으로 여겨졌다. 하지만 19세기가 되면 눈물을 참는 것이 자기 통제의 증거로 인식되었다. 당시의 사회에서 눈물은 "아무것도 해결하지 못하면서 너무 자주 동원되는 물" 정도로 정의되었다. 울음에 대한 태도가 최근 연구 주제가 되면서 질문지 조사 결과와 실험 결과가 극명히 대조된다는 문제점이 드러나기도 했다. 설문 조사에서 여자들은 우는 사람을 보면 공감이 간다고 대답했지만 남자들은 어색하거나 조종당한다는 느낌이 있다고 했다. 특히 여자들은 "만사를 눈물로 해결하려 한다."라고 비난을 받았다. 남자들은 울음은 남자답지 않다고 대답했다. 하지만 실험 참가자들이 실제로 울게 만들었던 실험실 상황은 사뭇 달랐다. 슬픈 영화를 본 후 우는 남자를 보면 남녀 모두 그에게 호감을 가졌던 반면 여자가 울면 나쁜 인상을 가졌던 것이다. 결국 남자들은 우는 남자는 싫다고 머릿속으로는 생각하지만 실제 그런 상대를 목격했을 때에는 비난하지 않는다. 어쩌면 남자들은 남자가 운다면 그 감정이 아주 절실한 것이고 따라서 존중해야 한다고 여기는지도 모른다.

　울음이 감정을 의사소통하는 데 유용한 역할을 한다면 슬픔은 분명한 용도를 가진 것이라 말할 수 있다. 이 장 처음에 소개했던 공항의 이별 장면에서 눈가가 젖은 가족은 자신들의 슬픔을 드러내고 있었다. 이별이 뇌의 화학 체계에 반영되면서 떠나가는 여자와의 유대는 더 공고해졌는지도 모른다. 여자는 가족의 눈물을 통해 자신이 얼마나 사랑받고 있는지 깨달았을 것이다. 그리고 그러한 깨달음은 평소와는 다른 의사소통을 통해 가능했다.

슬픔은 즐거운 감정은 못 된다 해도 우리가 계속 느끼게 되는 감정임에는 분명하다. 그 가치를 찾기는 쉽지 않다. 특히 슬픔을 느끼는 상황에서는 더욱 그렇다. 어떻든 결국은 슬픔 또한 지혜를 동반하는 것 같다. 속도를 늦추고 계획을 재고하며 변화시킬 기회를 주는 것이다. 슬픔은 감정적인 삶에 빛과 그림자를 드리운다. 동시에 시무룩한 입 모양이나 눈물 등 다양한 슬픔의 소통 수단은 우리가 주위 사람들을 필요로 한다는 신호를 보냄으로써 유대를 더욱 공고히 해 준다.

역겨움

런던의 어느 창고 건물 안에 사람들이 가득 앉아 있었다. 11월의 추운 날씨였는데도 거리는 인파도 북적였고 음식점 호객꾼들도 바빴다. 하지만 그날만큼은 아무도 먹는 일에 관심이 없을 듯했다. 2000여 명의 신청자 가운데 행운아 300명만이 입장권을 얻을 수 있었다. 흰 의사 가운에 검은 모자를 쓴 기묘한 차림새의 남자가 무대에 등장하자 모두의 시선이 집중되었다. 그는 군터 폰 하겐스 교수였다. 짤막한 인사말이 있은 후 조수

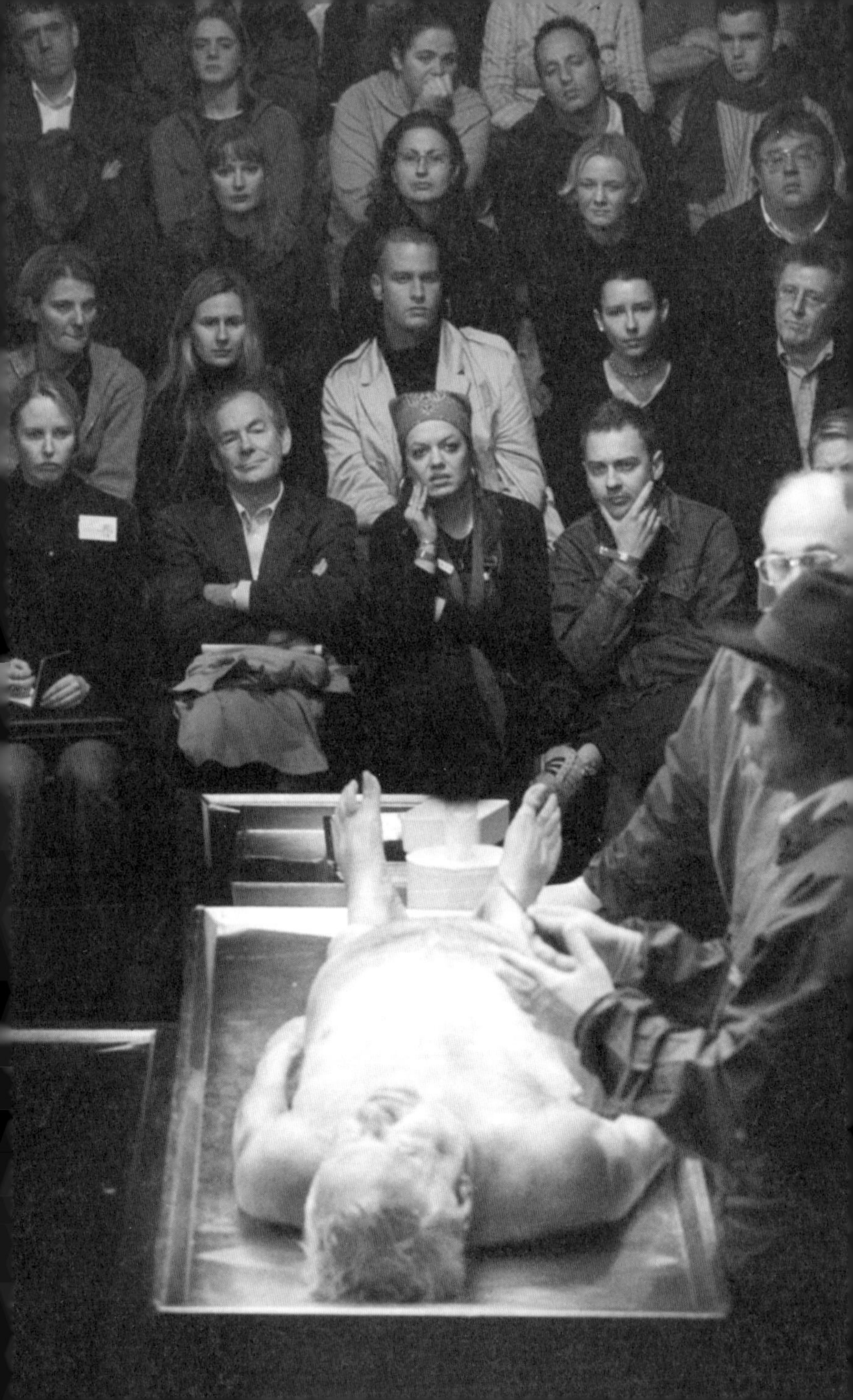

들이 흰 천이 덮인 긴 수레를 밀고 왔다. 하겐스가 천을 젖히자 남자의 시체가 드러났다. 피부가 마치 플라스틱처럼 보였다. 교수는 작은 칼부터 쇠톱까지 갖가지 해부 도구가 크기대로 줄지어 놓인 탁자로 다가갔다. 우선 메스를 집어 든 뒤 가슴뼈에 가져다 댔다. 메스를 힘 있게 누르자 피부가 잘리기 시작했다. 관객들은 마치 자기 몸이 잘려 나가는 듯 움찔했다. 신기하게도 피는 흐르지 않았다. 걸쭉한 오렌지색 액체가 천천히 방울 지어 떨어질 뿐이었다. 고기 덩어리를 구운 뒤 오븐에 남는 기름처럼 보이는 액체였다.

하겐스는 170년 만에 처음으로 영국에서 공개 해부를 실시하는 참이었다. 객석의 관객들 외에도 수백만 명이 텔레비전을 통해 그 장면을 지켜보았다. 교수는 Y 절개라 불리는 방식, 즉 가슴에서 시작해 배의 가운데 부분을 자르겠다고 설명했다. 시체는 매일 위스키 2병을 마시고 과도한 흡연을 했던 72세 남자의 것이었다. 가슴 부분을 절개한 뒤에는 피부를 양옆으로 젖혀 지방층이 드러나게 했다. 심장과 폐가 꺼내져 옆쪽 테이블에 줄지어 선 은색 접시 위에 조심스레 놓였다. 연회의 웨이터들처럼 열을 맞춰 움지이는 조수들이 접시를 가져오고 또 가져가고 했다. 장기가 다 꺼내지고 마지막으로 접시 하나가 남았다. 뇌를 담을 접시였다.

조수가 시체의 머리를 잡고 고정시킨 상태에서 교수는 한쪽 귀에서 다른 쪽 귀까지 머리를 길게 갈랐고 안쪽으로 손을 넣어 피부를 분리한 후 피부를 뒤로 젖혀 두개골을 드러냈다.

이어 전기톱을 들고 두개골을 자르기 시작했다. 두개골은 세 층으로 되어 있으므로 시간이 좀 걸릴 것이라고 설명하면서 말이다. 톱날 소리를 통해 교수는 두개골이 다 잘렸다는 것을 확인했다. "이제 뇌를 꺼내겠습니다." 교수는 침착한 어조로 선언했다. 마치 요리 강습이라도 한다는 투였다. 뇌는 아주 간단하게 적출되었다. 껍질에서 분리된 호두처럼 뇌가 밖으로 나왔다. 관객들은 아무도 입을 열지 않았다. 그저 눈썹을 찌푸리고 손을 들어 얼굴을 반쯤 가렸을 뿐이었다. 관객들은 역겨움을 느끼고 있었다.

역겨움은 기본적인 감정임이 분명하지만 자주 언급되는 대상은 아니다. 일반적인 감정을 열거하라고 할 때 사람들 입에서 역겨움이라는 단어가 나오기는 어렵다. 내가 만나 본 심리학자들 중에서도 역겨움을 다루는 경우는 드물었다. 역겨움이라는 감정에 아무리 관심이 많다고 해도 식사 전에는 관련 도서를 읽지 않는 편이 좋다고 충고하는 이들도 있었다.

다른 감정들과 달리 역겨움에는 명확한 이유가 존재한다. 잠에서 깨어날 때 왠지 슬픈 기분일 수는 있지만 이유 없이 역겨울 수는 없다. 역겨움에는 반드시 대상이 있어야 한다. 이 신기한 감정을 불러일으키는 것은 바로 그 대상이기 때문이다.

글래스턴베리 록 음악 축제에서 벌어지는 화장실 장난은 악명 높다. 한 주간의 축제가 끝나갈 무렵이면 수천 명이 거쳐 간 화장실 정화조가 넘칠 듯 가득 차 버린다. 그리고 축제 마지막 날 화장실을 찾은 어느 운 나쁜 사람이 장난의 희생 제물이 된다. 잠금쇠가 걸렸다는 것을 확인한 후 사람들이 몰려들어 이동식 화장실을 거꾸로 뒤집어 버리는 것이다. 갇힌 사람은 꼼짝없이 오물을 뒤집어쓰고 만다.

이런 이야기를 듣는 것만으로도 이미 신체적 반응이 나타나는 독자도 있을 것이다. 화장실 장난의 희생자도 아마 그러할 것이다. 역겨움은 소화기가 관여된 감정이다. 역겨움을 느끼는 사람은 몸을 떨고 타액이 분비되며 신체적인 고통을 느끼고 구역질을 한다. 심한 경우에는 구토도 한다. 역겨울 때의 얼굴 표정도 아주 특징적이다. 콧구멍이 좁아지고 윗입술이 들려 올라가며 아랫입술은 위로 올라가는 동시에 살짝 튀어나온다. 뺨도 위로 당겨지고 눈썹은 아래로 처지면서 일그러진다. 콧구멍 양 끝이 들리면서 코 옆으로 주름이 생긴다. 이런 특징적인 표정 때문에 사람들은 상대가 역겨워 한다는 점을 쉽게 알 수 있다. 이 표정은 아주 어릴 때부터 나타나기 시작한다.

역겨움의 학습

역겨움은 우리가 가장 먼저 경험하게 되는 감정에 속한다. 갓 태어난 아이들은 쓴맛에 역겨운 반응을 보인다. 다윈이 지적했듯 역겨운 표정은 아이가 자랄수록 더 자주 나타난다. 다윈은 첫 아들을 얻은 후 아이가 보이는 감정 발달에 관심을 가졌고 아들의 감정 표현을 모두 기록했다. 그리고 30년 이상의 세월이 흐른 후 이를 주제로 책도 썼다. (하지만 이 책은 오늘날 그리 주목받지 못하고 있다.) 다윈은 아들이 생후 5개월일 때 처음으로 역겨운 표정을 관찰했다. 한번은 차가운 물에 대해, 또 한번은 버찌에 대해 반응을 보였던 것이다. "아이는 입술과 입 전체를 사용해 입 속에 든 것을 밖으로 뱉어 내려 했다. 몸을 약간 떨기도 했다. 하지만 어린아이가 정말로 역겨움이라는 감정을 느낄 수 있는지 확신할 수 없어서 우스꽝스럽게 보였다. 눈과 이마에는 놀라움, 그리고 고민하는 모습이 나타났다."

아기가 어른과 마찬가지로 역겨움이라는 감정을 느낄 수 있는지의 여부는 불분명하다. 하지만 최소한 3세 정도가 되면 아이들도 역겨움이라는 감정을 학습한다. 어린아이들은 자기가 싼 똥으로 스스럼없이 장난을 치지만 머지않아 그러지 말아야 한다는 점을 깨닫는다. 이렇게 보면 역겨움은 사회적으로 학습되는 감정인 것 같다. 야생 상태에서 자라난 어린이들을 조사한 결과 배설물에 대해 특별한 감정을 느끼지 못했다는 연구 결과도 이와 맥을 같이 한다. 물론 반론도 있다. 런던 위생학 및 열대 의학 학교의 발 커티스는 우리가 천성적으로 역겨움을 느끼게 되는 대상이 정해져 있다고 주장한다. 사탕보다 배설물을 역겨워 하게 만드는 것이 훨씬 쉽다는 것이다. 하지만 여기서도 사회적인 영향을 배제할 수 없다. 사탕이 역겨운 것이라고 아무리 가르친다 해도 아이는 주위 다른 아이들을 보며 이를 받아들이지 않을 것이다. 반면 배설물이 역겹다는 생각은 주위 모든 어른들이나 아이들에 의해 강화된다.

　아이가 성장하면서 역겨움에 대한 반응은 더 정교해진다. 깨끗한 물 한 컵이 있다고 하자. 몇 모금 마시고 난 후 컵에 침을 뱉고 다시 한 모금을 더 마시라고 한다면 어떻게 하겠는가? 침이 들어 있다고는 하지만 바로 조금 전까지 당신 입 속에 있었던 물질이 아닌가? 혹은 깨끗한 물 한 컵을 받은 후 막 마시려는 순간에 죽은 (하지만 깨끗이 살균 처리된) 바퀴벌레 한 마리가 물에 빠졌다고 하자. 그럼 어떻게 할 것인가? 두 경우 모두에서 물은 여전히 깨끗하다. 하지만 실험 결과 대부분의 사람들은 그 물을 마시려 하지 않았다. 4세의 아이들은 아무 상관 없다는 듯 물을 마셨지만 7세만 되면 어른과 마찬가지로 물을 거부했다. 결국 7세가 되기 전에는 오염이라는 것을 어른처럼 종합적으로 생각하지 못하는 셈이다. 오염을 이해하려면 사건의 연관 관계를 길게 추적할 수 있어야 한다. 바닥에 떨어진 과자를 다시 집어 먹는 것이 역겹다고 느끼려면 개똥이라도 밟았을지 모르는 누군가의 신발이 바닥을 지나갔다는 생각, 이로 인해 과자가 오염되고 그 과자를 먹으면 자신도 오염될 수 있다는 생각을 해야 하는 것이나. 7~8세가 된 아이들은 이 연관 관계를 충분히 이해할 수 있을 뿐 아니라 마지막 남은 과자에 침을 발라 남들이 먹지 못하게 하는 식으로 역겨움을 이용하기까지 한다.

역겨움과 뇌

역겨울 때의 얼굴 표정이 그렇게 특징적이라는 점은 역겨움을 전달하는 능력, 상대의 역겨운 감정을 알아차리는 능력이 아주 중요하다는 것을 뜻한다. 누군가 오염된 음식을 먹었다면 모두들 그 사실을 알고 멀찌감치 물러나야 한다. 이를 위한 의사소통에서 역겨운 얼굴은 아주 중요하다. 그래서 뇌는 남들의 역겨운 표정을 알아차릴 수 있는 특별한 메커니즘을 가지고 있다. 런던 심리학 연구소의 메리 필립스와 동료들은 실험 참가자들에게 역겨운 표정과 두려운 표정 사진을 보여 주며 뇌의 움직임을 관찰했다. 실험 참가자들에게는 사진 속 인물이 남자인지 여자인지를 맞히는 과제를 주었다. 이를 통해 실험 참가자들이 표정 자체에 주의를 집중하지 않도록 했다. 결과는 놀라웠다. 사진 속 표정이 역겨운 것인지, 두려운 것인지에 따라 뇌의 서로 다른 영역이 변화를 보였던 것이다.

뇌의 깊숙한 안쪽에는 편도체라 불리는 호두 모양의 영역이 있다. 모든 감정을 관장한다고 여겨지는 곳이다. 하지만 역겨움은 편도체와 무관했다. 대신 진화 과정으로 보아 아주 오래된 부위인 대뇌 바닥핵(basal ganglion)과 앞뇌섬(anterior insula)이 함께 작용하고 있었다. 이 때문에 대뇌 바닥핵이 손상되는 헌팅턴 병 환자들은 역겨운 표정을 인식하는 데 어려움을 겪는다. 헌팅턴 병 유전자를 가졌지만 발병하지는 않은 사람의 경우에도 남들의 역겨운 표정을 잘 인식하지 못하는 증세를 보

 감정의 롤러코스터

인다.

귀 안쪽의 뇌 깊숙한 곳에는 커다란 피라미드 모양의 구조물이 있다. '섬(insula)'이라 불리는 그 구조물의 앞쪽을 앞뇌섬이라고 한다. 소금처럼 강렬한 맛을 느낄 때 반응하는 부위이다. 역겨움과 맛이 신경학적으로 연결되어 있다는 점은 대단히 흥미롭다. 역겨움은 오염된 음식에서 우리를 보호하기 위해 존재한다는 생각에 힘이 실리는 것이다. 뇌의 아주 오래된 영역에서 역겨움의 감정을 관장한다는 사실은 역겨워 할 이유가 없다는 점을 안 후에도 그 감정이 쉽게 사라지지 않는 이유를 설명해 줄 수 있다. 뇌 반구가 전혀 기능하지 않는 상태로 태어난 아이도 쓴맛에는 역겨운 표정을 짓는다. 본능적인 역겨움에는 사고나 추론이 관여하지 않는 셈이다. 이렇게 보면 우리 뇌는 역겨움을 학습하지 않을 수 없도록 만들어져 있는지도 모른다.

백만장자 하워드 휴스의 결벽증

우리 모두 역겨움을 느끼며 살지만 그 감정의 강도는 사람마다 꽤 다르다. 역겨움 연구에 있어 세계적인 권위자인 폴 로진은 역겨움에 대한 민감도를 측정해, 아무렇지도 않게 살아 있는 메뚜기를 먹어 치우는 사람들을 한 극단, 화장실을 연상시키는 두루마리 화장지로는 코도 풀지 못하는 사람들을 반대쪽 극단에 둔 기준표를 작성했다. 여성은 남성에 비해 10~20퍼센트 역겨움에 더 민감했는데 이는 연령에 따라 차이를 보여 10대에 가장 높았다가 나이가 들면서 서서히 줄어들었다. 진화적 시각에서 보자면 이는 출산 능력과 민감도가 함께 줄어드는 것으로 자신이나 자식을 보호해야 할 필요성이 적어지기 때문이라고 해석할 수 있다. 하지만 어쩌면 이보다 훨씬 단순한 이유 때문인지도 모른다. 자녀들을 돌보면서 역겨운 장면에 익숙해지는 것이다. 또한 성인이 되면서 남들의 시선에 덜 민감해지고 자신이 역겨워 보일지 모른다는 두려움도 함께 줄어들 수도 있다.

하지만 개인별 민감도 차이는 그리 중요하게 보이지 않는다. 더 민감한 사람들이 그렇지 않은 경우보다 더 성공적으로 질병을 이겨 내는 것인지도 불분명하다. 역겨운 감정이 극단적인 수준에 이르면 강박 신경증으로 발전하여 쉴 새 없이 모든 것을 씻고 소독하는 지경에 이르기도 한다. 온갖 절차를 거쳐 손을 씻고 난 후 혹시라도 수도꼭지를 잠그면서 다시 손이 오염될까 봐 수도꼭지를 닦는 식이다. 이런 식의 행동은 대단히 많은 시간을 소모하게 하여 결국 아무 일도 하지 못하게 되고 만다. 매일 아침 완전히 청결하다는 확신이 들 때까지 집안 곳곳을 청소해야 하고 자기 집만큼 위생적인 곳이 없기 때문에 바깥에 나가지도 못하는 것이다.

미국의 영화인 하워드 휴스는 세균을 박멸해야 한다는 강박증이 얼마나 심한지 오염 방지를 전담하는 직원까지 고용했다고 한다. 그가 정해 둔 일상생활의 규칙도 퍽 복잡했다. 보청기를 넣어 두는 캐비닛을 열기 위해 최소한 티슈 15매를 사용했다고 한다. 또 식사 때 사용할 숟가락은 먼저 손잡이를 티슈로 싸서 테이프로 봉한 뒤 다시 티슈로 덮어 전달해야 하는 식이었다. 결벽증이 삶을 지배한 끝에 결국 그는 은둔 생활을 선택하게 되었다.

뇌와 역겨운 감정의 관계를 연구하던 메리 필립스는 강박 신경증 환자들의 뇌 활동에 특징적인 차이가 있을지 모른다고 예측했다. 그래서 강박 신경증이 있는 사람과 없는 사람에게 지저분한 화장실, 토막 난 사체 등 역겨운 장면을 담은 사진을 보여 주며 뇌를 관찰했다. 사진 중에는 강박 신경증 환자만 역겨움을 느낄 장면, 예를 들어 토마토 소스가 묻은 접시나 마구 헝클어진 침대 등도 포함되어 있었다. 분석 결과는 놀라웠다. 역겨운 장면을 보았을 때에는 모든 사람이 앞뇌섬에서 반응을 나타냈다. 그런데 강박 신경증 환자들은 여기에 더해 일상에서 흔히 볼 수 있는 지저분함에도 똑같은 앞뇌섬 반응을 보였던 것이다. 물론 이 결과를 두고 무엇이 먼저인지는 말할 수 없다. 즉 강박 신경증 환자들이 애초에 과민한 앞뇌섬을 가지고 있어 지저분한 접시에 대해 동물의 사체를 볼 때와 마찬가지 반응을 보이는 것인지, 혹은 반대로 지저분한 모습에 많이 노출되어 전섬엽이 과민해진 것인지는 알 수 없다. 어쩌면 지저분한 모습에 화가 났고 이것이 뇌에 반영되었을지도 모른다. 필립스는 강박 신경증 치료 전후의 역겨움 반응을 비교하겠다는 후속 연구 계획을 세우고 있다. 이 연구 결과가 나오면 궁금증이 다소나마 해결될 것이다. 강박 신경증이 치료되어 정상으로 돌아왔다면 이론상으로는 앞뇌섬의 반응도 약화되어야 하기 때문이다. 하지만 설사 그렇다 해도 이 문제가 왜 시작되었는지, 혹은 앞뇌섬 하나에만 문제가 있는 것인지 하는 의문은 남는다.

강박 신경증 환자들은 남이 느끼는 역겨움을 잘 알아차리지 못한다는 재미있는 연구 결과도 있다. 역겨움에 민감하면 가까이에 무언가 역겨운 것이 있다는 남들의 경고에도 당연히 민감할 것 같은데 실상은 그렇지 않다는 것이다.

역겨움에 대한 과민 반응은 각종 공포증과도 관련된다. 비이성적 공포를 가진 경우 역겨움이라는 요소가 관련되는 경우가 많다. 경미한 공포증과 이성적 두려움을 비교해 보자. 커다란 거미를 상상하면 나는 공포심에 몸을 떤다. 반면 가파른 산맥에서 로프에 대롱대롱 매달려 있는 상황은 심장 박동을 빠르게 할지는 몰라도 구토를 유발하지는 않는다. 그런데 후자의 경우 혈액 공포증을 가진 사람들은 심장이 빨리 뛰는 것이 아니라 역겨울 때 그렇듯 심장 박동이 느려지는 반응을 보인다고 한다. 거미를 무서워하는 사람들은 역겨움에 민감하다는 연구 결과도 있다. 이런 사람들은 물 한 병을 여럿이 나누어 마시는 상황을 상상만 해도 공포에 질리고 만다.

마스트리히트 대학교의 피터 드 종은 세 가지 시나리오로 실험을 실시했다. 첫 번째 시나리오에서는 자신을 간호사로 상상하고 노인이 구토를 하고 있는 방으로 들어가 그를 닦아 주고 옷을 갈아입히는 모습을 그려 보는 것이었다. 간호사가 일을 마치자마자 노인은 다시 토하기 시작한다. 두 번째 시나리오에서는 지하 술 저장고로 내려가는 자신의 모습을 상상하게 했다. 천장에 매달린 거미줄에 얼굴이 닿자 고개를 숙이지만 거미가 줄을 타고 내려온다. 무언가가 목을 건드린다. 술을 꺼내는 손 위로 커다란 거미가 기어간다. 세 번째 시나리오는 보다 평범한 것으로 기차역에서 친구를 기다리는 상황이다. 이세 가지 상상을 하게 한 후 연구자들은 실험 참가자들이 역겨울 때 사용하는 근육을 얼마나 움직이는지 기록했다. 거미 공포증이 있는 사람들은 두 번째 거미 시나리오를 가장 역겨워 했다. 공포증이라는 이름을 보면 거미를 무서워하는 것 같지만 실제 얼굴 표정은 역겨움이었던 것이다. 거미 공포증이 있는 경우에는 일반적인 역겨움 민감도도 더 높은 편이었다. 그렇다면 거미 공포증이란 결국 무언가 역겨운 것이 몸에 닿았을 때 느끼는 공포심인지도 모른다.

역겨움 과민과 반대로 역겨움을 거의 느끼지 않는 사람들도 있다. 이인성 장애(depersonalization disorder, 자기가 자기로부터 동떨어진 것 같다고 느끼는 장애)가 있다면 역겨움을 포힘해 긍정적 혹은 부정적 감정을 가지지 못한다. 이들의 뇌를 검사해 보면 앞뇌섬이 역겨운 사진에 전혀 반응하지 못한다. 뇌가 역겨움이라는 반응을 억누르는 것이다.

뉴델리 기차역

강박 신경증을 앓는 상황만 아니라면 우리는 필요한 경우 역겨움을 억누를 수 있다. 아이를 키우는 부모는 곧 기저귀 갈기에 익숙해지고 심지어는 식사 도중에도 거리낌 없이 아이의 변 상태에 대한 이야기를 한다. 심지어는 바닥에 떨어졌던 고무젖꼭지를 입으로 빨아 깨끗하게 한 뒤 아이에게 물리는 일도 서슴지 않는다. 다른 상황에서라면 도저히 나올 수 없는 행동이다. 우리는 깨끗하지 않을 것 같은 무언가가 몸에 들어오는 것을 생각만 해도 두려워지게끔 만들어졌기 때문이다. 그래서 성관계를 맺는 데 대해서도 두려움을 가지다가 극복하게 된다. 『역겨움의 해부학(*Anatomy of Disgust*)』이라는 심도 깊은 책을 쓴 미국의 법학 교수 윌리엄 밀러는 이것이 역겨움이 가져다주는 혜택일 수 있다고 해석한다. 역겨움은 아주 강력한 감정이기 때문에 그 감정이 사라진다는 것은 친밀감의 신호로 작용하게 된다.

때로는 역겨운 상황을 무시하는 능력이 꼭 필요하기도 하다. 뉴델리 기차역의 일등석 대합실에서 열차를 기다리던 때였다. 천장이 높은 대합실에는 나무로 조각한 의자들이 놓이고 벽을 따라 거울이 걸려 있었다. 아름다운 사리를 입은 여자들이 서로 머리를 빗겨 주고 있었고 팔에 낀 황금 팔찌가 반짝거렸다. 이렇게 우아한 사람들이 모인 곳이니 당연히 화장실도 깨끗하리라 생각했지만 기대와는 영 달랐다. 흰 타일 벽과 바닥 곳곳이 오물투성이었던 것이다. 나는 반바지와 티셔츠가 더럽혀지지 않도록 온갖 신경을 써야 했다. 긴 사리를 입은 여자들이 어떻게 무사히 볼일을 보고 나올 수 있는지 도무지 믿기지 않았다. 하지만 인도 여자들은 깔끔한 모습으로 화장실을 나섰을 뿐 아니라 얼굴 표정에도 전혀 동요가 없었다. 아마 그 여자들이 사는 집은 먼지 하나 없이 깨끗하겠지만 공공장소에서는 역겨움을 억누르는 법을 익힌 듯했다.

기존 연구에 따르면 의료계에 종사하는 사람들이 역겨움 민감도가 가장 낮은 수준이라고 한다. 일을 하면서 역겨운 광경이나 냄새에 익숙해지는 것이다. 물론 이런 사람들은 이미 선택된 집단이기도 하다. 특별히 깔끔한 사람이라면 애초에 다른 직업을 선택했을 것이기 때문이다.

물 컵 속의 소독된 바퀴벌레

첫 데이트 날이었다. 우리는 런던으로 가서 코벤트 가든에서 쇼핑을 하고 영화를 본 뒤 저녁을 먹기로 계획을 세웠다. 영화관에 들어가기 전까지는 모든 것이 순조로웠다. 우리가 고른 영화는 피터 그리너웨이의 「요리사, 도둑, 그의 아내, 그리고 그녀의 정부」였다. 잔인하고 폭력적인 장면이 반복되었다. 책장을 뜯어내 입과 코를 막아 상대를 질식시키는 남자가 나오고 죽은 돼지와 소가 가득 들어찬 푸주한의 차에 몸을 숨기는 벌거벗은 남녀도 있다. 차가 급회전을 하자 갈고리에 매달려 있던 동물 사체에서 피와 오물이 쏟아져 나와 벌거벗은 남녀를 뒤덮는다. 영화가 끝난 후 우리는 도저히 저녁을 먹으러 갈 수 없었다. 특히 고기는 생각만 해도 끔찍했다. 역겹다는 생각뿐이었다. 4시간이 지나서야 우리는 차 안에서 감자 칩 한 봉지를 나눠 먹으며 저녁을 때웠다. 그리 멋진 데이트라고는 할 수 없었다.

이런 상황에서 역겨움은 다소 괴상한 감정이다. 완벽하게 위생적인 음식을 무조건 거부하게끔 만드니 말이다. 실상 깨닫지 못할 뿐이지 우리는 매일같이 이런 행동을 하고 있다. 우리 인간은 먹을 수 있는 것 중에서 극히 일부만을 음식으로 삼는다. 예를 들어 영국인들은 다람쥐, 박쥐, 딱정벌레, 개, 고양이, 쥐, 달팽이를 먹지 않는다. 지상의 동식물 중에서 인간이 먹는 것보다는 먹지 않는 것이 훨씬 더 많다. 애완동물, 거미나 뱀처럼 공포심을 유발하는 동물, 썩은 고기나 인간의 배설물을 먹이로 삼는 동물은 그 부류 전체가 먹지 못할 것으로 여겨진다.

응급 구조 훈련을 받을 때 우리는 마네킹을 상대로 실습을 해야 했다. 전날 실습이 끝난 후 마네킹은 모두 소독된 상태라고 강사들은 여러 차례 강조했다. 인공호흡에 관한 비디오를 보고 난 후 직접 해 볼 차례가 되었다. "자, 이제 시작합시다. 우선 상태를 확인하세요. 환자가 숨을 쉬고 있나요? 10초 동안 환자의 호흡 여부를 판단해야 합니다. 그리고 앰뷸런스를 부르세요. 이제 인공호흡을 두 차례 실시합니다. 환자 입술에 여러분 입술을 꽉 붙이세요." 그때까지 충실하게 지시를 따르던 훈련생들은 그 순간 모두 동작을 멈추고 말았다. 전날 다른 실습생이 입을 댔을 마네킹에 자기 입술을 대기 싫었던 것이다. "자, 서두르세요. 여러분은 귀중한 시간을 허비하고 있습니다. 환자는 곧 사망할 수도 있습니다." 결국은 모두 입술을 가져다 댔다. 하지만 그 본능적인 거부감은 내게 퍽 인상적이었다. 역겨움에는 분명 강력한 심리적 요소가 존재하는 것이다. 전적으로 안전하다는 것을 안다 해도 물 컵에 소독 처리된 바퀴벌레가 빠져 있다면 역겨운 감정을 억누르기 어렵다.

역겨움의 심리적 요소는 아주 강력해서 심지어 우리는 다른 사람이 느끼는 역겨움을 상상할 수도 있다. 항의를 받고 기분 상한 웨이터가 항의한 손님의 요리에 침을 뱉었다고 하자. 상황을 모르는 손님은 역겨움을 느끼지 않지만 웨이터는 이를 충분한 복수라고 생각하며 만족한다. 사실 이런 일은 모르는 편이 더 낫다. 내가 호텔 식당의 웨이트리스로 일하게 된 첫날, 나는 치운 접시에서 남은 것을 쓰레기통에 넣고 있었다. 그러자 요리사가 장식용 펜넬(회향풀)을 다시 꺼내 다음 손님의 접시에 놓으라고 지시했다. 남은 감자튀김도 마찬가지로 새 접시에 놓였다. 나 외에 모두가 아무렇지도 않다는 듯 태연한 모습이었다. 늘 그래 왔던 것이다.

역겨움 상자

바깥 기온은 섭씨 30도가 넘었다. 실내는 더 더웠다. 하지만 나는 에어컨도 끄고 창문도 닫은 채 앉아 있었다. 라디오 인터뷰를 녹음하는 중이었기 때문에 에어컨을 가동할 수 없었고 창밖에는 차들이 시끄럽게 오가는 중이라 창문도 열 수 없었다. 발 커티스의 좁은 사무실은 한쪽 벽이 온통 책장이었다. 책장을 보니 위생학, 역학(疫學), 전염성 질병에 관한 책들이 꽂혀 있었다. 그런데 괴상한 물건이 눈에 띄었다. 플라스틱으로 만든 실물 크기 사람 똥이었다. 똬리 틀듯 둥글게 말려 올라간 형태였다. 커티스는 네덜란드에는 변기 안에 선반 같은 것이 있어 그 위에서 똥이 말린 모습으로 모였다가 물에 씻겨 내려가게 된다고 설명했다. 정말이지 그건 성인용 장난감 가게에나 어울릴 법한 물건이었다. 커티스는 이어 내게 상자 하나를 건네주었다. 안에 든 물건을 조심스레 꺼내 보니 헌 칫솔, 끈적끈적한 초록색 액체가 든 병, 바삭하게 구운 벌레 껍질, 플라스틱으로 만든 토사물, 누르면 누런 액체가 나오는 손가락, 잘린 손목 부분에 붉은 핏자국이 선명한 플라스틱 손, 그리고 얼굴에 붙이게 되어 있는 노란색 사마귀가 나왔다. 커티스는 역겨움을 연구하는 학자인 만큼 그런 고약한 물건들을 모아들일 필요가 있었던 것이다.

그 상자 안에는 우리가 역겹게 느끼는 것들이 몽땅 들어 있다고 할 만했다. 눈물을 제외한 모든 인체 분비물은 역겨운 느낌을 준다. 고름, 토사물, 그리고 특히 입에서 나오는 분비물은 생각만으로도 욕지기를 불러일으킬 정도이다. 앞서 소개한 런던의 공개 해부 현장에서 가장 역겨운 장면이 되자 대부분의 관중이 손으로 입을 막았던 것도 우연이 아니다.

이 특이한 감정의 목적을 알아내기 위해 커티스는 6개 나라에서 사람들이 가장 역겹게 느끼는 것이 무언인지 조사했다. 어느 나라에서는 치즈를 역겹다고 여기고 다른 나라에서는 벌레를 꺼린다는 등 학계에서는 문화적 차이에 대해 이미 많은 논란이 벌어져 왔다. 하지만 그가 주목한 것은 차이점보다는 공통점이었다. 배설물, 인체의 일부, 썩거나 오염된 음식, 점액성 물질 등은 공통적으로 역겨움을 유발했던 것이다. 하지만 정작 역겨움의 용도에 대해 시사점을 제공하는 것은 전염병을 다룬 커티스의 다른 연구이다. 위생 향상을 통한 질병 예방을 다룬 교과서에는 질병 매개체의 목록이 등장한다. 여기에는 토사물, 땀, 호흡, 배설물, 콧물, 정액, 질 분비액, 썩어가는 물질, 침 등이 포함된다. 그런데 우연히도 이 목록은 사람들이 가장 역겹게 느끼는 대상의 목록과 일치했다. 결국 역겨움을 유발하는 대상은 질병을 매개할 가능성이 큰 것들이었다. 커티스는 결국 우리는 질병을 예방하기 위해 역겨움이라는 감정을 가지도록 진화한 것이라 결론지었다. 위험한 동물을 무서워하도록 학습하는 것과 마찬가지로 역겨운 감정도 결국 오래 살아남아 후손을 잇기 위해 마련된 방편이다. 질병을 일으킬 수 있는 물질이 우리 몸에 들어오지 못하게 하는 것은 아주 효과적이고 또 꼭 필요한 조치이다.

'역겨움'에 대한 연구를 보면 '몸이라는 밀봉 체계'라는 표현이 종종 등장한다. 우리 몸 안에 침입하는 것은 무엇이든 역겨움을 불러일으킬 수 있다는 의미이다. 입 속으로 먼지가 들어왔다면 신체의 밀봉 체계가 손상되었다는 뜻이 된다. 역겨운 감정은 이런 문제를 사전에 막아 준다. 우리는 불쾌한 외형이나 냄새를 가진 대상에 역겨움을 느낀다. 그 역겨운 대상을 만지게 된다면 감정은 한층 더 심해진다. 언젠가 인도에서 거리를 걷다가 옆을 지나던 남자가 재채기하면서 튀어나온 가래가 샌들 앞쪽에 노출된 내 발가락 위에 떨어진 적이 있었다. 끈적끈적한 누런 덩어리가 엄지발가락에 얹힌 것이다. 다른 사람의 신체 분비물은 자기 것보다 훨씬 더 역겹다. 나는 어쩔 수 없이 더러운 웅덩이 물에 발가락을 씻어야 했다. 다른 경우라면 근처에도 가지 않았을 웅덩이였다. 이 경우는 오염된 물질을 한시라도 빨리 몸에서 떼어 내고 싶다는 생각이 더 강했다. 다른 사람의 신체 분비물을 역겹다고 느끼는 것은 퍽 유용하다. 예를 들어 똥 1그램에는 바이러스 1억 마리와 박테리아 100만 마리가 포함되어 있다고 한다. 그래서 위생이 불량하면 병이 번지고 전염성 질병으로 사망자가 나오는 상황으로 이어진다. 로마 인들은 로마에 거대한 하수구 시설을 만들었다. 위생 불량이 질병을 낳는다는 점을 알아서는 아니고 다만 악취를 참을 수 없었기 때문이다. 여기서도 역겨움의 감정이 결국은 로마 인들을 보호했던 셈이다.

　역겨움이 인간을 보호한다는 가설에는 문제점은 존재한다. 역겨움의 감정이 언제나 이성적이지는 않기 때문이다. 신선한 고양이 고기를 먹는다는 생각이 역겨움을 일으키는 이유는 무엇일까? 또한 이 가설은 문화적 차이를 설명하지 못한다. 벌레 요리가 어느 문화권에서는 역겨움을 불러일으키고 또 다른 문화권에서는 별미가 되지 않는가. 로진은 포장 상자를 뜯고 꺼낸 새 변기에 밝은 노란색의 사과 주스를 따른 후 실험 참가자들에게 권했지만 대부분은 마시기를 거절했다. 소변을 연상시켰기 때문이다. 이 예를 보아도 비합리적인 역겨움이 얼마나 쉽게 유발되는지 분명하다.

　커티스는 역겨움에 대한 민감도야말로 우리의 생존 가능성을 높여 준다고 설명한다. 자칫 실수로 해로운 것을 먹을 수 있는 상황이라면 그 해로운 것이 속한 집단 전체를 아예 식량에서 제외하는 편이 안전하다. 또 역겨운 대상은 아무리 깨끗하게 씻었다 해도 여전히 역겹게 느껴진다. 여전히 오염된 상태일 수 있다는 생각 때문이다. 로진은 인류가 눈에 보이는 것을 재빨리 판단하도록 진화했기 때문에 변기에 담긴 사과 주스를 보고 역겨움을 느끼게 된다고 주장한다. 이는 미처 호랑이와 비슷해 보이는 동물이 보이면 도망쳐야 하는 것과 비슷하다. 오늘날 대도시에 사는 사람이 호랑이를 보았다면 그것은 동물원 우리 또는 사진이나 텔레비전 속의 호랑이일 것이다. 이때는 도망칠 필요가 없다. 역겨움도 마찬가지이다. 변기통에 담긴 소변 비슷한 주스는 역겨움을 불러일으킨다. 대부분의 경우 변기통에 담긴 맑은 노란 액체를 마시는 것은 끔찍한 일이기 때문이다. 심리 실험에 참여하는 것은 진화가 미처 내다보지 못했던 드문 종류의 사건이다.

하지만 어떻든 우리가 역겨움과 같은 특별한 감정을 느끼게끔 진화했다는 점은 흥미롭다. 썩은 음식을 치워 버려야 할 때 두려움을 느낀다면 어떨까? 그렇다면 가까이 다가가지도 못할 것이다. 결국 두려움과는 다른 감정이 필요한 것이다. 혹시라도 잘못해서 입에 들어가는 일이 없도록 썩은 음식을 당장 없애 버리도록 하는 감정 말이다.

역겨움은 다른 어떤 감정보다도 문화적 영향을 많이 받는 것 같다. 시대에 따라 지역에 따라 사람들은 서로 다른 것에 역겨움을 느껴 왔다. 로마 시대 원형 경기장에서는 누군가 치명적인 상처를 입는 장면을 구경하는 것이 오락거리였지만 오늘날 이는 크나큰 심리적 상처를 남기는 비극일 뿐이다. 역겨움이 질병에서 우리를 보호하기 위한 감정일 뿐이라면 때로 안전을 위해 역겨움을 무시해야 한다는 충고는 퍽 당황스럽다. 예를 들어 배낭여행 안내서를 보면 낯선 이가 음료를 권할 경우 그 사람이 먼저 마시게 한 후 마시라고 되어 있다. 음료가 안전한지 확인하기 위해 낯선 이의 침에 대한 역겨움을 무시하는 것이다. 또 시체는 어디서나 역겨운 대상이다. 그 역겨움은 죽음에 대한 두려움 때문일까? 아니면 시체가 유발할지 모르는 전염성 질병을 피하기 위한 것일까? 그런데 전염성 질병으로 죽은 것이 아닌 이상 대부분의 시체는 무해하다고 한다.

설사 썩어 가는 중이라 해도 말이다.

커티스는 재난 후 1차적인 작업이 위생을 위해 시체를 멀리 치우는 것이라는 데 주목한다. 하지만 더 큰 재난을 막으려면 이보다는 오히려 살아남은 사람들을 위한 위생 대책이 더 시급하다. 결국 이 경우 역겨움이라는 감정은 생존을 방해하는 힘으로 작용하는 것이다. 이는 역겨움이 보호 장치로서 진화되었다는 커티스의 이론에 어긋나는 사례로 보인다. 어쩌면 역겨움이라는 감정은 일반적으로는 보호 역할을 하지만 대형 재난이 발생하면 효과가 떨어지는 것일 수도 있다. 어떤 감정이 생존 전략으로 쓰인 적이 없다 하더라도 결국에는 유용할 수 있다는 것을 기억해 두어야 한다. 앞으로 보게 되겠지만 분노나 질투 같은 부정적인 감정들도 때로는 유용하다.

로진은 역겨움이 질병으로부터의 보호 이상의 의미를 가진다고 설명한다. 우리는 동물로서의 자기 존재에 대해 역겨움을 느낀다. 따라서 동물임을 인식시키는 모든 것이 역겨움의 대상이다. 심지어 고기를 먹을 때에도 그것이 동물이라는 것을 잊고 싶어 한다. 판매용 고기가 말끔하게 포장되는 것이 그 예이다. 음식 속에서 나온 깃털이나 동물 털은 구토를 유발한다. 역겨움을 느낀다는 사실 자체가 우리 인간을 다른 동물에게서 분리시켜 주기도 한다. 인간 외에는 다른 어떤 동물도 역겨움의 감정을 드러내지 않기 때문이다. 예를 들어 최근 내가 갔던 친구 집에서 아이가 마룻바닥에 토한 적이 있었다. 그러자 개가 신나게 달려와 꼬리를 흔들며 토사물을 말끔히 먹어

치웠다.

　개를 비롯한 동물들이 역겨움을 느끼지 않는다는 사실은, 우리가 특별한 존재이고 동물에게는 없는 예민함을 가졌으며 따라서 일반 동물과는 다르다는 점을 확신하게 한다. 하지만 물론 우리 역시 동물이라는 점을 궁극적으로 확인시키는 요인은 존재한다. 바로 죽음이다. 로진은 죽음에 대한 두려움이 역겨움의 감정을 일부나마 설명할 수 있다고 본다. 거리를 걷다가 죽은 쥐를 무심코 밟게 되면 우리는 자신이 유한한 생명이라는 것, 피와 살을 가진 나약한 동물로 언젠가는 그 쥐와 마찬가지 신세가 되리라는 점을 상기한다. 바로 이런 점 때문에 재난 현장에서 시체들이 그렇게 서둘러 치워진다는 것이다.

아침에 위스키 한 잔

역겨움을 전혀 다른 관점에서 파악하는 학자들도 있다. 저명한 인류학자인 메리 더글러스는 수년 동안 아프리카 렐레(Lele) 족을 연구한 후 이들에게 음식에 관한 아주 까다로운 규칙이 있다는 점을 알아냈다. 예를 들어 여자는 절대 닭을 먹지 않는다. 닭은 알에서 나왔고 알을 먹는 것은 자기 자식을 먹는 것이나 다를 바 없다는 이유 때문이다. 더글러스는 각 사회마다 동물과 대상을 범주화할 필요를 느낀다고 결론지었다. 이를 통해 사람들은 무엇이 어디 속하는지 설명하는 체계를 가지게 된다. 한 사회의 구성원들은 모두 동일한 체계와 규칙을 가지고 있다.

　내가 집으로 찾아갔을 때 더글러스는 음료를 권하면서 전날 찾아온 친구가 오전 11시밖에 안 된 시간이라는 이유로 자기가 권한 포도주를 거절했다고 이야기해 주었다. 또 점심 식사 후에도 차를 마시기에는 너무 이른 시간이라고 말했다고 한다. 그녀가 속한 사회에는 어떤 음료를 어느 때 마셔야 하는지에 대한 규칙이 존재하는 것이다. 아무리 훌륭한 음료라 해도 규칙에 맞지 않으면 반갑지 않게 여겨진다. 아침에 일어나자마자 위스키 한 잔을 마신다고 생각해 보라. 그 생각만으로도 속이 울렁거리지 않는가.

　더글러스는 또한 렐레 족이 역겹게 느끼는 음식에는 공통점이 있다고 설명했다. 어느 날 렐레 족 마을 근처 숲에 앉아 있던 더글러스는 머리 위에서 무언가 움직이는 소리를 들었다. 렐레 족 남자는 그것이 날다람쥐라고 하면서 자신들이 절대 먹지 않는 동물이라고 했다. 이유를 물었더니 땅에서 뛰어다닐 수도 있고 하늘을 날아다닐 수도 있으니, 동물도 새도 아닌 역겨운 존재라는 대답이 돌아왔다. 이를 통해 더글러스는 우리가 주변 대상을 범주화하는 성향이 있다는 생각을 하게 되었다. 그리고 범주를 넘나드는 대상이나 제자리가 아닌 곳에 있는 대상은 역겨움을 유발한다는 점도 깨달았다.

난간 위의 살점

친구들이 항구가 내려다보이는 절벽 위 통나무집을 빌린 적이
있었다. 내가 웨이트리스로 일하면서 쓰레기통에서 장식용 회
향풀을 도로 꺼냈던 바로 그 호텔 근처였다. 하루는 술집들이
문을 닫은 시간에 파티를 하려고 통나무집에 사람들을 초대했
다. 어떤 남자가 위층 화장실에 갔다가 난간을 타고 우리가 모
인 거실까지 미끄러져 내려오기 전까지는 모든 것이 순조로웠
다. 우리는 손뼉을 치고 웃어 대며 그가 미끄러져 내려오는 모
습을 구경했다. 의기양양하게 내려서기 직전, 난간 위 튀어나
온 부분에 바지가 걸려 버린 그는 오도 가도 못하게 그 자리에
멈춰 버리고 말았다. 우리는 만화에서나 나올 법한 그 광경에
다시 박장대소를 했지만 그는 계속 울상이었다. 알고 보니 왼
쪽 엉덩이가 찢기면서 다친 것이었다. 그때서야 우리는 허둥
지둥 그 남자를 부축해 급히 병원에 보냈다. 한바탕 소란이 끝
난 후 다시 거실에 모여 이야기를 나누고 있는데 흰 난간 위에
무언가 붉은 것이 보였다. 작은 살점이었다. 한동안 아무도 치
울 엄두를 내지 못하다가 결국 한 용감한 여자가 화장실에서
수건을 가져와 살점을 집어 수건째 쓰레기 봉투에 넣었다. 살
점을 만진다는 생각 자체가 너무도 역겨웠다. 그 딱한 남자는
몇 주 동안이나 절뚝거리며 다녔지만 남은 모두의 기억에 남
은 것은 정작 당사자는 보지 못한 그 붉은 살점이었다. 그의 몸
일부였으므로 더러울 것은 없었다. 하지만 통나무집의 난간에

얹혀 있던 살점은 정말 끔찍했다.

이 경험은 제자리에 있지 않은 것이 역겨움을 유발한다는 더글러스의 주장과 맥을 같이 한다. 썩어 가는 죽은 쥐가 수풀 속에 있다면 별 것 아니겠지만 당신 베개 위에 놓여 있다면 이야기는 달라진다. 먹음직스러운 닭다리가 깨끗한 접시 위에 있을 때와 자동차 바닥 구석진 곳에 굴러 있을 때도 다르다. 전자라면 기꺼이 먹겠지만 후자라면 깨끗하지도 신선하지도 않다고 생각할 것이다. 결국 대상이 놓인 상황이 모든 것을 결정하는 것이다.

더글러스는 여기서 한 걸음 더 나아가 우리가 대상을 범주화하는 이유는 먹을 수 있는 것과 그렇지 않은 것을 신속하게 파악하기 위해서라고 주장한다. 벌레 중에서 어떤 것을 먹을 수 있는지 하나씩 살피기보다는 벌레라는 범주 전체를 먹을 것에서 제외하는 편이 훨씬 더 빠르다. 위생이란 결국 이러한 범주화의 부산물일 뿐이다. 모순적인 것은 거부감을 준다. 따라서 몸 안에서 소화되다가 입 밖으로 나온 물질(토사물)을 먹는 것은 역겹다. 또한 여러 범주에 걸쳐 있는 것은 역겹다. 배설물은 병을 옮길 수 있기 때문이 아니라 몸에서 바깥으로 나온 것이기 때문에 역겨움을 준다.

하지만 우리가 역겹다고 느끼는 대상을 늘 명확하게 범주화할 수 있는 것은 아니다. 로진은 바퀴벌레를 그 예로 들었다. 다리 여섯 달린 이 벌레는 고대부터 인류와 함께 생존해 왔다. 그런데 대부분의 사람들은 바퀴벌레보다는 무당벌레에

훨씬 더 호감을 가진다. 별다른 이유도 없이 말이다. 물론 역겨움이 질병 방지를 위한 장치라고 주장하는 이들은 바퀴벌레가 질병을 옮길 수 있고 지저분한 공간의 상징이라고 설명할 것이다.

바퀴벌레라는 예외가 있기는 하지만 많은 역겨운 대상들이 더글러스의 이론에 부합한다. 마당에 있는 흙은 아무 문제도 없다. 하지만 식탁 위에 뿌려진 흙은 더럽다. 썩어 가는 음식은 음식도 흙도 아니기 때문에 역겹다. 뒤통수에서 나는 머리카락에는 아무 문제도 없고 심지어 아름답기까지 하지만 뺨 한가운데에서 털이 자란다면 건강상 아무 문제가 없어도 반응은 다를 것이다.

이 서로 다른 이론들이 조합된다면 어떨까? 제자리에 있지 않은 것이 자아내는 역겨움은 결국 신속하게 질병을 예방하는 행동이 된다. 모든 것이 제자리에 있다면 인간의 몸이나 인간이 먹는 음식은 오염되지 않는다. 하지만 배설물처럼 범주를 넘나드는 것은 위험하다. 여기서 날다람쥐나 뺨 한가운데 난 털 같은 전혀 무해한 대상에 대해서도 역겨움을 느끼게 된다는 부작용은 존재한다. 하지만 생존에 관련된 문제의 넝억이니만큼 어느 정도의 과민 반응은 참아 줄 만하다. 까딱 실수해서 생명의 위협을 안느니 먹어도 아무 피해 없는 음식을 한두 가지 피하는 편이 유리한 것이다.

메리에겐 뭔가 특별한 것이 있다

받침대 위에 밀랍으로 만든 여자 얼굴이 놓여 있다. 이마 중간 쯤에서 솟은 갈색 뿔이 얼굴 앞쪽으로 구부러져 늘어져 있다. 이 여자는 19세기 초에 파리에 살았던 마담 디망슈이다. 24세 일 때 뿔이 자라기 시작했고 80세가 되었을 때에는 30센티미 터 길이나 되었다고 한다.

마담 디망슈의 밀랍 얼굴 앞에 몰린 여고생들이 신기하고 도 무섭다는 표정을 짓고 있다. 이곳은 필라델피아 외곽의 뮈 터 박물관이다. 해부된 생명체, 병리적인 모습, 유명한 과학자 나 의사의 기념물, 의학 관련 사진과 그림을 비롯해 모두 2만 점이 넘는 수집품을 자랑하는 곳인데 한마디로 표현하자면 '역겨움 박물관'이다. 날 것과 요리된 음식 사이의 오염 문제 를 보여 주는 멋진 전시도 있다. 하지만 관람객들이 더욱 관심 을 갖는 것은 유리 표본병 안에 들어 있는 초록색 손이다. 바로 동상 때문에 썩어 들어가 잘라 낸 손이다.

이 박물관 안을 둘러보다 보면 자신도 모르게 더 역겨운 전 시물이 없는지 찾게 된다. 사람 등과 어깨가 들어 있는 아주 커 다란 표본병도 있다. 등에 커다란 붉은 구멍이 뚫려 있고 누런 고름이 흘러나오는 중이다. 치료 단계의 옹(癰, 화농균이 옮아서 생긴 혹, 등창이라고도 함)이라고 한다. 치료 단계 이전에는 어떤 모습이었을지 생각만 해도 끔찍하다. 내게 가장 신기했던 것 은 좀 굵은 코끼리 코 같은 전시물이었다. 길이 1미터는 될 법

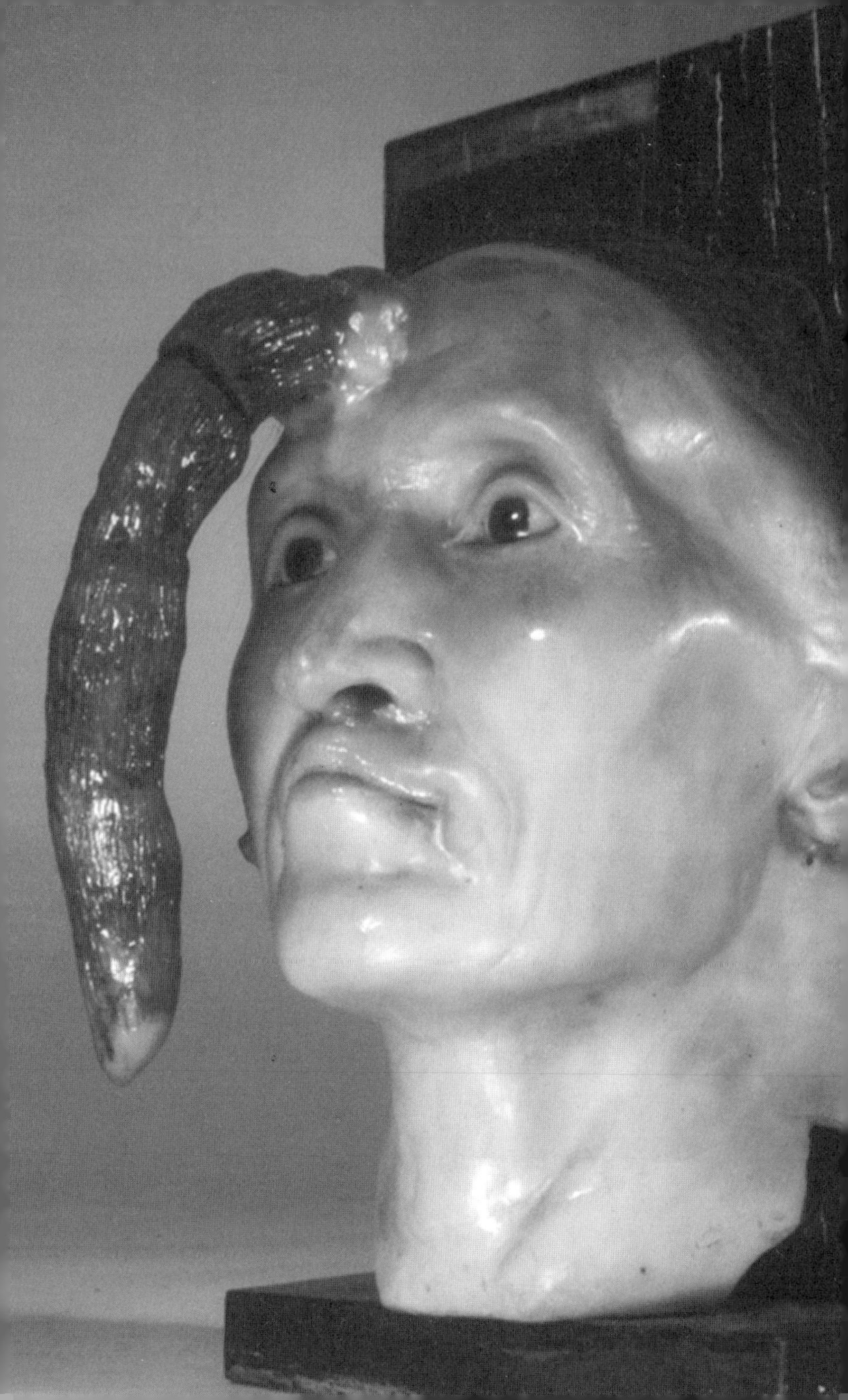

한 딱딱한 회색 물질인데 어느 운 나쁜 남자의 장에서 꺼냈다고 한다. 이것을 뱃속에 넣고 있었을 때 그 남자의 흑백 사진을 보면 만삭의 임부처럼 배가 튀어나와 있다.

역겨움에는 이상하게 마음을 끄는 점이 있고 이는 심지어 역겨운 경험을 긍정적으로 만들기도 한다. 자신이 언제까지 버틸 수 있는지를 확인하는 즐거움이라고 할까. 언젠가 나는 감각 마비에 관한 라디오 프로그램을 위해 전립선 수술 장면을 녹화한 적이 있다. 저절로 얼굴이 찡그려지는 장면이었지만 솔직히 매력적인 경험이라 느껴졌다. 카메라는 사람 뱃속을 비춰 주었다. 연못에 오리 밥으로 던져 준 빵 조각이 떠다니는 것처럼 배 속에 흰 조각들이 떠다녔다. 의사는 누구든 40대가 되면 몸속에 그런 부유물이 생겨나며 해로울 것은 전혀 없다고 설명했다. 수술 중 근처에 있는 흰 물질은 흡입기로 빨아 없애 버리기도 했다.

로진은 역겨운 대상이 가진 매력을 "긍정적 자학증"이라 부른다. 위협적으로 느껴지기는 해도 실제로는 안전한 상황을 맞닥뜨리는 것이다. 뮈터 박물관의 역겨운 전시물들은 실질적인 위험은 전혀 없이 그 강력한 감정을 느낄 수 있는 기회를 준다. 역겨움을 연구하는 발 커티스는 저녁 초대를 받는 것이 퍽 고역이겠다는 위로를 많이 받는다고 한다. 왜냐하면 처음에는 역겨운 이야기는 절대 안 된다고 못 박았던 친구들이 저녁 식탁에서 내내 그 주제로만 대화를 나누기 때문이다. 소설가 척 팔라닉이 역겹기로 유명한 자신의 단편 소설, 『내장

(Guts)』(수영장에서 자위 행위를 하다 예기치 못한 끔찍한 결과를 맞게 되는 어느 소년의 이야기) 낭독회를 열었을 때 청중이 구름같이 모여들었다고 한다. 소설의 충격적인 내용은 오히려 듣고 싶은 마음을 더 강하게 자극했던 것 같다. 또 우리는 엽기적 리얼리티 쇼의 출연자들이 살아 있는 벌레나 토사물을 먹는 모습을 흥미롭게 지켜본다. 물론 역겨움이 현대에 와서 이런 매력을 갖게 된 것은 아니다. 성당에 가서 아름답게 조각된 성가대석의 의자 밑을 잘 살펴보면 기도하는 수도사, 신화 속 동물들의 싸움 외에 다리를 넓게 벌리고 볼일을 보는 남자 모습 같은 역겨운 장면도 묘사되어 있을 것이다. 배설기관과 관련된 역겨운 소재를 적극 도입한다는 면에서 중세 장인과 20세기 후반의 만화가 사이에는 세기를 뛰어넘은 상관관계가 존재하는 것 같다. 셰익스피어 역시 역겨운 묘사를 남겼다. 「헨리 5세(Henry V.)」를 보면 전쟁의 고귀함에 대해 한참 떠들던 왕의 대사 뒤로 역겨운 부분을 덧붙인 게 그것이다.

프랑스에 그 용감한 뼈를 남기고 온 이들
인간으로시 죽었으니 똥 더미 속에 묻힌 그들은
영예를 누리리라. 태양이 그들을 칭송하여
그 명예를 하늘까지 알리리라.
남겨진 그들의 육신은 프랑스를 파괴하고
그 냄새에서 흑사병이 창궐하리라.

우리는 역겨운 사건에 대해서 특히 기억을 잘 한다. 나는 우스갯소리를 거의 기억하지 못하는 편이지만 호텔에서 도둑을 맞은 어느 부부 이야기는 아직도 똑똑히 생각난다. 부부가 호텔 방으로 돌아왔을 때 방 안은 난장판이 되어 있었다. 그러나 잃어버린 것은 없었다. 탁자에 두고 나간 카메라까지도 무사했다. 여행을 끝내고 집으로 돌아온 부부가 사진을 현상해 보니 아름다운 바닷가 풍경 사진들 틈에 기겁할 만한 사진이 끼어 있었다. 그것은 바로 부부의 칫솔, 간밤에도 사용했던 칫솔이 누군가의 벌거벗은 엉덩이 아래에서 삐죽하게 튀어나온 모습을 담은 사진이었다.

내가 사람들에게 여러 가지 감정을 불러일으키는 이야기를 들려 달라고 부탁했을 때 분노나 즐거움보다는 역겨움에 관련된 이야기가 훨씬 더 쉽게 나오곤 했다. 한 친구는 설사가 심해 어쩔 수 없이 팬티를 버렸을 때를 이야기해 주었다. 그는 공중화장실에 가서 엉덩이를 씻은 뒤 팬티를 벗었지만 그것을 넣을 마땅한 가방이나 봉투가 없었으므로 대충 구석에 쑤셔 박고 나와 버렸다. 몇 분 후 청소부가 더러운 팬티를 발견하게 될 상황을 상상하고 죄책감을 느낀 그는 근처 가게에서 봉투를 얻어 화장실로 되돌아갔다. 하지만 팬티는 이미 사라지고 없었다. 화장실 청소가 되어 있지 않은 것으로 보아 청소부가 치운 것은 아니었다. 누군가 자기 더러운 팬티를 냉큼 집어 갔다는 생각을 하면 그는 아직도 메스꺼운 느낌이 든다고 했다.

역겨움은 워낙 기억에 선명하게 남기 때문에 자칫하면 역겨운 사건 하나가 한 사람 전체를 규정해 버리기도 한다. 몇 년 전 비행기 기내에서 만취한 채 술을 요구하다가 거절당한 한 미국인 승객이 뉴스에 나온 적이 있었다. 그는 소란을 피우고 승무원들을 위협했지만 모든 승객들의 기억에 남은 것은 그가 음료수가 놓인 수레 위에 올라가 똥을 싸는 모습이었다. 그는 흰 냅킨으로 뒤를 닦고는 근처 좌석에 손을 비벼 닦았다. 승객들은 그가 승무원에게 폭언을 가하고 폭력을 사용하려 했던 위협적인 모습은 잊어버려도 음료수 수레 위에서 보인 행동은 영원히 기억할 것이다. 집행 유예 2년에 벌금 4만 9000달러를 선고한 법원조차 그가 얼마나 큰 부끄러움을 감당해야 하는지를 지적했다.

영화에 등장한 메스꺼운 장면 단 하나 때문에 그 영화가 역겨운 종류로 기억되기도 한다. 「메리에겐 뭔가 특별한 것이 있다」라는 영화에는 데이트에 나간 여자가 상대 남자의 귀에서 무언가 흘러내리는 것을 보고 헤어젤이라 생각해 손으로 받아 자기 머리에 바르는 장면이 있다. 그것은 헤어젤이 아니라 정액이었고 여자 머리는 엉망이 되고 만다. 불과 몇 초에 불과한 이 장면은 이 영화에서 가장 유명한 장면이다.

역겨움이 주는 재미

한 남자가 가게에 들어가 가짜 개똥을 파는지 묻는다. 점원은 돌돌 말린 것과 기다란 것 두 가지를 선반에서 꺼내 보여 준다. 남자는 돌돌 말린 것을 집어 들며 "이거 멋지군요."라고 감탄한 뒤 "똑같은 것으로 하나 더 주시지요."라고 말한다. 점원이 다시 하나를 꺼내 놓자 남자는 그 두 개를 이리저리 돌리면서 유심히 관찰한다. "완전히 똑같지는 않아. 이쪽이 윗부분 질감이 더 좋은데." 30분 정도 지나자 남자 앞에는 갈색 플라스틱 개똥이 30개 남짓 줄지어 놓인다. 모양이나 색깔이 조금씩 다른 것들이다. 아들에게 뿡뿡 쿠션(앉으면 방귀 소리가 나는 고무 쿠션)을 사 주려고 들어온 어느 어머니는 가짜 개똥들 앞에서 시간 가는 줄 모르고 몰두한 남자를 이상한 눈으로 바라본다. 상대가 역겨움에 대한 연구로 세계적으로 유명한 인물이고 실험을 위해 가짜 개똥을 사는 중이라는 걸 전혀 모른 채 말이다. 그는 앞서 이미 소개한 바 있는 폴 로진이다. 그를 처음 만났을 때 나는 역겨움이라는 연구 대상에 대해 그가 보이는 크나큰 열정에 감탄했다. 그는 마치 그 감정을 정말로 좋아하는 것 같았다. 그는 사람들에게 달갑지 않은 일을 시킬 때 즐거움을 느끼게 된다고 설명했다. 또 역겨운 물건을 마련하는 일도 흥미진진하다고 했다. "돼지 머리를 보내 줄 푸주한을 찾아야 했지요. 그리고 그걸 사람들에게 보여 주고 만져 보라고, 또 돼지 눈에 핀을 꽂아 보라고 부탁했습니다. 나치 장교의 군모로 실험을 한 적도 있습니다. 사람들이 그 모자를 똑바로 바라보고 만질 수 있을지, 자기 머리에 써 볼 수 있을지 확인한 것이지요. 역겨움이라는 감정에는 죽음이 깊이 개입되어 있다고 생각했기 때문에 화장(火葬)하고 나온 뼛가루도 사용해 보기로 했지요. 다른 건 전부 진짜를 사용해도 진짜 사람의 뼛가루까지 쓰기는 좀 그래서 대용물을 마련하기로 했습니다. 겉모습이 똑같은 대용물을 찾으려면 우선 진짜 뼛가루를 눈으로 보아야 했기에 학생들과 함께 화장터로 가서 부탁을 했습니다. 70대 노인인 화장터 직원은 뼛가루를 보고 싶어 하는 사람은 처음이라면서 기꺼이 유골분 단지들을 열어 보여 주었습니다. 때로는 푸른빛이 도는 경우도 있다고 설명도 해 주었습니다. 그는 모든 것을 주저 없이 설명해 준 후 심지어 원한다면 화장 장면을 직접 보여 주겠다고도 하더군요. 결국 우리는 비료용 소 뼛가루를 주재료로 하여 대용물을 만들어 냈습니다. 이런 식으로 역겨움에 대한 연구는 퍽 흥미진진합니다. 메뚜기 모양의 일본 사탕을 사서 사람들이 먹을 수 있는지 확인한 적도 있습니다. 또 살아 있는 원숭이의 뇌를 먹는 장면도 보여 줍니다. 그 장면을 어디까지 보고 화면을 정지시키는지 확인하는 것이죠. 그것 역시 재미있는 실험이었습니다.”

로진은 역겨움을 주제로 한 연구에서 분명 재미를 느끼고 있었다. 메스꺼움에는 이런 재미 외에 유머의 측면도 있다. 내가 아는 어떤 사람은 대학생 때 버터, 코코아 가루, 설탕을 섞은 반죽을 바지 엉덩이 쪽에 묻히고 다니다가 친구들이 뭐가 묻었다고 말해 주면 태연하게 “그래?”라고 대답한 후 손가락에 묻혀 빨아 먹는 장난을 쳐서 모두를 기겁하게 만들었다고 한다.

역겨움에서 얻는 재미가 공포나 충격을 완화시키는 방법이 될 수 있을까? 혹은 이것은 받아들일 수 있는 것과 그렇지 않은 것을 가르는 기준이 될까? 어쩌면 아이들이 더러운 것에 비상한 관심을 보이는 이유도 여기 있을지 모른다. 아이들은 경계가 어디인지 학습하는 것이다. 어릴 적 나는 아버지가 들려주시는 메스꺼운 시를 아주 좋아했다. 이런 시는 1899년 해리 그레이엄이 만들어 냈지만 이후 계속 변형, 창작되어 왔다. 내용을 잘 들여다보면 그 어떤 공포 영화에도 뒤지지 않을 정도지만 동시에 아주 우습기도 하다.

피를 열망하는 윌리,
아기를 문에 못 박았네.
어머니는 얼굴이 창백해져 외치네.
"착하지, 윌리, 페인트가 벗겨지지 않게 조심하렴!"

사악한 꼬마 윌리,
아기 눈알을 뽑아내
짓밟아 터뜨렸네.
어머니는 한숨을 쉬었지. "윌리, 이제 그만!"

아이들은 역겨움에 특별한 매력을 느끼는 것 같다. 런던 과학 박물관의 우주 기술 전시실에는 늘 아이들이 몰리는 진열창이 있다. 바로 우주 비행사들의 속옷을 걸어 두고 우주 공간에서 이들이 어떻게 볼일을 해결했는지 설명해 주는 곳이다.

8세의 어린 학생들과 역겨움에 대한 이야기를 나누었을 때 처음에 아이들은 혐오감을 주는 것이 무엇인지 이야기하기 꺼려 했다. 하지만 얼마간 시간이 지나자 신이 나서 낄낄 웃기까지 하면서 자기들 생각에 가장 역겨운 대상을 털어놓았다. 부모들은 자녀가 역겨운 감정에 너무 집착하는 것이 아닌지 걱정하기도 하지만 이는 발달 과정의 정상적인 단계에 불과하다. 이런 단계를 거쳐 아이들은 역겨움의 규칙을 학습하는 것이다. 또한 주위 어른들이 질색하지 않도록 역겨움을 적절히 표현하는 법도 깨우친다.

역겨움에 동반되는 재미는 우리가 역겨움에 관심을 가지게 함으로써, 또한 무엇이 안전하고 무엇이 위험한지 인식시킴으로써 우리 생존에 기여한다. 텔레비전에서 누군가 쥐 사체들 위에 누워 있는 모습을 보았을 때 우리는 경악하게 된다. 하지만 이를 통해 쥐는 피해야 할 존재라는 사실이 다시 한번 강조되는 것이다.

역겨움의 사회학

아이들이 학습하는 역겨움은 인체 배설물이나 상한 음식에 대한 거부감만이 아니다. 역겨움을 통해 부모들은 성, 죽음, 심지어는 다른 집단에 속한 사람들에 대한 태도를 전달하게 된다.

역겨움은 아주 강력한 학습 도구이다.

해외에 나가 저녁 식사 초대를 받았더니 동물 눈알 요리나 접시 위에서 펄떡거리는 날생선이 나오더라는 식의 이야기는 누구나 즐겨 화제에 올린다. 역겨움이 즐거움을 주는 셈이다. 하지만 동시에 이는 다른 문화권에 대한 비난으로 사용될 수 있다. "저 사람들이 하는 행동을 좀 봐. 정말 구역질나는 노릇이야." 이때 역겨움은 우리 신체를 위협하는 것에서부터 우리 존재 자체를 위협하는 것으로 의미가 확대된다. 폴 로진은 이를 두고 신체가 피해를 입지 않도록 하는 메커니즘이 영혼이 피해를 입지 않게 하는 메커니즘으로 변화하는 것이라고 설명했다. 다른 집단의 행동에 대한 역겨움은 조작될 수도 있다. 2003년 7월, 《선》은 "백조 구이"라는 표제하에 노숙자들이 여왕 연못의 백조를 잡아 구워 먹었다는 기사를 게재했다. 이후 백조를 노숙자들이 잡았다는 증거가 전혀 없다는 사과 기사가 나오긴 했지만 이 사건을 통해 우리는 역겨운 행동에 대한 비난이 특정 집단에 대한 비난과 연결되는 모습을 확인하게 된다.

홀로코스트 체험담을 출판해 유명해진 화학자 프리모 레비는 집단 수용소로 향하는 기차에서 겪었던 일을 털어놓았다. 기차 안에는 화장실이 없었다. 또 나치 독일군은 유태인들에게 돈과 귀중품을 가져오라고 했을 뿐 용변 해결 문제에 대해서는 언급조차 하지 않았다. 오스트리아의 한 기차역에서 열차가 멈추고 유태인들은 일제히 용변을 해결하라는 지시를 받았다. 하지만 열차 근처를 떠나서는 안 되었기 때문에 어쩔 수 없이 몸을 가릴 수 없는 야외에서 볼일을 봐야 했다. 나치는 유태인들의 역겨운 행태를 마음껏 비웃을 기회를 얻은 셈이었다. 그리고 역겨운 사건으로 유태인이 비인격적 존재가 되고 나자 나치의 잔혹함도 어느 정도 설득력을 얻었다. 더러움이나 악취 같은 역겨운 요소들이 다른 집단 사람들을 헐뜯기 위해 사용된 역사는 꽤 길다. 역겨움을 느끼게 되면 공감하는 마음이 사라질 뿐 아니라 거리를 두려고 하게 된다. 법학 교수인 마르타 누스바움에 따르면 나치 장교를 역겨운 인간으로 보는 경우 절대 그런 사람처럼 되지 않겠다고 결심하기가 한층 쉽다고 한다. 소아 성애 병자(pedophile)를 역겹게 생각한다면 당신은 그런 사람들을 인간이라기보다는 동물과 가깝다고 여기고 공감하려는 노력도 하지 않게 된다. 여성 혐오증이나 동성애 혐오증의 경우에도 마찬가지이다. 단 하나의 행동만으로 집단 전체가 비인격화되어 버리기도 한다. 식인 풍습이 좋은 예이다. 사람을 먹는다는 것보다 더 즉각적으로 역겨움과 혐오감을 유발시키는 일이 또 있겠는가? 1979년, 미국의 인류학자 윌리엄 아렌스는 식인 풍습에 대한 기존 관념에 이의를 제기했다. 식인 풍습은 특정 민족들을 모욕하기 위해 만들어 낸 이야기에 불과하다는 주장이었다. 곧이어 식인 풍습이 과거에 존재하기는 했으나 의례에서 상징적으로 이루어졌을 뿐이라는 연구 논문들도 나왔다. 20세기까지 식인 풍속을 가지고 있던 부족으로 브라질의 와리(Wari) 족이 있다. 하지만 포로를 잡

아 커다란 솥에 넣고 끓인다는 상식과는 딴판으로 부족민들은
잘 아는 사람, 특히 어린이의 시체를 먹었고 이를 공감을 표시
하는 행동으로 여기고 있었다. 시체는 절차를 갖춰 구워졌고
그 처리 과정에 가까운 친척은 참여하지 않았다. 1950년대와
1960년대에 정부 측 탐사단이 와리 족에게 식인 풍습을 중단
하고 대신 시체를 땅에 묻으라고 강요하자 와리 족은 망자를
땅에 묻는다는 데 대해 역겨움을 표시했다고 한다. 땅은 차고
축축하며 오염된 곳, 역겨움을 자아내는 공간이었기 때문이
다. 베스 콘클린은 이 부족 사회를 연구한 뒤 최근에도 부족민
들이 사랑하는 가족의 시체를 먹으며 슬픔을 달래던 시절에
향수를 느낀다고 보고했다. 이런 점을 고려한다면 실제 식인
풍습의 내용은 서구인들이 걸핏하면 들먹거리며 문화 전체를
매도하는 근거로 삼았던 것과 전혀 다르다고 할 수 있다.

다른 사람과 거리를 두게 만든다는 측면도 있긴 하지만 전
체적으로 볼 때 역겨움이라는 감정은 우리에게 유용하다. 해
로운 물질로부터 우리를 지켜 주고 흥미로운 이야깃거리를 제
공하며 죽음에 대한 불안감까지 덜어 주니 말이다. 역겨움은
우리에게 깊이 각인된 감정이다. 성장하면서 우리는 자신의
문화권에서 역겹게 여겨지는 대상이 무엇인지 학습하고 또한
제자리에 놓여 있지 않은 것을 역겹다고 느낌으로써 무엇이
피해야 할 대상인지를 즉각 파악한다. 이 감정이 지나치게 커
지면 아무 피해도 주지 않는 생명체나 음식을 역겹다고 느끼
는 상황이 벌어지지만 어떻든 결정적인 실수를 저지르기보다

는 과민 반응을 보이는 편이 낫다. 그리고 대부분의 경우는 필요한 정도의 역겨움에 그치기 때문에 과민 반응은 큰 문제가 되지 않는다. 전염에 대한 공포로 일상생활이 불가능할 정도로 역겨움이 심하다면 곤란하지만 나머지의 경우 역겨움이라는 감정은 충분히 즐길 만하다.

분노

리 앤 바튼은 남편 마크가 유능한 화학 약품 외판원임을 자랑스러워 했다. 마크는 수입을 주식에 투자해 불려 나가는 중이었다. 물론 최근에는 운이 나빠 손실을 보았다고 했다. 하지만 남편이 굴리는 돈이 대체 얼마나 되는지 알지 못했으므로 잃은 돈의 규모도 짐작할 수 없었다. 1999년 초, 불과 7주 동안 마크는 주식 시장에서 10만 달러가 넘는 손실을 입었다. 그 사실을 알고 리 앤은 펄펄 뛰었다. 남편이 부부의 인생을 망치고 미래를 파괴했다고, 남편은 이기적이고 멍청한 바보라고 고래 고래 소리를 질러 대기도 했다. 어떻게 그렇게 멍청할 수 있을 까? 어쩜 그렇게도 생각이 없을까? 아이들은 어떻게 한단 말 인가? 아내인 자기는 또 어떻게 하고? 마크는 아내의 그런 모 습을 처음 보았다. 곧 마크도 울화가 치밀었다. 어떻게 저렇게 멋대로 지껄일 수 있을까? 주가 하락이 자기 책임은 아니지 않 은가? 이때까지 자기는 열심히 돈을 벌어 가족이 새 컴퓨터도 사고 휴가도 떠날 수 있도록 해 주었다. 그 대가가 겨우 고래고 래 소리를 지르며 자기를 원망하는 마누라란 말인가? 마크는 주위를 둘러보았다. 연장 상자 위에 놓인 망치가 눈에 들어왔 다. 가슴 속에서 무언가 울컥 했다. 그는 단숨에 망치를 들어 올려 아내 얼굴을 몇 번이고 내리쳤다.

격한 분노가 몰아닥치면 가정적인 사람도 순식간에 살인자 가 될 수 있다. 마크는 아무도 모르는 곳에 아내의 시체를 숨겼 다. 그리고 다시금 평범하기 짝이 없는 하루를 보냈다. 다음날, 그는 아들(11세)을 보이 스카우트 활동에 데려다 주고 딸(7세) 과 놀아 주었으며 저녁에는 아이들이 잠들 때까지 기다렸다. 사랑 넘치는 아버지다운 행동이었다. 하지만 속셈은 달랐다. 아이들이 깊이 잠들었다는 것을 확인한 후 그는 아내를 죽이 는 데 썼던 망치를 다시 꺼냈다. 그러고는 살금살금 아이들 방 으로 들어가 아들과 딸을 죽였다. 아이들이 숨이 붙은 채 고통 당하게 하고 싶지는 않았기 때문에 그는 욕조에 물을 채운 후 아이들을 집어넣어 죽었는지 확인했다. 마크는 아이들을 욕조에서 꺼내어 수건으로 닦아 침대에 눕히고 딸 옆에는 인형을, 아들 옆에는 비디오 게임기를 놓아 주었다. 미리 말해 두지만 이것은 어머니 잃은 슬픔을 느끼지 않도록 자식을 저세상에 보낸 자애로운 아버지의 이야기가 아니다. 다음 날, 마크는 마구잡이로 총을 쏘아 대는 무법자가 되었다. 증권 회사를 찾아가 마구 총을 쏘아 주식을 매매하던 브로커, 아이 어머니인 증권 회사 간부 등 무고한 사람 9명을 사살했다. 경찰의 포위망 속에서도 마크는 끝내 무기를 버리지 않았고 체포 직전 스스로에게 총을 쏘았다.

그는 공책 세 권과 편지 한 통을 남겼다. 공책 한 권은 후회가 아닌 자기 정당화와 자기 연민으로 가득 차 있었다. 그는 "자신을 무자비하게 파괴하려던" 사람들을 죽였을 뿐이라고 썼다. 연쇄 살인은 순간적인 이성 마비가 빚어 낸 결과가 아니었다. 사흘에 걸쳐 살인을 저지를 만큼 차곡차곡 분노가 쌓인 것이다. 그가 죽인 두 자식은 첫 번째 아내와의 사이에서 태어난 아이들이었다. 첫 아내는 그가 생명 보험에 가입시킨 지 얼마 되지 않아 숨졌는데 보험 회사는 마크가 그 죽음과 관련이 있을 것으로 의심해 보험금을 일부만 지불하려 했다. 하지만 분명한 증거가 없었으므로 양쪽 모두 한 발짝씩 양보해 합의금이 지불되었다. 마크가 주식 시장에 투자한 돈은 바로 그 합의금이었다. 두 번째 아내를 죽인 후 그는 부모 없이 자라게 될 아이들이 가여워 자기 손으로 죽여 버리기로 결심했다. 그렇게 가족이 사라지고 나자 그는 증권 회사를 찾았다. 투자 손실로 두 번째 부인과 불화를 빚게 만든 바로 그 회사였다.

이런 형태의 분노는 아주 드문 편이다. 대부분의 사람들은 이런 감정을 평생 한번도 느끼지 못하는데, 설사 느끼는 경우라 해도 그 감정에 따라 행동하지는 않는다. 칼은 20대였을 때 분노를 경험했다. 물론 마크의 분노에 비해서는 훨씬 가벼운 편이었다. "늘 화가 나 있었습니다. 성난 젊은이는 걸핏하면 폭력을 사용하게 되죠. 언제든 일을 망쳐 버릴 수 있는 시한폭탄이라고나 할까요. 특정 사건이 유발한 감정이라기보다는 늘 마음속에 존재하는, 언제 터질지 모르는 그런 감정에 가까웠죠."

몇 년 후 그는 분노의 시기가 지나갔다고 생각했다. 하지만 이혼을 하고 나자 다시금 그 감정이 되살아났다. "몇 년간 느끼지 못했던 분노가 다시 생겨났습니다. 제가 스스로를 잘 통제하고 있다는 믿음이 산산조각 나 버리는, 가히 충격적인 일이었죠. 저는 자칫 충돌이 일어나지 않도록 차를 몰고 멀리 나가곤 합니다. 충돌이 일어나면 꼭 폭력으로 이어지거든요. 폭력을 예방하려면 충돌을 피해야 합니다."

하지만 실상 순간적인 기분이 공격을 야기하는 경우는 생각보다 훨씬 드물다. 때로는 분노가 충돌을 막아 주기도 한다. 두 아이가 싸움을 벌일 때 어머니가 번갈아 노려보면 싸움이 끝날 수 있다. 혹은 약한 쪽이 분노의 반응을 보임으로써 강자에게 장난을 그쳐야겠다는 생각을 불러일으키기도 한다. 화난 사람이 통제력을 잃은 듯 보이기는 하지만 실상 그들은 상황을 고려하고 사회의 규칙에 따라 행동한다. 이 때문에 격한 감정으로 살인 충동을 느끼는 사람 중에 그것을 실행에 옮기는 사람은 극히 드물다.

분노는 연구하기에 특히 까다로운 주제이다. 언제 사람이 자제력을 잃을지 예측하기란 아주 어렵기 때문이다. 더운 날씨에 누군가를 기다리고 있어야 한다든지, 최악의 교통 체증 속에 갇혀 있다든지 해도 분노를 폭발시키는 사람을 만나기가 쉽지 않다. 게다가 분노는 사적인 공간에서 일어나기 쉽기 때문에 연구자가 접근하기 어렵다. 기껏해야 아무것도 모르는 실험 참가자들을 모아 놓고 과제를 부과한 뒤 제3자가 등장해 성과를 망가뜨려 버리는 식의 상황을 조성할 수 있을 뿐이다. 이후 실험 참가자에게는 복수할 기회가 주어진다. 예를 들면 방해꾼 노릇을 했던 제3자에게 단어를 가르치다가 틀리면 전기 쇼크를 가할 수 있다. 기본 가정은 실험 참가자가 화를 많이 낼수록 더 강한 전기 쇼크를 가하리라는 것이다. 이런 실험은 인위적이라는 것이 가장 큰 문제이다. 실험 참가자는 자신의 행동 하나하나가 관찰되고 있다는 것을 잘 알고 있으므로 가장 좋은 모습을 보이려 한다. 실생활에서도 실험실과 똑같이 행동할 것인지의 여부는 확인이 불가능하다.

또 다른 연구 방법은 언제 어떤 상황에서 얼마나 자주 화가 나는지를 묻는 면접 조사이다. 여기에도 나름의 문제가 있다. 아주 자주 화를 내는 사람에게도 화가 났던 상황은 쉽게 잊혀지고 만다는 점이다. 이 문제를 극복하기 위해 연구자들은 화가 날 때마다 상황을 일기처럼 기록해 달라고 부탁하기도 하다.

이런 종류의 연구에 열심인 학자 중 하나가 미국 심리학자 제임스 애브릴이다. 그는 분노에 대해 심층 연구를 실시했는데 조사 대상의 85퍼센트가 조사 직전 1주일 동안 1~2회 분노를 경험했다고 밝혔다. 총 160명의 조사 대상 가운데 한 사람은 하루에 10회 이상 분노한 반면 26명은 1주일 내내 분노한 적이 없었다. 또 싫어하는 사람보다는 가깝게 느끼는 사람에 대해 화를 내는 경향이 있었다. 물론 이는 후자와 더 많은 시간을 함께 보내기 때문일 수도 있다. 하지만 가장 기대가 큰 상대, 다시 말해 화를 냄으로써 얻을 수 있는 것이 가장 많은 상대에게 화를 낸다는 점은 중요하다.

분노의 이유

분노는 대개 부정적인 감정으로 여겨진다. 앞서 제시했던 마크의 사례는 그 극단적인 모습을 보여 준다. 하지만 분노는 유용할 수도 있다. 분노는 우리 신체가 공격에 대비하도록 하고 꼭 필요한 에너지를 제공하기도 한다. 분노만큼 우리 신체를 오랫동안 활기 있게 유지시키는 감정은 달리 없다. 이는 과거에 특히 유용했을 것이다.

소규모 부족 집단을 이루고 살면서 주변 부족들의 위협을 받는 상황이라면 신속하게 분노를 터뜨릴 수 있는 능력이 생존에 필수적이었을 것이다. 물론 오늘날에는 분노의 유용성이 훨씬 적어졌다. 이제 분노는 자기 방어의 도구가 되기보다는 흥분해서 폭력을 낳는 경우가 더 많다.

고대의 철학자 세네카는 분노란 오래전에 사라졌어야 할 감정이라고 말했다. 서기 40~50년에 그가 쓴 분노에 대한 글은 분노 연구 분야 최초의 저작물로 간주된다. 여기서 세네카는 광분이라는 이름 아래 존재하는 잔혹성의 사례를 다양하게 열거한다. 예를 들어 페르시아 왕은 격노한 나머지 시리아 전 주민의 코를 베어 버리라는 명령을 내렸고 이후 시리아는 '코가 납작한 사람들의 나라'라는 별명을 갖게 되었다. 세네카는 분노가 전쟁 상황에서 가치를 가진다는 주장도 반박했다. 분노는 그저 분별없이 행동하도록 만드는 요인일 뿐이라는 것이었다. 분노가 에너지나 용기를 낳을 수 있다는 데 대해서는 술에 만취하는 것도 마찬가지 효과를 낳는다고 맞섰다. "분노가 인간을 대담하게 전진하도록 만들고 칼을 잘 쓰게 한다고들 한다. 하지만 이런 논리라면 광기 또한 인간을 강하게 만들기 때문에 전장에 필요하다고 할 수 있다." 이어 세네카는 분노의 폭발을 좀 더 상세히 분석하면서, 분노란 파도치럼 움지이기에 폭력이 정당화되는 경우라 해도 주변 사람이 커다란 피해를 입게 된다고 설명했다. 또 얼마간 시간이 지나면 분노했던 사람이 지치며, 상대적으로 공격력이 약해지기 때문에 결국 폭력의 강도가 불균등하게 되어 버린다고도 했다.

DIE ENGLISCHE
REGIERUNG
MORDET
FRAUEN

AN DIE HERREN
AERTZTE.
BITTE LESEN SIE
DIE SUFFRAGETTE
AUSERORDENTLICHE BEILAGE
VON
CHRISTABEL
PANKHURST

MM. LES
MÉDECINS !
QUE PENSEZ-VOUS DE
LA TORTURE
IMPOSÉE SUR LES FEMMES
PAR LE
GOUVERNEMENT
ANGLAIS ?

uffrage pour les Femmes
ASSEMBLÉE
ES SUFFRAGETT
AU
KINGSWAY HALL
KINGSWAY, W.C.
Lundi le 11 Aout, 1
MRS. PANKHU

THE
GOVERNMENT
IS
MURDERING
WOMEN !

FRAUENSTIMMRECHT!
Montag, den 11 August, Nachmittags 3, uhr
in dem Kingsway Hall, Kingsway, W.C.
Oeffentliche Versammlung
der
SUFFRAGETTE
ansprache von
MRS. PANKHU

적절한 분노 표출

2003년 윔블던 테니스 대회에서 그렉 루세드스키는 5번 시드 앤디 로딕에게 두 세트를 내주고 있었다. 다음 세트에서 연승하지 못하면 3회전으로 갈 확률은 없어 보였다. 다행히 다음 세트에서는 그가 5대 2로 앞서 가게 되었다. 그런데 갑자기 관중 한 사람이 심판 판정에 항의하면서 "아웃"이라고 외쳤다. 이를 심판의 목소리로 착각한 루세드스키는 이겼다는 안도감에 들고 있던 공을 쳐 보낸 후 뒤돌아섰다. 그러자 상대가 공을 받아쳐 득점하고 말았다. 루세드스키는 재경기를 요구했으나 거절당했다. 그러자 윔블던 사상 최악의 욕설이 터져 나왔다. "빌어먹을 관중 때문에 이렇게 된 거라고요! 정말 어이가 없군! 이 포인트만이라도 다시 하게 해 줘요. 이런 빌어먹을! 관중이 상황을 이렇게 만들어 놓은 걸 당신도 보지 않았소? 완전히 개판이군!" 그는 이렇게 심판에게 고함을 질러 댔다.

분노는 근육에 에너지를 보낸다. 다른 감정과 달리 이 현상은 순간적인 것에 그치지 않고 지속된다. 운동선수들은 이 감정을 활용하는 데 익숙하다. 그래서 일부러 상대 팀에 대해 분노를 표출하기도 한다. 존 매켄로는 심판에게 고함을 지르고 테니스 라켓을 내던지는 행동을 하는 것으로 유명하다. 그렇게 화를 낸 후 매켄로는 그 에너지를 환상적인 플레이로 연결시키고 소란스러운 사태로 정신이 분산된 상대를 쉽게 물리치곤 한다. 반면 루세드스키의 분노는 그에게 불리하게 작용했다. 화가 난 나머지 집중력을 잃었고 결국 시합에 졌던 것이다. 뿐만 아니라 대회에서 퇴장당했고 벌금 1500파운드를 내라는 처벌까지 받았다. 다행히 벌금은 관중석에서 "아웃"을 외친 사람이 대신 부담해 주었다.

분노는 흘려보내고 싶은 과거가 남긴 자취일 때도 있다. 늘 부정적으로 묘사되었던 것만도 아니다. 4세기의 라칸티우스는 분노가 아주 유용하고 따라서 신의 선물이라 보아야 한다고 썼다. 호메로스도 분노가 꿀보다 더 달다고 묘사했다. 분노에 유용한 측면이 있다는 것은 사실이다. 첫째, 분노는 남들에게 전달되는 강력한 신호이다. 학자들에 따르면 분노를 나타내는 얼굴 표정은 모두에게 쉽게 인식된다고 한다. 여러 사람이 찍힌 사진을 보여 주면 다른 어떤 표정보다도 화난 얼굴에 먼저 시선이 간다. 하지만 분노는 뇌에서 처리되기 쉽지 않고 따라서 시선이 화난 얼굴에서 다른 얼굴로 움직여 가는 데도 시간이 많이 걸린다. 이런 이유 때문에 단체 사진에서 행복한 표정을 찾아내려면 시간이 다소 소요된다.

분노가 이렇게 금방 감지되는 것은 이것이 위협을 의미하기 때문이나. 부모가 화가 났다면 이이는 자신이 심각한 잘못을 저질렀음을 깨닫는다. 분노의 대상이 되는 사람에게 분노가 유용한 경우도 있는 것이다. 심리학자 제임스 애브릴은 분노에 대해 연구하면서 스스로 이성을 잃었던 상황이나 다른 사람에게 분노의 대상이 되었던 상황을 기억하도록 했다. 분노의 대상이 되었던 사람들 중 많은 수가 잘못을 깨닫고 화가 난 사람과의 관계를 강화할 필요성을 일깨워 주었다는 측면에서 그러한 경험이 유익했다고 말했다. 하지만 쉽게 예상할 수 있듯 화난 사람이 특히 공격적이라면 이런 효과는 나타나지 않았다. 흥미롭게도 분노의 대상이 되었던 사람은 분노한 당사자에 비해 분노를 3배 정도 더 크게 느끼는 경향이 있었다. 하지만 이는 동일한 상황에서 양 당사자의 진술이 아닌, 서로 다른 상황 진술을 바탕으로 얻어진 결과인 만큼 그 의미를 확대 해석할 수는 없다.

분노는 부당함에 맞서기 위한 동력이 되기도 한다. 윔블던에서 분노를 터뜨린 지 얼마 안 되어 루세드스키는 자신이 금지 약물을 복용했다는 검사 결과를 통보받았다. 그는 여기에 항의하고 다른 테니스 선수가 자신처럼 부당한 의심을 받지 않도록 검사 절차 자체를 개선하라고 요구하고 나섰다. 여기서는 서서히 타오른 분노가 그에게 도움을 주었다.

여기서 중요한 것은 분노를 표현할 적절한 시점을 잘 선택해야 한다는 데 있다. 세네카의 우화적인 이야기도 이를 다루고 있다. 하르파구스라는 사람은 페르시아 왕에게 듣기 싫은 충고를 하는 실수를 저질렀다. 왕은 하르파구스를 벌주기 위해 그 아들을 죽여 요리한 뒤 연회에서 하르파구스에게 먹이고 요리가 마음에 드냐는 질문까지 던졌다. 하르파구스는 분노를 참고 "왕께서 베푸신 것은 무엇이나 맛있습니다."라고 대답했다. 답변에 만족한 왕은 더 이상 먹기를 강요하지 않았다. 하지만 식사 후 아들의 머리를 가지고 오게 해 하르파구스에게 보여 주었다. 분노를 억누른 채 그 자리를 물러난 하르파구스는 밤중에 궁에 숨어들어 왕을 죽임으로써 복수했다.

분노의 핵심은 적절한 때, 적절한 사람들과 함께 있을 때 적절한 대상과 이유를 두고 적절하게 터뜨리는 데 있다고 말한 아리스토텔레스도 분노를 적절하게 이해했던 것 같다. 물론 말처럼 쉬운 일은 아니다. 아리스토텔레스는 화나는 것은 그저 감정일 뿐 칭찬하거나 비난할 일이 아니라고 강조했다.

어린아이의 분노

다른 모든 감정과 마찬가지로 어린아이가 처음으로 분노를 경험하는 때가 언제인지는 정확하지 않다. 아이의 울음은 스트레스, 슬픔, 두려움 혹은 분노로 해석된다. 결국 어른이 해석하고 싶은 대로 해석하는 셈이다. 이 문제를 해결하기 위해 연구자들은 아이의 행동과 표정을 측정하는 정교한 체계를 개발했다. 그리고 이를 통해 생후 4~6개월에 분노가 생겨난다는 것을 밝혔다. 이 시기의 아이 팔을 갑자기 잡아당겨 보라. 화내는 모습을 보게 될 것이다.

아이가 아주 어릴 때 주사를 맞는 것과 같은 고통에 대해 보이는 유일한 반응은 가능한 한 큰소리로 울부짖어 도움을 청하는 것이다. 하지만 점차 성장하면서 아이들은 단순한 고통을 넘어선 분노를 표현하게 된다. 이것은 적응적 행동이다.

왜냐하면 아주 어릴 때에는 누군가가 자신들을 구해 주리라는 것이 유일한 희망이지만 조금 자라고 나면 자신들이 원하는 것은 무엇인지, 또 자신을 돌봐 주는 어른들에게 어떤 영향을 미칠 수 있을지 깨닫기 때문이다. 분노를 표시하는 능력은 이때부터 효과를 발휘하기 시작한다. 하지만 대상이 명확하게 지정되지 않을 뿐 분노는 이보다 앞서 시작된다는 주장도 있다. 발달 심리학 교수인 마이클 루이스는 2개월 된 아이에게서 분노를 관찰했다고 보고하면서 분노의 대상이 명확해지려면 다시 5개월이 흘러야 했다고 덧붙였다.

즐거움과 슬픔 부분에서 소개했던 오어틀리는 다양한 감정마다 적합한 행동들의 유형을 마련해 두고 있다고 설명한다. 화가 나면 새로운 상황에 대해 새로운 반응을 보이기보다 정해진 방식으로 신속하게 반응하게 된다. 어린아이가 가장 화가 나는 상황은 좌절을 경험하는 때다. 루이스는 줄을 잡아당기면 움직이는 장난감을 가지고 실험을 했다. 줄이 끊어지자 가장 화를 많이 낸 것은 장난감을 가장 좋아했던 아이들이었다. 장난감이 고쳐지자 아이들은 더욱 필사적으로 줄을 잡아당기는 경향이 있었다. 이는 분노가 아이들을 자극해 장난감을 계속 움직이게 하는 것이라고 해석되었다. 어머니가 임신 중에 코카인에 중독되어 있었던 아이들에게도 같은 실험이 실시되었는데 이 아이들은 장난감에 마음을 빼앗기지도 않았고 줄이 끊어졌을 때 화를 내지도 않았다. 그런데 더욱 놀라운 것은 장난감이 고쳐졌을 때 줄을 잡아당기는 빈도도 늘어나지

않았다는 점이었다. 이 아이들은 상황을 통제하는 데 미숙했던 것이다. 강한 감정들은 결국 아이들이 원하는 바를 얻게끔 도와주는 도구인지도 모른다.

일단 기기 시작하면 아이들은 더 자주 화를 낸다. 아마도 여기에는 자신들의 시도가 더 자주 좌절된다는 점, 그리고 스스로 위험한 짓을 많이 한다는 점이 작용할 것이다. 아이가 자라면서 부모는 아이의 분노를 처리할 다양한 전략을 사용하게 된다. 무시 전략은 남자 아이보다는 여자 아이에게 훨씬 더 많이 사용된다. 남자 아이에 대해서는 부모가 고함을 지르거나 관심을 보임으로써 보상하는 경향이 있다. 걸음마 단계의 아이들은 자기 짜증에 대해 부모가 화를 냈을 때 분노하는 경향이 있었다. 하지만 물론 얌전하게 있는 것은 말처럼 쉽지 않은 일이다. 다른 아이들과 함께 놀게 된 아이는 남과 어울리는 데 필요한 전략을 개발하면서 자기 분노를 다스리는 법을 배운다.

클라이브(11세)의 사례를 보자. 그는 잔뜩 화가 나서 해안에서만 타도록 되어 있는 작은 보트를 타고 파고가 2미터 가까이 되는 스코틀랜드 카노스티 앞바다로 나갔다. 그날 아침 클라이브는 아버지와 말다툼을 했다. 아버지는 낚시를 가고 싶어 했지만 클라이브는 아버지가 자기를 친구 집에 데려다 주기를 바랐던 것이다. 아버지가 차를 몰고 항구로 떠나 버리자 화가 난 클라이브는 자전거를 타고 아버지 뒤를 쫓았다. 열심히 페달을 밟았지만 자전거가 자동차를 따라잡을 수는 없는 노릇이어서 클라이브가 항구에 도착하자 아버지가 탄 배는 이미 먼 바다로 나가는 중이었다. 뒤따라가기로 작정한 클라이브는 1인용 나무 보트에 올라탄 뒤 노를 저었다. 바다를 등지고 앉은 자세였기 때문에 파도가 얼마나 거센지는 알 수 없었다. 강한 물살이 배를 계속 먼 바다 쪽으로 끌어당기고 있어서 사실 노를 저을 필요조차 없을 정도였다. 높은 파도 때문에 육지는 보였다가 사라지기를 반복했다. 처음에 클라이브는 아버지가 탄 배를 향해 어서 돌아오라고 고함을 쳐 댔지만 분노는 서서히 공포심으로 바뀌었다. 클라이브는 필사의 노력으로 배를 돌려 겨우 항구로 되돌아왔다. 마침내 땅에 발을 디딘 클라이브는 거의 쇼크 상태였다. 분노로 말미암아 목숨을 잃을 뻔했던 것이다.

클라이브에게 이러한 분노는 일상적이지 않은 것이었다. 하지만 5세만 되어도 자기 기분을 통제하지 못하는 아이들이 있다. 아이와 관련해 자기 기분을 통제하지 못하는 어머니 밑에서 자라는 아이들이 특히 그렇다는 연구 결과도 있다.

직장에서의 분노

흔히 분노라고 하면 집에서 부부간에 표현되거나 밤늦은 시간에 길거리에서 표출된다고 생각하기 쉽다. 하지만 실제로는 분노가 아주 중요한 결과를 낳는, 그러면서도 그 결과가 무시되곤 하는 곳이 있다. 바로 직장이다. 테니스 선수 루세드스키가 시합 후 인터뷰에서 지적했듯 직장에서 벌컥 화를 낸다고 전 세계 수천 명이 그것을 지켜보게 되는 경우란 거의 없다. 보통 사람을 지켜보는 눈은 당연히 그보다 훨씬 적을 것이다. 하지만 어떻든 문제가 된다는 점에서는 똑같다. 최근까지도 직장에서의 감정 표출이라는 주제는 조직 심리학자들 대부분의 관심 밖이었다. 직장 스트레스에 대한 연구는 많았지만 분노가 담당하는 역할은 간과되어 왔다. 런던 버드벡 대학의 롭 브라이너는 직장에서의 감정이 추방되어야 할 대상이 아니라 제자리를 찾아야 할 무엇이라는 점을 처음으로 지적한 조직 심리학자 중 한 사람이다. 그는 직장에서 분노를 느끼는 경우를 기록하도록 하는 연구를 진행했다. 몇 개월 후 추적 조사를 했을 때, 문제가 해결된 경우에는 연구 대상자들이 과거의 감정을 거의 기억하지 못하는 반면 해결이 되지 않았을 때에는 분노가 더 커진 상태라는 점을 발견했다. 브라이너는 동료가 자신을 제치고 먼저 승진하는 일을 겪은 예를 들었다. 이 경우 자기 불운을 탓하거나 회사 조직의 공정성, 업무 환경 등에 의문을 가지기 시작하는 등의 반응이 나온다. 다음으로는 몸이 불편하다고 느끼게 되는데 이때 집에서 쉴 가능성이 높고 때로는 바로 다른 직장을 찾아보기도 한다. 제대로 상황 처리가 되었다면 괜찮았을 일 때문에 분노가 쌓인 결과, 회사로서는 유능한 직원 하나를 잃어버리고 마는 셈이다. 조직이 자기편을 들어주지 않는 데 대해 분노한 직원은 그저 최소한으로 해야 하는 일만 하겠다는 결심을 하기도 한다. 브라이너의 관찰에 따르면 관리자들은 대립으로 이어질 수밖에 없는 곤란한 상황은 그저 무시하고 지나가는 경향이 있었다. 당사자가 어서 잊어 주기만을 바라면서 말이다. 하지만 당사자들은 절대 잊지 않았다. 브라이너에 따르면 자기 일을 긍정적으로 느끼는 사람은 '조직 구성원에 적합한 행동'을 한다고 한다. 이는 복도의 쓰레기를 치운다거나 새로 온 동료를 성심껏 도와주는 등 공식적인 업무는 아니지만 조직에 유익한 행동을 말한다. 하지만 분노하게 된 직원은 이런 노력을 일절 하지 않게 된다. 이런 분노를 낳는 가장 흔한 원인은 불공정이라고 한다. 형제자매 관계에서와 마찬가지로 남들이 자기보다 나은 대우를 받는다고 느끼면 분노하게 되는 것이다.

분노의 감정을 상사에게 표출하는 경우는 거의 없다. 섣불리 나섰다가 너무 흥분하여 상황을 걷잡을 수 없이 악화시킬지 모른다는 두려움이 그 이유 중 하나다. 심리학자인 샌디 만은 직장 내 의사소통의 60퍼센트 정도에서 직원들이 진짜 감정이나 느낌을 숨긴다고 밝힌 바 있다. 만에 따르면 분노 그 자체는 좋고 나쁘고를 언급할 수 없는 감정이다. 문제는 상황을 타개하는 방식이다. 가끔 감정을 폭발시키는 것이 효과적일 수 있다. 누구도 하고 싶어 하지 않는 일들이 당신에게 다 몰려도 싫은 소리를 전혀 하지 않는다면 그 상황은 계속될 것이다. 하지만 직장 문화가 허락하는 한도 내에서 한번 화를 냈다면 모두가 당신의 그 반응을 기억하게 된다.

직장 내에서의 분노에는 또 다른 긍정적 측면이 존재한다.

우선 더 좋은 일자리를 찾기 위한 동기가 부여된다는 점이 있다. 그러자면 상사에 대해 그저 화를 내고 있기보다는 그 분노에서 깨달아야 할 점이 무엇인지, 그리고 직장 생활의 정확히 어떤 면이 불만인지를 명확히 알아내는 것이 중요하다.

업무에 따라서는 분노가 꼭 필요한 경우도 있다. 흔히 감정 노동이라 불리는 종류이다. 마치 간호사가 보살피는 모습을 보여야 하듯 분노하는 모습을 보여야 하는 직종이 존재하는 것이다. 대부 회사 직원으로 하루 종일 전화통을 붙잡고 빚 독촉을 해야 한다면 어느 정도의 분노와 짜증을 드러냄으로써 상황의 심각함을 보일 필요가 있다. 한편 상대의 분노를 처리해 주어야 하는 일도 있다. 콜 센터 직원들은 이 어려운 과업을 해결해야 한다. 통화 대기 시간이 10분이 넘은 고객이라면 입을 열기 전부터 이미 잔뜩 화가 나 있을 것이다. 이럴 때 콜 센터 직원들이 자주 쓰는 방법은 윗사람에게 전화를 돌리겠다고 말하는 것이다. 이렇게 하면 화난 고객은 자신이 특별 대우를 받고 있다는 느낌을 받고 또한 상황을 다시 한번 설명하기 위해 일단 분노를 억누르게 된다. 롭 브라이너는 화난 고객을 다루는 첫 번째 원칙은 스스로의 감정에 휩쓸리지 않는 것이라 말한다. 하지만 화난 고객이 수화기를 거칠게 내려놓기가 무섭게 다른 전화가 연결되고 동료에게 방금 어떤 고객을 상대했는지 이야기해 줄 틈도 없이 또 다른 화난 고객을 상대해야 하는 상황이 벌어진다면 문제이다. 그래서 직원들을 충분히 배려하는 콜 센터는 교대 직전에 정리 시간을 갖곤 한다. 심지

어느 근무 시간 중이라도 골치 아픈 통화에 대한 해결 전략을 토론할 수 있도록 하는 곳도 있다.

직장에서의 분노가 가진 또 다른 문제는 바로 감정적 불일치이다. 느끼는 것과 표출하는 감정이 다른 것이다. 우리는 다른 곳에서 다른 삶을 살고 싶다고 바라면서도 일상생활에서는 실망을 감추고 즐거운 척하는 일이 많다. 하지만 분노는 가장 감추기 힘든 감정이다. 시간이 흐르면 억눌렀던 분노가 극심한 스트레스로 작용하기 시작하고 그러면 자신이 느끼는 감정이 무엇인지조차 제대로 알 수 없는 상태가 되어 버린다.

분노와 뇌

일반적으로 우리를 분노하게 만드는 것은 고통, 신체적 불편, 그리고 갖가지 한계로 인한 행동의 제약이다. 이런 상황에서도 대부분의 사람들은 적절한 대응 방식을 생각해 낸다. 하지만 이렇게 하지 못하는 사람들도 있다. 그런 경우 분노가 폭발하여 결국 나중에 후회할 일을 저지르게 된다. 이 책을 쓰고 있던 어느 여름날 저녁, 나는 런던 시내를 산책하다가 그런 분노를 목격했다. 주차되어 있는 차에서 고함 소리가 들려 바라보니 남자가 여자를 향해 소리를 지르고 있었다. 남자는 결국 차에서 내리더니 유리가 산산조각 날 정도로 차 문을 세게 닫고 씨근거리며 거리를 왔다 갔다 했다. 그동안 여자도 차에서 내려 반대편으로 걸어갔다. 잠시 후 뒤를 돌아본 남자는 여자가 자기를 쳐다보지도 않고 창이 깨져 버린 차에도 아무 관심을 기울이지 않는다는 점을 깨닫는 순간 돌변했다. 얼굴이 온통 붉게 상기되어 분노에 휘말린 것이다. 그러고는 달려가 여자의 어깨를 거칠게 움켜잡았다. 그때쯤에는 이미 사태가 심상치 않다고 생각한 행인들이 남자를 지켜보고 있었다. 지나가던 차에서는 누군가 차창을 열고 어서 여자를 놓아 주라고 외쳤다. 남자는 당장 입 다물고 꺼지지 않으면 자기 친구들을 보내 혼쭐을 내 주겠다고 위협했다. 하지만 다행히 여자 어깨에서 손을 내리기는 했다. 두 남녀는 다시 차에 올라 사라졌다. 급출발하느라 타이어가 끼이익 미끄러지는 소리를 냈고 남자는 여전히 고함을 질렀다. 애초에 남자를 그토록 화나게 한 것이 무엇인지는 알 수 없었지만 내가 목격한 그 순간 남자가 분노에 사로잡혔다는 것은 분명했다. 자, 그러면 그 분노는 어디서부터 오는 것일까? 뇌 깊숙한 곳에서 생겨나는 걸까?

배트맨 만화를 보면 자기 분노를 억제하지 못하는 아미그달라라는 인물이 나온다. 그 이름 자체가 호두 모양의 소뇌 편도체(amygdala)에서 온 것이다. 그런데 사실은 편도체 혼자서 분노를 관장하는 것은 아니다. 편도체에 전기 자극을 가하는 경우 환자들이 격심한 분노를 느끼기는 한다. 하지만 일상생활에서 화내는 일이 좀체 없는 사람이라면 그런 반응을 보이지 않는다. 결국 다른 감정과 마찬가지로 분노를 일으키는 데에도 여러 가지 뇌 체계가 관여하는 것이다. 사고와 관련된 뇌 부위도 관련되어 있을 가능성이 높다. 여러 가지 행동이 불러올 결과에 대한 사전 지식을 바탕으로 현재 상황을 평가하는 과정이 필요하니 말이다.

화가 났을 때 제대로 된 판단을 내리기 어려운 사람들도 있다. 이런 경우 분노로 인해 곤란에 빠질 가능성이 높다. 이런 분노는 상황을 개선할 수 있도록 계획되고 통제된 분노와 전혀 다르다. 성격에 문제가 있는 경우가 아니라면 이런 식의 극단적인 분노를 폭발시키는 이들은 대개 나중에 그 행동을 후회하고 대체 왜 그랬는지 모르겠다고 말하곤 한다. 이렇게 충동에 대한 통제가 제대로 이루어지지 않는 것은 세로토닌 수치가 낮기 때문이라는 의견도 제기되었다. 세로토닌은 앞서 슬픔 부분에서 설명한 바 있는 신경 전달 물질이다. 우울한 상태에서는 세로토닌 수치가 일시적으로 낮지만 충동적 공격 현상을 보이는 사람에게는 세로토닌이 늘 부족하다고 한다. 기본적으로 세로토닌은 충동적 행동을 잠시 지연시키는 역할을 한다. 앞에 있는 사람한테 당장 한 방 먹이고 싶다 해도 세로토닌 덕분에 잠시 자제할 수 있다면 그 행동의 결과를 생각할 수 있고 그러면 참고 넘어가게 된다는 것이다. 세로토닌 외에 그 순간적 충동을 자제시킬 수 있는 것은 없다. 세로토닌 부족은 또한 자기 신체 절단이나 폭식증 등 기타 충동적 행동도 불러일으킨다.

기분 상하는 일이 일어났다 해도 세로토닌이 감정을 다스려 준다는 또 다른 이론도 있다. 이 때문에 세로토닌 수치가 낮은 사람은 스스로 기분을 바꾸지 못하고 분노 반응을 보이는 것이다. 세로토닌 연구는 그 수치를 직접 측정하기 어렵다는 점 때문에 한계가 있다. 척수액을 검사하면 세로토닌 수치를 확인할 수 있지만 그러기 위해서는 척추에 주사기를 꽂는 고통을 감수해야 하기 때문에 실험 참가자를 모으기가 어렵다. 연구자들은 이 문제를 해결할 수 있는 방법을 나름대로 고안해 냈다. 세로토닌에 영향을 미치는 약물을 사용하여 약물의 효과를 살피는 것이다. 세로토닌 수치가 낮은 경우 호르몬 반응이 3시간 정도 더 늦게 나타난다. 이런 방법을 통해 세로토닌 수치가 낮은 경우 공격성이 높다는 결론이 도출되기도 했다.

앨리슨 본드는 런던 생리학 연구소의 작은 방에서 분노를 실험했다. 실험 참가자들에게 경쟁심이나 좌절감을 불러일으키는 과제를 부여하는 것이다. 먼저 설문 조사를 통해 실험 참가자들이 일상적으로 경험하는 공격성 수준을 파악한다. 자신의 공격성에 대해서 밝히기를 꺼려할 것이라 생각할 수도 있지만 본드에 따르면 전혀 그렇지 않다고 한다. 공격적인 사람들은 자신의 공격성이 상황에 따라서는 최선의 대응책이라 믿고 있고, 이 때문에 기꺼이 솔직한 응답을 한다는 것이다. 실험 참가자들은 다른 사람들이 꽂은 헤드폰의 음량을 조절할 수 있는 권한을 차례로 부여받았다. 원한다면 다른 사람들이 참기 어려울 정도로 음량을 높일 수 있었다. 약을 통해 세로토닌 수치를 인위적으로 낮췄더니 혈압과 심장 박동이 모두 높아지면서 음량을 높이는, 즉 더 공격적으로 행동하는 결과가 나타났다. 개중에는 화가 머리끝까지 치솟은 나머지 다 팽개치고 방을 나가 버리는 경우까지 있었다. 하지만 본드는 이런 반응은 기존의 공격적 성향에 따라 달라진다고 분석했다. 자신이 폭력적인 행동을 하리라고는 상상도 해 보지 못한 사람들의 경우 세로토닌 수치가 낮아지더라도 뛰쳐나가거나 하지는 않았다는 것이다.

낮은 세로토닌 수치가 충동적인 공격성을 만들어 낼 수 있다면 프로작과 같은 약물로 세로토닌 수치를 인위적으로 올리고 공격성을 감소시킬 수도 있을 것이다. 이런 효과는 분명 존재한다. 하지만 그렇다고 해서 세로토닌이 범죄에 대한 완전한 해결책이 되지는 못한다. 급작스러운 공격 행동의 특정 유형에만 관련되며 폭력적인 사람 모두에게서 동일한 효과를 보이지도 않기 때문이다. 우울증과 달리 공격성의 경우 프로작은 며칠 후에야 효과를 나타낸다. 충동적인 공격 행동을 보이기 쉬운 사람은 마음속에서 감정이 쌓여 가고 있으며 폭발이 멀지 않았다고 느껴질 때 스스로 약물을 복용해 문제를 사전에 예방할 수도 있을 것이다.

우울증 치료제와 관련해 앞서 소개한 바 있는 코언 교수는 연구의 일환으로 스스로 프로작과 같은 세로토닌 재흡수 방지제를 복용하는 경우가 종종 있다고 한다. 그런데 약물의 효과가 어찌나 좋았는지 가족들이 좀 더 복용하면 안 되느냐고 말할 정도였다고 한다!

여성의 경우 세로토닌과 공격성 사이의 관계는 더 미약하다. 하지만 그렇다고 해서 분노가 여성에게는 그리 심각한 문제가 아니라고 보는 것은 오산이다. 물론 여성에 비해 남성이 살인을 저지를 확률이 27배나 높다. 이것은 극단적으로 표출되는 분노일 뿐이다. 자제력을 잃고 흥분하는 빈도를 보면 여성이나 남성이나 비슷한 것이다. 차이라면 언쟁이 격화되었을 때 남자들은 폭력을 휘두르고 무기를 사용하는 경향이 많다는 데 있다. 세로토닌 실험을 통해서는 신경 전달 물질이 남녀에게서 다르게 작용하기 때문에 공격성도 달라진다는 주장이 나오기도 했다. 존스 홉킨스 대학교 스티븐 개미 교수의 연구 결과도 이와 일치한다. 개미 교수는 쥐를 대상으로 실험한 결과 또 다른 신경 전달 물질인 산화질소를 만들어 내는 유전자가 제거되는 경우 수컷 쥐가 공격성을 드러내며 다른 쥐와 싸우기 시작한다는 점을 발견했다. 하지만 암컷 쥐는 갓 낳은 새끼를 보호해야 하는 경우에만 공격적으로 행동할 뿐이었다. 산화질소가 만들어지지 않게 되면 암컷들 또한 공격성이 높아질 것이라는 가정하에 막 새끼를 낳은 암컷들을 대상으로 같은 실험이 이루어졌다. 결과는 예상과 달랐다. 해당 유전자가 제거된 쥐는 침입자에 대해 무심한 반면 정상 쥐들에게만 거센 공격을 가했던 것이다. 결국 산화질소라는 신경 전달 물질은 암컷과 수컷 쥐의 뇌에 서로 다른 영향을 주는 셈이었다. 인간에게도 역시 마찬가지일 가능성이 제기되고 있긴 하지만 확신할 수는 없다. 분노처럼 특히 사회적 규칙과 밀접히 관련된 감정의 경우 쥐의 반응을 인간에 그대로 적용하기가 어렵기 때문이다.

폭력과 뇌의 관계에 대해서는 화학적인 측면 외에도 많은 연구가 이루어졌다. 양전자 방출 단층 촬영법(positron emission topography, PET)을 통해 뇌의 어떤 부분이 가장 활발히 움직이는지 확인하는 방법도 있다. 여기서 기준은 세포가 포도당을 얼마나 빨리 소모하는가이다. 소모 속도가 빠를수록 활동이 많다고 판단하는 것이다. 이 방법을 통해 살인자의 뇌와 일반인의 뇌를 비교한 연구도 있었다. 살인자들의 뇌에서는 이마엽앞겉질(prefrontal cortex, 전전두피질)의 활동이 거의 없다시피했다. 이마엽앞겉질은 행동을 통제하고 제어하는 역할, 즉 행동하기 전에 한번 생각하도록 만드는 역할을 한다. 이 연구 결과는 아직 검증되지는 않았지만 이마엽앞겉질의 활동 부족이 공격 충동을 곧바로 행동에 옮겨 버리도록 한다는 이론을 낳았다.

두뇌 화학 물질인 도파민 수치가 높아지는 것도 인간을 비롯한 여러 동물에게서 분노와 공격적 행동을 불러일으킨다. 특히 도파민 생성 억제제를 투여한 사람들은 다른 감정은 제대로 인식하면서도 남들이 분노하는 것은 잘 알아차리지 못하는 경향이 있다. 분노를 불러일으키는 신경 전달 물질과 다른 사람의 분노를 인식하게 해 주는 신경 전달 물질이 동일할 수도 있다는 점은 퍽 흥미롭다. 이는 감정의 용도가 남들에게 정보를 전달하는 데 있다는 주장을 다시 한번 상기시킨다.

분노의 폭발과 심장병

세탁기 안에서 빨래가 빙빙 돌고는 있었지만 경고음이 그치질 않았다. 무언가 잘못되어 있었다. 30분이 지나자 연기도 나기 시작했다. 나는 세탁기 뒤쪽의 전원을 찾아 한참을 더듬거린 끝에 가까스로 세탁기를 멈췄다. 즉시 조용해지더니 연기가 사라졌다. 구입한 지 얼마 안 되어 보증 수리 기간 중이긴 했지만 어쨌든 성가신 일이었다. 하지만 그것은 시작에 불과했다. 서비스 센터는 계속 기다리라고만 했다. 전화기를 외부 스피커 작동 상태로 놓고 나는 화분에 물을 주면서 방 안을 왔다 갔다 했다. 갑자기 대기 중 음악 소리가 끊겨 내 차례인가 보다 싶어 달려갔지만 그건 아직도 통화량이 많아 연결이 되지 않는다는 안내 방송일 뿐이었다. 점점 더 부아가 치밀었다. 세탁기가 고장 난 것은 회사 책임 아닌가? 어째서 내가 고장 신고를 하기 위해 전화비를 물면서 기다려야 한다는 말인가? 마침내 연결이 되어 상황을 이야기했더니 30분 안에 수리 기사가 전화를 해 올 것이라고 했다. 하지만 1시간이 지나도 아무 소식이 없었고 나는 처음부터 모든 과정을 다시 해야 했다. 화가 나면서 나는 내 몸이 변하는 것을 느꼈다. 근육이 긴장되고 얼굴이 붉어졌으며 턱이 꽉 다물어졌다. 손에서 열기가 느껴졌고 심장이 빨리 뛰었다.

분노는 다른 어떤 감정보다도 격렬한 신체적 반응을 유발한다. 세탁기가 고장 나는 것 같은 사소한 일로도 심장 박동이

2배나 빨라지는 것이다. 건강한 심장이라면 이를 쉽게 극복하겠지만 관상 동맥 질환이 있는 경우라면 이야기가 다르다. 화가 나서 갑자기 혈압이 높아지면 동맥 혈관 벽에 쌓여 있던 지방층이 갑자기 파열해 동맥이 막힐 수 있다. 이렇게 해서 뇌에 혈액이 공급되지 못하면 심장마비나 뇌졸중이 일어나는 것이다. 화가 났을 때 신체적으로 행동하는 것, 예를 들어 몸싸움을 벌이는 것은 이런 위험을 오히려 줄인다. 근육을 격렬하게 사용하기 위해 혈관이 넓어짐으로써 혈압이 떨어지기 때문이다. 물론 몸싸움으로 더 큰 곤란에 빠질 가능성도 많다. 하지만 생리적으로만 볼 때 '분노를 폭발시키는 것'은 유용한 측면을 가지고 있으며 기분도 더 낫게 만들어 준다. 몸싸움을 하는 대신 의자에 앉아 담배를 피우게 되면 혈압이 계속 높은 상태로 유지되어 정상 상태로 돌아가기가 매우 어렵다.

그렇다고 해서 분노를 표출하는 편이 언제나 좋다는 것은 아니다. 분노를 반복해서 표현하면 그때마다 몸은 싸움에 대비해 근육에서 지방을 빼낸다. 이런 지방산이 사용되지 않으면 관상 동맥에 쌓여 심장병을 유발할 수 있다. 또한 혈압이 급격히 올라갈 때마다 관상 동맥 벽에 삭은 상처들이 넘고 이는 다시 심장 질환을 일으키게 된다. 가끔 생기는 상처, 즉 반흔 조직은 별 문제가 되지 않지만 매일 반복되는 경우 문제가 생기는 것이다.

분노로 인해 나타나는 신체적 문제들은 아직 완전히 밝혀지지 않았다. 자제심을 잃고 발끈하게 되면 스트레스 호르몬인 코르티솔이 분비된다. 또 급작스럽게 지방이 에너지로 전환될 준비를 한다. 이는 신체에 대단히 유익한 기능이지만 코르티솔이 세포 재생에 쓰일 에너지를 빼앗는다는 점 때문에 장기적으로 보면 면역계에 문제를 일으킬 수 있다.

자주 화를 폭발해 이런 결과를 얻게 된다면 아무리 화가 나도 참는 것이 유리할지도 모른다. 하지만 일상생활에서 화를 표출하는 것이 좋다고 믿는 사람들이 많다. 마구 화를 내다가는 건강을 해치고 암에 걸릴 수 있다는 주장도 있다. 그러나 실상은 다르다. 울화를 속으로 삭이는 조용한 사람이라고 해서 내키는 대로 화를 내는 사람에 비해 암 발병률이 낮게 나타나지는 않는다. 여러 해 동안 연구자들은 겉으로 화를 내는 것이 좋을지 아니면 조용히 삭이는 것이 좋을지를 규명하려 해 왔다. 그리고 성격과 건강을 연결하는 최근 연구에서도 분노가 핵심이 되고 있다. A유형(충동적이고 야망이 크며 활동적이고 참을성이 부족한 사람)에게는 심장 질환이 많다는 주장도 나왔다. 2000년에 미국 노스캐롤라이나 대학교에서는 환자 1만 3000명에게 분노 성향에 대한 설문 조사를 실시했고 몇 년 후 추적 조사를 했다. 대부분 혈압은 정상이었지만 자주 화를 낸다고 응답한 환자들은 그렇지 않은 경우에 비해 심장 발작을 일으킨 빈도가 3배나 높았다. 흡연, 당뇨병, 몸무게 등 다른 요소를 통제한 상태에서도 마찬가지였다. 이스트 런던 대학교의 마크 맥더모트 또한 분노를 표출하는 사람이 그렇지 않은 사람보다 심장 질환에 걸릴 가능성이 더 높다고 밝혔다. 흡연보다는 영향력이 작았지만 분노 또한 건강에 심각한 영향을 미쳤던 것이다. 반면 상반되는 결과를 내놓은 연구들도 있다. 분노와 심장 질환 사이에는 아무 관련이 없다는 연구도 있고 분노를 억누르면 혈압이 높아진다는 연구도 있다. 하지만 연구마다 서로 다른 방식으로 심장 질환과 분노를 측정했기 때문에 그 결과를 비교하기가 쉽지 않다.

이스라엘의 지오라 케이넌은 더 심층적인 접근을 위해 분노의 빈도뿐 아니라 강도까지도 관찰했다. 그리고 건강을 위해서는 화를 내면서 상황을 '명확하고 단호하게' 해결하되 아주 가끔씩만 그렇게 하는 것이 가장 좋다고 설명했다. 가끔씩 화를 낸다면 상황에 대처하는 다른 방법을 찾아 스트레스를 극복하고 있을 가능성이 높고 그러면 건강을 유지할 수 있다는 것이다. 반면 분노를 폭발시키는 사람은 상황 변화를 위해 감정을 효과적으로 사용하지 못하는 셈이다. 문제 해결을 늘 분노에 의지하는 사람 또한 마찬가지이다. 따라서 분노의 표출 여부보다는 얼마나 심하게, 또 얼마나 자주 화를 내는가가 중요하다.

분노의 폭발 여부는 신체뿐 아니라 마음에도 영향을 미친다. 애버딘 주디스 호시와 앨런 밀른은 실험 참가자들에게 동물이 잔혹한 대접을 받는 장면, 그리고 어린이 시위자들이 총탄에 쓰러지는 장면을 보여 주어 분노를 불러일으켰다. 실험 참가자들은 세 그룹으로 나뉘었다. 첫 번째 그룹은 감정을 억누르도록 했고 두 번째 그룹은 부정적인 감정이 생길 때마다 행복했던 기억을 떠올려 그 마음을 상쇄시키도록 했으며 마지막 세 번째 그룹은 영화 장면에 대해 즉각적으로 자연스럽게 반응하도록 했다. 실험 도중 두 번째 장면을 보여 줄 때 감정을 억누르고 있던 여자들은 분노를 표현하거나 행복한 기억으로 상쇄시킨 사람들보다 더 큰 분노를 느꼈다고 한다. 감정을 억누르는 그룹 안에서도 남자보다는 여자가 더 큰 분노를 경험했다. 이러한 결과는 교육의 영향으로 여자들이 분노를 더 잘 억누른다는 상식과는 딴판이어서 흥미롭다. 여자 아이들은 어린 시절부터 분노는 나쁜 것이라 교육받는 반면 남자 아이들은 분노를 표출하면서 자라지 않는가. 연구자들은 아마도 여자들이 분노를 억누르는 것이 아니라 나름의 방식으로 해결하거나 눈물로 표현하는 것인지 모르겠다는 추측을 내놓았다. 그래서 무작정 분노를 억누르라고 하자 그렇게 하지 못했다는 것이다. 이런 실험에는 또 다른 문제가 있는데 하지 말라고 지시받은 일일수록 의식 속에 남는다는 것이다. '흰곰 실험'으로 알려진 고전적 연구가 이를 잘 보여 준다. 흰곰을 절대 떠올리지 말라고 지시받은 사람들은 흰곰을 생각하라고 지시받은 사람들보다 오히려 더 자주 흰곰을 생각했다는 것이다.

21세기형 분노

건강을 생각한다면 때때로 분노를 폭발시키는 것이 가장 좋은 방법인 것 같다. 하지만 요즘의 상황을 보면 과연 그렇다고 할 수 있을지 의문이다. 미국에서는 우체국 직원들이 억눌린 스트레스를 견디지 못하고 직장 상사나 동료를 향해 총을 쏘아대는 사건이 연달아 발생하면서 '우체국에 가다(going postal)'라는 표현이 새로운 의미를 가지게 되었을 정도이다. 도로에서, 항공기 안에서, 심지어는 슈퍼마켓의 수레들 사이에서도 분노가 폭발하는 일이 많다. 옥스퍼드 대학교의 브라이언 파킨슨은 도로 위에서의 분노는 다른 종류의 분노와 특히 다르다고 설명한다. 좁은 공간에 갇혀 다른 운전자들과 제대로 의사소통하지 못하는 특별한 상황이라는 것이다. 파킨슨의 분석에 따르면 도로 위 운전자들 사이에 벌어지는 갈등에는 몇 가지 특징이 있다. 우선 운전자들은 서로 모르는 사이고 따라서 판단의 근거가 될 관계가 아예 존재하지 않는다. 상대가 의도적으로 거슬리는 행동을 하는지 어떤지 판단하기 어려운 것이다. 더욱이 빠른 속도로 달리는 차를 운전한다는 상황 자체가 정확한 판단을 한층 어렵게 만든다. 평소 동원하는 갈등 해소 방법들도 차 안에서는 소용이 없다. 자기 행동을 설명할 길도 없고 나쁜 의도가 없다는 몸짓을 보일 수도 없다. 걷다가 다른 행인의 진로를 방해했을 때 하듯 사과를 할 수도 없다. 유일한 방법은 손을 들어 보이는 것뿐이다. 하지만 이 몸짓은 고맙다는 뜻으로도 흔히 사용되기 때문에 일을 한층 악화시킬 수 있다.

운전 상황에는 특별한 요인들이 개입해도, 전체적으로 볼 때 오늘날 우리가 느끼는 분노의 원인은 현대 생활의 스트레스일 것이다. 공정한 대우를 받고 싶다는 우리의 기대는 날로 커져만 가기 때문이다. 하지만 맥더모트는 과거에 비해 오늘날의 인간이 화를 더 많이 낸다는 증거는 없다고 설명한다. 그저 예전에는 '비 오는 날 냇가에서 옷을 빨아야 하는 데 대한 분노'가 존재했다면 오늘날에는 세탁기 덕분에 그 분노가 줄어든 대신 교통 체증에 대한 분노가 생겨났을 뿐이다. 우리는 주위 세상을 바라보고 해석하며 때때로 분노 반응을 보인다. 동생에게 써 준 분노에 대한 글에서 세네카는 서기 1세기에 사람들을 화나게 했던 일상의 사건들을 나열하고 있다. 예를 들어 글씨가 너무 작아 읽을 수 없을 때 화가 나서 문서를 찢어 버리는 사람들에 대한 이야기도 나온다. 또 화난 사람에 대한 세네카의 묘사는 당시의 분노도 오늘날에 비해 그 정도가 절대 약하지 않음을 보여 준다. "두 눈이 이글이글 불타오르고 얼굴은 심장 깊숙한 곳에서 용솟음쳐 올라오는 피로 붉어지며 입술이 떨리고 이가 딱딱 부딪치는 소리를 내며 머리카락이 곤두서고 숨이 거칠어지면서 몸을 뒤흔들고 고함을 지르면서 알아듣지 못할 소리를 내뱉고 발을 쾅쾅 구르며 온몸을 긴장시키는 것이다. 바로 이것이 격분에 사로잡힌 추악하고 끔찍한 모습이다. 무시무시하면서도 저주스러운 악덕이 아닐 수 없다."

분노와 관련해 가장 중요한 문제는 물론 어떻게 그것을 극복하느냐이다. 분노 관리 교실에서는 관심을 분산시키고 제3자의 관점에서 문제를 바라보며 정확히 무엇 때문에 화가 나는

지를 잘 분석하라고 조언한다. 세네카는 주변 상황이나 사물과 관련된 일상적 분노는 형편없이 바보 같은 짓이라 여겼다. "그런 것은 분노하기는커녕 인식할 가치도 없기 때문"이라는 것이었다. 그리고 우리 각자에게는 스스로 모욕당했는지 판단할 능력이 있다면서 화날 경우 새로운 시각에서 상황을 바라보아야 한다고 조언했다. "너를 모욕한 사람은 너보다 강하거나 약하거나 둘 중 하나이다. 약하다면 그냥 봐줘라. 만약 강하다면 너 자신을 봐주면 된다." 또한 화를 잘 내는 사람이라면 주위 상황을 너무 복잡하게 만들지 말고 시를 읽거나 푸른 수목을 보면서 시간을 보내도록 하라는 것이 세네카의 조언이다. 밤마다 잠자리에 들면서 스스로에게 다음 세 가지 질문, 즉 "오늘 자신의 어떤 나쁜 습관을 고쳤는가? 어떤 약점을 극복했는가? 어떤 면에서 조금 나아졌는가?"를 던지는 방법으로 분노하지 않는 방법을 훈련할 수 있다고도 했다. 매일 자신의 분노를 심판대에 올리다 보면 곧 그 감정이 사라진다는 것이다.

빛이 사라지고 어두워지면 나는 하루를 되돌아보며 내가 했던 말과 행동을 곱씹는다. 그 어느 것도 감추거나 부정하지 않고 말이다.

두려움

1984년 6월의 어느 밤, 에릭 무디 기장은 말레이시아 콸라룸 푸르에서 오스트레일리아 퍼스로 향하는 영국 항공 소속 BA 009편을 조종하고 있었다. 달은 없었지만 하늘이 맑았고 비행 조건도 최적이었다. 기내식에 이어 말레이시아 꼬치 요리까지 먹은 터라 조종실의 분위기는 아주 좋았다. 식사를 마치고 기장은 1등 칸을 돌아보았다. 자바 위를 지나는 중이었다. 사무장과 한담을 나누고 있는데 조종실에서 즉시 자리로 돌아오라

는 연락이 왔다. 무슨 일일까 의아했지만 별 걱정은 되지 않았다. 적어도 조종실로 이어진 계단 근처 통풍구에서 연기가 나오는 것을 보기 전까지는 그랬다. 대체 무슨 일일까? 조종실에 돌아와 보니 창밖이 온통 불바다였다. 몇 분이 지나자 더 큰 일이 벌어졌다. 총 4개의 엔진이 차례로 꺼지고 만 것이었다. 거대한 제트 비행기는 엔진이 꺼진 채 하늘 높이 떠 있었다. 경보음이 울렸고 기내 압력이 급속도로 떨어지기 시작했다. 이륙 시 안전 교육에 나왔던 그대로 위쪽에서 산소 마스크가 떨어져 내렸다. 승무원들은 공포에 질린 승객들을 보살피기에 앞서 자신들부터 마스크를 착용해야 했다. 한 승무원은 자기 마스크 튜브가 빠져 그 다급한 상황에서 튜브를 다시 끼워 넣어야 했다. 그 고도에서는 마스크 없이 아무도 살아남을 수 없었다. 기장은 동료와 승객을 구하기 위해 서둘러 고도를 낮췄다. 승객들에게 방송해야 할 시간이 되었다. 그는 침착하고 부드러운 목소리로 말했다. "승객 여러분, 안녕하십니까? 기장입니다. 약간의 문제가 생겼습니다. 현재 엔진 4개가 모두 꺼진 상태입니다. 문제를 해결하기 위해 최선을 다하고 있습니다. 동요하지 말고 기다려 주십시오."

다음 13분 동안 무디 기장은 기수를 아래쪽으로 향하면서 7.6킬로미터를 하강했다. 두려움으로 제정신이 아니어야 했겠지만 20여 년이 흐른 후 당시를 회상하면서 그는 전혀 그렇지 않았다고 말했다. "죽고 싶은 사람은 없지요. 그 상황에서 이성적으로 판단하지 못한다면 완전히 두려움에 사로잡히고 맙니다. 하지만 그때 저는 이미 25년간 두려움을 통제하는 연습을 해 온 상태였어요. 그 덕분에 집중할 수 있었지요. 저는 빨리빨리 생각을 정리했고 모든 것을 선명하게 볼 수 있었습니다. 다만 한 가지 이상했던 것은 시간이 아주 천천히 흐른다는 점이었어요. 처음 13분 동안 기수를 내렸을 때에는 생각해야 할 것이 많았습니다. 이후 생각할 일이 없어지자 우리는 곧 죽겠구나 하는 깨달음의 순간이 왔습니다. 우습지만 그때 가장 마음에 걸렸던 것은 지갑에 들어 있는 300파운드였어요. 비행기가 추락하면 돈이 허망하게 사라질 것 아니겠어요. 그때 갑자기 엔진 하나가 켜졌습니다. 뒤이어 다른 것들도 정상으로 돌아왔지요. 비행기는 자카르타 공항에 비상 착륙했습니다. 정작 두려웠던 건 그때였어요. 제대로 착륙할 수 있을지 정말 걱정스러웠지요. 자정쯤 호텔에 들어가 소변을 보려 했지만 마음대로 되지 않더군요. 마음이 퍽 어지러웠지요. 하루 반 정도가 지났을 때 우리가 잘못한 것은 전혀 없다는 점이 밝혀졌어요. 화산재가 엔진에 날아 들어간 것뿐이었죠. 이후 상황을 똑같이 재현하게 되었을 때에는 실제보다 오히려 더 두려웠습니다. 이어 행복감이 찾아왔지요. 며칠 후 싱가포르의 10차선 고속도로를 달리고 있는데 친구가 왜 멋대로 차선을 가로지르느냐고 소리를 버럭 질렀어요. 그때까지도 저는 스스로는 절대 안전하다는 자신감에 차 있었던 겁니다.”

이 이야기에서 특히 인상적인 것은 끝까지 침착함을 유지한 무디 기장의 태도이다. 비행기가 추락을 피할 수 없다고 생각되었던 상황, 죽음이 눈앞에 찾아온 상황에서도 말이다. 어떻게 동요에 빠지지 않을 수 있었을까? 그런데 사실 이런 극한적 상황에서 평정을 유지하는 경우는 퍽 많다. 마치 영화를 보는 듯 자신을 상황에서 분리해 평정을 유지하는 것이다.

이렇게 극적 사건을 경험하는 사람은 많지 않지만 어른이 되면서 많은 사람들이 커다란 두려움을 겪는다. 나도 곧 죽을 것 같은 경험을 해 보았다. 그때 나는 머리가 평소보다 3배는 빨리 돌아가는 듯했고 고도의 집중력을 발휘할 수 있었다. 당시 나는 18세였는데 대학교에서 심리학을 공부하기 위해 면접을 본 후 차를 운전해 돌아가는 길이었다. 언덕길에서 갑자기 차가 제멋대로 움직이기 시작했다. 2차선 도로를 지그재그로 마구 달리는 상황이었다. 곧 나무에라도 부딪쳐 끝장날 것만 같았다. 이렇게 죽는다면 대학교에 합격했는지의 여부를 영영 모르게 되는 것 아닌가? 내 인생이 어떻게 전개될지 전혀 모르게 된다고 생각하니 낙담하지 않을 수 없었다. 또 부모님이 내 죽음을 어떻게 이겨 내실지 걱정스러웠다. 혹시 무언가 할 수 있는 일은 없을까? 그 순간 나는 자동차 사고로 죽으면 어떻게 되는지 궁금했다. 얼마나 아플까? 온몸이 산산조각 나서 죽는 것일까? 아니면 차에 불이 나서 타 죽게 되나? 차창 밖으로 튕겨 나간다면 어떻게 될까? 난생 처음으로 진정한 공포가 엄습했다.

불과 몇 초 후면 충돌이 일어날 상황이었지만 이 모든 생각을 할 시간은 충분했다. 위기 상황에서 시간이 천천히 흐르는 이유는 뇌가 핵심 정보에만 신경을 집중하기 때문이다. 기존의 지식과 기억을 필사적으로 더듬어 살길을 찾는 상황이므로 어깨가 아프다든지, 배가 고프다든지 하는 일은 잊어버리고 만다. 이러한 일반적 감각이 멈추는 데서 더 나아가 시간의 흐름을 판단하는 기능조차 중단된다. 나는 시곗바늘이 움직이는 것도, 라디오에서 흘러나오는 음악이 바뀌는 것도 알아차리지 못했다. 시간의 흐름에 대한 단서가 존재하지 않는 상태에서 몇 초는 영원처럼 느껴졌다.

극단적인 경우 사람들은 눈앞이 흑백으로 변한다고도 한다. 2003년에 영국 해트필드에서 일어난 열차 탈선 사고의 생존자들이 바로 이런 현상을 언급했다. 이것은 주위를 시각적으로 처리하는 더 원시적인 방법이다. 감각 기관에 과부하가 걸리고 뇌가 생존 방법을 확보하는 데 전념하게 되면 덜 중요한 정보들은 걸러지고 차단되어야 한다. 폭발음과 총소리가 귀청을 찢는 상황에서 싸우는 병사들 또한 나중에 물어보면 전장이 아주 고요했다고 대답하곤 한다.

내 뇌가 필요한 정보를 바삐 탐색하는 과정에서 비행기를 탔을 때 들었던 안전 교육이 기억났다. 나는 상체를 구부리고 머리를 가린 뒤 충돌에 대비했다. 그러고는 아마 정신을 잃었던 것 같다. 깨어나 보니 차는 천천히 도랑을 향해 굴러 가고 있었다. 나는 페달을 바라보았다. 둘 중 하나는 브레이크가 분명했지만 정확히 어떤 것인지 알 수 없었다. 동시에 차를 멈추는 데는 다른 방법도 있다는 생각이 났다. 넋이 반쯤 나가 버린 상태에서도 내 뇌는 또 다른 정보를 찾으려 애쓰는 중이었던 것이다. 고개를 들고 주위를 둘러보자 핸드브레이크가 보였다. 머리를 부딪치긴 했어도 다행히 다친 곳은 없었다. 하지만 내가 어떻게 해서 살아날 수 있었는지, 그것이 내가 열심히 머리를 굴린 덕분이었는지는 영영 풀리지 않는 수수께끼로 남았다.

두려움의 발달

어린아이가 두려움을 느끼는 체계는 그리 정교하지 않지만 출생 직후부터 겁내는 것이 한 가지 있다. 바로 커다란 소리이다. 갑자기 큰 소리가 들리면 신생아는 몸을 움츠리는데 이를 놀람 반사(startle reflex)라고 한다. 아기를 엎어 재우는 데에는 이 반사 작용을 억제하려는 의도도 있다. 그렇지 않으면 아기가 자주 깨고 말 것이기 때문이다. 엎어 재우는 것이 유아 돌연사를 유발한다는 연구 결과가 나오면서 아기를 엎어 두는 일은 드물어졌다. 하지만 엎어 재우지 않는다 해도 포대기를 덮어 줌으로써 놀람 반사를 억제하는 역할을 할 수 있다.

　놀람 반사는 아주 심하게 놀라는 것이라고 생각할 수도 있지만 겁을 먹거나 신경이 날카로울 때 쇼크를 받기가 훨씬 쉽다는 점을 고려하면 이것이 두려움과 연결됨을 알 수 있다. '무궁화 꽃이 피었습니다(Grandmother's Footsteps)' 놀이를 하는 아이들은 술래가 갑자기 뒤로 확 돌아섰을 때 깜짝 놀라 펄쩍 뛰어오르곤 한다. 갑자기 돌아선 사람과 눈이 마주쳤다면 더욱 높이 뛰어오르게 된다. 미국의 인류학자 로널드 시몬스는 전 세계를 돌며 '깜짝 놀람' 현상을 수집했는데 과도하게 놀라는 나머지 펄쩍 뛰어오르고 마는 사람들을 어디서든 발견할 수 있었다고 한다. 예를 들어 굴드 부인이라는 여성은 어찌나 세게 뛰어오르는지 다른 사람에게 상처를 입히기까지 할 정도였다. 웨이트리스로 일하던 굴드 부인은 부엌에서 오렌지 접시를 들고 조심스레 나오다가 갑자기 남자 손님이 "안녕하세요?"라고 말을 걸자 비명을 지르며 오렌지 접시를 던져 버린 채 털썩 주저앉기도 했다. 그리고 그렇게 주저앉으면서 운 나쁜 손님의 엄지손가락을 물어 버렸다고 한다. 그런데 재미있는 점은 굴드 부인이 자신이 깜짝 놀라는 일이 많기는 해도 신경이 날카롭거나 겁이 많은 편은 아니라고 주장한다는 것이다. 실제로도 식구들은 굴드 부인이 집 현관문을 제대로 잠그지 않은 채 태연하게 밤거리를 돌아다닌다면서 걱정했다. 서양에서는 쉽게 놀라는 사람들이 놀림감이 되지만 다른 문화권, 예를 들어 말레이시아 같은 곳에서는 손셩을 받기노 한다.

시몬스는 실험실에서 놀람 실험을 실시했다. 불시에 자기가 총을 쏠 것이고 그에 대한 반응을 녹화하겠다고 실험 참가자들에게 말한 후 진짜 놀람의 요소를 규명하기 위해 총소리가 없을 때와 있을 때 각각 깜짝 놀란 반응을 거짓으로 흉내 내 보라고 부탁했다. 놀람 반응이 과도한 사람들은 카운트다

운만 해도 펄쩍 뛰어오르는 반응을 보였다고 한다.

이렇게 반응이 과도한 사람들은 수고비를 받은 후 원한다면 실험 참여를 중단할 수 있도록 했다. 하지만 두 세기 앞서서 이루어진 다른 실험을 보면 이 정도로 실험 대상이 배려되지 않았다. 장자크 루소의 추종자인 토머스 데이가 사브리나라는 예쁜 고아 소녀(12세)를 뽑아 완벽한 아내로 만드는 일에 착수했다. 그 과정에서 그는 사브리나가 두려움을 느끼지 않도록 만들 수 있는지도 시험했다. 귓전에서 총을 쏜다거나 페티코트에 불을 붙인다거나 하는 여러 방법이 동원되었다. 하지만 당연히 그런 방법을 통해 두려움을 없앨 수는 없었다. 이후 토머스 데이는 낙마 사고로 사망했고 사브리나는 다른 사람과 결혼하게 되었다고 한다.

놀람 반사는 신생아가 보이는 유일한 두려움 형태이다. 모든 놀람 반사에 두려움이 포함되지는 않는다. 생후 7~8개월이 되기 전에는 진정한 두려움을 느끼지 않는 것으로 여겨지지만 그보다 몇 개월 앞서 두려워하는 모습이 관찰되었다는 보고도 있다. 예를 들어 내 친구 아들인 제이크는 5개월 때 헤어드라이어나 진공청소기 소리에 놀라 울음을 터뜨렸다. 8개월이 되자 겁먹는 일이 더 많아졌다. 소방관들의 파업 시위 때 소방차가 거리로 나와 사이렌을 울려 대자 제이크가 어찌나 무서워했는지 유모차에서 들어 올려 안아 주어야만 했다. 품에 안기자 제이크는 훨씬 안정되는 듯했다. 생존의 측면에서 보자면 두려움에 대한 인식은 부모로부터 독립성을 획득할수록 더 커질 필요가 있다. 제이크는 큰 소리로 울어 댐으로써 부모가 자신을 크고 시끄럽고 낯선, 따라서 위험할 수 있는 대상으로부터 보호하도록 만드는 것이다. 아기들이 태어날 때부터가 아니라 기어 다니면서부터 낯선 이를 두려워하게 된다는 점도 비슷한 현상으로 설명할 수 있다. 또한 기어다니게 된 첫 몇 주 동안 아기들은 높은 곳에 대해 공포를 가지게 된다. 이 역시 안전을 위한 것이다. 낯선 이와 높은 곳 외에 아기들이 두려워하는 것이 세 가지 더 있다. 혼자 있는 것, 무언가가 자기 쪽으로 빨리 다가오는 것, 낯설고 이상한 상황이 그것이다.

두려움의 단계

영국 이스트서식스의 어크필드에 있는 초등학교 교실에서 10세 소녀가 나무 상자로 다가가고 있다. 잠시 나를 쳐다보더니 아주 조심스럽게 상자에 뚫린 구멍으로 손을 집어넣는다. "부드러워요." 소녀가 입을 연다. 한층 안심한 표정이다. "꼬리가 긴 걸요. 꺼내서 만져 봐도 되나요?" 이 소녀는 서식스 대학교의 심리학자 앤디 필드가 고안해 낸 실험에 참여하는 중이다. 동물에 대해 부정적인 이야기를 들은 것만으로도 아이들이 실제로 동물을 무서워하게 될지 확인하는 실험이다. 실험을 위해 쿠스쿠스(cuscus)를 비롯, 영국의 작은 시골 마을 아이들이 한번도 만나 보지 못했을 오스트레일리아의 포유동물들을 사용했다. 그리고 어떤 동물에 대해서는 사납고 공격적이며 다른 동물에 대해서는 귀엽고 사람을 좋아한다는 식의 설명을 해 주었다. 실험 결과 예상대로 아이들은 부정적으로 설명된 동물을 겁내는 모습을 보였다.

신생아와 마찬가지로 아동의 두려움에도 몇 가지 단계가 있다. 7세가 되기 전에는 귀신, 어두움, 괴물, 동물을 두려워하고 10~12세가 되면 살인이나 핵전쟁 등 직접 경험할 가능성이 상대적으로 희박한 일들을 두려워하기 시작한다. 내가 12세 아이들과 만나 뭐가 무서운지 물어보자 폭탄 테러나 아동 성추행범이라는 대답이 나왔다. 나도 그 나이였을 때 혹시라도 미국에 가면 살해당하거나 전기의자에 앉아 죽임을 당할까 봐 걱정했던 기억이 난다. 아마 당시 그런 사건들을 다룬 영화를 보았던 탓이 아닐까 싶다.

네덜란드의 연구자들은 정작 부모는 자식들이 그런 문제를 얼마나 두려워하는지 잘 모른다고 지적했다. 또 아이들이 그런 두려움에 나름의 대처법을 잘 마련한다는 점도 밝혔다. 아이들은 이불을 푹 뒤집어쓰거나 불을 켜 놓기도 하고 책읽기 혹은 즐거운 상상하기를 통해 두려움을 떨쳐 버리기도 한다.

청소년기로 접어들면서 나는 설사 미국에 간다 해도 살해되거나 전기의자에 앉는 일은 없으리라는 점을 깨달았다. 대부분의 비현실적인 두려움은 10대 시절을 거치면서 사라진다. 수줍음이 많은 아이는 더 오래 두려움을 느끼는 경향이 있고 이것이 불안 장애로 발전해 그야말로 모든 것을 겁내는 어른이 될 수 있다.

10대들은 신체적 고통에 대한 막연한 두려움을 떨쳐 버린 후 새로운 대상을 두려워하기 시작한다. 살인자나 괴물은 더 이상 두렵지 않은 대신 거절당하거나 바보같이 보일까 봐 겁내는 것이다.

어른이 되면 두려움을 극복하는 다양한 방법을 개발하게 되고 두려움을 느낀다 해도 어느 정도까지는 스스로 극복할 수 있다. 이러한 대처 전략이 너무도 효과가 좋은 나머지 두려운 상황에 처했다는 것을 기억조차 못하게 되기도 한다. 예를 들어 헌혈 센터에서 음악을 틀어 놓으면 사람들이 다시 헌혈하러 찾아오는 비율이 낮아진다고 한다. 안정을 위해 틀어 놓은 음악이 역효과를 발휘하는 것이다. 팔에 바늘을 꽂고 낯선 침대에 누운 사람은 그 상황을 생각하지 않고 다른 쪽으로 생각을 돌리게 된다. 하지만 음악 소리는 오히려 자꾸만 현 상황을 의식하게 만들고 이에 따라 두려움을 느낀 사람들은 재헌혈을 하지 않는다는 것이다.

하지만 극단적인 경우에는 대처 메커니즘이 충분한 역할을 하지 못해 결국 두려움이 생존을 위협하기도 한다. 전장에 나간 병사들이 두려움 때문에 몸이 마비되어 죽었다는 이야기는 아주 많다. 16세기 프랑스 철학자인 미셸 드 몽테뉴에 따르면 비잔틴의 황제 테오필로스는 전투에서 두려움에 사로잡힌 나머지 움직일 수 없는 지경에 이르렀다고 한다. 결국은 부하 장수들이 당장 움직이지 않으면 죽여 버리겠다고 위협을 해야

했다는 것이다. 몽테뉴는 자신이 두려움에 어떻게 반응하게
될지가 불확실하다는 바로 그 점 때문에 두려움이 두려운 것
이라고 썼다. "때로 두려움은 우리 뒤꿈치에 날개를 달아 준
다. 하지만 때로는 우리 발을 대지에 못 박아 꼼짝 못하게 만들
기도 한다."

　제1차 세계 대전은 많은 사람들에게 자신이 매일같이 벌어
지는 극단적 상황에 어떻게 반응하는지 깨닫게 만드는 반갑지
않은 경험이기도 했다. 무모한 용기를 발휘해 스스로를 더 큰
위험 속에 몰아넣은 이들이 있는가 하면 정신적 충격에 빠졌
다는 이유로 겁쟁이로 몰려 총살당한 이들도 있었다. 1922년,
영국 육군성의 전쟁 신경증 조사 보고서에 어느 의무 장교가
갈리폴리 해변에서 갑자기 두려움에 사로잡힌 군인을 목격했
던 경험을 진술하는 대목이 있다. "그 군인은 해변 전체가 거
대한 거미들로 뒤덮였다고 말했습니다. 그 거미들이 보석처럼
반짝인다고도 하더군요. 그를 억지로 보트에 태웠는데 부상자
를 태운 바지선이 다가오자 그는 자기 아내와 아이가 토막 난
채 바지선에 놓여 있다고 주장했습니다." 전쟁 신경증에 대한
원시적인 처치 방법으로는 후두에 전기 충격 가하기, 혀에 담
뱃불을 대기, 요추에 침을 꽂아 넣기 등이 있다. 당시 일반 대
중들은 전쟁 신경증에 공감하지 못했다. 1920년, 윌슨이라는
사람이 《타임스》에 보낸 편지를 보면 그런 태도가 잘 드러난
다. 그가 전쟁 신경증 분야에서 전문가적 지식을 가지고 있지
도 않았고 그 증세를 겪은 군인들에게 전혀 공감하고 있지도

않았지만 그의 글에는 두려움이라는 감정의 핵심이 드러나 있다. "첫째, 위험을 느끼지 않았던 군인들이 있습니다. 둘째, 두려웠지만 그것을 드러내지 않은 경우도 있습니다. 셋째, 두려움을 느꼈고 그것을 드러냈지만 맡은 바 임무를 다한 경우가 있습니다. 넷째, 두려움을 느끼고 드러냈으며 꼼짝 못하게 몸이 얼어붙어 버렸던 경우 또한 있습니다."

공포 상황에서 자신이 어떻게 반응할지 아는 사람은 없다. 두려움이 공포가 되는 이유는 바로 거기 있을지 모른다. 운이 좋다면 두려움이 용기를 북돋고 생각의 흐름을 빠르게 하여 앞서 소개한 무디 기장과 그 동료처럼 행동할 수 있을 것이다. 그는 천천히 숨이 막혀 오는 상황에서도 침착하게 손과 머리를 움직여 산소 마스크에 튜브를 끼워 넣을 수 있었다. 하지만 막상 상황이 닥치기 전까지는 자신이 침착한 무디 기장 유형인지, 눈앞에 거대한 거미들이 나타나는 유형인지 알 수 없는 일이다.

두려움과 뇌

감정에 대한 연구 분야에서 새로운 방향을 제시한 선구자 중 하나는 뉴욕 대학교의 조제프 르두이다. 그는 감정이라는 인식 경험의 본질을 규명하기보다 뇌 한 부분이 보내는 감정 신호가 어떻게 다른 뇌 부위나 신체로 전달되는지를 밝히는 데 관심을 집중했다.

뇌의 감정 체계는 복잡한 사고 과정을 담당하는 뇌 각 부위가 발전하기 전에 미리 진화했던 것으로 여겨진다. 그리고 생존에 밀접하게 관련되는 두려움은 아마도 가장 처음부터, 그러니까 400만~500만 년 전의 초기 척추동물부터 가지고 있었을 것이다.

감정이 우리 삶에 얼마나 큰 영향을 미치는지 생각한다면 뇌의 극히 일부분만이 감정에 관련되어 있다는 점이 오히려 놀랍다. 뇌가 영역별로 나누어지고 그중 하나에 '감정'이라는 이름표가 붙게 되며 다시 그 감정 영역이 두려움, 죄의식, 즐거움 등으로 세분된다면 신경 과학 연구는 한층 쉬울 것이다. 하지만 애석하게도 실상은 그렇지 못하다. 서로 다른 감정에 대해 뇌는 관할 영역을 나누는 방식이 아니라 동작 방법을 달리하는 식으로 움직인다. 여러 영역들이 결합되는 정도와 방법이 달라지는 것이다. 이를 규명하기 위한 신경 과학 연구는 이제 겨우 시작 단계지만 각각의 감정마다 나름의 뇌 동작 유형을 지니는 것으로 여겨진다. 그리고 앞서 언급했듯 편도체라 불리는 뇌 부위가 여러 감정들에, 특히 두려움이라는 감정에 핵심적인 역할을 담당하는 것으로 보인다.

밤늦게 낯선 거리를 걷고 있다고 하자. 그러면 주위의 모든 것에 신경이 곤두설 것이다. 찻길을 지나는데 웬 남자가 보인다. 쓰레기통 옆에 쭈그리고 앉아 있다. 당신은 깜짝 놀란다. 그때의 뇌 반응은 '싸울 것인가, 도망갈 것인가?' 보다 훨씬 더 복잡하다. 르두의 이론에 따르면 그 순간 당신이 느끼는 두려움은 신속한 경로를 통해 뇌로 들어간다. 뇌는 순간적으로 위협을 인식하고 깊숙한 곳의 편도체가 정보를 분석해 어떻게 반응해야 하는지에 대한 메시지를 전달한다. 심장 박동이 빨라지고 손바닥에서 땀이 나며 온몸에 소름이 끼친다. 머리카락도 곤두선다. 그렇지만 의식적으로는 이때까지도 자신이 두려워하고 있다는 점을 깨닫지 못할 수 있다.

몇 초가 지난 후 어두운 그림자는 그저 커다란 쓰레기 봉투였던 것으로 판명이 된다. 뇌의 두 번째 경로가 작동한 결과이다. 위험 가능성에 긴장한 채 당신은 상황을 판단하고 검은 물체에 온 정신을 집중해 정체를 규명한다. 그리고 사전 지식을 바탕으로 쓰레기 봉투가 위협이 되는지 아닌지 판단하게 된다. 이윽고 당신은 안도한다.

최초에 보였던 반응은 거대한 트럭이 지나갈 때마다 날카롭게 울려 대는 자동차 도난 방지 장치의 경고음과도 같다. 이 경고음은 귀에 거슬리고 불쾌할 수 있지만 충분한 가치를 지닌다. 순간적으로 쓰레기 봉투를 사람으로 착각하는 편이 누군가 웅크리고 있다가 당신 쪽으로 덮쳐 올 수 있는 상황을 인식하지 못하는 것보다 훨씬 낫기 때문이다.

신속한 경로를 통해 움직인다고는 해도 뇌는 여전히 맥락에 대한 설명을 필요로 한다. 뱀에게 병적인 공포심을 가지고 있지 않다면 동물원에서 뱀을 보더라도 겁에 질리는 일은 없을 것이다. 그 뱀이 자신에게 해를 입힐 수 있는지 아닌지를 판단하기에 앞서 뇌는 지금 있는 곳은 동물원이고 위험하지 않다는 것을 알고 있다. 그래서 뇌는 민감도를 대폭 낮추게 된다. 반면 깊은 숲 속에 텐트를 치고 자고 일어났는데 독뱀이 침낭 위를 기어 베개 쪽으로 다가오고 있다면 반응은 사뭇 다를 것이다. 이러한 상황 맥락뿐 아니라 기억과 상상력도 편도체에 영향을 미친다. 숲 속의 어두침침한 도로를 따라 운전을 하면서 공포 영화에 대해 생각을 하고 있었다면 무언가에 깜짝 놀랄 가능성은 더 높아진다. 버려진 집에 앉아 귀신 이야기를 듣는 것이 한층 더 무서운 이유도 바로 여기 있다. 자그마한 소리만 들려도 바짝 긴장하도록 상황을 조성해 놓은 셈이기 때문이다.

두려움 회로가 지닌 정교한 특징은 일단 특정 두려움을 극복하게 되면 더 이상 편도체가 거기 관여하지 않는다는 데 있다. 매일같이 우리는 잠재적 위험과 마주치지만 대응 방법을 알기 때문에 더 이상 두려움을 갖지 않는다. 큰길을 건널 때나 빨리 달리는 차를 볼 때마다 두려움에 얼어붙는다면 신경에 대단한 부담이 갈 것이다. 하지만 안전하게 길 건너는 방법을 익히고 나면 편도체는 거기에 더 이상 신경을 쓰지 않는다. 예상 밖의 일, 예를 들어 역주행하는 자동차가 다가오는 등의 일이 발생하지 않는다면 말이다. 그때 편도체는 다시금 경고 신호를 발한다.

두려움과 신체

1953년이었다. 한 남자가 손등에 기계와 연결된 전극을 붙이고 탁자에 앉아 있었다. 실험 참가자인 그는 전기 자극이 살짝 가해질 것이라고 전해 들었다. 그리고 자신이 미력하나마 과학 발전에 기여하게 된다는 것이 퍽 만족스러웠다. 실험이 시작되었다. 그런데 얼마 지나지 않아 전극과 연결된 기계에서 폭발음이 들리면서 스파크가 튀었다. 실험하던 과학자들은 혼란에 빠져 이런저런 스위치를 조작하고 기계를 쾅쾅 두들겼지만 기계는 멈추지 않았다. 결국 놀란 실험 참가자가 직접 전기 콘센트를 찾아 전원을 뽑아 버렸다. 손등에서 전극을 떼어 낸 그는 다음 방으로 안내되는데 그곳에서는 실험의 두 번째 단계를 실시할 다른 과학자가 기다리고 있었다. 과학자는 왜 이렇게 늦게 왔느냐고 화를 내며 앉으라고 한 뒤 거짓말 탐지기를 부착했다. 이쯤 되면 이 실험 참가자는 자신이 대체 왜 실험에 자원했는지 후회했을 것이다.

물론 이 모든 상황은 연출된 것이다. 실험 책임자인 앨버트 액스는 우리 신체가 두려움이나 분노에 대해 어떻게 반응하는지를 측정한 최초의 인물이다. 이를 위해 그는 진짜 감정을 유발해야 했고 결국 3달러의 참가료를 받은 대가로 불쌍한 실험 참가자들이 곤욕을 겪게 되었던 것이다. 일부 실험 참가자들은 너무도 놀란 나머지 어서 전극을 떼어 달라고 애걸하기도 했고 죽음을 예견한 채 마음의 준비를 한 사람까지 있었다. 무례한 실험 진행자에 대해 화가 난 사람은 나중에 "대체 뭐 이런 어이없는 곳이 다 있는가 싶었고 저놈한테 한방 먹여 주겠다고 생각하는 참이었소."라고 말하기도 했다.

과거 1950년대에는 실험 조건이 그리 좋지 못했다. 생리 현상 기록 장치인 폴리그래프는 그 층에 엘리베이터가 멈춰 설 때마다 삑삑거리는 오류 음을 낼 정도였다. 사전에 고혈압 증세를 가진 사람은 제외했다 하더라도 앨버트 액스의 이런 실험은 윤리적 비난을 피해 갈 수 없다. 하지만 이 실험을 통해 통제된 상황에서 두려움이 심장 박동과 호흡을 빠르게 하고 땀을 흘리게 하며 근육 긴장을 급작스럽게 높이는 등 명백한 신체적 영향을 미친다는 점이 최초로 드러났다는 성과도 인정해야 한다. '싸울 것인가, 도망갈 것인가' 메커니즘에 동반되는 신체적 변화에 대해서는 오늘날 분명히 밝혀져 있다. 아드레날린 수치가 높아지고 심장 박동이 빨라지며 피부 표면 온도가 낮아지고 동공이 확대되고 고통을 더 잘 참게 되는 것이다. 또한 세포를 재생하고 음식을 소화시키는 등의 일상 활동에 쓰이던 에너지가 근육, 특히 다리 근육에 집중된다. 필요하다면 즉각 싸우거나 뛰어 도망갈 수 있도록 말이다.

이와 관련해서는 누구든 생생한 경험담을 이야기할 수 있겠지만 실제적인 생리적 반응을 확인하려면 액스가 실시했던 것과 같은 실험 외에는 다른 방법이 없다. 실험 참가자에게 충분히 진짜 감정을 이끌어 내되 신체적·정신적 피해를 입히지는 않는 적정한 수위 조정이 핵심이다. 사람들이 삶 속에서 그런 경험을 하게 되는 모습을 관찰하는 것이 가장 이상적이긴 하지만 문제는 언제 그런 일이 일어날지 아무도 모른다는 데 있다.

'무서워서 죽을 뻔' 하다는 것

1994년 1월 17일 한밤중, 누군가 침대를 흔들어 대는 듯한 느낌에 스테파니는 갑자기 잠에서 깼다. 영국 텔레비전 방송국의 연예 리포터로 로스앤젤레스에서 파견 근무 중이던 스테파니는 시 서쪽 대로에 면한 건물에 살고 있었다. 침대를 흔든 것은 사람이 아니었다. "엄청나게 큰 우르릉 소리가 들리면서 나는 침대에서 굴러 떨어졌다. 마룻바닥은 마치 파도처럼 출렁거렸다. 발밑에서 땅이 요동치는 것이 느껴졌다. 모든 것이 넘어지고 깨졌다. 나는 정신이 아득했다. 건물이 금방 갈라지고 무너질 것만 같았다. 머리 위로 천장이 무너져 내릴까 봐 겁에 질려 오리털 이불을 잡아당겨 머리에 뒤집어썼다. 바닥이 움직이면서 나는 점점 더 뒤로 밀려 벽에 등을 기댄 자세가 되었다. 평생 그렇게 겁이 난 것은 처음이었다. 30초 정도 흐르자 마침내 지진이 일어났다는 생각이 들었다. 그러자 더욱 겁이 났다. 하지만 내가 할 수 있는 일은 아무것도 없었다."

스테파니는 다행히 다치지 않았고 지진이 지나간 후 정상적으로 출근도 했다. 이불 속에서 웅크리고 있던 때 뇌가 보인 반응을 측정하지는 못했지만 로스앤젤레스 지진 사건은 우리가 두려움에 대해 더 많이 알게 되는 기회가 되었다. 뜻밖의 사실이 밝혀지기도 했다. 떨어진 물건에 맞거나 잔해에 묻히는 등 직접적인 피해를 입지 않았던 사람들이 그날 밤 100명 이상 사망했던 것이다. 그날 밤의 검시 기록을 1주일 전, 그리고 최근 3년과 비교하자 심장 마비로 인한 사망자가 5배나 많았다. 목격자들에 따르면 사망자는 가슴을 움켜쥐고 고통을 호소하다가 바닥에 쓰러져 숨을 거두었다고 한다.

로스앤젤레스 주민들은 오래전부터 언젠가 거대한 지진이 일어나 캘리포니아 주 전체를 덮칠지 모른다는 걱정이 있었다. 따라서 그날 리히터 규모 4.31의 강진이 일어나자 여러 사람이 바야흐로 종말이 닥쳐왔다고 생각한 것이다. 또한 지진이 일어난 다음 주에는 심장 마비가 평소보다 훨씬 줄어들었다. 이는 언제든 심장 마비를 일으킬 수 있는 사람들이 지진 때 이미 사망하고 말았다는 뜻이다.

'무서워서 죽을 뻔' 했다는 표현은 이렇게 보면 전혀 과장이 아니다. '싸울 것인가, 도망갈 것인가'를 결정하는 과정은 우리가 가진 모든 에너지를 당면한 상황에 집중시킨다. 그 와중에 심장이 멈춰 버리는 부작용이 발생하는 것이다. 아드레날린이 갑자기 다량 분비되면서 혈관이 좁아진다. 불시에 공격을 받더라도 혈액 손실을 최소화하기 위한 조치이다. 문제는 이와 동시에 심장의 세포에 칼슘이 채워지고 이로 인해 심장 수축이 너무 강해져 두 번 다시 이완되지 못하고 멈춰 버릴 수 있다는 데 있다. 이렇게 될 위험은 심장병 환자에게 더 크지만 때로는 건강한 사람도 이런 현상을 겪는다. 우리를 보호하기 위해 다른 어떤 것보다 앞서서 진화한 감정이 오히려 우리를 죽게 만드는 셈이니 대단한 아이러니가 아닐 수 없다.

두려움은 생리적으로 유익한 작용을 하기도 한다. 이는 숲에서 곰을 만나 뛰어 도망가야 할 때뿐만이 아니다. 수술을 받기 전에 느끼는 두려움은 신체가 수술로 인한 상처를 잘 치유하도록 돕는다. 영국 템스 밸리 대학교의 앤 매니언드는 사전에 이완 훈련을 받아 수술 전에 불안을 덜 느낀 환자들의 경우 오히려 수술 후 경과가 나쁘다는 점을 밝혔다. 이런 환자는 수술하는 동안과 그 이후에 엄청난 양의 스트레스 호르몬인 아드레날린과 코르티솔을 배출했고 이로 인해 면역 체계가 손상될 위험을 감수해야 했다. 또 수술 전에 이완되었던 환자들은 그렇지 않은 경우에 비해 심장 박동이나 혈압도 낮았다. 결국 수술 전에 느끼는 두려움은 앞으로 닥칠 일에 대해 신체를 준비시키는 역할을 한다고 말할 수 있다. 너무 이완된 경우, 신체는 수술이라는 사건에 과도하게 반응해 다량의 스트레스 호르몬을 배출한다. 그렇다고 의사가 수술 전에 환사에게 위협적인 말을 해야 한다고 주장하는 것은 아니다. 그저 수술 과정에 대해 그리고 이후 경험할 통증에 대해 설명을 해 주는 것으로 족하다. 그러면 환자는 앞으로 헤치고 나가야 할 일에 대해 정신적으로 대비할 기회를 가지게 된다.

두려움의 냄새

두려움을 느낄 때 신체가 반응하는 방식은 여러 가지이다. 혹시 그중에는 남들이 우리 두려움을 눈치 채도록 하는 경고 체계가 존재하지는 않을까?

스리랑카의 바람 많은 해안 마을 탕갈의 집들을 보면 평평한 콘크리트 지붕 위로 철근이 삐죽삐죽 튀어나와 있다. 위층을 올려야 할 때를 대비해서라고 하지만 정작 위층을 올린 집은 하나도 없다. 지저분한 거리 모퉁이마다 쓰레기가 산처럼 쌓여 있다. 마을에서 벗어나 걸어가다 보면 풍경이 확 달라진다. 황금빛 모래밭이 급경사를 이루며 바다로 이어진다. 파도가 넘실거리는 바다에는 전 세계에서 모여든 관광객들이 북적인다. 어부들은 빨강, 노랑, 파랑 등 원색으로 칠한 소박한 뗏목을 해안으로 끌어당긴다. 어린 소년들은 뒤로 재주넘기를 하며 부두에서 바다로 뛰어든다. 부두 뒤쪽으로는 해변에 늘어선 식당들이 보인다. 10여 년 전 남자 친구와 함께 스리랑카를 여행하면서 만났던 탕갈의 풍경은 그러했다. 어느 날 우리는 해변을 걷고 있었다. 조그만 검은 게들이 우리 발밑에서 우르르 흩어져 모래에 작은 구멍을 파고 숨었다. 해변 저 끝으로 툭 튀어나온 곳이 보였다. 거기서 보면 전망이 아주 좋을 것 같았다. 그곳에 도착하자 알 수 없는 한기가 느껴졌다. 따뜻한 해안 날씨가 아니었다. 야릇한 냄새도 났다. 풀밭 위에 커다란 뼈가 몇 개 흩어져 있었다. 처음에는 상어 뼈가 파도에 밀려 온 모양이라고 생각했다. 하지만 더 가까이 다가가 보니 까마귀 떼가 시끄럽게 깍깍거리며 커다란 뼈와 두개골에 붙은 살점을 뜯어먹는 모습이 눈에 들어왔다. 낭떠러지 위에는 지붕 없는 돌 오두막이 서 있었다. 오두막을 가로질러 통나무가 매어진 것으로 보아 원시적인 소 축사 같았다. 마을에서 좀 떨어져 있고 관광객들의 발길도 닿지 않는 곳이었다. 그런데 관심을 끄는 것은 그 냄새였다. 그곳에는 죽은 소의 뼈에 붙은 썩은 고기가 풍기는 냄새 외에 또 다른 냄새가 있었다. 죽음을 맞은 소가 두려워하며 내뿜은 냄새라고나 할까.

겁 먹은 동물이 독특한 냄새를 풍긴다는 점은 오래전부터 알려져 왔다. 놀란 물고기는 페로몬을 내뿜어 다른 물고기들에게 경고 신호를 보낸다. 죽은 물고기도 냄새로 다른 물고기에게 위험을 알린다고 한다. 연준모치라는 민물고기는 창꼬치에게 잡아먹히면서 특유의 냄새를 남겨 두어 창꼬치를 한번도 본 적 없는 다른 연준모치들이 두려움을 느끼도록 한다. 벌이나 지렁이도 같은 메커니즘을 가지고 있다. 개미들은 페로몬을 통해 흩어지라든지 싸울 준비를 해야 한다든지 등의 메시지를 전달한다.

동물들의 행동을 인간에게 그대로 대입하는 데에는 물론 무리가 있다. 동물을 하나 선택해 거기서 인간의 모습을 찾으려는 대다수 연구자들과 달리 빈 대학교의 카를 그람마는 인간도 동물처럼 두려움 페로몬을 내뿜는지 밝히고자 했다. 연구 과정에서 그는 겨드랑이에 대는 면 패드와 냉장고를 사용했다.

실험 참가자들은 우선 화장실로 가서 겨드랑이를 깨끗이 씻고 흰 티셔츠로 갈아입었다. 그리고 면 패드를 겨드랑이에 댄 채 공포 영화인 「캔디맨」을 관람했다. 인종주의자 무리에 손을 잘린 뒤 죽은 흑인 노예가 온몸이 꿀에 덮여 벌 떼를 몰고 다니는 모습으로 나타난다는 내용의 영화였다. 거울을 보고 "캔디맨"이라고 다섯 번 말하면 흑인이 등장해 잘린 손 대신 달고 있는 갈고리를 휘둘러 사람을 죽이는데 영화 주인공인 대학생이 그 상황을 파헤치게 된다는 이야기이다. 영화 관람이 끝난 후 그람마는 면 패드를 수거해 냉장고에 보관했고 며칠 뒤 다시 동일한 실험 참가자들을 불러 이번에는 그리 무섭지 않은 영화를 관람하도록 하면서 겨드랑이 냄새가 밴 면 패드를 수집했다.

무서운 영화를 끝까지 봐야 하는 것도 실험 참가자들로서는 쉽지 않은 일이었지만 다음 단계에 참여한 사람들은 한층 고약한 일을 해야 했다. 두 가지 면 패드의 냄새를 맡으며 냄새 강도와 불쾌감을 평가하고 성관계, 공격성, 두려움 등 냄새에서 연상되는 것을 지적해야 했던 것이다. 결국 공포 영화를 본 사람들의 겨드랑이 냄새가 더 강하고 불쾌한 것으로 판명이 났다. 하지만 이는 스트레스 호르몬인 코르티솔 때문은 아니었다. 그리고 흥미롭게도 그 냄새는 두려움보다는 공격성을 연상시키는 것으로 평가되었다. 때이른 추측이기는 하지만, 두려움을 느끼는 사람은 상대를 물리치기 위해 공격성의 냄새를 풍기게 되는 것이 아닐까 한다.

두려움 경보의 오작동

앞서 두려움이라는 감정 체계는 우리를 바짝 정신 차려 위험에 대비하게 하는 경고 신호와 같다고 설명했다. 또 때로는 그 경고 신호가 잘못된 것일 수밖에 없다는 점도 지적했다. 그런데 이 경고 체계가 잠재적 위험에 지나치게 민감하여 잘못 작동하게 되는 일이 벌어진다. 특히 이것은 외상을 당하는 경험 이후에 발생하기 쉽다. 외상 후 스트레스 장애(post-traumatic stress disorder)를 가진 이들은 쉽게 놀란다. 악몽을 꾸고 과거의 장면을 갑자기 떠올리며 사고 당시 수준까지 아드레날린 수치가 치솟곤 한다. 과거의 경험과 조금이라도 비슷한 점이 있는 상황에서는 공포에 질려 상황 자체를 회피해 버리고 만다. 그로 인해 제아무리 즐거운 일을 놓친다 해도 말이다.

여기서 기억해야 하는 점은 이미 일어났던 일뿐 아니라 일어날 수 있었던 일 또한 이렇게 커다란 공포를 일으킬 수 있다는 것이다. 외상 후 스트레스 장애를 겪는 제2차 세계 대전 참전 용사들을 찾아갔을 때 나는 어느 한 노인에게서 경험담을 들을 수 있었다. 그가 친구와 함께 탱크 포탑에 서 있을 때 포탄이 날아왔다. 옆을 돌아보니 친구는 목이 날아가 버린 상태였다. 다행히 그는 다치지 않았고 전쟁이 끝난 후 무사히 고향에 돌아왔지만 그 사건 이후 언제든 그런 끔찍한 일이 일어날 수 있다는 공포에서 헤어나지 못했다. 50년 이상이 흘렀는데도 여전히 악몽을 꾼다고 했다. 그의 두려움이 수행했던 보호

기능은 이미 오래전에 끝났다. 평화로운 시골 마을에 살고 있는 노인이 다시 전장에 설 일은 없을 테니 말이다. 하지만 두려움이라는 감정 체계는 계속 과도하게 작동하고 있는 것이다.

두려움이라는 감정이 뇌 각 부분의 복잡한 상호작용으로 나타나는 만큼 이런 오작동의 유형 또한 다양하다. 우선 편도체가 아주 작은 사건을 과민하게 인식하게 되면 두려움이 발생한다. 과도한 일반화가 나타나 심지어는 문을 쾅 닫는 소리가 총소리를 연상시키기도 한다. 다음으로 편도체 자체의 인식은 정상적이지만 그 인식이 유발하는 반응이 극단적으로 과도한 경우도 있다. 그래서 위험하기보다는 그저 약간 이상한 상황에서 공포심이 생겨난다. 예를 들어 전화벨이 몇 차례 울리다가 뚝 끊어지는 일이 반복되면 대부분은 그저 어리둥절할 뿐이지만 과거에 강도를 당했던 사람은 습격 신호로 의심한다.

편도체가 잘못 움직이는 세 번째 방식은 위험 인식과 반응 유발은 모두 정상적이지만 두려움을 종식시키는 사후 체계가 작동하지 않아 감정이 계속 남는 경우이다. 위험이 지나갔고 이제 안전하다고 알려 주는 체계에 문제가 생긴 것이다. 이렇듯 다양한 방식으로 감정 체계가 오작동한다는 점을 보면 두려움을 느끼는 과정이 얼마나 복잡한지, 그리고 적절한 순간에 적절한 감정을 만들어 내기 위해 뇌 각 부분이 얼마나 복잡한 상호작용을 하고 있는지 알 수 있다.

두뇌 구조를 파악하면 두려움 문제를 다루는 다양한 치료 방법이 어떻게 서로 다른 효과를 나타낼 것인지 알 수 있다. 인지 행동적 치료는 각종 공포증을 해결하는 데 더욱 효과적이다. 반면 심층 심리 분석 치료는 기억과 사고를 깊숙이 파헤쳐 환자가 문제의 근원을 이해하도록 해 준다. 기억과 사고를 담당하는 뇌 부분을 배외측 전전두엽 피질이라고 한다. 하지만 이 부분과 두려움을 관장하는 편도체 사이에는 연결이 그리 많지 않다. 인지 행동적 치료에서 환자는 두려운 생각을 다른 생각으로 대체하는 학습을 한다. 이는 편도체와 더 밀접히 관련되는 뇌 저 뒤쪽 영역에서 일어나는 과정이다. 아직은 가설에 불과하지만 뇌 구조 연구를 통해 특정 문제에 가장 효과적인 치료법을 알게 된다면 아주 멋질 것이다. 물론 그렇다 해도 특정 치료법이 어떤 사람에게는 효과적이고 다른 사람에게는 효과가 없다는 점을 설명하지는 못할 테지만 말이다.

과거에 경험했던 위험을 회피하는 것은 진화적으로 충분히 설명 가능하다. 다만 외상 후 스트레스 장애의 문제는 자기 보호 차원을 훨씬 넘어서고 더 나아가 삶을 파괴하는 지경까지 두려움을 느낀다는 데 있다. 이와 관련해 베타 엔도르핀을 언급하는 이론도 있다. 베타 엔도르핀은 우리 신체가 가진 천연 진통제이다. 상처를 입으면 엔도르핀이 분비되어 고통을 경감시키는데, 심한 외상을 입었던 사람들은 엔도르핀 수치가 상대적으로 높아지는 경향이 있다. 물론 외상 경험 전에도 이 수치가 높았는지의 여부는 알 수 없다. 엔도르핀 수치는 혈액 검사로는 나오지 않고 뇌 사진을 찍어 신경 전달 물질의 활동성을 보아야 하기 때문에 확인하기가 쉽지 않다. 게다가 두려운 경험을 하면서 엔도르핀 수치가 어떻게 변화하는지를 알려면 상황이 발생했을 때 뇌 사진을 찍어야 하는데 이는 현실적으로 어렵다. 그래서 이런 연구는 아직 걸음마 단계이다. 우리가 가장 궁금한 것은 엔도르핀 수치가 높아지면 악몽이나 환각 같은 외상 후 스트레스 장애 증상이 나타나는 것인지, 혹은 증상을 겪으면서 엔도르핀 수치가 높아져 과거의 경험을 다시 되살리게 되는 것인지의 여부이다. 신경 전달 물질이나 스트레스 호르몬들은 방어 기제의 일부로 외상 상황에서 엔도르핀 수치가 높아질 수 있다. 하지만 상황이 종료된 후에도 어떤 이유 때문인지 높아졌던 수치가 떨어지지 않는 것이 문제이다. 두려운 상황에 대한 기억이 너무 강해 뇌 속에서 활동이 계속 높게 유지되는 것인지도 모른다. 우리를 위기 상황에서 보호하기 위해 존재했던 체계가 전체를 통제하는 역할을 하게 되는 것이다.

중환자실 경험

공격을 당해 외상을 입는 경험을 겪은 다음 외상 후 스트레스 장애가 찾아온다는 점은 그대로 수긍이 간다. 그런데 일부 연구에 따르면 보살핌을 받는 경험 이후에도 마찬가지 문제가 발생할 수 있다고 한다.

밝고 흰 방 안, 침대에 누워 있는 자신의 모습을 상상해 보

라. 사방에 복잡한 장비들이 빼곡하다. 당신은 손가락 하나 움직일 수 없다. 삑삑 하는 기계음이 들리고 화면 위로 초록색 선이 끊임없이 그어지는 중이다. 앞쪽으로는 마치 우주선의 조종간처럼 수많은 스위치와 화면이 달린 흰 기계가 버티고 서 있다. 검은색 아코디언처럼 보이는 것들이 유리병 안에서 오르락내리락 하고 있다. 흰 가운을 입은 사람들이 바삐 옆을 스쳐 지나간다. 당신은 무언가 말하려 하지만 아무도 들어 주지 않는다. 아니, 목소리도 나오지 않는다. 사람들이 당신 몸에 주사기를 꽂는다. 몸을 움직일 수 없으니 그냥 당하는 수밖에 없다. 곧 괜찮아질 거라는 위로의 말도 들린다. 대체 주사로 어떤 약물을 집어넣는 것일까? 실험 대상이라도 된 것일까? 모든 것이 낯설다. 어떻게 여기 오게 되었는지 모르겠다. 날 죽이려는 것은 아닐까?

이것은 공상 과학 영화의 한 장면이 아니다. 병원의 중환자실에서 늘 볼 수 있는 광경일 뿐이다. 가족과 친지들은 환자가 편안히 쉬고 있겠거니 믿으면서 옆에 앉아 있다. 하지만 정작 환자들은 환각에 시달리는 경우가 적지 않다.

놀랍게도 중환자실을 경험했던 환자의 30퍼센트가량이 이후 외상 후 스트레스 장애를 겪는다고 한다. 물리적 공격을 경험했던 이들 중 외상 후 스트레스 장애를 겪는 비율이 3.5퍼센트에 불과하다는 점을 감안하면 엄청난 수치이다. 영국 머지사이드 위스턴 병원의 크리스티나 존스는 어째서 중환자실이 그런 문제를 야기하는지 10여 년 동안 연구해 왔다. 대부분의

환자들은 무의식 상태에서 실려 와 바로 진정제 주사를 맞게
되기 때문에 중환자실에서의 일을 거의 기억하지 못한다. 환
자들이 이후 겪게 되는 외상 후 스트레스 장애 증세는 거의 죽
을 뻔했다는 사실이나 병원에서 겪은 물리적 치료 과정과는
관계가 없었다. 실제로 환자들은 자신이 얼마나 심각한 상태
였는지를 잘 믿지 못한다. 그래서 때로는 회복이 너무 느리다
고, 혹은 친지들이 지나치게 야단법석을 떤다고 불평하기도
한다. 환자와 달리 가족들은 환자의 상태를 매 순간 지켜보았
기 때문에 중환자실의 경험을 또렷이 기억한다. 위스턴 병원
의 간호사들은 중환자실에서 환자가 겪었던 일을 상세히 기록
해 둔다. 환자 상태를 사진으로 찍어 두기도 한다. 서서히 회복
되는 환자에게 과거의 끔찍한 모습을 사진으로 보여 준다는
것은 얼핏 듣기에는 엉뚱하지만 이를 통해 환자는 회복 속도
를 받아들이게 된다고 한다.

　호흡 곤란으로 위스턴 병원에 실려 간 후 중환자실에서 4주
를 보낸 질리언이라는 환자의 경우를 보자. 질리언은 극심한
폐렴이라는 진단을 받았다. "처음 정신이 들었을 때 저는 제가
뉴욕에 있고 마이클 잭슨의 여동생이라고 생각했어요. 전 엄
연히 백인인데도 말이죠. 이를 빨강색과 파랑색으로 물들이러
갔더니 여자들이 마이클 잭슨을 오빠로 둬서 좋겠다고 저를
부러워했죠. 또 저는 간호사실을 우주선으로 생각했어요. 키
작은 사람들이 머리에 안테나를 달고 끊임없이 왔다 갔다 하
는 것이 꼭 텔레토비들 같았죠. 나한테 무슨 검사를 하면서 동

시에 사방에 놓인 닭들한테 소스를 뿌리며 요리를 했지요. 괴
상한 이야기로 들리지만 그때는 진짜처럼 느껴졌어요. 나중에
깨어난 후 저한테 검사를 했던 간호사를 보게 되자 전 무척 겁
이 났어요. 그래서 제 곁에 가까이 오지 못하게 했죠."

　이런 환각은 중환자실 정신증(ICU psychosis)이라 불린다.
이미 1950년대부터 중환자실 담당 의사들이 지적해 온 문제였
지만 의료계 밖에서는 제대로 논의가 이루어지지 않았다. 이
환각은 일부 환자들이 설명하는 가사 상태의 경험과 다르다.
전혀 엉뚱한 존재가 등장하는 환각도 많으며 의사들이 자기를
죽이려 하거나 실험 대상 모르모트로 여겼다는 주장도 나온
다. 환각은 크나큰 두려움을 낳을 수 있고 꿈보다 훨씬 더 선명
한 경우에는 기억에 오래 남게 된다. 독일의 한 연구에서는 중
환자실에서 치료받은 후 10년이 지난 뒤에도 여전히 외상 후
스트레스 장애에 시달리는 경우가 보고되기도 했다. 대부분의
병원은 이 문제를 심각하게 여기지 않는다. 문제를 겪는 환자
들이 정신과나 상담 치료사에게 도움을 요청할 뿐, 중환자실
을 다시 찾지는 않기 때문이다. 그리고 정신과 의사나 상담 치
료사 입상에서는 중환자실에서의 경험으로 인힌 증세를 아주
가끔씩 접할 뿐이므로 이 부분에 관심을 집중하기 어렵다. 또
한 환자들도 중환자실과 관련된 괴상한 기억 이야기를 굳이
하려 하지 않는다.

　환각의 원인은 심각한 질환으로 인한 정신 착란, 그리고 병
원에서 처치받은 약물이라는 두 가지 측면에서 살펴볼 수 있

다. 병원에서는 환자의 고통을 경감시키기 위해서뿐 아니라 환자를 진정시켜 의료진이 편안하게 치료하기 위해서 약물을 사용한다. 공포에 사로잡혀 몸에 연결된 튜브를 마구 잡아당기는 환자보다는 진정제 주사를 맞은 환자가 훨씬 다루기 쉬운 법이니 말이다. 다만 문제는 진정제의 작용 과정이 복잡하고 또 얼마만큼이 적정량인지 아무도 모른다는 데 있다. 진정제 사용량을 늘이거나 줄이면 어떤 차이가 나타나게 될까? 존스는 의료계 종사자들이 부작용에 대해 제대로 알지도 못한 상태에서 진정제를 남용하고 있다고 주장한다. 이탈리아와 스페인을 비롯한 남유럽 국가에서는 만약의 경우를 대비해 환자를 침대에 묶는 것이 보통이며 꼭 필요한 경우에만 진정제를 사용한다. 이는 야만적인 행동으로 보일 수도 있지만 만약 이런 방법으로 환각이 예방된다면 외상 후 스트레스 장애도 덜 발생할 것이다. 이 관계를 밝히려는 연구는 현재 진행 중이다.

두려운 기억

1987년 3월 6일, 해군에서 퇴역한 한 남자가 텔레비전을 보고 있었다. 곧 보게 될 뉴스가 자기 인생에 어떤 영향을 미칠지 전혀 모르는 채로 말이다. 첫 번째는 벨기에의 지브리지 항구 앞바다에서 페리선이 전복되었다는 소식이었다. 붉은색 측면을 하늘로 향한 채 옆으로 누워 버린 배의 영상이 나왔다. 실수로

뱃머리 쪽 덮개를 연 채 출항한 지 불과 90초 만에 배에 물이 차면서 전복된 것이었다. 193명이 사망했는데 대부분 배 안에서 익사했다. 불운한 승선객 중 이 남자가 아는 사람은 없었다. 또 그는 4년 전 해군을 떠난 후 바다와는 전혀 상관없이 살고 있었다. 하지만 생존자들이 끔찍했던 경험을 털어놓는 장면을 보면서 그는 과거의 사건을 떠올렸다. 공격을 받아 가라앉는 거대한 배, 비명소리, 사방에서 타오르는 불꽃. 포클랜드 전쟁에서 그는 유도 미사일 구축함 코벤트리 호에서 복무했다. 페블 섬 앞쪽에서 450킬로그램짜리 폭탄 두 개가 배에 명중했다. 바닷물이 쏟아져 들어오는 가운데 배를 버리라는 명령이 떨어졌고 그는 얼음처럼 차가운 바다를 헤엄쳐 구명보트에 오를 수 있었다. 하지만 구명보트가 자꾸만 불타는 구축함 쪽으로 흘러갔다. 아무리 열심히 노를 저어도 소용없었다. 구축함이 뒤집어지기라도 하면 구명보트는 박살이 날 상황이었다. 그때 다행히 헬리콥터 두 대가 나타나 바람을 일으키면서 보트를 멀리 떼어 놓았다. 충분한 거리가 확보되자 헬리콥터 한 대가 위험을 무릅쓰고 고도를 낮춰 구명보트에 탄 사람들을 하나씩 끌어올리기 시작했다. 그는 무사히 구조되었다. 하지만 미처 구조되지 못한 19명은 다음 순간 보트가 전복되고 서서히 가라앉으면서 바다 속으로 사라지고 말았다.

1년 후 그는 해군을 떠나 민간인으로 살기 시작했다. 포클랜드의 기억은 깊숙이 묻어 두었다. 그날 일어났던 일들, 그날 죽은 사람들이 생각날 때에도 상세한 상황을 떠올리지 않으려

ORESEN
HERALD OF FREE ENTERPRISE

고 노력했다. 그리고 나름대로 성공적인 삶을 살고 있었다. 그러다가 지브리지 페리 전복 사고의 영상을 목격한 것이었다. 구축함에서 죽어 간 사람들도 똑같이 그런 끔찍한 경험을 했으리라 생각하니 견디기 힘들었다. 이후 몇 개월 동안 그는 밤마다 구축함과 구명보트의 꿈을 꾸었다. 동료 병사들이 비명을 지르는 모습이 떠올랐다. 차가운 바닷물 속에서 몸부림치며 뒤집힌 구명보트에 필사적으로 매달리는 장면도 보였다. 그는 악몽을 두려워한 나머지 잠드는 것 자체를 무서워하게 되었다. 하지만 낮 시간이라고 괜찮은 것은 아니었다. 직장에서도 집중할 수가 없었고 멍하니 넋을 놓고 벽만 바라보는 일도 많았다. 집으로 돌아오는 버스에 앉으면 앞 사람의 뒤통수 대신 구명보트에 매달린 채 불타 버린 병사들 얼굴이 보였다. 그러다 보면 정신이 멍해져 내려야 할 정류장을 지나치기 일쑤였다. 승객들은 그가 조는 모양이라고 생각했다. 그의 증세는 바로 외상 후 스트레스 장애였다. 몇 년의 세월이 흐른 후 비로소 증상이 나타난 것이었다.

이런 경우는 드물지 않다. 살면서 스트레스 상황이 닥쳤을 때 갑자기 과거의 상처가 되살아나는 것이다. 20세기 말에는 갑자기 제2차 세계 대전의 후유증을 호소하는 노인들이 대거 등장하기도 했다. 퇴직 후, 혹은 아내가 사망한 후 수십 년 전에 겪었던 전쟁이 악몽이나 환각으로 되살아난 것이었다. 노년기의 스트레스가 수십 년 전의 공포스러운 기억을 되살려 낸다는 것은 참으로 흥미로운 일이다. 뇌에서 기억은 해마라 불리는 부위에 저장된다. 그리고 그 기억에 대한 감정은 편도체에 남는 것으로 생각된다. 기억의 내용과 그에 대한 태도가 서로 분리되어 존재하는 것이다. 예를 들어 거리에서 강도를 당했다면 해마는 당시 거리의 모습이나 행인 등 객관적인 상황을 기억하고 편도체는 그 순간 느꼈던 공포를 기억한다.

유아를 관찰해 보면 해마보다 편도체가 먼저 발달한다. 이 때문에 우리는 유아기의 일을 기억하지 못한다. 당시의 기억은 아예 저장이 되지 않는 것이다. 12개월 된 유아들이 공포를 기억할 수 있는지 확인하기 위해 실시한 실험을 보자. 예방 주사를 맞으면서 아기들은 모두 울음을 터뜨렸다. 2개월 후 같은 의사에게 다시 주사를 맞으러 갔지만 의사가 다가오는 모습을 보면서 운 아기는 없었다. 그 의사가 전에 아프게 했던 인물이라는 점도, 더 나아가 주사기를 들고 다가오는 사람은 두려운 존재라는 점도 기억하지 못했던 것이다.

스트레스는 해마의 기억 저장 능력을 손상시킨다고 한다. 하지만 그동안에도 편도체는 여전히 그 기억에 대한 감정을 형성하고 있다. 결국 상황은 인지적으로 기술되기보다는 감정적으로 느껴진다. 그래서 극심한 스트레스를 주었던 사건의 내용은 기억하지 못한다 해도 감정적인 기억은 남게 된다. 이 두려운 기억은 깊숙이 가라앉아 있다가 또다시 스트레스 상황이 빚어지면 강화되고 겉으로 드러나기도 한다. 조제프 르두는 유아기에 겪은 공포 경험이 전체 인생에 영향을 미칠 수 있다는 심리학 개념에 대한 생물학적 근거를 최초로 제시했다.

초기 경험의 내용은 기억하지 못한다 해도 그 감정적 느낌은
남는 것이다.

르두는 뇌 화학 물질을 사용하여 외상 후 스트레스 장애 증
상을 경감시킬 방법을 찾고 있다. 기억을 되살리기 위해서 뇌
는 새로운 단백질을 만든다. 끔찍한 기억 때문에 괴로움을 겪
는다면 단백질 생성을 막음으로써 기억 재생을 방지할 수 있
는 것이다. 최소한 이론상으로는 그렇다. 문제는 약물을 직접
편도체에 주사할 수 없다는 데 있다. 이렇게 직접 주사를 놓을
경우 신체 전체에 걸쳐 단백질 합성 작용이 중단되어 대혼란
이 빚어질 것이다. 가능한 방법은 필요한 곳에서 필요한 단백
질만 찾아 차단하는 유전자를 발견하는 것이다. 하지만 아직
까지 성공한 사람은 아무도 없다. 미래에 이런 작업이 가능해
진다 해도 사람들이 자신의 일부를 이루고 있는 기억을 과연
선뜻 지우고 싶어 할지는 의문이다. 기억 상실증 환자들은 자
신의 정체성이 사라진다고 괴로워하지 않는가. 상처를 남긴
사건 하나에 대한 기억을 없애는 것은 유익한 일로 보이지만
한 사람의 인생이 특정 시점의 기억을 둘러싸고 형성되어 왔
다면 그 기억을 잃어버리는 것은 너무도 끔찍할 것이다. 제2차
세계 대전 동안 유태인 수용소에서 겪었던 일을 책으로 써내
커다란 반향을 불러일으켰던 프리모 레비의 경우를 보자. 그
경험은 그의 향후 인생에 얼마나 중요한 역할을 했는지 모른
다. 그는 전쟁이 끝나고도 한참 지난 후에 책을 썼다. 기억이
지워져 버렸다면 책도 없었을 것이다. 자살까지 생각할 정도

로 커다란 고통을 동반하는 기억이었지만 그는 세월이 가고 나이를 먹으면서 기억이 희미해지자 위기감을 느낀다고 한다. 그래서 종종 자기가 쓴 책을 꼼꼼하게 다시 읽어 애써 기억을 되살린다고 한다. 이 경우 기억이 희미해진다는 것은 안도감을 주기는커녕 불안을 낳는 일이 된다.

쥐 실험과 두려움

2003년 여름에 열린 결혼식 피로연에서 식사를 하고 있을 때였다. 옆에 앉은 사람이 "저쪽 신사 분은 쥐를 겁주는 일로 먹고산답니다."라고 말해 주었다. 호기심이 생겨 다가가 이야기해 보니 처음 생각했던 대로 잔인한 짓을 하는 사람은 아니었다. 윌리엄 펄스라는 그 신사는 버몬트 대학교에서 실험을 진행한다고 했다. 두려움에 대해 그는 르두와 조금 다른 식으로 접근하고 있었다. 상처를 주는 기억이 되살아나지 못하도록 단백질 생성을 막으려 하는 르두와 달리 그는 우리가 스스로 두려움을 차단하는 자연적 방법에 관심을 가지고 있었다. 우리는 두려움을 느낄 때 스스로도 모르는 사이에 진정 전략을 사용한다. 의도적으로 다른 생각을 하거나 주위를 둘러보며 익숙한 것을 찾거나 하는 식으로 말이다. 그런 식으로 마음을 통해 두려움을 극복하는 것이다.

　펄스는 외상 후 스트레스 장애나 극도의 불안 증세는 결국 어떤 이유에서든 스스로의 두려움을 통제하지 못하게 되었기 때문이라고 본다. 그래서 쥐를 사용해 두려움을 차단하는 뇌 기제를 발견하려고 하는 것이다. 특정 단백질이 두려운 기억을 차단한다는 점이 밝혀진다면 다음 단계는 그 특정 단백질 생성을 촉진하는 약물을 만드는 것이다. 펄스의 이론은 아직 쥐 실험 단계이고 갈 길이 멀어 보이긴 하지만 관심을 끄는 주장임에는 분명하다.

두려움을 찾아 나서는 것

두려움은 코앞에 닥쳐 온 위험 때문에만 생기는 감정은 아니다. 장기적으로 가진 것을 잃어버릴 수 있다는 것, 좋아하는 사람이나 직업을 잃을 수 있다는 것도 두려움을 불러일으키고 특정 반응을 보이게 한다. 또 안전하다는 것을 확신한 상태라면 두려운 감정을 놀이에 활용하기도 한다.

"이제 협곡을 따라 45분 정도 들어가게 됩니다. 먼저 안전 수칙을 몇 가지 말씀드리겠습니다. 우리가 정해진 길을 벗어나 금방 아래로 떨어져 버릴 것 같다 해도 두려워할 필요는 없습니다. 이곳 키위 랜드에는 조기 경보 시스템이 잘 갖춰져 있거든요. 위험한 상황이 되면 마치 자동차 운전석 문이 열렸을 때 나는 것 같은 경보음이 울려 댈 겁니다." 배낭을 메고 트럭 뒤에 앉은 사람들 6명이 이 농담 섞인 설명에 긴장을 누그러뜨리려고 키득거렸다. 하지만 여전히 긴장된 표정은 사라지지 않았다. 이들은 뉴질랜드 남섬의 스키퍼스 협곡을 따라 가는 중이다. 구불구불 흐르는 청록색 강 위쪽 까마득히 높은 산 능선을 따라 뻗은 도로에서 보이는 경치가 기가 막혔다. 그 경치만 해도 충분히 여행할 이유가 될 듯했지만 정작 사람들은 경치에 거의 신경을 쓰지 않았다. 그곳에 온 목적이 따로 있었던 것이다. 목적은 바로 두려움을 경험하는 것이었다. 그리고 나는 그 경험을 관찰하기 위해 동행한 참이었다. 사람들은 겁에 질린 것처럼 보이지 않으려고 갖은 애를 썼다. 가이드의 설명에 과장된 웃음을 터뜨리기도 했다. 한참을 달리자 마침내 한 세기 전 금광 채굴을 위해 만들었다는 구름다리가 나타났다. 다리 옆으로 커다란 계단이 보였다. 사람들은 줄을 지어 몸무게 측정을 받았다. 가이드가 모두의 손바닥에 매직펜으로 몸무게를 써 두었다. 사람들은 머리부터 떨어지는 편이 쉬울지, 아니면 다리부터 떨어지는 것이 좋을지 이야기를 나누었다.

"자, 모두 준비되신 거죠?" 가이드가 물었다. "그럼 다리에서 뛰어내려 봅시다!" 영국 사우스햄프턴에서 왔다는 한 대학생이 걸어 나와 다리 중간에 있는 의자에 앉았다. 스피커에서 블루스 음악이 흘러나온다. 가이드는 그 대학생의 발목에 타월을 감고 번지 점프용 밧줄을 고정시킨 후 잡아당겨 보면서 잘 묶여 있는지 확인한다. "이제 하늘을 날 시간이 되었군요. 지상의 모든 것에 작별 인사를 하십시오. 그리고 여기 받침대 끝에 서십시오." 발목이 묶여 있으므로 움직이기가 쉽지 않지만 어떻든 그 대학생은 작은 나무 받침대 끝에 섰다. "머리 위쪽 카메라를 향해 미소를 지으세요. 저쪽 건너편에서 비디오카메라를 찍고 있는 사람한테도 손을 흔드시고요. 심호흡을 하십시오. 시간을 오래 끌지 마십시오. 앞을 바라보면서 힘차게 뛰어내리시면 됩니다. 이제 손을 놓고 양팔을 활짝 펴십시오."

그는 트럭 안에서만 해도 아주 유쾌해 보였지만 지금은 아무 말이 없다. 100미터 아래에 흐르는 청록색 강물을 똑바로 쳐다보지도 못한다. 강에는 모터보트가 앞뒤로 오가며 그를 태울 준비를 하고 있다. 일단 뛰어내리면 그 배까지 가는 일은 금방일 것이다. 그는 심호흡을 하며 앞을 바라본다. 호흡을 고르는 중이다. 초읽기가 시작된다. 모두들 합세한다. "세엣, 두울, 하나아아!" 손을 놓고 무릎을 굽힌다. 하지만 발은 여전히 받침대에 붙어 있다. 그는 두려움을 경험하는 중이다. 실제로는 뛰어내려도 위험하지 않다는 것을 잘 안다. 발목이 단단히 묶인 것은 몇 번이나 확인했어도 그의 뇌가 본능적인 위험 신호를 보내는 것이다. 다음 초읽기에서 그는 본능을 극복했다. 커다란 곡선을 그리며 떨어진 그는 다리에 닿을 듯 다가왔다가는 다시 멀어지는 식으로 몇 차례 흔들린다.

10분 후 그는 다시 계단을 통해 다리로 올라왔다. 얼굴에서 빛이 난다. 인생 최고의 경험이었다고 내게 열심히 설명을 해준다. "해서는 안 된다고 아는 일을 해내는 건 정말 짜릿하네요. 전 인생이 아주 지루했기 때문에 모험을 하고 싶었어요. 그래서 제 몸이 절대 안 된다고 외치는 일을 한 거죠. 순식간에

강이 제 쪽으로 다가오더군요. 간이 콩알만 해졌지만 아주 멋졌어요. 지금도 계속 웃음이 나는 걸요."

그날 하루 동안 거의 100명이 다리에서 뛰어내렸다. 나는 거기 동참하지 않았다. 어쨌든 두 번째 점프에는 겨우 몇 달러만 추가하면 된다는 파격적인 제안에 사람들이 나서지 않는 것이 퍽 재미있었다. 그들은 하나같이 조만간 다시 하고는 싶지만 오늘은 아니라고들 말했다. 번지 점프를 하려고 온 사람의 99퍼센트는 실제로 뛰어내리지만 일단 누군가 머뭇거리며 물러서면 우르르 포기하게 된다고 가이드가 설명했다.

번지 점프는 사람들이 자발적으로 하려고 나서는, 두렵기는 하지만 안전한 경험이다. 이를 통해 우리는 두려움의 핵심이 무엇인지 생각하게 된다. 안전을 확신하면서도 진정한 두려움을 느낄 수 있는 것일까?

짜릿한 활동을 즐기는 정도, 그리고 모험을 감수하는 정도에서 사람들은 커다란 차이를 보인다. 여기에는 각 개인의 성격, 유전적으로 타고난 성향, 자라난 환경, 경험 등이 복합적으로 작용하는 것 같다. 그런데 체코에서 이와 관련해 흥미로운 연구 결과가 발표되었다. 덜 익힌 음식이나 고양이 배설물에서 발견되는 톡소플라스마라는 기생충과 관련된 연구였다. 이 기생충은 어린아이에게는 위험하지만 청소년과 성인에게는 미열과 약간의 근육통만 유발한 후 자리를 잡는다. 평생 아무런 증상도 나타내지 않은 채 기생충을 지니고 사는 것이다. 전 세계 인구의 30~60퍼센트가 감염되어 있지만 대부분은 그 사실을 알지 못한다. 그런데 이 기생충이 있는 쥐는 반응 시간이 길어지고 행동이 더 대담해진다고 한다. 여기에서 착안한 체코의 기생충학자 야로슬라프 플레그르는 이 기생충이 인간에게도 동일한 영향을 미치는지 확인하기로 했다. 그리하여 3년 동안의 교통사고 기록을 조사하고 경찰이나 의료진이 확보해 둔 사고자 혈액 샘플을 분석했다. 그러자 놀라운 결과가 나왔다. 기생충에 감염된 사람이 교통사고에 관련될 가능성이 2.5배나 높았던 것이다. 플레그르는 톡소플라스마 기생충이 쥐의 행동을 더 느리고 대담하게 만들어 고양이 등 천적에게 잡아먹힐 확률을 높이고 이에 따라 기생충이 먹이 사슬을 따라 퍼져 나갈 가능성을 높인다고 설명한다. 일단 인간에게 감염되었다면 인간을 잡아먹는 천적은 거의 없기 때문에 확산 가능성은 별로 없지만 행동이 느려지고 대담해진다는 부수적 효과는 여전히 작용한다.

오늘날 우리 삶에서 제일 위험한 곳은 단연 도로이다. 그래서 결국 기생충 감염이 교통사고와 연결되는 것이다. 이런 설명은 다소 무리한 감이 있다. 또 기생충 때문에 사람들이 위험을 감수하게 되는 것이라면 과연 우리 뇌의 화학 구소나 행동 방식이 어떤 메커니즘을 거쳐 그렇게 변화하는 것인지 설명이 필요하다. 한 가지 가설은 이 기생충이 도파민이라고 하는 물질 생성을 촉진한다는 것이다. 기분을 좋게 만드는 도파민은 성행위나 마약 복용 시 다량 배출된다. 아직까지 이 연구는 초기 단계이다. 자동차 사고를 내는 사람들이 도파민을 활발히 분비하고 있다면 이들은 평소에도 남들보다 기분 좋은 상태여야 할 것이다. 교통사고에는 여러 요인이 관여하고 또한 모험을 감수하려는 개인 성향에도 차이가 있지만 플레그르는 고양이들이 모두 예방주사를 맞는다면 교통사고가 감소될 것이라고 주장한다. 정말 그렇다면 이는 안전한 도로를 만들기 위한 혁신적인 접근이 될 것이다.

두려움의 핵심

두려움이 느껴질 때 뇌에서, 그리고 나머지 신체 부위에서 어떤 일이 일어나는지 어느 정도 밝혀졌다고는 해도 두려움이 그저 위험을 회피하기 위한 생리적 반응인지 아니면 그 이상의 의미를 가진 것인지 하는 의문은 여전히 남는다. 동물도 인간과 동일한 방식으로 두려움을 느끼게 될까? 밤중에 들판을 뛰어다니는 토끼는 가만히 서서 주위 상황을 살피곤 한다. 불안한 듯 코를 씰룩거리면서 말이다. 그러다가 사람이 있다는 것을 알아차리면 얼른 도망쳐 버린다. 이 토끼들은 인간과 동일한 두려움을 느끼는 것일까, 아니면 그저 본능적으로 뛰어 달아나는 것일까? 두려운 경험이 나중까지도 기억에 남을까? 인공 지능 전문가인 딜런 에반스는 두려울 때 우리 인간이 하는 것처럼 행동하는 로봇을 쉽게 만들 수 있다고 한다. 개를 보면 소리를 지르고 달려가도록 프로그램해 둔다면 모두들 그

로봇이 개를 무서워한다고 생각하게 된다는 것이다. 하지만 당연히 로봇이 인간처럼 두려움을 느끼는 것은 아니다.

바로 여기서 의식이라는 개념이 개입한다. 감정은 다양한 상황에서 우리가 빠른 결정을 내려 생존 가능성을 높이도록 진화된 일련의 반응에 불과한 것일까? 혹은 그 이상의 의미를 가지고 있을까? 우리가 적절한 때 적절한 감정을 갖게끔 하는 것은 분명 의식이 아닐까?

1884년 미국의 철학자이자 심리학자인 윌리엄 제임스는 감정은 먼저 몸에서 감각을 느끼고 그 감각이 마음속 감정을 불러일으킨다고 주장했다. 다시 말해 웃으면 행복해지고 「캔디맨」과 같은 공포 영화를 보면 심장 박동이 빨라지면서 두려움을 느끼게 된다는 것이다. 그렇지만 반대 방향도 가능하지 않을까? 먼저 두려움을 느낀 다음에 그 때문에 심장이 쿵쾅거릴 수도 있지 않은가. 40여 년 뒤 월터 캐논이라는 생리학자가 제임스의 주장을 반박하고 나섰다. 생리적 현상은 감정의 원인이 아닌 결과라는 것이었다. 한번 생각해 보라. 우리는 겁이 나서 도망가는 것인가, 아니면 도망가다 보니 겁이 나는 것인가?

최근에 휴고 크리즐리가 내놓은 연구 결과에 따르면 신체 내부 상태 변화를 지각하는 능력은 사람마다 매우 다르다고 한다. 이 능력은 체내 자극 인지(interoceptive awareness)라고 불린다. 연구 대상이 소규모라는 문제는 있었지만 어떻든 자신의 심장 박동을 가장 잘 감지하는 사람들이 슬픔이나 불안을 더 많이 느낀다는 연구 결과가 나왔다. 이런 사람들에게는 체내 자극 인지를 담당하는 것으로 여겨지는 뇌의 회색질(grey matter)도 더 많았다. 체내 자극 인지 능력은 우리가 흔히 인식하는 문제는 아니다. 기존 연구에 따르면 체내 지방이 많을수록 자기 심장 박동을 느끼기 어려워진다고 한다. 이것이 사실이라면 몸에 지방이 많은 사람들은 불안이나 두려움 같은 감정에서 어느 정도 보호되는 셈이다.

감정이 신체 반응에 앞서는지 혹은 그 반대인지에 대한 논란은 아직 계속되고 있다. 아무도 확실한 답을 내놓지 못했지만 그 관계는 상황에 따라 달라질 것으로 보인다. 다만 우리가 생각하는 것보다 신체가 감정에 미치는 영향이 훨씬 크다는 점은 분명해 보인다. 과거에는 두려운 경험에 대한 지각과 인식이 오로지 뇌에서만 이루어진다고 여겨졌지만 신경학자인 안토니오 다마지오는 감금 증후군(locked in syndrome, 의식은 있으나 몸의 모든 근육이 마비되어 꼼짝 못하는 상태—옮긴이)을 연구한 결과 그렇지 않다는 주장을 내놓았다. 감금 증후군은 뇌의 특정 부분이 손상을 입어 근육으로 메시지를 보내지 못하게 되고 결국 눈동자를 제외하고는 전신이 마비되고 마는 증상이다. 환자들은 의식이 또렷하고 자기 상황을 알고 있지만 대화 수단은 오로지 눈동자의 움직임뿐이다. 감금 증후군 환자였던 장 도미니크 보비는 대필자가 알파벳을 불러 줄 때 필요한 부분에서 눈동자를 깜박이는 방법으로 『잠수복과 나비(*The Diving Bell and the Butterfly*)』라는 책을 쓰기도 했다. 사람들은 이 환자들이 자기 상황을 얼마나 잘 묘사하는지에 놀라곤 하지만 다마지오는 이것이 인식의 본성 때문일 수 있다고 생각한다. 감금 증후군 환자는 몸을 움직일 수 없는 상황에서 겪기 마련인 두려움이나 분노보다 훨씬 경미한 감정을 경험한다는 것이다. 그런 감정을 느낀다 해도 신체적 증상이 전혀 없기 때문에 강도가 훨씬 약해진다. 이 때문에 환자들은 아주 침착하게 상황을 받아들일 수 있다. 이렇게 보면 신체의 반응은 우리가 두려움을 느끼는 데 한몫을 하고 또한 신체와 뇌는 서로에게 메시지를 주고받으며 일종의 되먹임 고리를 형성한다고 말할 수 있다.

신경학자들은 다른 모든 감정보다도 특히 두려움에 대해 많은 연구를 했다. 하지만 아직까지의 연구 성과는 이 감정이 가진 복잡한 체계를 제시한 정도에 불과하다. 두려움을 느끼는 동안 뇌는 상황을 인식하는 동시에 생존 확률을 높여 줄 세부 사항에 집중한다. 그 결과 생명을 구할 수도 있고 무서워 죽을 것 같은 감정이 생겨나기도 한다. 성장하면서 두려움의 대상은 바뀌지만 두려움이라는 감정 자체는 항상 날카롭게 벼려져 있다. 이 감정이 부족하면 자칫 죽음에 이르는 위험에 처할 수 있고 반면 지나치게 되면 장기적인 부작용을 낳을 수 있다.

이 부정적인 감정을 일부러 찾아 나서는 경우도 있다. 짜릿한 경험과 정신적 상처를 남기는 경험 사이의 차이는 결국 상황에 대한 통제력이다. 두려움과 기억은 긴밀하게 연결되어 있다. 특정 단백질을 생성하는 방법, 신경 전달 물질의 활동이 두려운 경험에 미치는 영향, 두려움이라는 감정 체계가 잘못

작동할 경우 나타나는 문제 등에 대해서는 앞으로 다양한 연구 결과가 제시될 것이다. 누가 알겠는가. 언젠가 스스로 두려움을 차단하는 방법을 알게 된다면 우리는 이 감정을 잘 조절해 언제 겁에 질리고 언제 그러지 말아야 할지 선택할 수 있을지도 모른다.

질투

스페인의 어느 마을, 농부들이 결혼식을 축하하고 있다. 머리에 화환을 쓴 예쁜 신부는 미인으로 소문이 자자한 카실다이다. 카실다는 신랑 페리바네스와 맨발로 춤을 춘다. 사랑이 넘치는 모습이다. 얼마 후 부상당한 장군이 마을을 지나게 되고 친절한 카실다가 상처를 치료해 준다. 장군은 카실다를 사랑하게 되고 페리바네스가 자리를 비우기만 하면 마을로 찾아와 카실다에게 접근한다. 카실다는 전혀 관심을 보이지 않는데도 말이다. 어느 날 그 사실을 알게 된 페리바네스는 질투심에 불타 집으로 달려와 장군을 찔러 죽여 버린다.

남아프리카 어느 마을, 마틸다와 그 남편 필레몬은 저녁을 먹고 있다. 세 번째 의자에는 마치 사람이 앉아 있는 것처럼 옷이 놓여 있다. 남편이 지켜보는 가운데 마틸다는 옷에 저녁을 떠먹이는 시늉을 한다. 마틸다는 벌을 받고 있는 중이다. 자신이 일하러 나간 사이에 다른 남자가 매일같이 찾아온다는 사실을 알기 전까지 필레몬은 자상한 사람으로 알려져 있었다. 어느 아침 필레몬이 불쑥 돌아오자 마틸다와 한 침대에 있던 그 남자는 옷도 챙기지 못한 채 도망쳤다. 그리고 이후 그 남자의 옷은 부부가 어디를 가든 가지고 다니는 물품이 되었다. 일요일에 번화가를 산책할 때에도 필레몬은 마틸다에게 옷을 들고 가도록 한다. 이를 통해 그녀가 저지른 짓을 잊지 못하게 만들겠다는 생각이다. 마틸다는 교회에 나가 새 친구들을 만나면서 부부 관계를 회복시켜야겠다고 결심하고 더 즐거운 삶을 살기 시작한다. 몇 개월 후 교회 친구들을 불러 파티를 연다. 하지만 여전히 아내를 용서하지 못한 필레몬은 파티가 최고조에 달했을 때 마틸다가 옷을 들고 나가 모두에게 소개시키도록 하고 혼자 술을 마시러 나가 버린다. 밤늦게 집으로 돌아온 그는 침대에 누운 채 죽어 있는 아내를 발견한다.

두 이야기는 몇 개월 간격을 두고 같은 극장에서 공연된 두 편의 연극 줄거리이다. 연극의 시대 배경에는 4세기나 되는 격차가 있지만 두 남자를 격분시켜 결국 죽음을 초래한 감정은 동일하다. 바로 질투이다. 「페리바네스(Peribanez)」는 로페 데 베가가 1605년과 1614년 사이에 쓴 것으로 여겨진다. 캔 템바의 「옷(Le Costume)」은 20세기 남아프리카 마을을 무대로 삼고 있다. 주인공을 둘러싼 배경은 전혀 다르지만 질투심이라는 감정은 대동소이하다.

질투라는 감정은 불쾌할 뿐 아니라 우리 스스로가 부끄럽게 여기는 감정이라는 면에서 독특하다. 우리 모두 질투가 스스로의 내면을 갉아먹는 끔찍한 감정이라는 것을 알고 있다. 셰익스피어도 썼듯 "질투는 자신이 먹고사는 인간의 마음조차 조롱거리로 만들어" 버린다. 프랑스 어로 질투를 뜻하는 단어 jalousie는 베네치아 블라인드를 의미하기도 한다. 이는 자기 질투를 드러내고 싶어 하는 사람은 아무도 없다는 것, 혹은 질투심에 빠진 사람은 블라인드 사이로 배우자의 행동을 감시하기 마련이라는 것을 나타내는 듯하다. 여자 친구 집 바깥에 서서 의심스러운 눈초리로 집안을 바라보는 남자를 상상해 보라. 다른 남자가 집안으로 들어간다. 불이 켜지자 집안의 움직임을 볼 수 있다. 남녀는 번갈아 창가로 왔다가는 사라진다. 대체 무일 하고 있는 깃일까? 잠시 후 여자 친구가 창가로 다가와 잠시 거리를 내려다본 후 블라인드를 내린다. 불도 꺼진다. 이제 남자는 그저 밖에 서서 안에서 벌어지는 일들을 상상하며 괴로워할 수밖에 없다.

16세기에 미셸 드 몽테뉴는 모든 감정에 대해 나름의 견해를 밝히는 글을 썼다. 그중에는 "그 여자가 드러낸 질투와 시기는 내가 보기에 가장 어리석은 감정이었다."라는 표현도 있다. 몽테뉴는 특히 질투가 여자에게 어떤 영향을 주는지에 관심을 기울였다. (그는 여자들의 잔소리를 극도로 싫어하여 성공적인 결혼 생활을 위해서는 아내는 장님, 남편은 귀머거리여야 한다는 주장에 적극 찬성할 정도였다.) "나약한 영혼을 가진 여자들이 일단 질투에 사로잡히면 얼마나 철저히 이용당하게 되는지 정말이지 보기 딱할 지경이다. 질투는 사랑이라는 껍질을 쓰고 마음속에 스며든다. 그리고 일단 마음을 사로잡고 나면 선한 감정의 기본을 이루던 것이 극단적인 미움의 구성 요소로 바뀌어 버린다. 영혼의 모든 질병 중에서도 질투는 특히 앗아가 버리는 것이 많은, 그러면서도 치료약은 없는 그런 종류이다."

질투는 두려움, 분노, 슬픔, 불안, 절망이 복합된 감정이다. 여기에 사랑하는 사람을 의심하고 미움의 대상으로 만든다는 죄책감도 더해진다. 관계에 대해 불안감이나 걱정을 털어놓는 사람들도 질투에 대해서는 애써 언급하지 않으려 한다. 질투가 긍정적이지 않은 감정이라는 점을 모두 알기 때문이다.

극단적인 질투를 경험하는 사람들은 고열, 신경증, 어지러움, 공복감 등을 호소한다. 하지만 이런 신체 증상과 달리 질투를 나타내는 얼굴 표정은 없다. 다윈은 바로 이점 때문에 "화가들은 장신구를, 시인들은 멋진 수식어를 동원하여" 질투를 표현하게 된다고 설명했다. 질투를 의미하는 색깔로 흔히 초록색이 사용되지만 그 이유는 명확하지 않다. '초록색'과 '창백한'을 뜻하는 동일한 고대 그리스 어 단어가 영어에 전해지

면서 나타난 결과가 아닐까 추측될 뿐이다. 질투는 한때 쓸개
즙의 과다 분비 현상으로 여겨졌고 그 결과로 얼굴에 초록빛
이 돌게 된다는 주장도 나오긴 했지만 말이다.

　클럽에서 일하다가 어느 부인과 알게 되었을 때 알렉스는
18세였다. 그 부인은 어린 나이에 아무것도 모르고 해군 군인
과 결혼해서 사는 것을 아쉬워하며 남편이 바다에 나가 있을
때만이라도 인생을 즐기려 작정한 참이었다. 알렉스는 부인의
애정을 기꺼이 받아들였고 곧 은밀한 관계가 시작되었다. 밤
마다 부인은 멋진 차를 타고 클럽에 나타나 알렉스를 데리고
집으로 갔다. 부인의 남편이 탄 배가 돌아온 후에도 관계는 계
속되었다. 알렉스는 자전거를 타고 그 집을 찾아갔고 부인이
집을 비운 상태에서 남편을 만나기까지 했다. 알렉스를 친구
로 여긴 그 남편은 부부 생활에 문제가 좀 있고 아내가 바람을
피우는 것 같다는 속마음을 털어놓았다. 그 지역에서 아는 사
람이 거의 없었던 탓에 남편은 의논 상대가 필요했던 것이다.
알렉스는 남편을 위로한 뒤 죄책감에 가득 차 집을 나왔다.

　몇 주 뒤 부인이 알렉스에게 이별 선언을 해 왔다. 다시 결
혼 생활에 충실해 보겠다는 것이었다. 남편이 군에서 문제를
겪고 있고 군법 회의에 회부될지도 모르는 상황이라고 했다.
그렇게 헤어진 후 2년이 지났을 때 알렉스는 거리에서 우연히
부인과 마주쳤다. 그리고 밀회가 다시 시작되었다. 하지만 이
제 그 남편은 자기가 믿고 의지했던 알렉스가 바로 아내의 불
륜 상대였다는 것을 깨닫고 말았다. 그는 총을 장전하고 근무

지를 이탈해 클럽 밖 풀숲에 숨어 아내의 차가 클럽에 도착해 알렉스를 태우는 순간을 기다렸다. 노여움이 불타올랐다. 자신이 아내와의 관계를 걱정할 때 어떻게 그렇게 동정하는 눈빛을 지어 보일 수 있었을까? 두 남녀는 얼마나 자기를 비웃었을까? 하지만 앞으로는 비웃지 못하도록 만들어 줄 테다. 그는 아내와 알렉스를 둘 다 죽일 작정이었다. 질투심이 어찌나 강했는지 자신이 사랑하는 여자를 죽이고 군인으로서의 장래도 버리고 감옥살이까지 감수하도록 만들었던 것이다. 드디어 아내가 클럽에 도착했다. 잠시 후 아내와 알렉스는 웃으며 클럽에서 나왔다. 지금이 기회였다. 그는 알렉스를 먼저 쏘기로 했다. 알렉스를 조준한 다음 방아쇠에 손가락을 걸었다. 하지만 쏠 수가 없었다. 질투심이 자신을 완전히 사로잡아 조종하게끔 내버려 두지 않은 덕분이었다.

성적 질투심은 충분히 살인의 동기가 된다. 남자가 다른 남자를 죽이는 사건의 20퍼센트가량은 질투심 때문이다. 물론 서구 사회에서는 경쟁자 남자보다 여자가 더 많이 죽임을 당하는 상황이지만 말이다. 이런 것은 극단적인 질투심에 해당한다. 하지만 이보다 경미한 질투심도 얼마든지 인간의 행동을 조종할 수 있다. 배우자(또는 연인)의 뒤를 밟고 이동 전화 통화 내역을 추적하며 주머니를 뒤지는 등 불륜의 증거를 잡기 위해 안간힘을 쓰도록 만드는 것이다. 내가 아는 어떤 남자는 자기 여자 친구가 해외에 나가 살게 된 후 만나러 갈 때마다 확대경을 챙겼다고 한다. 여자 친구가 출근한 뒤 확대경으로 온 집안의 벽을 꼼꼼히 살펴보면서 혹시나 자기 몰래 사귀는 남자의 사진을 치운 흔적이 있지는 않나 확인했던 것이다. 남편 성기에 펜으로 표시를 해 두었다가 저녁마다 표시가 그대로 있는지 확인하는 어느 부인 이야기가 신문에 실린 적도 있었다.

극단적인 질투심은 상대적으로 드물다. 하지만 배우자가 다른 사람과 춤추고 즐겁게 떠들거나 진지한 대화를 나누는 모습을 보면서 느끼게 되는 일상적인 질투심은 상당히 빈번하다. 그럼에도 1948년, 보리스 소콜로프라는 사람은 법학이나 의학 서적에서 질투라는 주제로 씌어진 글을 단 하나도 발견할 수 없었다고 토로했다. 그리고 그 공백을 메우기 위해 질투에 대한 여러 이야기를 엮은 책을 냈다. 예를 들어 「의사 아내의 경우」에 나오는 P부인은 의사와 결혼하기 위해 전 남편을 버려 자살하도록 만든다. 새로 얻은 남편의 매력을 누구보다도 잘 아는 P부인은 다른 여자들을 경계하기 시작한다. '나는 결혼 첫날부터 질투심에 사로잡혔다. 아니 그 전부터였는지도 모른다. 어떻게 그러지 않을 수 있겠는가? 남편은 변덕스럽고 너무도 매력적이다. 나처럼 성격이 강한 여자도 순식간에 그 매력에 빠져 버렸는데 다른 여자들은 오죽하겠는가?' 결국 그녀는 남편이 미인 비서와 바람을 피운다고 확신한다. 비서가 임신 사실을 알리는 말소리를 엿듣고는 아이 아버지가 남편이라고 생각한다. 결국 P부인은 남편의 총을 들고 진료실에서 기다리다가 비서를 쏘아 죽인다. 남편을 살인범으로 몰려 했던 것이다.

P부인은 처벌을 면하지 못했지만 19세기 말까지만 해도 질투는 합법적인 살인 이유로 인정받았다. 심지어 질투는 찬미받는 감정이기도 했다. 서구 사회에서 질투가 남몰래 감춰야하는 불안한 감정으로 여겨지기 시작한 것은 아주 최근의 일이다.

1960년대에는 질투심을 없앨 수 있는지 확인하려는 시도도 있었다. 배우자의 부정행위를 인정할 뿐 아니라 즐거이 지켜보는 사람들, 그러면서도 질투심은 전혀 느끼지 않는 이들이 등장했던 것이다. 바로 스와핑 족이었다. 브라이언 길마틴은 1969년부터 3년 동안 스와핑하는 부부와 그렇지 않은 부부를 비교 연구했다. 그리고 스와핑 부부들은 여러 상대와 즐기는 유희적 성관계와 부부의 낭만적 성관계를 구분함으로써 질투를 배제한다는 점을 발견했다. 결국 다른 사람들과의 성관계는 그저 취미 생활에 불과했던 것이다. 하지만 질투심이 언제나 성공적으로 차단되는 것은 아니었다. 스와핑을 하자고 제안하는 쪽은 대개 남편이었다. 남자들은 다른 여자와 성관계를 맺는다는 데 정신이 팔린 나머지 자기 아내 또한 다른 남자와 관계를 맺는다는 사실을 잊어버리기 일쑤였다. 그러다가 자기도 모르는 사이에 질투심에 휘말리는 것이다. "아내가 스와핑을 즐기게 되면서 남편 쪽의 기대는 차갑게 식어 버리고 균형 감각이 사라진다. 깊숙한 곳에서 억누르기 어려운 강도로 질투심이 솟아오른다."라고 길마틴은 쓰고 있다. 반면 경험

많은 스와핑 족들은 경미한 질투심을 느낄 뿐 격분에 휘말리지 않는다. 그리고 그 경미한 질투심은 파티가 끝난 후 집으로 돌아와 배우자에게 성적 열정을 불태울 때 오히려 도움이 된다. 흥미롭게도 길마틴의 연구 결과에 따르면 스와핑 부부의 경우 보통의 부부에 비해 결혼 만족도가 더 높다고 한다. 물론 여기서 질투심이 발동하지 않도록 하는 것이 안정된 부부 관계를 만드는 요체이기는 하다.

질투는 연구하기 어려운 감정이다. 공개된 장소에서 질투심을 관찰하기도 어렵고 실험실에서 이 감정을 불러일으키기도 쉽지 않다. 하지만 1993년, 크리스티나 스트리제프스키아우네는 데이트 단계의 남녀 몇 쌍을 대상으로 훌륭한 실험을 해냈다. 실험실에 도착한 한 쌍의 남녀는 촬영 기기가 고장이 나서 잠시 손을 봐야 한다는 말을 듣게 되고 기기를 수리하러 들어간 남자 혹은 여자 조교와 셋이서 대화를 나누기 시작한다. 조교는 남녀 중 이성 쪽에 추파를 던지고 몸을 기대거나 다리를 어루만지고 결과를 알려 주겠다며 전화번호까지 묻는다. 이런 식의 행동이 시작되면 남녀 모두 연인의 등을 어루만진다든지 뺨을 가볍게 두드려 준다든지 어깨에 붙은 무언가를 털어 준다든지 하는 행동으로 친밀한 관계와 소유권을 과시한다. 질투심에 사로잡힌 여자들은 미소를 지으며 부드러운 말을 늘어놓는 반면 남자들은 물러나 앉아 얼굴을 찌푸리는 일이 많았다.

더 최근에는 런던 유니버시티 대학의 폴 스테너가 몇 쌍을 면접 조사하여 질투심에 대해 어떻게 생각하는지 물었다. 그런데 조사 결과 상대방이 질투심을 일으킬 소지가 많아 미리 행동을 조심하고 있다는 대답이 여러 차례 나왔다. 하지만 정작 그 상대방은 자신이 특별히 질투심이 강하지도 않은 만큼 특별히 배려받을 필요도 없다고 생각하고 있었다. 이러한 상반되는 의견에도 불구하고 질투심은 두 사람의 관계에서 유용한 역할을 하고 있었다. 많은 남녀는 질투심이 적절한 양념 구실을 해 주며 남들이 자기 배우자에게 관심을 가진다는 사실 덕분에 관계에 더 많은 노력을 쏟게 된다고 진술했다. 질투심에 대한 더 확대된 연구를 행한 캘리포니아의 아얄라 파인스는 질투심에 대한 개개인의 의견은 그 자신이 질투를 느끼는지의 여부에 좌우된다는 점을 발견했다. 질투를 느끼는 사람들은 이를 긍정적인 감정으로 보고 상대방도 질투심을 가졌으면 하고 바라는 반면 질투심이 없는 사람들은 이를 성숙하지 못한 징표라고 보았다. 또한 놀랍게도 질투심이 많은 사람들은 이를 배우자나 연인의 행동 탓으로 돌리지 않고 자기 성격의 일부라고 생각하고 있었다. 또 한 사람에게만 충실해야 한다고 믿는 사람은 질투심을 덜 느끼는 반면 본인이 바람을 피우는 경우 질투심이 더 많은 편이었다.

다른 감정과 달리 질투는 전략적으로 동원될 수 있다. 배우자(또는 연인)에게 자신이 데이트 신청을 받았다고 이야기한다면 이는 자신의 매력이나 인기를 간접적으로 상기시키는 방법이 된다. 때로는 더 적극적인 방법이 사용되기도 한다. 의도적으로 다른 이성에게 접근해 배우자를 긴장시키는 것이다. 질투심은 성적 관심을 다시 불붙게 하여 새로운 눈으로 연인이나 배우자를 살펴보게 만든다. 텍사스 대학교의 심리학자로 질투심에 대해 많은 연구를 해 온 데이비드 버스는 자신의 경험담을 털어놓기도 했다. 그는 어느 매력적인 기혼 여성과 정기적으로 테니스를 쳤는데 나중에 알고 보니 그 여성은 테니스를 치는 날에는 늘 남편과 환상적인 성관계를 맺었다는 것이었다. 그 남편이 아내의 테니스 상대인 버스에 대해 느낀 질투심이 중요한 역할을 한 것이다.

적절한 질투심이 관계에 긍정적이라면 이렇게 질투심을 가진 남녀는 더 오래 관계를 지속할 수 있을까? 이를 밝히기 위한 연구에서는 질투심 정도를 측정하고 8년이 지난 후 추적 조사를 실시했다. 그러자 처음에 질투심이 가장 강했던 남녀 쌍들이 여전히 관계를 지속하는 것으로 나타났다. 이렇게 보면 질투심이 관계를 유지시킨다고 할 수 있다. 하지만 질투심이 별로 없었던 남녀는 애초부터 관계 지속에 관심이 없어서 헤어질 확률이 높았다는 해석도 가능하다.

질투심과 사랑 사이에는 어느 정도 상관관계가 존재한다. 상대를 사랑하지 않는다면 상대가 다른 사람에게 가 버린다고 해도 전혀 개의치 않을 것이다. 하지만 그렇다고 해서 질투심이 덜한 사람에 비해 질투심에 가득 찬 사람이 꼭 더 깊은 사랑을 하는 것은 아니다. 세계 각지의 여러 사회를 비교 연구한 인류학자 마거릿 미드는 질투는 어디에나 비슷한 정도로 존재한다고 결론지었다. 미드에 따르면 질투는 "사랑의 깊이를 나타내는 척도가 아니라 사랑하는 사람이 느끼는 불안정성의 정도를 보여 줄 뿐"이라고 한다. 이러한 이론은 자아 존중감이 낮은 사람이 질투심을 더 많이 느낀다는 연구 결과에 바탕을 두고 있다. 충분히 가능한 주장이다. 자신이 배우자의 관심을 받을 가치가 없고 자신보다 더 나은 사람이 많다고 생각한다면 질투를 느낄 가능성이 높아진다. 소콜로프는 1948년의 연구에서 비이성적 질투의 근간은 사랑이 아닌 외로움에 대한 두려움이라 확언했다. "질투심 많은 사람은 혼자서 세상과 마주 설 수 없다. 자신의 고독, 바깥세상으로부터의 고립을 나눠 가질 누군가가 필요한 것이다." 더 최근의 연구를 보면 스스로 부족하다는 감정이 질투를 낳을 뿐 아니라 반대로 질투를 인식하면서 스스로를 부족하다고 생각하게 되는 것 역시 가능하다는 설명이 나온다. 이는 다음과 같은 사례에서도 볼 수 있다.

살면서 나는 여러 차례 질투를 경험했다. 비이성적인 것도 있었고 정당한 근거를 가진 것도 있었다. 시무룩하고 우울한 나머지 자신이 싫어질 정도였다. 스스로 사랑받을 가치도 없고 신체적으로도 매력이 없다고 느끼게 되었던 것이다. 한동안은 일도 제대로 하지 못할 정도였다. 누군가 나를 좋아한다고 말해도 놀리는 것으로만 생각했다. 누가 나를 사랑한다는 것은 있을 수 없는 일 같았다. 그녀가 다른 사람과 함께 있는 모습을 상상하면서 마음이 시커멓게 타들어 갔던 밤들이 기억난다. 그건 정말 정신병이나 다름없었다. 당신이 저기압이고 스스로 매력이 없다고 생각할 때면 다른 사람들도 신의를 지키지 않는 경향이 있다. 따라서 그럴 때에는 내 스스로 문제를 해결할 수 있다고 말하지 마라. 그렇게 하면 커다란 슬픔과 분노가 찾아올 뿐이다. 여자를 상대로 내가 폭력을 휘둘렀던 적은 딱 한 번, 성적 질투심을 느꼈을 때였다.

자아 존중감과 질투 사이의 관계를 설명하기 위해 예일 대학교의 데이비드 디스테노와 피터 살로베이는 우리가 스스로를 남들과 끊임없이 비교하고 있다는 데 주목했다. 우리는 자신이 부족한 부분을 재빨리 찾아낸다. 친구가 당신 삶과는 아무 상관없는 어떤 영역에서 성공을 거두었다면 당신은 사심 없이 축하해 줄 수 있다. 유명한 배우나 운동선수의 친구가 되는 것은 경쟁하는 관계만 아니라면 재미있는 일이다. 19세기의 심리학자 윌리엄 제임스도 고대 그리스 연구의 세계적인 권위자와 얼마든지 즐겁게 만날 수 있지만 자기보다 나은 심리학자는 보고 싶지 않다고 했다. 그렇게 되면 스스로에 대한 평가가 위협을 받기 때문이라는 것이다. 이런 관점에서 디스테노와 살로베이는 자신이 제일 가치 있게 여기고 갖고 싶어하는 특성을 가진 상대가 자기 배우자에게 접근할 때 더 많은 질투를 느낄 것이라 추측했다.

그리고 이를 확인하기 위해 실험 참가자 개개인이 가장 중요하게 여기는 특성이 무엇인지 물은 뒤 자기 배우자가 아주 인기 있거나 똑똑하거나 혹은 운동을 잘하는 사람과 만나는 가상적인 상황을 상상하도록 했다. 그러자 예상대로 자신이 가장 중요하게 여기는 자질을 갖춘 상대가 자기 짝에 관심을 보일 때 가장 큰 질투심이 나타났다. 남녀 간에도 재미있는 차이가 있었다. 남자들은 자신이 높이 평가하는 자질을 가진 경쟁 상대에게 질투심을 느꼈지만 여자들은 자기 배우자가 원한다고 생각하는 자질을 갖춘 여자들에게 대해 질투심을 가졌다. 하지만 이 여자들에게 경쟁자가 아닌 친구로서 다른 여자들의 점수를 매겨 보라고 하자 경쟁자일 때 가장 많은 질투심을 유발했던 상대가 친구로 가장 사귀고 싶은 상대인 것으로 나타났다.

아얄라 파인즈가 배우자가 바람을 피우게 되었을 때 얼마나 질투심을 느끼게 될지 물었더니 상대가 아는 사람일 경우 질투가 더 심하다는 대답이 나왔다. 하지만 그 아는 정도가 친구 수준인지, 그저 인사만 하는 사이인지에 따라서는 차이가 없었다.

여기까지 살펴보고 나면 질투심은 사랑의 강도가 아닌 우리 자신에 대한 감정에 바탕을 둔 것으로 보인다. 그렇지만 왜 어떤 사람들은 다른 사람에 비해 더 큰 질투를 느끼는지에 대한 또 다른 색다른 설명이 존재한다. 그것은 귀의 길이와 관련된 설명이다.

대칭성과 질투

캐나다 노바스코샤의 달하우지 대학교의 복도에 대학생들 50명
이 차례를 기다리며 서 있다. 학생들은 하나씩 방으로 들어가
신발을 벗는다. 연구자가 디지털 측정기로 발 폭을 잰 뒤 기록
한다. 이어 손가락, 발목, 손, 손목, 팔꿈치도 측정한다. 마지막
으로 귀의 길이도 기록한다. 측정을 담당한 연구자는 이 기록
들이 어떻게 사용될 것인지 전혀 모른다. 다음으로 두 번째 연
구자가 들어와 모든 측정을 한 번 더 반복한다. 이후 학생들은
설문 조사를 통해 질투심 정도를 평가받는다. 설문 조사는 표
준 설문지에 두 가지 질문, 즉 자신이 충분히 자격을 갖췄다고
생각하던 자리에 다른 사람이 승진했을 때 그리고 자신이 한
일에 대해 다른 사람이 칭찬을 받을 때 얼마나 질투심이 생기
는지 묻는 질문이 더해진 형태이다. 실험에 참여한 학생들은
파티에서 자기 짝이 엉뚱한 사람과 어울릴 때 느끼는 질투와
팔꿈치 너비가 대체 무슨 관계가 있을지 어리둥절했을 것이
다. 하지만 둘 사이에는 분명 관련이 있다.

　신기하게도 질투심이 가장 강한 사람들은 신체 비대칭성이
가장 심하다. 한쪽 귀가 다른 쪽보다 훨씬 길면 질투심이 강할
가능성이 높다. 물론 예외가 있겠지만 다수를 놓고 본다면 비
대칭적인 신체를 가진 사람이 질투심이 강하다는 점이 분명하
게 드러난다. 무슨 엉뚱한 소리냐는 생각이 들지도 모르겠다.
짝짝이 발목이 마음과 상호작용하여 배우자의 주머니를 뒤져

불륜의 증거를 찾게 만드는 식은 아니다. 윌리엄 브라운의 연구는 대칭적인 신체가 가장 매력적이라는 개념에서 출발한다. 매력 정도를 판단하기 위해 줄자를 들이대는 사람은 없다. 하지만 실제로 그렇게 해 본다면 잘생겼다고 평가받는 사람이 가장 대칭적인 외모를 가졌다는 점이 드러날 것이다. 이는 진화적으로 보면 당연하다. 비대칭은 발달 과정에서 일어난 유전적 돌연변이를 뜻하기 때문이다. 따라서 연인이나 배우자를 찾는다면 더 대칭적인 사람, 즉 유전적 무작위성에 대해 더 큰 저항력을 가진 사람을 골라야 더 건강한 아이를 낳을 가능성이 높아진다. 결국 이 연구는 대칭성 그 자체에 대한 연구라기보다는 매력도에 대한 연구가 되는 셈이다. 오스카 와일드는 "평범하게 생긴 여자는 늘 남편과 관련해 질투심을 느낀다. 아름다운 여자는 그러는 법이 없다."라며 질투심과 미모의 정도가 반비례한다고 지적했다.

이를 바꿔 말하면 배우자(또는 연인)에게 매력적으로 여겨질 요소가 적을수록 배우자가 나 아닌 다른 사람을 택할까 봐 걱정하게 된다는 것이다. 동료 간의 질투심에 있어서는 비대칭적인 사람이라고 해서 특별히 다르지 않다. 결국 이런 현상은 성적 질투에 국한되는 것 같다. 질투심은 관계를 분석하고 필요하다면 강화하여 배우자가 떠나지 않게끔 만든다. 그런데 가장 대칭적인 외모를 지닌 사람은 이렇게 할 필요가 없다. 자신의 대칭성 덕분에 배우자가 다른 대안을 찾으려 들 가능성이 별로 없기 때문이다.

이론적으로는 훌륭하지만 실제로도 이렇게 간단할까? 대칭성이 그토록 중요하다면 두 남녀의 상대적 대칭성 정도도 염두에 두어야 한다. 한쪽이 비대칭적이지만 다른 쪽 또한 그렇다면 변심을 걱정할 필요가 없다. 비대칭적인 짝이 더 대칭적인 사람에게 선택될 가능성이 별로 없을 테니 말이다. 또 다른 문제는 대칭성이 매력도의 유일한 요인이 아니고 또한 신체적 매력이 관계 유지를 결정하는 유일한 요소도 아니라는 데 있다. 배우자가 누군가 더 좋은 사람을 만나 떠나 버린다 해도 그 좋은 이유가 꼭 외모는 아니다. 더 친절하거나 재미있거나 혹은 더 똑똑하기 때문일 수 있는 것이다.

매력도에 있어 중요한 것은 그 합치 수준이다. 데이비드 버스에 따르면 남녀의 매력도가 일치하지 않을 경우 질투가 생겨날 가능성이 높다고 한다. 한 쌍의 남녀가 모두 매력도가 6이라면 이 남녀는 상대가 자기보다 나은 대안을 찾기 어렵다는 것을 알기 때문에 안정적인 관계를 이룬다. 섣불리 관계를 깨거나 더 나은 상대를 찾겠다고 모험하는 것은 어리석은 짓이다. 반면 매력도 6인 사람이 운 좋게 매력도 9인 상대를 만났다면 상대가 더 좋은 사람을 발견할까 봐 신경을 쓰게 되고 질투할 여지가 많아진다.

외모가 모든 질투를 설명해 주지는 않는다. 여기에는 환경도 개입하고 환경을 만들어 내는 인생 주기도 중요하다. 대개 아이들을 돌보느라 정신없이 살면서 나이를 먹어 가는 전업주부는 성공한 남편과 그 주위의 여자들, 잠을 설칠 필요도 없고 밤늦게까지 인생을 즐길 수 있는 여자들을 보면서 질투심을 느낀다고들 한다. 하지만 세월이 흐르면 상황이 바뀐다. 나약해져 집에서 맴돌기 시작한 남편들이 자유로이 다양한 사람을 만나고 다니는 부인에 대해 질투심을 느끼는 것이다.

질투가 문제로 대두될 때

경쟁자가 등장했을 때 사람들의 반응은 다양하다. 그 존재를 애써 부인하는 경우, 배우자의 생활을 통제하려 드는 경우, 자신의 신체적 매력을 높이려는 경우 등등. 일단 질투심을 느끼게 되면 짝을 경쟁자에게서 떼어 놓기 위해 파괴적이고 강압적인 행동을 보이기도 한다. 역할극을 사용한 어느 연구자는 질투하는 사람들이 짝에게 강압적으로 행동한다는 점을 발견했다. 이런 방법으로 자기 시각을 강요하는 것이다. 질투하지 않는 경우라면 짝과 함께 해결책을 찾는 경향이 있다.

질투심으로 말미암아 배우자와 제대로 의사소통을 하지 못하게 되는 사례를 보자.

초록빛 괴물에 대해 이야기하는 사람들은 흔히 집착을 언급하죠. 저도 질투는 바로 집착이라고 생각합니다. 질투심이 발동하자 정상적인 사고가 전혀 안 되더군요. 이성도, 균형 감각도 사라져 버렸어요. 상상이 현실보다 훨씬 더 끔찍했죠. 아내가 불륜을 저질렀다는 점을 알게 된 순간 저는 자신이 한없이 멍청하다고 생각했어요. 그날 아이들을 학교에 데려다 주는 길에 놀이터에 잠시 들렀는데 거기서 동네 아줌마들이 아내의 불륜 이야기를 해 주더군요. 저는 그럴 리 없다고 웃어넘겼어요. 나중에 그것이 사실임을 알게 되자 엄청난 자괴감과 절망감이 찾아왔죠. 저는 계속 아이들을 학교에 데려다 주어야 했는데 아내와 만난다는 그 남자도 자기 아이들을 같은 학교에 보내고 있었어요. 결국 우리 둘은 다른 어머니들이 지켜보는 가운데 아침마다 만나게 되는 상황이었죠.

위 사례에서 남편은 아내를 의심하지 않았다. 하지만 브래드포드 지역 상담소의 임상 심리학자 사이먼 겔소프에 따르면 많은 경우 배우자의 행동에 의심을 갖게 되는 이들은 질투심 때문에 화를 내고 또 일어나지도 않았던 일을 근거로 배우자를 비난한다고 하면서 차라리 질투심을 두려움으로 표현하라고 조언한다. 남자 친구가 다른 여자와 어울리는 것을 비난하는 대신 "미녀들과 저녁 내내 이야기하는 모습을 보고 있으려니 네가 나보다는 그 여자들을 더 좋아하는 것이 아닐까 걱정이 돼."라고 말하라는 것이다. 이렇게 되면 상대를 자극하는 대신 대화가 시작된다. 이런 상황에서 경쟁자에게 접근해 친구가 된 다음, 배우자의 약점을 조목조목 짚어 주는 사람도 있다. 또는 배우자의 잘못을 빌미로 자기 입장을 강화하다가 극단적인 경우 폭력을 사용하기까지 하는 경우도 있다고 한다.

질투에 대한 연구에서 문제는 관찰된 질투가 충분한 근거를 가지는 것인지, 혹은 비이성적으로 나타난 것인지 알 수 없다는 데 있다. 두려움, 그중에서도 공포증과 같은 경우에는 그 정도가 아무리 강하다 해도 결국 비이성적인 감정임을 스스로 알 수 있다. 하지만 질투는 그렇게 간단하지 않다. 물론 근거 없는 질투를 표현하기 위해 '병적 질투' 혹은 '오셀로 신드롬' 같은 용어가 사용되기도 한다. 하지만 무엇이 도를 넘어선 질투인지 정의하는 것은 문화권마다 다른 주관적 판단일 수밖에 없다.

병적 질투

병적 질투는 간질이나 뇌 질환 등 다른 증상의 일부로 나타나기도 한다. 뇌 우반구에 뇌졸중이 일어난 사람들이 질투심에 사로잡힌다는 연구 결과도 있다. 1999년, 25세에 뇌졸중을 겪은 뒤 순조롭게 회복된 여성에게서 오셀로 증후군이 발견되었다. 5년 뒤 이 여성은 과도한 질투심으로 우울증에 빠져 약물을 과다 복용하는 지경에 이르렀고 우울증 치료 후 질투심도 가라앉았다. 의사들은 문제의 원인이 뇌졸중으로 인한 뇌 손상이라 진단했다.

알코올 중독과 집착적 질투 사이에도 생리적인 상관관계가 존재하는 것 같다. 1905년부터 가능성이 제기되어 온 이 상관

관계는 물론 직접적이지는 않다. 알코올에 중독된 사람들 중에는 질투를 느끼지 않는 경우도 많다. 더욱이 알코올에는 보통 때 쉽게 드러내지 못하는 감정을 표출시키는 탈억제 기능이 있다는 점을 감안하면 알코올 중독자가 보이는 질투심은 모든 이들에게 내재된 감정일지도 모른다. 혹은 술이 정상적인 사고를 방해해 잘못된 결론에 이르도록 만드는지도 모른다. 아니면 그 반대도 가능하다. 배우자나 연인의 외도를 의심하는 사람들이 결국 술을 찾게 되는 것이다. 그 의심은 결국 옳은 것이었지만 음주로 인해 그 배우자나 연인은 한층 더 한눈을 팔게 되는 결과가 빚어질 가능성도 있다.

실제 근거가 있든 없든 질투는 사람들이 생각하는 방식을 변화시킨다. 병적인 질투를 경험하는 사람들은 잘못된 믿음을 가지고 있다. 예를 들어 모두가 자기 짝을 매력적이라 여겨 데이트를 신청한다고 믿고 눈앞에서 벌어지는 모든 현상을 왜곡되게 해석하는 것이다. 부부가 집으로 돌아오는 순간 다른 차가 쌩하고 지나치는 것도, 배우자가 직장에서 늦게 들어오는 것도 불륜의 증거가 된다. 앞서 사례에서 보았듯 질투를 느낄 근거가 충분해지면 배우자와 그 연인이 어떤 행동을 하게 될 것인가 하는 생각이 끊임없이 머릿속에 떠오른다.

병적 질투에 시달리는 사람들은 우울하고 불안한 감정을 호소한다. 자살 충동도 느낀다. 병적 질투를 겪는 영국인들을 조사한 메이리드 돌런과 내기 비셰이에 따르면 대부분의 대상자가 질투가 자기 삶을 망가뜨린다고 느끼며 또한 절반 이상은 자기 질투가 아무 근거 없음을 알고 있다고 한다. 그런데도 절반 정도의 사람들은 배우자를 감시하고 함정에 빠뜨리려 하며 3분의 1 이상은 사설 탐정을 고용할지 말지 고민한다.

합리적 정서 치료(rational emotional therapy)의 창시자 앨버트 엘리스는 우리 스스로 질투를 느낄 것인지 말 것인지를 선택할 수 있다고 믿는다. 짝이 자신을 버리고 떠났다 해도 이는 질투를 불러일으키지 않을 수 있다. 어떤 반응을 보일 것인가는 전적으로 자신의 선택이기 때문이다. "내 짝이 바람을 피워 떠나 버린 것이 내게 질투심과 상처를 남긴다고? 말도 안 되는 소리! 그런 외부적인 사건이 내 마음속 깊숙한 곳을 휘젓고 어지럽게 만든다는 건 불가능해!" 이렇게 생각하는 것이다.

우리가 감정을 느끼는 방식은 스스로의 판단에 좌우된다. 짝이 바람을 피운 것이 끔찍하고 어떻게 내게 그토록 잔인한 짓을 할 수 있는지 모르겠다고 생각한다고 할 때 이는 당신이 내린 판단이다. 이 판단을 사실로 믿는다면 질투심을 느끼겠지만 다른 시각에서 상황을 바라본다면 질투심을 느끼지 않을 수 있다. 물론 실제로 이렇게 생각하기란 말처럼 쉽지는 않다. 엘리스는 1930년대 후반 스스로를 실험 대상으로 삼아 자신을 속이는 여자와 실제 동거하기도 했다. 새벽까지 자리에 앉아 동거녀가 돌아오기를 기다리는 적도 여러 번이었다. 그럴 때면 철학 책들을 보며 마음을 가라앉혔고 바람피우는 것은 상대의 특성일 뿐 자신의 잘못이 아니라는 점을 인정한 후 상대를 있는 그대로 받아들이기로 작정했다고 한다. 그래서 동거녀가 돌아오면 반갑게 맞았고 함께 잠자리에 들기 전에 그녀가 만난 남자들 이야기를 나누기도 했다.

질투의 용도

질투는 다른 어떤 감정보다도 진화 심리학자들의 많은 관심을 받아 왔다. 진화 심리학에서 질투를 설명하는 근거는 자신의 유전자를 전달하려는 남자들의 욕망이다. 남자는 자기 짝이 엉뚱한 사람의 아이를 임신해 귀중한 시간을 낭비하지 않도록 해야 하고 또한 자기 아이인지 확실하지 않은 아이를 키우느라 자원을 허비하지 않아야 한다. 자신의 유전자 전달을 보장받기 위해 자기 짝이 다른 남자와 어울리는 모습을 보면 질투심이 생겨나게끔 되었다는 주장이다. 이 이론에서 남자들의 성적 질투는 애초부터 고정되어 존재하는 장치이다. 그러므로 아내가 피임약을 먹는 중이고, 따라서 다른 남자의 아이를 임신할 가능성이 전혀 없다는 점을 안다 해도 여전히 질투심을 느끼게 된다.

이 이론은 일부일처제가 남자에게만 중요하다고 가정하는 경향이 있다. 남자는 바람을 피워도 여전히 자식을 보호하고 부양할 테니 아내에게는 아무런 문제가 없다는 발상인 것이다. 반면 남편이 다른 여자와 진지한 감정적 관계를 맺는다면 자식들은 커다란 위협에 당면한다. 아버지가 새로운 여자를 위해 모든 것을 버릴 수도 있기 때문이다. 남편들은 아내의 성적 부정행위에 더욱 질투심을 느끼는 반면 아내들은 남편이 다른 여자와 사랑에 빠질 것을 두려워하는 현상은 바로 이를 통해 설명할 수 있다. 물론 오늘날 여성들은 충분히 혼자서 자녀를 양육할 수 있다. 하지만 진화 이론에서 볼 때 이는 최근에 일어난 변화이고 따라서 수십만 년 동안 진화해 온 우리 감정에는 아직 반영되어 있지 못하다. 사고방식에 우연히 개입된 무작위적 변화라 해도 그것이 적자생존에 유익할 경우 다음 세대에게 전달될 수 있다. 따라서 이 이론에 따르면 아내에 대해 성적 질투심을 가졌던 남자와 남편의 새로운 사랑을 질투했던 여자가 결국 자녀를 성공적으로 키워 냈다는 것이 된다. 하지만 실질적으로는 부인들도 남편의 성적 부정행위를 막을 필요가 있다. 다른 여자에게서 자식이 태어난다면 그쪽으로 자원과 관심이 분산될 것이기 때문이다.

남성과 여성이 이렇게 서로 다른 식으로 질투를 경험한다는 주장에 적극 동조하는 인물이 텍사스 대학교의 데이비드 버스이다. 버스는 '소피의 선택'이라는 방법을 통해 나름의 결론을 제시한다. 소피의 선택이란 두 아이 중 하나만 살리도록 선택해야 하는 어머니를 그린 영화 제목에서 따온 개념이다. 버스가 제시한 선택은 이보다는 덜 극단적이다. 과거, 현재, 미래의 어느 시점에서든 성적 관계를 상상하도록 한다. 그러고는 자기 짝이 다른 이성과 성적 관계 혹은 긴밀한 정서적 관계를 맺을 경우 어느 편이 더 화가 나겠는지 묻는다. 그러자 여자들은 정서적 관계를 더 화나는 일로, 남자들은 성적 관계를 더 화나는 일로 꼽았다. 그렇지만 모든 남자가 성적 관계 쪽을 선택한 것은 아니었다. 성별 차이가 선천적이라고는 보기 어려울 정도로 예외가 많았던 것이다.

이 결과는 남녀가 이성과의 관계에 있어 서로 다른 행동을 보이는 이유를 설명해 주기도 한다. 물론 문제도 있다. 첫째, 응답자들은 두 가지 유형의 부정행위 중 하나만 선택해야 했다. 둘 다 비슷하게 화가 난다거나 상황에 따라 다르다거나 하는 응답은 아예 없었던 것이다. 결국 남녀 응답자들은 어느 한 쪽으로 대답을 강요당한 셈이었다. 노스이스턴 대학교의 데이비드 디스테노가 7점 척도("전혀 질투를 느끼지 않는다."부터 "매우 질투를 느낀다."까지)를 사용해 이 두 상황을 평가하도록 했을 때에는 전혀 다른 결과가 나왔다는 것도 주목할 만하다. 남녀 모두 성적 부정행위를 가장 화나는 일로 꼽았던 것이다. 어쩌면 두 가지 부정행위 중 하나를 선택하도록 한 버스의 방식이, 동시에 두 상황을 저울질하는 한층 복잡한 의사 결정 과정을 요구했기 때문에 성별 차이가 나타났던 것일 수도 있다. 이를 확인하기 위해 디스테노는 다시 소피의 선택 방식으로 질문을 던지면서 동시에 일곱 자리 숫자를 기억해 나중에 이야기해야 한다는 과업을 주었다. 이렇게 하면 정신이 분산되어 뇌의 정보 처리가 상대적으로 표면적 수준에서 이루어지게 된다. 그러자 성차가 사라지면서 남녀 모두 성적 부정행위를 가장 화나는 일로 선택했다.

이렇게 해서 버스의 이론은 멋지게 반박당한 것 같지만 여기에도 문제가 하나 있다. 바로 인위적으로 조작된 상황이라는 점이다. 배우자나 연인이 다른 이성과 하룻밤을 보냈다는 것을 알게 되었을 때 엉뚱한 숫자 따위를 기억하면서 상황을 판단하게 될 가능성이 대체 얼마나 있겠는가? 여성이 이 문제를 더 복잡한 수준에서 처리하는 경향을 보였고 그렇다면 아마도 실제 삶 속에서도 그런 경향을 나타낼 것이다. 더 나아가 그러면 여자들이 복잡한 추론을 하는 반면 남자들은 그렇지 않은 이유가 무엇인가? 이렇게 보면 소피의 선택 또한 현실성을 결여하고 있다. 우리 선조들이 동시에 두 종류의 부정행위에 당면해 어느 쪽이 더 심각한지 판단하게 되는 일은 아마 없었을 테니 말이다.

캘리포니아 대학교 샌디에이고 분교의 크리스틴 해리스는 버스에 대해 내가 들어 본 중 가장 신랄한 비판을 했다. 비판의 핵심은 가설적 질문이 얼마나 유용성을 가지는가 하는 것이었다. 특정 상황에서 얼마나 화가 날 것인지 물어볼 수는 있지만 실제로 그 상황이 빚어졌을 때 어떤 반응이 나올지는 아무도 모르지 않는가. 또한 응답자 대부분은 대학생들로 이런 딜레마를 겪어 본 적 없는 이들이었다. 또 해리스가 실제 상황을 관찰했을 때 사람들은 스스로 말했던 것과는 전혀 다르게 행동하기 일쑤였다고 한다.

하지만 버스의 이론은 가설적 질문에 대한 응답에만 근거를 둔 것은 아니다. 생리적 증거도 함께 제시되기 때문이다. 그는 실험 참가자들이 자기 배우자가 하룻밤 바람을 피운 상황, 혹은 다른 이성과 진지한 정서적 관계를 맺은 상황을 상상하도록 한 뒤 심장 박동, 땀 배출, 얼굴 찌푸림 빈도를 측정했다. 남자의 경우 성적 부정행위를 상상했을 때 정서적 부정행위에 비해 심장 박동이 거의 5배 빨라졌다. 여성의 경우는 반대가 아닐까 상상하겠지만 여성은 두 종류의 부정행위 모두에 대해 비슷한 정도로 심장 박동이 빨라졌다. 하지만 땀 배출에 있어서는 예측이 들어맞았다. 남자들은 성적 부정행위에 대해 땀을 더 많이 흘린 반면 여자들은 정서적 부정행위를 상상했을 때 땀을 더 흘렸다. 하지만 이 현상을 해석하기는 쉽지 않다. 땀을 흘리게 하고 심장 박동을 빠르게 하는 감정이 오로지 질투심만은 아니기 때문이다. 두려움도 비슷한 작용을 한다. 역겨움은 땀 흘림을 야기하고 분노와 행복은 모두 심장 박동을 빠르게 한다. 버스의 연구와 밀접하게 관련되는 성적 흥분 또한 비슷한 효과를 낳는다. 아내가 다른 남자와 성관계하는 장면을 상상할 때 남편의 심장 박동이 빨라지는 것은 질투심 때문이 아니라 성적으로 흥분하기 때문일 수도 있다. 해리스는 이를 확인하기 위해 남자들에게 성관계 상황과 성서적 유대 상황 두 가지를 상상하도록 했다. 절반은 자기 부부가, 나머지 절반은 부인과 다른 남자가 맺는 관계였다. 그런데 버스가 언급한 생리적 반응은 오로지 성관계를 상상할 때만 나타났다. 여기서 성적 부정행위와 정서적 부정행위에 대한 견해는 아무런 차이를 낳지 못했다.

결국 이들 연구를 정리하면 여자들은 성적 부정행위보다 정서적 부정행위에 더욱 분노하는 것 같다. 하지만 이는 그 문제에 정신을 집중할 수 있고 또한 두 부정행위 가운데 한쪽을 선택해야 한다는 두 가지 조건이 만족될 때에만 그렇다고 할 수 있다.

모든 문화에서 질투에 대한 반응이 동일하지는 않다. 몇몇 문화권에서는 한때 남편의 형이나 남동생과 성관계를 맺는 것이 아무렇지도 않게 허용되기도 했다. 반대로 간통한 사람은 죽임을 당할 정도로 엄격한 사회도 있다. 진화 과정을 통해 단일한 반응 양식이 만들어지지는 못했던 셈이다. 선더랜드 대학교의 게리 브레이즈와 동료들은 영국인들과 루마니아 인들에게 '소피의 선택' 질문을 던졌고 영국 남성의 52퍼센트가 성적 부정행위를 선택한 반면 루마니아 남성은 33퍼센트만이 성적 부정행위를 선택했다.

오늘날에는 많이 달라졌지만 이전 사회에서라면 남자들은 성적 질투를, 그리고 여자들은 정서적 질투를 느끼는 게 유리했을 것으로 여겨진다. 유전자 전달을 위해 남자들은 아내가 낳은 아이들이 틀림없이 자기 자식임을 확인할 필요가 있다. 하지만 배우자가 다른 이성과 성관계를 갖지 않도록 하려면 정서적 유대 관계부터 아예 차단하는 것이 효과적인 방법이기도 하다. 그러면 결국 성적 부정행위가 예방될 테니 말이다. 불륜의 현장을 잡는 것은 때늦은 일이다. 아내가 벌써 임신한 상태일 수도 있기 때문이다.

　　남녀의 질투가 보이는 선천적 차이를 보여 주는 근거로 살인 통계도 자주 언급된다. 여자보다는 남자가 성적 질투심 때문에 배우자를 살해하는 일이 많다. 하지만 여기서 주의할 점이 있다. 이것만으로 남자들이 배우자의 성적 부정행위에 더 민감하다고 주장할 수는 없다. 남녀 관계에서 발생하는 살인은 대부분 남자 손으로 이루어지기 때문이다. 여자보다는 남자 은행 강도가 많지만 그렇다고 해서 여자들이 돈에 관심이 없다고 말할 수는 없지 않은가. 크리스틴 해리스는 이에 대한 관련 연구를 종합 분석한 결과 질투라는 감정과 무관하게 남자들은 폭력을 통해 상황에 대처하려는 경향이 크고 그 폭력이 살인을 불러올 가능성이 높을 뿐이라는 결론을 내렸다.

　　살인 사건 수치를 더 정확하게 분석하는 방법은 남성이 배우자를 살해한 모든 경우, 그리고 여성이 배우자를 살해한 모든 경우를 수집하고 질투심이 원인이 된 경우가 어느 정도 비중을 차지하는지 비교하는 것이다. 해리스가 아프리카에서 스코틀랜드에 이르는 각지의 살인 사건 통계 자료를 분석한 결과 남성이 저지른 살인은 4500건, 여성이 저지른 살인은 800건이었다. 전체석으로는 여성이 저시른 살인이 훨씬 직지만 원인이 질투였던 비율은 양쪽 모두 비슷했다고 한다.

　　남자들이 부정한 배우자를 죽이려는 본능을 타고난 것이라면 우리는 훨씬 더 많은 살인 사건을 목격해야 마땅하다. 하지만 실상 살인으로 끝나는 사건은 아주 드물고 극단적이어서 질투라는 감정과는 연결시키기 쉽지 않다.

유아의 질투

어른들의 성적 질투는 고통을 수반하고 때로는 파괴적이다. 하지만 이것이 인간이 겪는 최초의 질투는 아니다. 질투는 성에 눈뜨기 훨씬 전, 심지어 걷지도 못할 때부터 시작된다.

어른과 아이가 경험하는 질투와 똑같은 감정을 유아도 경험한다는 주장이 한 세기 전에 제기되었다. 장 피아제가 이끄는 발달 심리학자들이 유아의 사고가 어떻게 발달하는지 규명하기 시작한 때였다. 그 전까지는 질투란 유아들이 경험하기에는 너무도 복잡한 감정이라는 것이 연구자들의 공통된 의견이었다. 어머니가 다른 아이에게 많은 관심을 보이는 데 대해 질투를 느끼려면 다른 아이를 독립된 개체로 인식해야 한다. 만 2세가 되기 전까지는 질투심이 생겨나지 않는다는 것이 대체로 정설이지만 서리 대학교의 리카르도 드라기로렌츠(우연찮게도 그 유명한 동물 행동학자 콘라트 로렌츠의 손자이다.)를 비롯한 일부 심리학자들은 어린 유아들이 생각보다 상황을 훨씬 잘 파악한다고 주장한다. 수줍음에 대한 연구를 진행할 때 그는 유아들을 찍은 비디오를 분석하다가 수줍음이 아니라 질투를 드러내는 듯한 표정을 발견했다. 이를 확인하기 위해 부모들을 대상으로 설문 조사를 한 결과 아이에게서 질투심을 발견했다는 경우가 실제로 나타났다. 한 어머니는 그를 집으로 초대해 아이의 질투를 관찰할 기회를 주기도 했다. 그리고 자기 아이를 무시하면서 친구의 아이에게만 관심을 보이는 척했다.

그러자 질투를 경험하기에는 이론적으로 너무 어린 나이인 9개월 된 아이가 다른 아이를 공격하는 행동을 보였다.

드라기로렌츠는 더 체계적인 실험을 고안했다. 아이 어머니가 아이를 무시한 채 5분 동안 드라기로렌츠와 대화를 나눈다. 그리고 다음 5분 동안 친구의 아이에게 입을 맞추고 이야기를 하도록 했다. 그러자 어머니가 친구의 아이에게 관심을 보이는 동안 유아 24명 가운데 13명이 울음을 터뜨렸다. 그런데 이 울음은 어머니가 다른 아이에게 관심을 가졌기 때문이 아니라 이미 5분 동안 관심을 받지 못했는데 또다시 관심을 받지 못하게 된 상황 때문일 수 있다. 이런 가능성을 배제하기 위해 드라기로렌츠는 또 다른 실험을 했다. 아이가 맞은편에서 지켜보는 가운데 한번은 아이 어머니가 다른 아이를 안고 있었고 다음번에는 낯선 어머니가 자기 아이를 안고 있도록 한 것이다. 유아는 다른 어머니가 자기 아이를 돌봐 주는 모습을 즐거이 지켜보았지만 자기 어머니가 다른 아이를 예뻐하자 화를 냈다. 물론 이것이 유아의 전형적인 행동인지 아니면 그 유아가 그날따라 기분이 나빴기 때문인지는 확인할 수 없다. 이를 보완하기 위해 드라기로렌츠는 아이들을 태어났을 때부터 추적해 몇 주에 한 번씩 집을 방문하면서 부모에게 아이가 어떤 감정을 드러내는지 물었다. 어느 어머니는 아이가 2개월 반이 되었을 때 질투하는 모습을 발견하기도 했다. 드라기로렌츠는 아주 어린아이도 질투를 느낄 수 있지만 다만 첫 몇 주 동안에는 눈이 제대로 초점을 맞출 수 없고 따라서 질투를 불러일으키는 상황이나 대상을 보지 못할 뿐이라고 주장한다. 더 나아가 부모와 강한 유대를 형성하기 전까지 아이는 부모가 남의 아이에게 어떤 관심을 보이든 개의치 않는다. 또한 우울증 어머니를 둔 아이는 질투심을 보이지 않는데 이는 애초부터 어머니와 강한 유대를 형성하지 못했기 때문이다. 한편 질투심은 아이가 방안을 기기 시작하고 질투심의 대상을 치거나 때릴 수 있게 되었을 때 더욱 두드러지게 된다.

부모가 유아의 질투심을 보고 싶어 할 가능성도 있다. 아이의 질투를 사랑의 신호로 보고 칭찬하는 경우도 있다. 미국에서 이루어진 연구를 보면 아이가 흥분했을 때 부모는 그것이 화내는 것인지 질투하는 것인지 파악한 후 화내는 것으로 판명된다면 더 심하게 꾸중을 한다고 한다.

어머니가 다른 아이를 돌볼 때 질투심을 보이는 아이가 첫째인 경우 그 아이는 동생이 태어난 후 늘 그런 상황에 부딪치게 된다. 새로 태어난 동생이 주는 선물이라며 무언가를 준다든지, 아이 돌보는 일을 돕게 한다든지, 동생이 태어나기 전부터 준비를 시킨다든지 하는 예방 조처를 마련한다 해도 어느 정도의 질투심은 피할 수 없다. 내 남자 친구는 3세 때 여동생이 태어나자 칭찬을 받기 위해 잘 자는 동생을 일부러 흔들어 깨운 후 어머니한테 달려가 아기가 깼다고 알리곤 했다. 이 행동은 결국 어머니가 의도적으로 유모차를 흔들어 대는 그를 보기까지 계속되었다. 어머니가 언덕 위에서 수다를 떠는 동안 동생이 탄 유모차를 발로 밀어 언덕 아래로 굴러 떨어지게 한 소년도 있다. 다행히 그 어머니는 늦지 않게 유모차를 붙잡을 수 있었다고 한다.

어린 동생이 태어나면 많은 아이들이 행동에 변화를 보인다. 무려 92퍼센트의 아이들이 부정적인 행동을 시작한다는 조사도 있다. 심지어는 원숭이도 동생이 태어난 후 우울한 자세를 취한다고 한다. 물론 모든 아이들이 갓 태어난 동생에 대해 공격적으로 질투심을 표현하는 것은 아니다. 기가 죽는 아이도 있고 퇴행 행동을 보여 밤에 자다 깨고 젖병을 달라고 조르거나 아이처럼 말하고 오줌을 싸기도 한다. 형제자매 관계 연구에 있어 세계적 권위자인 주디 던은 질투를 가장 분명히 보여 주는 신호는 어머니가 동생을 돌볼 때가 아니라 아버지나 조부모가 동생에게 관심을 나타낼 때라고 지적한다. 3~4세의 아이들이라 해도 어머니는 어쩔 수 없이 동생을 돌봐야 한다는 점을 인식하고 있다. 하지만 다른 사람까지도 동생에게 관심을 쏟는다면 충격을 받는 것이다. 동생이 태어나기 전에 아버지와 친밀한 관계를 가졌던 아이들은 질투를 거의 하지 않는다고도 한다.

동생의 성별이나 연령차가 미치는 효과에 대해서는 상반된 연구 결과들이 존재한다. 동성의 동생에게 더 다정하고 이성 동생에게는 공격적이라는 결과가 있는가 하면 반대되는 결과도 있다. 연령도 마찬가지여서 어떤 연구에서는 3년 차이가 가장 문제라고 지적된 반면 다른 연구에서는 연령차가 많을수록 동생을 경쟁자로 인식하지 않게 되어 질투가 없다는 결론을 내리기도 했다.

형제자매들이 긍정적인 상호작용 또한 많이 한다는 점을 고려하면 모든 형제자매 갈등이 문제가 되지는 않는다. 하지만 아얄라 파인스는 어린 시절의 형제자매 경쟁이 성인기의 성적 질투심을 낳을 수 있다고 말한다. 그 연구 결과에 따르면 손위 형제가 많으면 어른이 된 후 질투심이 더 많아졌지만 손위 자매의 수는 차이를 보이지 않았다고 한다. 성적 질투를 느끼게 되지 않는다 해도 형제자매 관계에서의 경쟁은 성인기까지 계속되고 평생의 경쟁을 낳기도 한다. 그리고 대단히 부정적인 결과를 빚는 경우도 있다.

런던에 사는 대학생들인 하르만과 비크람은 한 방을 쓰는 형제였다. 두 사람 다 똑똑하고 의사가 되고 싶어 하는 등 공통점이 많았다. 동생인 비크람은 16세까지만 해도 성적이 아주 좋았고 형과 마찬가지로 문제없이 원하는 바를 이룰 것 같았다. 하지만 고등학교 졸업반일 때 일이 꼬이기 시작했다. 마약에 손을 대 헤로인 소지 혐의로 세 차례나 유죄 판결을 받았다. 노력 끝에 약물 중독에서 벗어났지만 대입 성적은 형편없었고 의과 대학에 진학할 수 없었다. 하는 수 없이 그는 대학교에서 생물학을 공부하기 시작했다. 졸업 후 다시 3년 동안 공부해 의사 자격을 딸 작정이었다. 그러는 동안 형인 하르만은 의과 대학을 다녔다. 비크람은 자신이 원하던 바로 그 삶을 형이 살고 있다는 데 화가 났다. 어째서 형한테는 모든 일이 그렇게 잘 풀리는 것일까? 그래도 착실히 학교를 다녔던 비크람은 형이 자극적인 말만 하지 않았다면 의사의 길을 걸을 수 있었을 것이다.

하르만이 의사 자격 시험을 보는 날 아침 하르만과 비크람은 또다시 입씨름을 벌였다. 하르만은 동생이 다니는 학교가 형편없고 기술자를 길러 낼 뿐이라고 말한 뒤 집을 나섰다. 몇 분 후 비크람도 학교로 갔지만 머릿속에는 계속 형이 내뱉은 말이 맴돌았다. 대체 우리 학교를 그렇게 비웃는 근거가 무엇인가? 형이 다니는 의과 대학은 뭐가 그리 잘났단 말인가? 지하철에 앉아 그런 생각을 하고 있던 비크람은 충동적으로 가방에서 종이를 꺼내 작전을 구상했다. 몇 분 후 그는 공중전화를 찾아 경찰에 전화를 걸었다. 그리고 아랍 어 억양을 가진 사람이 형이 시험 보는 학교에 폭탄을 설치했다고 말하는 소리를 들었다고 허위 신고했다.

마드리드에서 폭탄 사고로 190명이 사망한 지 겨우 2주가 지난 시점이었고 경찰은 테러 가능성에 촉각을 곤두세우고 있었다. 곧 폭발물 처리반이 학교에 파견되었다. 하지만 상황은 비크람의 계획대로 돌아가지 않았다. 시험이 계속 진행되었던 것이다. 그리고 20분 후 비크람은 공중전화 근처에서 허위 신고 혐의로 체포되었다. 하르만은 무사히 시험에 합격했다.

질투로 인한 그 행동 때문에 비크람은 바라던 미래를 영영 놓쳐 버리고 말았다. 6개월 동안 복역하고 출소한 뒤 그가 의사가 될 가능성은 희박해졌다.

질투심과 시기심

위의 사례는 엄밀히 말하면 질투가 아닌 시기심이다. 질투는 세 사람이 존재하는 상황에서 한 사람을 다른 사람에게 빼앗 길지 모른다는 두려움이지만 시기는 두 사람이 존재하고 그중 한 사람만 소유물이나 능력, 성공 등 부러움을 살 만한 것을 가 졌을 때 생겨난다. 질투심이라는 개념은 흔히 시기심을 지칭 하는 것으로 사용되지만 반대로 시기심이 질투심의 뜻으로 사 용되는 경우는 거의 없다. 생각해 보라. "아내가 저쪽에서 외 간 남자와 시시덕거리잖아. 바람이라도 피울 모양이야. 정말 시기심이 생기는군."이라고 말하는 걸 들어 본 적이 있는가?

이런 차이에도 불구하고 피터 살로베이에 따르면 시기심도 성적 질투와 비슷한 느낌을 주게 된다고 한다. 다만 정도가 더 약하다. 성적 질투에는 세 사람이 개입되기 때문에 감정이 더 욱 강력해지는 것이고 또한 질투에는 거부당했다는 느낌, 적대 감, 분노, 상실의 두려움, 상처, 의혹 등이 포함되는 반면 시기 심에는 열등감, 불만족, 열망과 자기비판이 포함된다고 한다.

시기심 역시 극단적인 행동을 낳을 수 있다. 아주 독특한 상황이라 해도 말이다. 앞서 두려움과 역겨움에 대해 설명하 면서 프리모 레비의 아우슈비츠 경험을 소개한 적이 있다. 레 비는 수용소에 새로운 사람들이 도착했을 때 느꼈던 시기심에 대해서도 언급하고 있다. 흔히 생각하는 것과 달리 새로 수용 된 사람들은 따뜻한 대접을 받았으며 수용소 규칙에 익숙한 고참들의 지침을 귀 기울여 듣지 않았다고 한다.

신참들은 시기의 대상이 되었다. 아직 고향 냄새, 집 냄새를 간직한 것으로 여겨졌기 때문이다. 수용소의 처음 며칠이 퍽 고통스럽다는 점을 감안하면 터무니없는 시기였다. 어떻든 신참들은 비웃음을 당했고 노골적인 희롱의 대상이 되었다.

수용소라는 극단적 환경에서 안 그래도 힘겨웠을 신참들에게 시기심은 한층 더 큰 어려움을 안겨 주었을 것이다. 하지만 우리 일상생활에서도 시기는 늘 존재하고 있다. 경제학자인 대니얼 지초는 결과적으로 자신의 돈을 잃는 셈이라는 것을 알면서도 사람들이 다른 사람의 돈을 기꺼이 빼앗으려 든다는 점을 발견했다. 실험실에서 네 사람이 숫자놀이 도박을 했다. 컴퓨터 화면에 떠오르는 숫자를 제대로 예측하면 돈을 따는 방식이었다. 각자 분리된 공간에 앉아 서로의 모습을 볼 수 없었지만 화면을 통해 다른 사람들이 얼마나 땄는지 확인이 가능했다. 한 사람이 20파운드를 따는 동안 다른 사람은 5파운드밖에 따지 못했다는 식의 정보가 제공되었던 것이다. 게임이 끝났을 때 자기가 딴 돈의 일부를 희생해 다른 사람이 딴 돈을 줄일 기회가 있다는 정보가 주어졌다. '남의 돈 없애기'라고 불리는 이 기회에 들어가는 비용은 실험마다 다양했다. 예를 들어 남이 딴 돈 1파운드를 없애려면 내 돈 25페니가 필요한 식이었다. 문제는 이 기회를 선택할 수도, 선택하지 않을 수도 있다는 데 있었다. 원치 않는다면 자기가 딴 돈을 주머니에 넣고 한가롭게 산책을 나갈 수도 있었다. 그런데 결과는 놀라웠다. 비용이 가장 높았던 경우라 해도 62퍼센트의 참여자들이 남의 돈을 없애는 기회를 기꺼이 선택했던 것이다. 여기서 그들이 얻을 수 있는 것은 전혀 없었다. 선택의 근거는 남이 많이 딴 돈에 대한 시기심뿐이었다. 결국 가장 많은 돈을 잃은 사람들은 당연히 애초에 가장 많은 돈을 땄던 이들이었다. 많은 경우 참여자들은 '남의 돈 없애기' 기회를 선택하지 않았다면 가져갈 수 있었을 돈보다 훨씬 적은 돈을 받게 되었다. 시기심 때문이었다.

이 실험에는 나름의 문제가 있다. 게임을 벌이는 사람들은 남의 돈을 없앨 기회가 모든 참여자에게 주어진다는 것을 알고 있었다. 따라서 자신이 참여하지 않으면 남들만 자기 돈을 없앨 기회를 가지게 될까 봐 두려움을 느꼈던 것이다. 남이 자신에게 피해를 입힌다면 자신도 남에게 똑같은 피해를 입혀야 했다. 아마 실험을 조직한 이들은 참여자들 스스로가 가져갈 수 있는 돈을 줄여 나가는, 그리하여 실험 비용을 절약시켜 주는 모습을 보면서 다분히 즐거웠을 것이다.

우리가 남들에게 시기심을 불러일으키지 않도록 주의를 기울이는 이유도 아마 여기 있을지 모른다. 새로 장만한 멋진 집을 칭찬하는 말을 듣게 되면 집주인은 곧 동네의 단점을 지적한다. 미국의 경제학자 로버트 프랭크는 프랑스에서 포르셰 스포츠카를 구입한 친척이 그 차를 캘리포니아에서 등록할 수

없다는 것을 알게 되자 파격적인 가격에 넘기겠다고 제안해 왔던 일을 이야기해 주었다. 그는 뉴욕 주에 살고 있었던 만큼 등록하는 데 문제가 없었던 것이다. 하지만 부인과 의논한 끝에 그는 평생 다시 없을 그 기회를 거절하기로 결정했다. 주위 사람들에게 그 차를 사게 된 경위를 일일이 설명할 수도 없고 그런 멋진 차를 살 만큼 돈이 많았느냐며 놀랄 이들의 시선도 부담스러웠기 때문이다.

물론 질투와 마찬가지로 시기심에도 나름대로 유용한 측면이 있다. 불평등이 감지되면 사람들은 평등한 대접을 위해 투쟁한다. 시민 권리를 위한 캠페인도 그 예다. 개인적 차원에서 시기심은 성공을 위해 더욱 박차를 가하는 동기가 된다. 그래서 젊은 사람들에게는 역할 모델이 중요하다고들 한다. 그 이유는 역할 모델과 자신을 동일시하면서 같은 길을 걸어 성공을 거두겠다는 시기심을 불러일으키는 데 있을지도 모른다.

질투와 시기를 한 덩어리로 본다면 상황은 두려움과 비슷해진다. 약간은 민감해질 필요가 있는 것이다. 예민함으로 종종 실수를 저지르는 편이 심각한 위협을 모르고 지나치는 것보다는 낫다. 또 시기심의 경우에도 중대한 변화의 기회를 놓쳐 버리는 것보다 낫다. 배우자나 연인이 다른 사람에게 관심을 가진다는 의심이 제아무리 불쾌하다고 해도 그런 조기 경보는 문제를 바로잡을 기회를 준다. 때를 놓쳐 버림받는 것보다는 이쪽이 훨씬 유리한 셈이다. 다른 모든 감정과 마찬가지로 문제는 과도한 것과 부족한 것 사이의 균형을 잡는 데 있다.

장 시작 부분에서 소개한 필레몬과 페리바네스, 400년의 시차
를 둔 두 극중 인물들도 바로 이 문제를 보여 준다. 페리바네스
는 장군이 아내의 멋진 초상화를 주문했다는 점을 알게 될 때
까지 아내를 맹목적으로 신뢰했다. 그러다가 갑자기 질투심이
폭발하게 되자 살인을 결심한다.

시간을 되돌릴 수만 있다면. 오, 신이여, 돈 파드리크가 내 아내
의 초상화를 가지고 있다니. 이건 마치 나를 갈기갈기 찢어 독
수리 떼 앞에 던져 놓은 것이나 다름이 없어. 그러나 아내가 몰
랐다면, 아니 알고 있을까? 어쩌면 아무도 모를지 모른다. 아마
그럴 것이다. 이건 그녀의 아름다움 때문에 치러야 할 대가일
까? 어떻든 그는 내 평화를 빼앗아 버렸다. 카실다, 내 여왕. 질
투심이란 얼마나 추악한가. 내 질투를 보이고 싶지 않다. 그가
무엇을 원하는지, 그가 카실다와 어떤 짓을 했는지 아무도 몰랐
으면. 허나 이미 일이 벌어졌을 게야. 그녀를 집어삼켰다 뱉어
버렸을지도 모른다. 내가 멈춰야 한다. 상처를 숨기고 수근거림
과 손가락질 속에 슬그머니 집으로 돌아갈 수는 없지. 내가 사
랑했던 모든 것이 이제 내 적이 되었다. 카실다에게 말해야겠
다. 그녀가 내게 과분한 여자였나? 난 얼마나 멍청한지. 어떻게
그녀가 내 것이 될 수 있다고 생각했담? 아니, 한번이라도 내
것인 적이 있었을까? 권력과 부를 갖춘 그자도 그녀를 원하리
라는 것을 생각하지 못했다니! 그가 탐욕스러운 눈길로 카실다
의 예쁜 얼굴을 바라보았겠지. 그 혀로는 무슨 짓을? 난 죽을

것만 같다. 상상만으로도 이럴진대 사실이라면 그야말로 지옥일 거야. 성 로크여, 나를 도우소서. 이렇게는 살 수 없다. 하느님 앞에서 그를 죽이리라. 나는 왜 그토록 어리석고 또 어리석었던가?

사랑

한 번에 한 사람씩 젊은 남녀가 칠흑같이 어두운 식당으로 들어선다. 적외선 안경을 쓴 웨이터가 손을 잡아 자리로 안내한다. 자기 손도 보이지 않을 정도로 어두우니 음식도 당연히 보이지 않는다. "여기가 손님 자리입니다. 오른손은 포도주 잔에, 왼손은 빵 위에 놓아 드리겠습니다. 나이프와 포크는 여기 있습니다. 포도주는 직접 따르지 마십시오. 저희가 따라 드리겠습니다. 화장실에 가고 싶으면 손을 드십시오. 안내해 드리겠습니다. 시간이 지나면 어둠에 익숙해질 거라고 생각하지 마십시오. 그렇게 되지 않을 테니까요. 그럼 이따가 뵙겠습니다." 식탁에는 8명이 둘러앉았다. 4명의 여성은 마스카라며 볼 터치 등으로 한껏 화장하고 멋지게 차려입었다. 어떻게 하면 예쁘게 보이는지 잘 아는 것이다. 하지만 이 식당 안에서는 그런 노력이 아무 소용없다. 어둠 속에서 아무것도 보이지 않으니 말이다. 사람들은 어색함 속에서 잠시 킥킥거리고 식탁 위를 손으로 더듬기도 한다. 서로 자기소개를 하고 이야기를 나누기 시작한다. 할리우드 연예인들과 브라질 인들에 대해 어떻게 생각하는지 의견이 교환된다. 처음 만난 사람들끼리의 화제 치고는 특이하다. 하지만 어차피 어둠 속에서 이루어지는 특이한 데이트인 만큼 특이한 행동이 더 자연스럽다. 야시경을 쓴 웨이터들만이 모든 상황을 볼 수 있다. 예쁜 보조개를 지닌 늘씬한 금발 아가씨가 키 작은 뚱보에게 관심을 보이는 중이다. 재미있는 상황이 계속 벌어진다. "맞은편에 있는 분, 제 이야기 좀 들어 보세요."라는 소리도 끊임없이 들린다. 이것이 유일하게 상대의 주의를 끌 수 있는 방법이기 때문이다.

이것은 다양한 데이트 방식 중의 하나이다. 하지만 확실히 다른 점이 있다. 물론 데이트가 시작된 지 얼마 지나지 않아 사람들은 자기 외모에 대해 설명하기는 한다. 외모는 모두에게 무시할 수 없는 요소인 것이다. 디저트까지 끝난 후 서서히 불이 밝혀진다. 먼저 촛불이 켜져 맞은편에 앉은 사람의 모습이 드러난다. 모두들 신경을 곤두세우고 혹시라도 실망할 경우라도 내색하지 않을 준비를 한다. 결국 마지막에는 모두 한바탕 웃어 버리게 된다. 데이트가 끝난 후 평소라면 관심도 두지 않았을 사람에게서 매력을 느꼈다고 말하는 사람들도 있다. 또 전혀 어울리지 않아 보이는 한 쌍이 팔짱을 끼고 식당을 나서기도 한다.

어둠 속의 데이트는 외모의 방해를 받지 않고 사람들이 서로를 알게끔 하려는 시도에서 시작되었다. 3분 만에 상대가 매력적인지 어떤지 마음에 드는지 어떤지를 파악해 버리는 요즘의 초스피드 데이트와는 정반대이다. 대규모 합동 데이트에서는 외모가 많은 것을 결정한다. 도착할 때 모습을 즉석 사진으로 찍어 게시판에 붙이고 사진 아래 작은 주머니를 달아 둔 후 마음에 드는 사람의 사진 아래 명함을 넣게 하는 식이다. 어느 정도 시간이 지나면 몇몇 주머니는 금방이라도 터질 듯 꽉 차 버린다. 하지만 텅 빈 주머니들도 많다. 데이트의 세계는 냉혹하다. 전문가도 존재한다. 이런 전문가들은 얼굴을 보지 않고 하는 데이트는 시간 낭비에 불과하다고 여긴다. 데이트 알선 전문 인터넷 웹 사이트를 잠시만 살펴보라. 외모가 얼마나 중요한지 금방 확인할 수 있다.

안 돼, 이 사람은 키가 너무 작아. 이 사람은 머리 스타일이 별로야. 이 사람은 괜찮지? 지난주에 바에서 만났었지. 뭐 나쁘지 않은 시간을 보냈어. 그런데 내가 집에 돌아오자마자 그가 나를 어떻게 생각했는지, 마음에 안 들어 다른 사람을 찾으려 하는지 알아보려고 사이트에 접속했더니 이 사람도 들어와 있는 것이 아니겠어? 내가 마음에 안 들었던 거지 뭐. 아, 이쪽 사람은 소름이 끼치는걸. 또 이 사람은 자기가 아주 유쾌하다고 착각하는 모양이야. 아, 여기 이 사람은 디자이너라는데 내가 메일을 보냈지. 한동안 메일을 주고받았는데 저녁에 데이트를 할 만한 상대인지 판단이 서지 않았어. 사진이 없었거든. 자신이 '매우 매력적'이라고 해 놓기는 했지만 그건 누구나 그러는 거니까. 만약 그냥 '매력적'이라고 하는 경우가 있다면 틀림없이 추남이라는 뜻이야. 누구나 과장하기 마련이니까. 난 이 디자이너에게 전화를 걸어 외모가 어떤지 물었지. 그랬더니 키가 180센티미터에 근육질이라고 하더군. 이건 다시 말해 대머리라는 뜻이야. 대개 제일 먼저 머리 색깔을 말하거든. 머리 이야기가 없다면 그건 머리카락이 아예 없다는 거지.

데이트 사이트에서 외모를 이렇게 중시하는 것은 그리 놀라운 일도 아니다. 신체적으로 매력적인 사람들은 이런 사이트에서 인기를 누릴 뿐 아니라 어릴 때부터 더 대접을 받고 커서도 더 사회적이고 재미있으며 유쾌한 사람이라는 인상을 준다. 10여 년 이상 사랑에 대해 연구한 일레인 해트필드는 여러 여성의 사진을 보여 주면서 성격을 추측하게 하는 실험을 했다. 그러자 좋은 성품과 미모를 연결하는 경향이 뚜렷이 나타났다. 우리는 심지어 단 한번 만나 본 적 없는 사람에 대해서도 외모를 바탕으로 매력을 평가할 정도가 아닌가. 미네소타 대학교의 심리학자 마크 스나이더는 '사람을 사귀는 문제'에 대한 연구라는 명목하에 실험 참가자들을 모은 후 남성들에게 미녀의 사진과 촌스러운 여성의 사진을 보여 주었다. 예상대로 남성들은 미인이 모든 긍정적 특성을 가지고 있으리라 기대했다. 실험은 여기서 한 단계 더 나아가 남성들이 그 여성들과 전화 통화를 하게 했다. 물론 전화를 받은 여성은 사진에 있는 이들이 아니었다. 그런데 전화 통화 중에 놀라운 일이 일어났다. 상대가 미인이리라는 기대는 남성 자신의 태도에 영향을 미친 것은 물론이고 상대 여성의 행동까지도 변화시켰던 것이다. 여성들은 사진에 대해 전혀 모르는 상태였지만 상대가 미인이라 생각하고 이야기하는 남성과 통화하는 경우 더 생기 있고 자신감 넘치며 사교적이 되었다. 반면 촌스럽고 매력 없을 것으로 기대된 여성들은 그 기대에 부응하는 듯 어색한 대화를 했다. 게다가 이 통화 내용을 녹음한 다음 다른 사람들에게 들려 주고 여자 목소리의 주인공이 어떻게 생겼을지 추측하도록 했다. 그러자 상대가 매력적이라 믿는 남성과 통화한 여성이 가장 아름다울 것으로 여겨졌다. 결국 사람들이 데이트 사이트에서 자기 외모를 과장하는 것은 옳은 일이다. 자신이 '매우 매력적'이라고 하면 데이트 상대로 선택될 가능성이 높을 뿐 아니라 전화 통화를 하게 되었을 때에도 단지 매력적인 사람으로 여겨진다는 점 때문에 더 멋진 대화를 할 수 있는 것이다. 이런 경우 겸손함은 아무 소용이 없다.

　잠재적 데이트 상대들에게 자신의 매력을 과시하는 데 성공했다 해도 문제는 남는다. 여러 상대들 중에서 사랑에 빠질 수 있는 대상을 결정해야 하기 때문이다. 멋진 몸매를 자랑하는 내 친구는 인터넷 데이트 사이트에서 7000통이 넘는 데이트 신청 이메일을 받았고 그래서 나름의 선별 기준을 마련해야 했다. 농담을 할 줄 모르면 안 되고 "일도 잘 하고 놀기도 잘 한다."라는 식의 구태의연한 표현도 안 되고 "당신의 아름다운 모습을 보는 순간 몸이 공중으로 붕 뜨는 듯했다."라는 식상한 말을 쓴 경우도 탈락이었다. 맞춤법이 틀리거나 예전 여자친구와 함께 찍은 사진에서 자기 쪽만 잘라 붙인 신청자도 제외했다. 문제는 여러 가지 기대하는 점이 너무도 많다는 데 있다. 몇 페이지나 되는 남자들 명단이 있다 하더라도 내가 원하는 눈 색깔을 가졌는지, 나는 질색인 테니스를 취미로 삼은 것은 아닌지 하는 두 가지 기준만 바탕으로 완벽한 사람을 고른다면 전혀 어렵지 않을 텐데 말이다. 결국 몇 차례 데이트를 해 본 후 내 친구는 장미꽃 한 송이를 선물한 남자는 너무 구식이어서 딱지를 놓았고 베이지색 잠바를 입고 나온 남자는 답답해서 탈락시켰다. 또 벨기에의 브뤼에로 주말여행을 다녀오자는 남자는 낭만이 없어서, 식당에서 소스를 따를 때 비뚤게 앉았던 남자는 태도가 나빠서 안 되고 로드 스튜어트를 소재로 한 뮤지컬을 보러 가자는 남자는 언급할 가치도 없이 낙제점이었다.

그런데 이런 사람이 내 친구만 있는 것도 아니다. 우리는 두 번 다시 보지 않을 사람에 대해서는 몹시 냉혹한 평가를 내리곤 한다는 연구 결과도 있다. 해트필드의 또 다른 실험을 보자. 실험에 참여한 학생들은 5주 동안 모르는 이성과 만나게 되었는데 절반은 데이트 상대가 같고 나머지 절반은 매주 상대가 바뀔 것이라는 이야기를 들었다. 이어 데이트 상대의 이름을 전달받은 뒤 모든 사람의 모습을 담은 비디오테이프를 시청했다. 비디오에서 본 사람들의 매력 정도에 순위를 매기도록 하자 모든 학생들이 자기 상대로 정해진 사람을 가장 매력적이라고 생각했다. 특히 5주 동안 같은 상대를 만나기로 되어 있던 학생들이 더 높은 점수를 주었다. 데이트 상대에게서 가장 좋은 점을 찾으려고 한다는 점은 퍽 인상적이다. 해트필드는 이를 향후 사귀게 될 사람에 대해 매력을 느끼는 것이라 해석했다.

알지 못하는 상대에 대해 기대를 높게 가지는 경향은 데이트하는 사람들의 행동에 영향을 미치기도 한다. 데이트 알선 업체의 소개로 누군가를 만나 즐거운 시간을 보냈지만 사랑에 빠진 정도까지는 아니라고 할 때 선택은 두 가지이다. 계속 만나 보기로 하거나 아니면 다른 상대를 다시 찾아보는 것이다. 실제로 만났던 데이트 상대는 이상석이라 여겨지는 수많은 잠재적 상대와 경쟁하게 된다. 만났던 사람을 계속 만나는 것도 좋지만 잠재적 상대 중에 정말 멋진 사람이 있다면 어떻게 해야 한단 말인가?

이 모든 것이 사랑을 찾는 과정에 불과하다. 우리 모두 각자 잘 알고 있는 바로 그 감정 말이다. 우리는 10대가 되기 훨씬 전부터도 이상적인 상대의 모습을 머릿속에 그리기 시작한다. 부모를 보면서, 또 다른 사람들을 보면서 아이들은 사랑이 무엇인지, 그리고 사랑하는 관계는 어때야 하는지를 배워 나간다.

사랑은 기본적인 감정인가?

심리학 연구들을 보면 사랑은 기본적 감정 목록에 포함되지 않는 것이 보통이다. 사랑은 순간적으로 느껴졌다가 다음 순간 사라지는 종류의 감정이 아니다. 주말에 멋진 곳에 갔을 때 갑자기 사랑이 더 크게 느껴질 수는 있다. 하지만 분노처럼 한 순간 불타오르지 않고 또 슬픔처럼 이유 없이 느껴지지도 않는다. "오늘 사랑을 약간 느끼는데, 이유는 잘 모르겠어."라고 말할 수는 없는 것이다. 사랑에는 들뜸, 희망, 가벼운 두려움이나 무력감 등 여러 가지 느낌이 섞여 있다. 결혼한 부부들의 대화에서 가장 자주 등장하는 감정은 두 가지인데 하나는 사랑이고 또 다른 하나는 후회(!)라고 한다.

사랑은 다양한 측면에서 살펴볼 수 있다. 사랑은 감정일까, 남에 대한 태도일까, 그도 아니면 일련의 행동일까? 분노 편에서 소개했던 제임스 애브릴은 사랑을 아주 무미건조하게 설명한다. 즉 사랑에 빠졌다는 고백은 상대에게 일련의 행동을 기대하겠다는 의사 전달이라는 것이다. 내가 사랑을 고백하고 상대도 동일한 응답을 해 왔다면 이는 서로에게 충실하겠다는 계약이 성립되었다는 뜻이고 매일같이 서로를 배려하며 행동하고 미래를 함께 설계하겠다는 약속이다. 기대가 충족되면 사랑이 가득한 삶을 살았다고 말하게 된다. 애브릴에 따르면 우리는 자신의 행동을 머릿속에 들어 있는 낭만적 이상과 비교하여 해석한 후 결론을 내린다고 한다. 어떤 사람과 함께 시간 보내는 것이 좋고 그 사람이 곁에 없을 때 쓸쓸하다면, 그 사람 생각을 많이 하고 미래를 함께하고 싶다면 우리는 사랑에 빠지기로 결정하게 된다. 흔히 감정이 우리에게 찾아온다고들 하지만 애브릴에 따르면 감정은 우리가 선택하는 행동의 방식에 불과하다. 우리가 사랑에 빠지는 이유는 사회가 개인을 제대로 보살피지 않기 때문이라는 것이 애브릴의 설명이다. 사회의 사랑을 받지 못하기 때문에 우리는 서로서로 사랑을 주고받는 것이다. 또 사랑하는 상대를 이상화함으로써 우리는 자신의 자아 존중감을 유지한다.

사랑은 사회에 의해 만들어졌을 뿐이라는 주장을 하는 사람들은 애브릴 외에도 많다. 낭만적인 사랑은 12세기 프랑스의 음유 시인들이 만들어 냈다고노 하고 단테나 세익스피어를 시작점으로 잡기도 한다. 하지만 낭만적 사랑이 그 전에도 존재했다는 증거는 쉽게 찾을 수 있다. 가장 많이 언급되는 것은 6세기에 살았던 시인 사포의 작품이다. 한때 낭만적 사랑은 서구에서 만들어진 것이고 연애결혼이 이루어지는 문화권에서만 가능하다는 주장이 나오기도 했다. 하지만 이는 사실과 다르다. 1992년, 미국의 인류학자들인 윌리엄 얀코비악과 에드워드 피셔는 지구상 166개 사회를 대상으로 이루어진 사랑에 대한 인류학 연구들을 종합 정리했다. 여기서 한 가지 문제는 학자들마다 사랑을 달리 정의했다는 데 있었다. 여기서 사랑은 성관계의 완곡한 표현에서부터 낭만적 사랑에 이르기까지 다양한 의미를 가졌던 것이다. 이 외에도 얀코비악과 피셔는 각 지역의 민담, 노래, 사랑의 도피 이야기 등을 수집했다. 그 결과 조사 대상 사회 중 최소한 88퍼센트에서 낭만적인 사랑이 존재하는 것으로 나타났다. 이들은 나름대로 사랑을 정의한 후 엄격한 기준을 적용했기 때문에 88퍼센트라는 수치는 그야말로 최소치라고 보아야 한다. 낭만적 사랑의 증거가 전혀 없다고 분석된 사회는 오직 하나뿐이었다. 이렇게 보면 사랑은 서구의 발명품이 아니다. 다만 낭만적 사랑에 주어지는 가치는 문화권별로 다양했다. 서구의 로맨틱 코미디 영화를 보면 잘나가는 남녀가 완벽해 보이는 배우자를 버리고 사랑을 찾아가는 모습이 자주 나온다. 여기서 진정한 사랑은 배우자에 대한 충실보다 훨씬 더 중요하게 여겨진다. 하지만 모든 문화권에서 이렇지는 않다. 미국에서는 '진정한 사랑'을 위한 결혼이 점점 더 강조되는 추세이다. 1960년대에는 지적으로나 외모, 성격, 유머 등 모든 면에서 완벽하지만 사랑하지는 않는 남자와 결혼하겠느냐는 질문에 많은 여자들이 그러겠다고 했지만 요즘은 이 비율이 9퍼센트에 불과하다. 사랑하지 않는다면 결혼도 할 수 없다고 생각하는 것이다.

사랑 연구는 실제 사랑을 바꾼다

"2억 명 미국인들이 수수께끼로 남겨 놓고 싶어 하는 것 중에서 으뜸은 어떻게 해서 우리가 사랑에 빠지는지 하는 문제일 것이다." 1975년에 미국 상원의원 윌리엄 프록스마이어가 사랑에 대한 연구를 공격하면서 했던 말이다. 이 말에도 불구하고 사랑에 대한 연구는 꾸준히 이루어져 왔고 논문도 수천 편이나 발표되었다. 하지만 아직까지도 사랑이라는 것에 대한 이해가 과연 가능한 것인지, 사랑에 대한 연구가 그 마력을 파괴해 버리지는 않을지 하는 의문은 남아 있다. 그런 질문은 어찌 보면 퍽 당혹스럽다. 우울증 연구 때문에 슬픔이라는 수수께끼가 망쳐질 것을 걱정하는 사람은 없기 때문이다. 오히려 슬픔은 부정적인 감정이므로 연구해야 하고 가능한 한 극복하도록 해야 한다고 말한다. 그런데 사랑도 슬픔 못지않게 큰 고통을 야기하는 감정이다. 또 사랑을 긍정적인 감정이라 본다고 해도 연구 대상이 되지 못할 이유는 없다. 절정감이 뇌 속에서 일으키는 화학적 변화를 다루는 연구에 대해 행복이라는 수수께끼를 파괴하면 안 된다는 항의는 나온 적이 없다. 그런데 유독 사랑만은 다른 것과 다른 특별한 연구 대상으로 간주되는 것이다.

사랑에 대한 연구가 사랑을 찾고 유지하는 데 도움을 줄 것인가는 또 다른 문제이다. 하지만 이 점은 일레인 해트필드에게는 도움을 주었던 것 같다. 해트필드는 사랑하는 남편과 함께 하와이에 살면서 사랑에 대한 책을 썼다. 해트필드는 심리적 측면을, 남편은 역사적 측면을 다루었다. 연구를 시작한 지 얼마 안 되어 프록스마이어 상원의원은 해트필드에게 황금양털상(Golden Fleece, 예산 낭비가 심한 정부 기관이나 사업에 주는 상으로 경고의 의미를 담고 있다.—옮긴이)을 수여함으로써 그 연구를 얼마나 하릴없는 짓으로 보고 있는지를 명백히 했다. 해트필드 어머니가 다니는 가톨릭 성당의 신부도 이미 몇백 년 전부터 교회는 사랑과 성관계에 대해 모든 것을 다 알고 있고 따라서 더 이상 연구할 필요가 전혀 없다는 내용의 편지를 보내왔다. 사랑을 주제로 삼은 또 다른 인물인 엘렌 버세이드는 연구 주제에 대한 사람들의 관심, 그리고 논란 때문에 2년이나 되는 세월을 허비해야 했다고 말한 적이 있다. 하지만 버세이드와 해트필드는 끝까지 굴하지 않았다. 이후 사랑과 성을 다루는 학술지가 연이어 등장하고 많은 연구가 이루어졌다.

해트필드 부부는 1980년대 이후 함께 즐거이 연구를 해 오고 있다. 나는 모두들 그 부부가 완벽한 관계라고 말하는 것에 어떻게 생각하느냐고 물었다. "다른 부부들이 모두 그렇듯 우리도 좋았다가 나빠졌다가 해요."라는 대답을 기대하면서 말이다. 하지만 해트필드는 진지한 얼굴로 "맞아요. 사람들이 우리는 완벽한 관계라고 생각하더군요. 사실 저희도 정말 그렇다고 생각해요."라고 대답했다. 해트필드 부부를 보면 사랑에 대한 연구가 실제 사랑에도 변화를 가져올 수 있는 것 같다.

사랑의 용도

그렇다면 사랑에 대한 연구는 무엇을 밝혀낼 수 있을까? 매력의 비밀, 사랑이 신체와 뇌에 미치는 영향 등등이 가능할 것이다. 하지만 사랑의 용도가 무엇인가 하는 문제가 제일 앞에 와야 할 것 같다. 현재와 과거를 막론하고 전 세계 사람들이 사랑에 빠진다는 점은 이 감정이 진화의 부산물이거나 혹은 생존과 생식 가능성을 높이기 위한 진화적 도구라는 것을 시사한다. 이러한 진화적 접근에 따르면 사랑은 결국 생식을 위한 것이 된다. 물론 사랑이 없어도 강렬한 성적 매력이 번식 욕구를 해결해 주는 예외적 경우가 존재하기는 하지만 말이다. 이렇게 강력한 유대가 발달한 이유, 그리고 거부당했을 때의 괴로움을 무릅쓰게 된 이유는 대체 무엇일까? 한 가지 가능한 대답은 부모가 함께 보살펴 주는 경우 자녀의 생존 가능성이 높아진다는 것, 그리고 부모를 그렇게 함께 엮어 주는 것이 바로 사랑이라는 것이다. 질투의 장에서 소개했던 데이비드 버스는 남녀가 서로 다른 목적으로 사랑에 접근한다고 주장한다. 여자의 목적은 아이들을 부양할 능력이 있는 남자를 찾는 것이고 남자의 목적은 임신 출산 능력이 탁월한 여자를 찾는 것이다. 버스에 따르면 이 때문에 여자들은 실제보다 나이가 어린 척한다고 한다. 하지만 39~40세 정도 된 내 친구들이 남자를 소개받을 때 나이를 속이는 것은 임신 출산 능력을 과시하기 위해서만은 아닌 것 같다.

진화적 설명과 모순되는 사례는 여러 문화권과 여러 시대에서 쉽게 발견된다. 오늘날 영국에는 자녀를 갖지 않기로 결정하는 사람들이 많다. 이는 진화적 행동 유형에는 도무지 들어맞지 않는다. 결국 진화는 개개인의 행동을 정당화하거나 설명하는 데는 사용할 수 없는 개념이다. 진화의 아름다움은 종이 끊임없이 변화를 겪는다는 데 있다. 그런데 진화적 설명을 시도하는 사람들은 인류 발달의 단계를 염두에 두지도 않을뿐더러 우리가 지난 수십만 년간 전혀 변화하지 않았다고 가정하는 오류를 범하기 일쑤이다. 남자의 본능은 가능한 한 많은 여자를 임신시키는 데 있다고 하지만 한 배우자와 평생을 보내야 한다는 압력이 가장 약하다고 하는 오늘날 서구에서도 많은 남자들이 여전히 부인에게 충실하다. 사실 여러 여자들과 하룻밤 관계를 맺는 것은 번식을 최대화하는 데 그리 효과적이지 않다. 남자는 성관계를 맺는 여자가 가임기인지 확인할 수 없고 설사 가임기라 해도 임신 확률은 20퍼센트에 불과하다. 그보다는 한 여자에게 집중해서 다른 남자의 접근을 차단하면서 가능한 한 임신 가능성을 높이는 편이 더 낫다. 고정 상대 하나를 임신시킬 수 있을 정도의 확률을 여러 상대를 대상으로 하여 확보하려면 엄청나게 많은 여자들과 성관계를 맺어야 한다. 어쩌면 바로 이 때문에 사랑이라는 감정이 진화했는지도 모른다.

생물학적 욕구를 충족시키는 데 도움을 주는 것 외에 사랑은 심리적 요구도 만족시킨다. 다른 사람과 유대감을 느끼도록 하고 스스로 가치 있고 사랑받는다고 느끼게 하는 것이다. 또 다른 사람에게 똑같이 베풀어 줄 가능성도 높아진다. 사랑에 빠지고 나면 나의 행복에 온갖 신경을 쓰고 어린 시절에 부모님이 그랬듯 살뜰히 나를 챙겨 주는 사람이 생긴다. 더 이상 어두운 침실에서 혼자 잘 필요도 없다. 아이 때처럼 나를 사랑하는 사람과 공간을 공유하며 편안함을 느낄 수 있는 것이다.

가장 가슴을 뭉클하게 만들고 오래 기억되는 사랑은 혼자 하는 짝사랑이다. 가브리엘 가르시아 마르케스의 『콜레라 시대의 사랑(*Love in the Time of Cholera*)』이라는 연애 소설을 보자. 주인공 플로렌티노 아리자는 카리브 섬에 사는 페르미나 다자라는 여학생을 사랑하게 된다. 페르미나도 처음에는 플로렌티노를 좋아하지만 연애 사실이 들통 나면서 멀리 보내졌다가 돌아온 후, 마음이 바뀌어 다른 남자와 결혼한다. 하지만 플로렌티노는 여전히 페르미나를 사랑해 그 남편이 죽기까지 기다리고 결국 51년하고도 9개월 4일이 지난 후 다시 사랑을 고백한다.

사랑이 가져오는 혜택은 분명하다. 이렇게 보면 사랑은 이성적인 감정이다. 하지만 짝사랑의 경우에는 제아무리 강렬하다고 해도 목적을 찾기 어렵다. 자기한테는 관심도 없는 사람을 바라보며 시간과 에너지를 낭비하는 행동에 불과하지 않은가. 이러한 사랑을 통해서는 번식의 가능성도, 나를 돌봐 줄 사람도 얻을 수 없다. 하지만 그럼에도 불구하고 짝사랑은 계속된다. 연구 결과에 따르면 호혜적인 사랑을 하는 사람에 비해 짝사랑을 하는 사람은 우울함을 크게 느낀다고 한다. 하지만 사랑에 대해 수년 동안 연구한 아서 아론은 짝사랑 또한 이성적이라 주장한다. 우선 사람들은 성공 가능성을 과대평가하는 경향이 있다. 또 상황을 제대로 파악하는 경우라 해도 약간의 성공 가능성에 충분히 도박을 걸게 된다. 짝사랑은 사랑했다가 한순간에 모든 것을 다 잃어버리는 것에 비하면 즐길 만한 일이 될 수도 있다. 하지만 아론도 짝사랑을 경험한 사람들이 관계에 대해 더 많이 불안해 한다는 점은 인정했다. 이런 불안감 때문에 얻기 어려운 상대를 고르게 되는 것인지, 아니면 과거의 짝사랑 경험 때문에 불안감을 느끼는지는 알 수 없지만 말이다. 플로렌티노 아리자는 기다림과 사랑으로 평생을 보내면서 사랑을 그 자체로 아름다운 것이라 보게 되었다. 짝사랑이든 호혜적이든 간에 말이다. 그리고 그 사실을 편지로 써서 페르미나에게 보낸다. "이 편지를 통해 그녀가 사랑은 감사하는 마음이라는 것을 알게 되었으면 한다. 사랑은 무언가의 목적이 아니라 그 자체가 시작이요, 끝인 것이다."

섹시함의 수수께끼

사랑에는 나름의 목적이 있다 치자. 그러면 우리가 어떤 사람에게는 매력을 느끼고 다른 사람에게는 그렇지 않은 이유는 무엇일까? 매력이 무엇인지 분석하려는 시도는 여러 차례 있었다. 남자들은 허리와 엉덩이 비율이 0.67인 여자를 가장 좋아한다는 이론도 있었다. (다시 말해 허리 둘레가 엉덩이 둘레보다 훨씬 작아야 한다는 뜻이다.) 앞장에서 언급했듯 매력은 대칭성, 그리고 대칭성을 통해 드러나는 유전적 건강함과 관련된다. 스티브 게인즈스태드와 생물학자 랜디 손힐은 여자들이 남편 혹은 남자 친구와 비교해 대칭적인 외모를 가진 이성과 바람을 피운다는 점을 발견했다. 이 여자들은 더 건강한 유전자를 찾는 것일까? 데이비드 버스는 짝 찾기 전략은 복합적으로 결정된다고 지적한다. 인생의 동반자가 되어 줄 만한 믿음직한 사람을 찾는 것과 함께 무의식적으로는 좋은 유전자를 가진 외도 상대를 고른다는 것이다. 물론 외도 상대가 더욱 대칭적인 데에는 남편감과 달리 애인을 선택할 때에는 외모가 더 중요하다는 점도 영향을 미칠 것이다. 오랫동안 함께 살아야 하는 남편을 고를 때에는 외모 외에도 여러 가지 특징을 고려해야 하기 때문이다.

대칭적인 얼굴을 선호하는 동시에 우리는 자신과 유사한 얼굴에 매력을 느낀다. 세인트앤드루스 대학교의 데이비드 페레트는 컴퓨터를 사용해 여성과 남성의 합성 사진을 만들었다. 실험 참가자는 우선 사진을 찍고 난 후 일련의 이성들 사진을 보면서 어떤 얼굴이 가장 매력적인지 답했다. 그 사진들 중에는 실험 참가자 본인의 얼굴과 합성한 사진이 섞여 있었고 많은 사람이 바로 그 사진 속 인물을 가장 매력적이라 생각했다. 이렇게 되는 이유는 그 얼굴이 어쩐지 낯익기 때문에, 혹은 아버지 얼굴과 닮아서, 그도 아니면 비슷한 얼굴의 사람과 아이를 낳으면 역시 비슷한 얼굴의 아이가 나올 가능성이 높아서 등으로 생각할 수 있다. 어쩌면 가장 매력적인 미남과 미녀가 서로 짝을 이루는 이유도 여기 있을지 모른다. 자신처럼 잘생긴 짝을 찾기 때문에 말이다. 또 덜 매력적인 사람은 자격이 안 돼 미남 미녀를 만나지 못하는 것이 아니라 자신과 비슷한 매력을 가진 사람에게 끌리게 되는 것이다. 이런 연구들의 문제는 실험실에서 사진을 고르는 것이 현실과는 영 다르다는 점이다. 이상적인 상대를 꿈꾸던 사람들이 전혀 다른 짝을 만나는 일이 아주 흔하지 않은가. 사람들은 장기적인 관계를 이룰 상대를 고를 때는 머리카락 색깔보다 좀 더 진지한 기준을 적용하는 것 같다. 다행스러운 일이다.

사랑의 향기

외모만으로는 매력의 수수께끼를 다 설명할 수 없다. 사진으로는 어느 모로 보나 완벽해 보였던 상대가 막상 눈앞에 나타났을 때 무언가 빠진 듯 느껴지는 이유는 무엇일까? 이 질문에 대해 1980년대와 1990년대에는 페로몬이 자주 언급되었다. 면도 후 바르는 로션에 침팬지 생식샘 냄새가 섞여 여자들을 유혹하게 만들었다는 소문도 떠돌았다. 냄새 또한 매력을 구성하는 수수께끼 같은 요소이다. 수녀원의 수녀들이나 기숙학교의 여학생들은 페로몬의 영향으로 모두 같은 시기에 생리를 한다는 이야기도 많다. 하지만 이렇게 소문이 무성한 것에 비해 페로몬에 대한 연구는 많지 않다. 극히 적은 사람들을 대상으로 이루어진 몇 안 되는 연구 결과들이 무수히 반복 언급되었던 셈이다. 사실 인간이 내뿜는 냄새가 동물들의 페로몬이 담당하는 그런 역할을 한다고 볼 수 있는 것인지는 아직 확실하지 않다. 두려움의 장에서 언급했듯 일부 동물들에게는 두려움을 표시하는 페로몬이 있지만 인간에게도 그런지는 불분명하다. 빈 루트비히 보츠만 도시 행동학 연구소의 카를 그람마처럼 이 문제를 연구하는 사람은 인간이 내뿜는 냄새에 대해 어서 더 많은 연구가 이루어져야 한다고 주장한다. 누군가를 만나면서 맡는 새로운 페로몬 냄새는 머릿속으로 상대에 대해 판단하기도 전에 이미 특정 감정을 불러일으키게 된다는 것이 그의 주장이다. 하지만 문제는 그 냄새가 정확히 무엇인지 아무도 모른다는 점이다. 땀에는 200개 이상의 성분이 포함되는데 그중 확인된 것은 극히 일부에 불과하다.

페로몬을 연구하는 사람들은 부수적으로 보다 전통적인 과학 연구를 진행하곤 한다. 예를 들어 스위스 베른 대학교의 동물학자 클라우스 베데킨트는 주로 물고기를 통해 진화 생물학의 기본적인 문제를 탐구한다. 물고기의 짝짓기를 연구하면서 그는 처음으로 사람도 실험 대상으로 삼기 시작했다. 이유는 간단했다. 물고기와 달리 사람은 말할 수 있는 존재기 때문이다. 대부분의 연구들이 쥐를 대상으로 실험하여 인간에 대해 밝히려 하지만 그는 반대 방향을 택했다. 그는 물고기에 대해 알고 싶어서 인간을 이용했던 것이다.

결국 그는 놀라운 발견을 해냈다. 실험에 참가한 남성들은 깨끗한 흰 티셔츠를 받아 입고 이틀을 보내는 동안 향수 등 향기 나는 제품은 일절 사용하지 못했다. 그리고 이들이 벗은 티셔츠를 하나씩 상자에 넣고 위쪽에 냄새를 맡기 위한 구멍을 뚫었다. 여성 참가자들은 하나씩 냄새를 맡고 티셔츠 일곱 장의 냄새가 좋은지 나쁜지를 평가했다. 그러자 모든 여성이 좋다고 한 티셔츠는 한 장도 없었다. 모두 의견이 제각각이었다. 하지만 평가에 영향을 미치는 요인은 존재했다. 바로 자신의 면역 체계 유전자와 다른 유전자를 지닌 남성의 티셔츠를 좋게 평가했던 것이다. 이는 특히 가임기 여성에게서 두드러졌다. 면역 기능을 하는 항원 중 조직 적합성 복합체(major histo-compatibility complex, MHC)라는 것은 사람마다 다르다. 각각의 면역 체계는 서로 다른 박테리아를 생성하고 이것은 피부에서 땀을 통해 배출된다. 이론적으로 볼 때 조직 적합성 복합체 유전자가 전혀 다른 사람들끼리 자식을 낳는다면 동종 교배의 위험이 줄고 유전병을 전달할 가능성도 낮아진다. 그래서 베데킨트는 자신과 다른 면역 체계를 가진 사람을 선택하는 주된 이유가 자녀들에게 더 좋은 유전자 결합을 제공하기 위해서라고 해석했다. 하지만 조직 적합성 복합체 유전자가 매력을 결정하는 유일한 요소는 아니다. 만약 그렇다면 여자들은 상대의 마음을 사로잡으려고 온갖 노력을 할 필요가 없어지는 셈이지만 말이다.

최근 베데킨트는 향수도 자신의 면역 체계와 일치하는 종류로 고른다는 것을 발견했다. 결국 우리는 향수를 본래 냄새를 감추기 위해서가 아니라 강화하기 위해서 사용하는 셈이다. 잠재적인 짝이 내 특정 면역 체계를 잘 찾아내도록 돕는 것이다. 하지만 조직 적합성 복합체 유전자가 성별에 따라 차이가 없는 반면 남자와 여자가 좋아하는 냄새가 다르다는 점은 여전히 의문이다. 여기에는 문화적 요인이 작용할 것으로 보인다.

그람마는 질 분비물에서 나오는 코퓰린(copulin)이라는 물질을 사용하면 남자들을 혼란스럽게 만들 수 있다는 점도 보였다. 이 냄새를 맡은 남자들은 더 이상 여자들 사진을 보고 매력도를 비교 평가할 수 없었다. 모든 여자들이 똑같이 매력적으로 느껴졌던 것이다. 하지만 애석하게도 코퓰린은 금방 분해되는 물질이어서 병에 넣고 다니면서 남자를 유혹할 때 사용하기는 어렵다. 그람마는 우리가 알지 못하는 일종의 화학전이 남녀 사이에서 벌어지고 있는 것이라 설명한다. 여자들은 남자의 미적 판단을 방해하는 화학 물질을 내뿜고, 빈면 남자들은 가임기 여자가 아니라면 싫어할 페로몬을 내뿜는 식으로 말이다. 결국 핵심은 냄새를 통해 남자들이 가임기 여자를 찾아낼 수 있다는 점이다.

문제는 우리 대부분이 땀내를 맡으려 들지 않는다는 점이다. 나폴레옹이 조세핀에게 보낸 편지의 "3주만 있으면 집에 돌아가오. 씻지 마시오."라는 유명한 문구가 모든 사람에게 적용되지는 않는 것이다. 그람마는 청결함에 대한 현대인들의 집착이 잘 맞는 짝을 고르는 데 방해가 된다고 여긴다. 하지만 페로몬이 영원한 사랑의 결정 요소라 주장하기에 앞서 기억해야 할 점이 있다. 이 연구들에서는 실제 상황보다 훨씬 농축된 냄새를 더 오랫동안 맡게 했다는 것이다. 페로몬이 영향을 미치려면 일단 감지되어야 한다. 그렇지만 외모가 마음에 들지 않는다면 아마 가까이 다가가 냄새를 맡아 보게 될 가능성은 별로 없다. 결국 성적 매력에 관한 한 페로몬 이상의 무언가가 존재하는 셈이다. 처음에 호감을 느꼈던 상대라도 막상 대화를 나누기 시작하면 몇 초 만에 싫증나 버렸던 경험은 누구에게나 있지 않은가.

우리는 언제 사랑에 빠지는가

크리스틴에게는 힘든 한 해였다. 그녀가 돌보던 오랜 친구 중 하나가 운동 신경 질환에 시달리다가 세상을 떠났고 크리스틴은 직장을 잃었으며 여동생과 사이가 틀어졌고 남자들과 데이트를 시도할 때마다 제대로 되지 않았다. 더 심한 것은 이제 그녀가 40세가 되었다는 사실이었다. 그녀는 직업도 연인도 없었고 앞으로 무엇을 해야 할지도 막막했다. 한편 크리스틴의 가장 친한 친구의 남동생인 마틴 역시 상황이 좋지 못했다. 어렵사리 이혼 수속을 마치고 집을 팔려고 내놓았으며 8세짜리 아들이 가끔 찾아올 수 있도록 혼자 살 집도 구해야 했다. 20년 전, 18세 때 마틴은 성숙한 크리스틴을 보고 연정을 불태운 적이 있었다. 하지만 당시 크리스틴 입장에서 마틴은 친구의 어린 동생일 뿐이었다. 자기 상대는 나이도 더 많고 차도 있어야 한다고 생각했던 것이다.

마틴 누나의 40회 생일 파티가 열렸다. 당연히 제일 친한 친구인 크리스틴도 초대되었다. 많은 사람들 가운데서 우연히도 마틴과 크리스틴은 바로 옆에 붙어 앉게 되었다. 두 사람은 즉시 서로에게 매력을 느꼈다. 크리스틴은 그토록 오랫동안 연락이 없었는데도 불구하고 두 사람이 바로 어제 헤어진 듯 친밀감을 느낀다는 사실이 놀라웠다. 사랑이 시작되었고 두 사람은 동거하기 시작했다. 그런데 이들의 재회 시점에는 특기할 만한 사항이 하나 있다. 바로 두 사람 다 어려움을 겪는 중이었다는 점이다. 크리스틴은 모든 것이 슬프고 힘든 시절이었으므로 마틴과 보내는 시간이 특히 소중했다. "함께 있으면서 느끼는 편안함, 그것만으로도 충분했어요. 우리는 둘 다 그 점을 인정했죠. 상황이 좀 더 좋을 때 만났더면 서로에게서 더 많은 것을 기대했겠지만 그때는 그저 누군가 내 옆에 있어줄 사람이 필요했어요. 20년 전이라면 내가 장차 친구의 남동생과 사랑에 빠질 것이라 어디 상상이나 했겠어요?"

1940년대에는 사람들의 자기 존중감이 낮아졌을 때 사랑에 빠질 가능성이 가장 높다고 여겨졌다. 크리스틴과 마틴의 경우처럼 말이다. 1965년, 일레인 해트필드는 이 이론을 실험했다. 자신감과 자존심이 바닥을 쳤을 때 정말로 애정을 잘 받아들이게 되는지 확인하려 했던 것이다. 여학생들을 대상으로 성격 조사를 한 뒤 거짓 결과를 주어 세 집단을 만들었다. 자신이 기대한 것보다 결과가 훨씬 좋은 집단, 나쁜 집단, 기대와 결과가 비슷한 집단이었다. "외적으로는 성숙한 모습을 보여 일시적인 효과를 거두고는 있지만 기본적으로 미성숙한 충동이 남아 있습니다."라는 말을 듣고 마음 편한 사람은 없을 것이다. 나약한 성격, 개방성 부족, 자신에 대한 과대평가, 반사회적 충동, 유연성 부족, 약점을 감추려는 성향 등도 지적을 당했다. 이렇게 자기 성격이 공격당하게 될 때 성격 검사가 잘못되었다는 반응도 나올 수 있다. 하지만 해트필드는 이런 반응 대신 일시적으로 자아 존중감에 상처를 입도록 의도했다. 자아 존중감이 높은 집단에 속하게 된 여학생들은 이제껏 보던 중에 최고의 장점만을 가지고 있다는 식의 칭찬을 들었다. 세 번째 집단에게는 성격 검사 결과가 아직 나오지 않았다고 했다. 그러고 난 다음, 실험 대상 여학생들이 각각 혼자 있는 방에 멋진 남자 대학원생이 걸어 들어왔다. 그리고 다정하게 말을 걸며 다음 주에 영화를 보고 저녁을 먹자며 데이트를 신청하기도 했다. 이후 여학생들은 그 대학원생의 첫인상이 어땠는지를 설명했다. 그 결과 자아 존중감에 일시적 상처를 입은 여학생들이 상대를 가장 매력적이라고 평가했다. 누군가의 칭찬이 가장 필요한 시점이었기 때문이다. 반면 자아 존중감이 한껏 높아진 여학생들은 매력도를 가장 낮게 평가했다. 분명 자신들은 그보다 더 나은 상대를 만날 자격이 있다고 여겼을 것이다. 결국 사람들이 실연 등의 상황에 대한 '반동'으로 사랑에 빠지는 이유가 설명되는 셈이다.

낮은 자아 존중감이 사랑에 도움을 주든, 그렇지 않든 일단 사랑에 빠지고 나면 자아 존중감은 높아진다. 아서 아론은 300명 이상의 학생들을 한 학기 동안 추적 관찰하여 사랑에 빠지는지를 살폈다. 10주의 기간은 그리 길지는 않지만 그 동안 학생들은 많은 사람을 만날 수 있기 때문에 사랑에 빠질 가능성은 충분했다. 실제로 3분의 1가량의 학생들이 그 기간 동안 사랑에 빠졌다. 정기 면담에 결석하는 학생들이 생기고 데이터 일부가 분실되는 등의 몇 가지 문제가 발생하기는 했지만 결국 아론은 사랑에 빠지면 자아 존중감이 높아진다는 결과를 제시할 수 있었다. 여기서 날마다 바뀌는 기분은 별 영향력이 없었다.

우리가 생각하는 낭만적 사랑은 부모님에게서 받았던 사랑을 바탕으로 한다. 즉 우리는 어린 시절을 재현하는 상황에서 사랑에 빠지기 쉽다. 새로 짝이 된 남녀가 수로 하는 행동, 즉 하루 동안의 여행, 즐거운 목욕, 깜짝 선물 등은 모두 부모 자녀 관계의 재현이다.

사람들이 특히 사랑에 빠지기 쉬운 상황 네 가지가 있다. 외로울 때, 불만족스러울 때, 성관계가 필요할 때, 그리고 변화가 필요할 때이다. 기존 연구에 따르면 이런 상황에서 사람들은 다른 사람의 관심으로 해석될 만한 어떤 것, 그리고 그것에 대해 반나절 정도 생각해 보는 경험을 필요로 한다고 한다. 그러고 나서 사랑에 빠지는 과정을 겪게 된다. 이렇게 보면 결혼 생활의 지속 여부는 부부 각각이 결혼에 대해 불만족하는 시점에 우연히 다른 사람을 만나게 되는지에 달려 있다는 주장도 근거가 있어 보인다. 결혼 생활이 만족스러울 때라면 누구를 만나도 결혼에 영향을 받지 않는다. 또 결혼 생활이 불행한 상태라 해도 매달릴 다른 사람이 없다면 결국 상황이 나아질 때까지 기다리면서 배우자 곁에 머무르게 될 것이다.

구름다리 위의 사랑

밴쿠버에 있는 카필라노 구름다리는 너비가 깊이의 2배에 달하는 계곡 위 75미터 높이에 놓여 있다. 관광객들은 흔들거리는 밧줄에 몸을 의지하고 조심스레 다리를 건넌다. 마음속으로는 언제 갑자기 장검을 가진 적들이 나타나 밧줄을 단칼에 끊어 버리지 않을지, 커다란 호를 그리며 다리가 떨어져 내리고 사람들이 대롱대롱 매달리게 되지 않을지 불안해하면서 말이다. 이런 식의 황당무계한 생각을 바탕으로 1974년, 유명한 실험이 이루어졌다. 다리를 건너던 남자들이 한가운데에서 매력적인 여성을 만난다. 멋진 경치가 창의력에 미치는 영향에 대해 연구를 하고 있다고 자신을 소개한 여성은 추상적인 그

림을 보여 주면서 연상되는 이야기를 해 달라고 부탁한다. 이 야기가 끝난 후에는 연구 결과가 궁금하면 연락하라며 전화번호를 건네 준다. 또한 구름다리 아래쪽의 안전한 시멘트 다리 위에서도 동일한 과정을 반복했다. 양쪽의 결과는 정말 달랐다. 구름다리에서 만난 남자들은 이야기에 성적 상상을 더 많이 섞어 넣었고 33명 중 9명이 나중에 전화를 걸어 왔다. 반면 안전한 다리 위에서 만난 남자 중에서는 2명만 전화를 했을 뿐이었다. 결국 불안한 구름다리 위의 남자들이 여자를 더욱 매력적으로 평가한 것이라 해석되었다. 위험한 상황이 더 큰 호감을 불러일으킨 것이다.

이 실험을 실시한 도널드 더튼과 아서 아론은 구름다리의 남자들이 신체에서 받는 느낌을 잘못 해석했을 뿐이라 설명한다. 구름다리 위에서는 심장 박동이 빨라진다. 이 현상을 느끼고 주변에서 이유를 찾던 사람들은 결국 여자의 매력 때문에 심장이 두근거리는 것이라 생각하게 된다는 것이다. 하지만 이는 다소 무리한 설명이다. 상황은 누구에게나 분명하기 때문이다. 남자들은 자신이 위험한 다리 위에 서 있음을 잘 아는 상태이다. 심장 박동이 빨라졌다면 그 이유를 충분히 찾아낼 수 있는 것이다. 대안적인 설명도 있다. 불유쾌한 자극이 멈추면 우리는 즐거움을 느끼게 된다. 뉴질랜드에서 번지 점프를 해낸 사람들이 보인 기쁨과 안도가 그 예이다. 구름다리를 건너던 남자들이 여성에게 호감을 느꼈던 것은 당연하다. 두려움을 느끼는 상황에서 다정한 여성을 만나 두려움을 잊게 되었던 것이다. 어쩌면 안도감을 느꼈을 수도 있다. 나중에 전화를 걸었다고 해서 그것이 여성의 매력 때문이라고 보는 데에도 비약이 있다. 실제로 데이트 신청을 해 온 사람도 없었다. 그저 결과가 궁금해 전화를 했던 사람도 상당수 되지 않았을까? 여자에 대해 어떤 느낌을 갖게 되었느냐는 질문은 없었던 것이다.

다리 위에서의 사랑 실험이 이루어진 다음 해인 1975년에는 매력이 유도될 수 있는지가 연구되었다. 한 연구에서는 남성 참가자들에게 15~120초간 달리기를 하게 한 뒤 매력적으로 차려입은 여성과 지저분한 여성의 비디오를 보여 주었다. 그러자 달리기를 더 오래 했던 남성들(심장 박동이 더 빨랐던 이들)은 짧은 시간만 뛰었던 남성들에 비해 잘 차려입은 여자의 매력을 더 높게 평가했다. 어쩌면 달리기로 인한 심장 박동을 매혹된 데 따른 현상으로 오인했을지도 모른다. 하지만 지저분한 여성에 대한 평가 부분에서 이 주장은 설득력을 잃고 만다. 여기서는 달리기를 적게 한 남성들이 매력도를 더 높게 보았기 때문이다.

우리가 자신의 신체 증상을 잘못 해석해 특정 감정을 경험한다고 믿어 버릴 수 있다는 생각은 다리 위의 사랑을 조사한 연구자들만의 것은 아니다. 그 출발점은 감정을 대상으로 한 역사상 가장 유명한 실험에 있다. 1962년, 스탠리 샤흐터와 제롬 싱어는 감정에 두 가지 요인이 있다는 이론을 만들었다. 감정을 느끼려면 우선 신체적 감각을 인식하고 그 원인을 찾아야 한다는 것이었다. 이를 검증하기 위해 실험 참가자들에게 에피네프린(epinephrine)을 주사하며 새로운 비타민 주사라고 속였다. 첫 번째 실험 참가자 집단에게는 주사의 부작용으로 손 떨림, 얼굴 홍조, 심장 두근거림이 있을 수 있다고 올바른 정보를 알려 주었다. 두 번째 집단에게는 부작용이 전혀 없다고 했고 세 번째 집단에게는 두통, 따끔거림, 다리 마비 등이 올 수 있다는 거짓 정보를 주었다. 그리고 한 번에 한 사람씩 방으로 불러 설문 조사를 실시했다. 방 안에는 또 다른 실험 참가자라고 소개된, 하지만 실제로는 방에 들어간 사람의 분노를 야기하는 역할을 맡은 조교가 기다리고 있었다. 조교는 방 안의 훌라후프를 만지작거리거나 종이를 구겨 던져 버리는 등의 행동을 했고 설문지에 포함된 문항에 대해 화를 내기도 했다. 예를 들어 성관계를 얼마나 자주 갖는지, 가족 중 누가 규칙적으로 목욕을 하는지, 어머니에게는 애인이 몇 명이었는지 등이었다. 이 마지막 문항에서 객관식 응답의 1번은 '4명 이상'이었다. 결국 화난 사람은 흥분한 나머지 방을 뛰쳐나가 버린다. 연구자들의 관심은 그 감정이 전파되는가의 여부였다. 약물의 부작용을 모르는 사람들은 자신의 신체적 흥분에 대해 설명을 찾다가 결국 자신도 화가 난 것이라 생각하게 되고, 그 감정을 더욱 강하게 느낄 것으로 예측되었다. 그리고 결과는 바로 그대로였다.

하지만 후속 연구자들이 행한 실험에서는 같은 결과가 나오지 못했다. 또한 감정을 느끼기 위해 생리적 증상이 꼭 필요한 것은 아니라는 증거가 제시되기도 했다. 하지만 샤흐터와 싱어가 감정이 가진 매우 중요한 측면을 보여 준 것은 사실이다. 상황에 대한 우리 관점이 감정을 경험하는 방식에 영향을 미쳤던 것이다. 구름다리 위의 남자들이 두려움을 사랑으로 착각한 것이라면 이제 우리는 사랑이라는 감정이 그저 막연히 일어난다고만은 볼 수 없다. '사랑에 빠진다.'라는 수동적인 표현과 달리 우리의 생각이 분명히 개입되어 있는 것이다. 그리고 아마 이 때문에 특정 시점에 더 쉽게 사랑에 빠지는지도 모른다. 특히 두려움을 느끼는 상황은 사랑과 특별한 관련이 있는 것 같다.

1995년, 사이먼이라는 청년이 일행 5명과 함께 북극의 빙산 위를 걷고 있었다. 모두 숙련된 등반가들이었다. 그린란드의 어느 봉우리를 최초로 등반하는 것이 목표였다. 눈보라가 휘몰아쳤다. 크로스컨트리 스키를 신고 미끄러지듯 전진하는 과정에서 언제든 얼음 밑에 입을 벌린 크레바스(빙하에 생긴 균열)에 빠질 수 있었다. 그런 상황에 대비해 모두 안전 훈련을 받은 터였다. 3명씩 서로의 몸을 로프로 연결해 한 사람이 빠지더라도 나머지 2명이 지렛대처럼 움직여 그를 끌어올리도록 해 두었다. 사이먼의 친구가 앞장서고 그 친구의 여동생 세라가 사이먼 뒤에 서서 한 조로 움직였다. 터벅터벅 힘들게 걸어가는 그 순간에 낭만적 사랑이란 저 멀리 관심 밖이었으리라. 순조롭게 전진하는 와중에 갑자기 사이먼의 스키가 아래로 가라앉았다. 사이먼은 얼음 속의 깊은 구멍으로 떨어졌고 그 위로 떨어진 썰매에 머리를 맞아 정신을 잃었다. 사이먼과 썰매가 크레바스로 빨려 들어가자 뒤에 섰던 세라는 거의 구멍 가장자리까지 끌려갔다. 안전 수칙을 기억해 낸 세라가 도끼를 꺼내 눈에 박아 넣고 어깨를 걸쳐 몸무게를 실었다. 사이먼은 의식이 가물가물한 채 로프에 매달려 있었다. 아래쪽은 9미터 나 되는 얼음 구멍이었다. 사이먼의 목숨은 세라가 그와 썰매 의 무게를 버텨 낼 수 있는가에 달려 있었다. 버티지 못하는 경 우 세라는 사이먼과 함께 구멍 속으로 떨어지거나 사이먼과 연결된 로프를 끊는 수밖에 없었다. 어느 쪽이든 사이먼이 목 숨을 부지하기는 어려웠다. 세라는 일행이 다가와 시몬을 끌 어올릴 때까지 안간힘을 쓰며 버텨 냈다. 사이먼은 머리가 온 통 피투성이었다. 일행 중의 의사가 의식이 깜박깜박하는 그 의 상태를 보고 어서 병원 치료를 받아야 한다는 결정을 내렸 다. 비상 위치 안내 표시를 쏜 후 기다리기 시작했다. 워낙 외 진 곳에 있다 보니 도움을 받으려면 한참 기다려야 할 것이었 다. 사흘이 지나도록 아무 소식이 없었다. 다시 두 번째 표시를 쏘았다. 다행히 이번에는 대서양을 지나던 제트 비행기의 조 종사가 수백 미터 상공에서 표시를 보고 가까운 공항에 무선 연락을 해 주었다. 응급 헬리콥터가 도착했고 사이먼은 목숨 을 건질 수 있었다.

　그 사고에도 굴하지 않고 사이먼은 다음 해에도 4개월 동 안 북극을 누볐다. 롱이어비엔(Longyearbyen)으로 되돌아온 그 는 우연히 세라와 마주쳤다. 함께 경험했던 끔찍한 상황이 두 사람을 엮어 주었고 두 사람은 이후 결혼했다.

　이렇게 사랑은 두려움에서 출발하기도 한다. 아론은 구름다리 실험 후 15년이 지나 두려운 상황에서의 사랑 문제를 다시 다루게 되었다. 사랑이 자아 존중감을 높인다는 앞서 소개한 연구는 바로 아서 아론 부부가 했던 것이다. 그 연구 과정에서는 의외의 두려움 변수가 생겨나기도 했다. 학생들이 두 번째 자아 존중감 검사를 받은 바로 다음날 대학교에서 겨우 16킬로미터 떨어진 로마 프리에타(Loma Prieta)에서 지진이 일어났던 것이다. 그 불행한 사건으로 아론은 지진에 대한 두려움이 학생들의 사랑에 영향을 줄 수 있는지 확인할 절호의 기회를 잡은 셈이었다. 지진 이후에 새로 연인을 찾은 학생들의 수는 지진 전과 비교해 비슷했지만 지진 직후 우울함을 가장 많이 느꼈던 학생들이 사랑에 더 많이 빠지는 것으로 나타났다. 이는 구름다리 위의 사랑과 동일한 현상일지도 모른다. 신체적인 증세를 사랑에 빠진 탓으로 잘못 해석하는 현상 말이다. 혹은 지진 후 위안을 찾는 와중이었기 때문에 상대를 더욱 적극적으로 받아들였을 가능성도 있다.

사랑과 건강

사랑하고 있다면 그 감정은 뇌와 신체 모두에 영향을 준다. 사랑이 기분을 좋게 한다는 점은 누구나 알고 있다. 그러나 사랑은 더 나아가 건강도 선물해 준다. 사랑을 연구하는 또 다른 부부 연구자인 재니스 키콜트글레이저와 로널드 글레이저는 부부를 대상으로 실험을 했다. 우선 실험 참가자 부부의 팔에 콩알 크기의 물집을 만들어 놓은 후 부부가 서로에게 바라는 점을 말하게 했다. 그리고 물집 부분에 사이토킨(cytokine)이라는 합성 물질이 얼마나 빨리 전달되어 치료 과정을 시작하는지, 그리고 스트레스 호르몬인 코르티솔의 혈액 내 수치가 어떤지를 측정했다. 그러자 부부의 대화가 물집 치료 속도에 실제로 영향을 미친다는 점이 드러났다. 긍정적인 대화를 주고받을 때에는 코르티솔 수치가 떨어지고 물집이 빨리 치료되었지만 부정적인 대화는 치료를 지연시켰다. 물론 이를 바탕으로 사랑이 면역 체계에 영향을 미친다고 말하는 데에는 무리가 있다. 그 차이는 편안함을 느끼느냐의 여부에 달려 있을 수도 있다. 하지만 덴마크 대학생들을 대상으로 했던 연구에서는 사랑에 빠진 사람이 더 건강하고 자연 살해 세포(natural killer cell)의 활동도 둔화되는 것으로 나타났다. 짝사랑을 하는 사람은 감기나 기관지염에 자주 시달려 면역 체계가 더 많이 작동해야 하는 상황이었다. 하지만 이런 결과를 일반화하기는 쉽지 않다. ‘사랑에 빠진’ 사람들이 본래 더 건강했을 가능성이 있기 때문이다. 어쩌면 건강이 나쁜 사람은 아픈 탓에 상대를 만나 사랑에 빠질 기회가 없는 것인지도 모른다.

사랑 호르몬

1819년에 작가 스탕달은 자신의 짝사랑 경험을 담아 사랑을 분석하는 책을 쓰겠다고 결심했다. 그 책의 여러 서문 중 하나를 보면 첫 11년 동안 책을 읽은 독자가 겨우 17명에 불과했다는 불평이 나온다. "이 책은 전혀 성공하지 못했다. 난해한 것으로 받아들여졌으며 거기에는 그만한 이유가 있었다." 하지만 이후 스탕달의 책은 고전의 반열에 올랐다. 초기의 감탄 단계에서부터 함께할 수 있는 일에 대한 기대, 희망, 사랑하는 대상을 바라보는 즐거움, 사랑에 빠졌다는 깨달음, 사랑의 감정이 교류되고 있다는 구체적인 확신 등으로 이어지는 사랑의 단계가 특히 자주 언급된다. 하지만 위의 여섯 단계가 전부였다면 그토록 많은 사람들의 공감을 이끌어 내지는 못했을 것이다. 여섯 번째 단계에서는 의혹이 생겨나기 시작한다. 상대가 정말로 자기를 사랑하고 있을까 하는 의혹이다. 하지만 이는 다음 단계에서 다시 행복한 확신으로 이어지게 된다. 일곱 단계가 항상 동일한 형태로 나타나지는 않는다. 스탕달은 사랑에 빠진 사람은 실제로 상대의 완벽함에 감탄하고 상대가 자신을 사랑하면 얼마나 좋을지 상상하며 어떻게 하면 확실한 사랑의 증거를 얻을 수 있을지 고민하는 단계를 오간다고 말했다. 스탕달은 이 책을 사랑의 생리학이라 불렀지만 실제로 책 내용 중 신체에서 일어나는 작용은 거의 다루어지지 않았다. 그로부터 180년이 흐른 후에야 연구자들은 사랑의 각 단계에서 일어나는 화학 작용을 조사하기 시작했다.

미국 럿거스 대학교의 헬렌 피셔는 생물학적 부산물을 기준으로 사랑을 세 단계로 나누었다. 첫 번째 갈망 단계에서는 테스토스테론과 에스트로겐이, 낭만적 사랑에는 도파민과 노르에피네프린이, 마지막 장기적 애착 단계에서는 바소프레신과 옥시토신이 증가하게 된다.

최초로 끌리는 단계에서는 테스토스테론과 에스트로겐으로 불붙은 갈망뿐 아니라 다른 화학 물질도 개입한다. 그중 하나가 페닐에틸아민(phenylethylamine, PEA)이다. 이것은 뇌 속에서 자연적으로 생성되어 암페타민과 같은 역할을 한다. 정신과 의사인 마이클 리보비츠는 사랑에 빠지는 일이 그토록 즐겁고 또한 중독성이 있는 이유가 바로 이 페닐에틸아민 때문이라고 생각한다. 또 시간이 가면서 열정이 서서히 줄어드는 이유도 뇌가 이 호르몬의 고양 상태를 오래 유지할 수 없어서 신경이 호르몬에 반응하지 않게 되거나 호르몬 수치 자체가 떨어지기 때문이라고 설명한다. 이것이 정말 사랑이 식는 이유일까? 갑자기 연인에게서 버림받는 상황은 뇌가 페닐에틸아민 수준을 떨어뜨렸기 때문이라는 말인가? 리보비츠는 사랑을 원하다가 어울리지 않는 상대를 고르고 결국 버림받은 뒤 절망을 경험하고 다시 시작하는 환자들의 경우를 지적했다. 그리고 여기서 문제는 페닐에틸아민 수치를 높게 유지하려는 뇌의 욕구에 있다고 분석했다. 그가 항우울제를 처방하여 페닐에틸아민이 뇌 속에 좀 더 오래 남아 있도록 하자 상황은 크게 바뀌었다. 남성 환자 한 사람은 더 신중하게 상대를 고르려는 모습까지 보였다고 한다.

페닐에틸아민은 도파민이나 에피네프린 같은 신경 전달 물질과 함께 사랑의 흥분 상태를 설명하는 요인이 된다. 한편 사랑에 눈이 먼 상황에서는 보통 때 행복한 기분을 느끼게 해 주었던 세로토닌과 같은 신경 전달 물질이 낮은 수치로 떨어진다. 이런 경우 세로토닌 수치는 강박 신경증 환자의 수준까지 떨어지는데 이는 사랑이 가진 강박적 특성을 반영하는 듯하다.

사랑이 진전되면 서서히 다른 화학 물질들도 개입하기 시작한다. 그중 하나가 사랑의 약이라고도 불리는 옥시토신이다. 옥시토신은 호르몬(출산 시의 수축과 모유 분비에 관여한다.)인 동시에 신경 전달 물질이다. 입 위쪽의 아주 작은 부분에서 생성되지만 뉴런 덕분에 뇌에 퍼져 나가고 척추에까지 영향을 미친다.

산모가 아이를 출산하면 갑자기 옥시토신 호르몬이 다량 분비된다. 수유를 하는 동안에는 더 많은 양이 분비된다. 그래서인지 산파들은 출산 직후 몇 시간이 어머니와 신생아의 유대 형성에 아주 중요하다고 믿는다. 옥시토신을 쥐의 뇌에 주사하면 즉각 모성적 행동이 나오기 시작한다. 반대로 옥시토신을 차단하면 쥐는 새끼에게 아무런 관심도 보이지 않는다. 짝짓기를 하는 쥐에서도 같은 현상이 나타난다. 옥시토신을 주입하면 떨어지지 못하는 한 쌍이 되지만 차단하면 서로에게 관심을 갖지 않는 것이다. 비둘기에게도 옥시토신을 주사하면 바로 짝짓기를 시작한다. 이 물질은 인간 성인의 관계에도 영향을 미치는 것 같다. 옥시토신은 함께 식사를 하는 것만으로도 증가하며 오르가즘을 느끼는 동안에는 3~5배나 많이 배출된다. 여성의 경우 옥시토신은 자궁을 수축시켜 정자가 난자를 쉽게 만나도록 한다고 알려져 있다. 성관계 후의 따뜻하고 편안한 감정도 옥시토신 덕분일 가능성이 크다.

사랑의 뇌과학

미국 중서부의 어느 황량한 공동묘지 묘비 앞 풀숲에 생쥐만한 갈색 동물이 둥지를 틀고 있다. 바로 초원들쥐(prairie vole)이다. 다른 녀석이 다가오고 짝짓기가 시작된다. 사랑의 생화학 분야 연구자들이 자기들을 관심 있게 지켜보고 있다는 사실은 까맣게 모른 채 말이다. 초원들쥐는 아주 특별한 존재이다. 포유류 중 일부일처제를 고수하는 3퍼센트의 동물 중 하나기 때문이다. 그런데 초원들쥐와 아주 유사한 종인 로키 산맥의 산악들쥐(montane vole)는 외톨이 생활을 하며 일부일처제도 아니다. 이 덕분에 연구자들은 두 쥐를 비교해 사랑의 뇌 회로를 연구할 수 있다.

두려움에 대한 연구는 상대적으로 쉽다. 쥐가 무언가를 무서워하도록 훈련시킨 뒤 뇌의 작용을 해명하면 된다. 하지만 사랑에 빠지도록 포유류를 훈련시킬 수는 없다. 대신 서로 깊이 사랑하는 초원들쥐 부부를 대상으로 서로 다른 상황에서 행동을 관찰하고 이를 산악들쥐와 비교하는 것은 가능하다. 톰 인젤은 암컷 초원들쥐의 옥시토신 생성을 차단하면 짝과의 관계가 깨어져 다른 수컷과 짝짓기를 한다는 점을 발견했다. 수컷의 경우 바소프레신이라는 다른 호르몬 생성을 차단했을 때 같은 현상이 일어났다. 이렇게 되자 수컷은 암컷을 다른 들쥐로부터 보호하려 들지 않았다. 산악들쥐의 경우에는 이런 현상이 나타나지 않았으므로 초원들쥐의 일부일처제는 옥시토신과 바소프레신이라는 두 호르몬 때문이라는 추측이 가능하다. 인젤과 동료들은 옥시토신과 바소프레신 수용체가 두 들쥐의 뇌에 다르게 분포한다는 점을 발견했다. 그리고 더 나아가 산악들쥐 한 마리에 초원들쥐의 바소프레신 수용체 유전자를 이식하기도 했다. 이 유전자 이식 들쥐는 즉각 행동의 변화를 보였다. 사회성이 더 강화되었던 것이다. 유전자 하나를 바꿈으로써 극적인 행동 변화가 가능하다는 것이 최초로 증명된 사례였다.

이 연구를 바로 인간에게 적용하기는 어렵다. 하지만 인젤은 인간의 뇌 속에서 이 두 신경 전달 물질의 수용체가 어떻게 분포되어 있는지를 조사해 이를 바탕으로 다른 사람과 제대로 관계를 맺지 못하는 사람들의 문제를 규명할 계획이라고 한다.

옥시토신이 인간의 애착이나 낭만적 사랑에서 얼마나 핵심적인지는 확인되지 않았다. 부부가 함께 참여했다가 주사를

맞은 후 배우자를 버리고 실험실 안의 다른 사람과 성관계를 하도록 하는 실험에 자원할 사람이 대체 얼마나 있겠는가? 뭐, 다시 생각해 보면 많을 것 같기도 하지만 말이다.

캘리포니아 대학교 샌프란시스코 분교의 레베카 터너는 옥시토신의 영향을 확인할 방법을 고안해 냈다. 우선 여자들에게 지나간 사랑에 대해 이야기하도록 하면서 혈액 속 옥시토신 수치를 측정했다. 좋은 추억이냐 나쁜 추억이냐에 따라 옥시토신 수치가 차이를 보이지는 않았지만 일부 사람들의 경우 사랑에 대해 이야기할 때 옥시토신 수치가 갑자기 올라가는 현상이 나타났다. 보다 상세히 결과를 검증하자 더 안정되고 문제도 거의 없었던 관계를 회상할 때 그런 경향이 강했다. 물론 무엇이 먼저인지는 모른다. 처음부터 옥시토신이 더 많이 흐르도록 타고났는지, 아니면 안정적 사랑의 결과로 옥시토신의 양이 늘어났는지를 단언할 수 없는 것이다.

옥시토신 수치가 높으면 안정감을 느낀다는 증거도 제시되었다. 모유를 먹일 때 세상 근심을 다 잊고 몽환적 상태에 이른다고 말하는 어머니들이 적지 않다. 모유 수유를 하는 어머니와 그렇지 않은 어머니를 비교한 연구에서는 모유 수유 시 스트레스 호르몬 수치가 낮은 것으로 나타났다. 여기서 문제는 수유 방법을 선택하는 이유가 밝혀지지 않았다는 데 있다. 분유를 먹이는 어머니들이 처음부터 더 많은 스트레스를 느끼고 있었고 결국 그 때문에 모유 수유를 포기한 것일지도 모른다. 하지만 불안 장애를 느끼는 여자들이 모유를 먹일 동안에는 상태가 호전되었다가 수유가 끝난 후 발작을 일으킨다는 점을 보면 꼭 그렇다고만 할 수도 없다. 스트레스에 대한 반응을 다룬 고전적 실험으로 '시도하는 사람의 사회적 스트레스 시험(Trier Social Stress Test)'이라는 것이 있다. 실험 참가자는 가상의 구직 면접을 하게 된다. 세 사람의 면접관 앞에서 5분 동안 자신이 얼마나 유능한 사람인지 설명하는 것이다. 그 동안 면접관들은 미소나 끄덕임 등 일체의 되먹임을 주지 않으면서 불안감을 야기한다. 코넬 대학교의 마거릿 알티머스는 이 방법을 통해 모유 수유 어머니와 다른 여성을 비교했는데 모유 수유 어머니가 훨씬 스트레스를 적게 받았다고 한다. 이는 옥시토신이 스트레스에 대한 저항성을 높여 주는 것으로 해석되었다.

여러 가지 자료를 종합하면 옥시토신과 바소프레신은 둘 다 남녀 간의 애착 과정을 돕는 것으로 모인다. 이 호르몬들은 화학적 구성에서 아주 유사하지만 신체에 미치는 영향은 다르다. 최근에는 뇌의 어느 부분에서 사랑이 일어나는지를 다루는 연구에서 옥시토신과 사랑의 관계가 밝혀지기도 했다.

깊은 사랑에 빠졌나요? 바로 당신의 뇌가 필요합니다.

런던 유니버시티 대학의 안드레아스 바텔스는 이런 광고문을 붙였다. 하지만 광고에 대한 반응은 예상만큼 크지 않았고 결국 그는 수천 명의 학생에게 메일을 보내야 했다. 그러자 많은 답신이 왔다. 그중 4분의 3이 여학생이었다. 바텔스는 사랑에 빠진 사람들의 뇌를 검사하기 위해 기능성 자기 공명 영상 기법(functional Magnetic Resonance Imaging, fMRI)을 사용했다. 그보다 앞선 연구들에서는 주로 두려움이나 슬픔 등 부정적인 감정에 초점을 맞춰 뇌 조영 기술을 사용했다. 이 기술이 사용된 지 20년이 넘었지만 사랑이 검사 대상이 되기는 그때가 처음이었다고 한다. 바텔스는 뇌의 색깔 인식 체계에 대한 연구로 박사 학위를 받은 이후 사랑에 대한 연구 프로젝트를 시작한 인물이다.

실험 참가자들은 면접 조사를 받은 후 해트필드가 만든 '열정적 사랑 척도' 질문지를 받아 자신이 상대에게 얼마나 빠져 있는지를 응답했다. 바텔스는 정말로 사랑에 깊이 빠져 있는 뇌만을 연구 대상으로 삼고 싶었던 것이다. 이런 경우는 대개 처음 관계가 시작되어 사랑이 폭발적으로 샘솟는 단계라 할 수 있다. 평균적으로 볼 때 관계의 지속 기간은 2년 6개월 정도라고 한다. 다음으로 실험 참가자들은 연인의 사진과 함께 비슷한 연배의 이성 친구 세 사람의 사진을 제출했다. 그리고 낭만과는 절대 어울리지 않는 시끄러운 기계 아래 누운 채 한 장씩 사진을 보며 그 사람에 대해 생각하라는 지시를 받았다. 스캐너는 4초마다 뇌의 3차원 이미지를 찍었다. 이렇게 되면 뇌 속을 흐르는 혈액의 양을 3밀리미터 단위로 알 수 있다. 특정 시점에 뇌의 어떤 부분이 더 많이 혹은 적게 사용되는지가 드러나는 것이다. 바텔스는 연인과 친구에 대해 생각할 때 뇌가 너무도 뚜렷한 차이를 보인다는 점을 발견했다.

사랑은 뇌의 안쪽 깊숙이 숨은 네 영역을 활성화시켰다. 흥미롭게도 이들 영역은 코카인에 의해 자극받는 곳이기도 하다. 그중 하나는 줄무늬체(striatum, 선조체)로 행복감을 만드는 데 관여하는 영역이다. 두 번째는 우측 모이랑(angular gyrus, 각이랑)이라는 부분으로 자신을 다른 사람의 입장에 놓고 다른 시각에서 상황을 바라보도록 하는 역할을 한다. 바텔스는 다른 사람이 나를 사랑해 준다는 인식을 하기 위해 이 영역이 관여하는 것이 아닐까 추측한다. 그렇다면 스탕달과 같은 짝사랑의 경우 과연 이 영역이 활성화될 것인지 궁금해진다. 세 번째로 사랑에 관여하는 영역은 뇌섬엽 중간 지점이다. 이곳은 감정적 반응과 신체적 느낌이 교차하는 지역이기도 하다. 사랑의 경우 연인과의 신체 접촉은 긍정적 감정으로 전환된다. 또한 이 영역은 사랑할 때 느끼는 가슴 떨림도 담당한다. 활동성이 떨어지는 네 번째 영역 또한 관심을 끈다. 두려움이나 분노 등 부정적인 감정들과 연관된 편도체도 여기 속한다. 다른 사람의 느낌을 이해하기 위한 영역 역시 움직임이 둔해진다. 사랑에 빠지면 상대를 객관적으로 평가하지 못하게 되는 이유가 여기 있을 것 같다.

이 결과들은 대단히 흥미롭지만 문제도 있다. MRI 안에 누워 있을 때 사람들이 경험한 감정이 사랑이라는 것을 어떻게 확신하는가? 연인과 세 친구의 사진들도 그렇다. 이 사진들 사이에는 두 가지 차이점이 존재한다. 첫 번째는 친밀도이다.

친구보다는 연인의 얼굴이 더 친숙할 가능성이 높다. 다행히 우리는 익숙한 얼굴을 처리하는 일이 뇌의 어느 부분에서 일어나는지 알고 있었기 때문에 이 문제를 해결할 수 있다. 두 번째는 열정이다. 연인의 사진을 보면서 사랑이 아니라 단순히 성적 매력을 느꼈을 가능성이 존재하는 것이다. 하지만 MRI 안에서 어떤 감정을 느꼈는지에 대한 질문에서는 성적 매력보다는 강한 유대라는 대답이 압도적으로 높았다. 이것이 솔직한 대답이라 가정한다면 바텔스는 뇌에서 사랑을 담당하는 부위를 제대로 찾아낸 셈이 된다. 그리고 그렇다면 최소한 이론적으로는 상대의 뇌 사진을 찍어 정말로 나를 사랑하는지 아닌지를 확인할 수도 있다. 물론 상대가 진정으로 사랑하는 다른 누군가를 생각하면서 당신을 속이지만 않는다면 말이다.

이 연구는 사랑에서 옥시토신의 중요성도 보여 주었다. 뇌에서 사랑으로 활성화된 영역이 옥시토신 수용체가 모여 있는 바로 그곳이었던 것이다. 옥시토신이 아무리 많이 존재한다 해도 받아들여 줄 수용체가 없다면 무용지물이다. 항구 밖에 배가 아무리 많이 대기하고 있어도 빈 계류장이 없다면 배를 댈 수 없는 것이나 마찬가지이다. 사랑으로 활성화되는 뇌 영역은 옥시토신 수용체들이 풍부한 거대한 항구와 같은 모습이었고 이는 사랑에 있어 옥시토신의 중요성을 잘 보여 주었다.

사랑의 묘약을 만들고 싶다면 옥시토신이 좋은 방법이 될 것 같다. 동물 실험에서는 옥시토신을 직접 뇌에 주사했지만 사람을 상대로 그럴 수는 없는 일이다. 위험하기도 하고 사랑의 묘약이라는 은밀함이 사라지기도 하지 않겠는가. 또 혈액과 뇌 사이 경계를 뚫고 지날 만큼 충분한 양을 확보해야 한다는 점도 어렵다. 물론 그 다음에도 실제적인 문제들이 있다. 옥시토신을 투여받은 사람이 제일 처음 보게 되는 사람과 사랑에 빠지는 동화 같은 결과는 없을 것이다. 다른 누구도 아닌 당신과 사랑에 빠지도록 하려면 일단 그 상대와 가장 많은 시간을 보내도록 해야 한다. 이 점을 보면 사랑의 묘약은 없던 사랑을 만들기보다는 꺼져 가는 사랑을 되살리는 데 더 유용할 것 같다. 티격태격하는 부부에게 옥시토신을 투여하고 다시 사랑에 빠지게 되는지 살펴보는 것이다. 정반대 역할을 하는 묘약도 가능하다. 실연이 남긴 상처에 시달리고 있다면 옥시토신 차단제를 먹으면 된다. 그러면 더 빨리 상처에서 회복될 것이다.

바텔스는 한 단계 더 나아가 어머니들에게 자기 자녀와 친구 자녀의 사진을 보게 하면서 뇌 사진을 찍었다. 이번에도 자기 자녀를 볼 때 활성화된 지역은 옥시토신 수용체가 가장 많은 곳이었다. 또한 그 영역은 낭만적 사랑에 관여하는 부분과 대부분 일치했다. 이는 부모와 어린 자녀 간의 애착이 낭만적 사랑과 매우 유사하다는 점을 보여 준다.

사랑이라는 영원한 수수께끼

낭만적 사랑과 부모 자녀 간의 사랑은 화학적 측면에서만 유사한 것은 아니다. 성인들 간의 관계가 어린아이들의 관계와 비슷한 경우가 많은 것이다. 한쪽은 상대에게 매달리고 의심하는 반면 다른 쪽은 더 느긋하고 독립적이다. 어린아이와 부모 사이에도 같은 상황이 벌어진다. 이는 1971년 메리 에인스워스가 '낯선 상황(strange situation)'이라 알려진 고전적 실험에서 보여 준 바 있다.

어머니와 1세의 아이가 방으로 들어온다. 어머니는 자리에 앉아 아이가 장난감을 가지고 노는 모습을 지켜본다. 3분이 지나 낯선 이가 들어와 어머니에게, 그리고 아이에게 말을 건다. 3분 후 어머니는 아무 말 없이 방을 나갔다가 곧 다시 돌아온다. 그리고 낯선 사람이 나간다. 다시 몇 분 후 어머니도 따라 나가 아이는 혼자 남지만 얼마 후 낯선 이가 돌아오고 이어 어머니도 돌아온다.

아이에게는 이렇게 사람들이 들어왔다 나갔다 하는 각 단계가 직전 단계에 비해 스트레스를 준다. 이런 상황에서 아이의 반응을 보면 어머니와 어떤 유대 관계를 맺고 있는지 드러난다. 에인스워스는 세 가지 유대 관계 유형을 구분해 냈다. 첫 번째 가장 흔한 형태는 '안정 애착'이다. 1~2세 아이의 3분의 2가량은 어머니가 곁에 있으면 안심하고 혼자 놀지만 어머니가 사라지면 불안해 한다. 어머니가 돌아오면 바로 다가가 반기지만 잠시 시간이 지나면 다시 놀기 시작한다. 어머니가 있기만 하면 낯선 이와도 잘 어울린다. 물론 낯선 이보다는 어머니에게서 편안함을 느낀다. 이는 이상적인 상태로 아이가 어머니와 강한 유대를 형성했고 또한 어머니가 곁에 있어 줄 것으로 신뢰한다는 증거가 된다.

두 번째는 '불안정 회피 애착' 유형이다. 이 유형의 아이들은 어머니가 떠나도 불안해 하지 않고 어머니가 돌아와도 무시한다. 어머니와 낯선 이를 대할 때 차이가 없고 혼자 있는 것을 싫어한다. 하지만 누구든 곁에 있기만 하면 어머니가 없어도 특별히 스트레스를 받지 않는다. 이런 아이들은 어머니와 강력한 유대를 형성하지 못한 상태이고 따라서 어머니에게서 기대하는 것도 별로 없다.

이와 달리 세 번째 '불안정 저항 애착' 유형의 아이들은 방안을 탐색하거나 낯선 이와 접촉하려 들지 않는다. 어머니가 곁에 있다 해도 그렇다. 어머니가 나갔다가 돌아오면 다가오지만 손에 닿는 거리까지 접근하지는 않으며 다시 놀이에 열중하려고 한다. 마치 자신을 혼자 버려 두고 간 어머니를 벌하려는 듯하다. 유아원에 맡겼던 아이를 데려올 때 부모들이 흔히 경험하는 것처럼 말이다. 유아원에서 하루를 보낸 아이는 어머니가 돌아오면 반기면서도 다음 순간 자기를 종일 버려두었다는 데 대한 분노를 표현하곤 한다.

아이가 부모와 안정적인 애착을 형성하려 하는 것처럼 성인들도 다른 성인과 안정적인 유대, 버려질지 모른다는 두려움을 느끼지 않을 정도의 유대를 형성하려고 한다. 그래서 성인의 낭만적 사랑은 안전한 삶을 살기 위해 진화된 애착 유형에 불과하다고 보는 이들도 있다. 한 사람의 보호를 약속받는다는 것은 생존을 위해 아주 유용하기 때문이다.

관계에서 느끼는 안정감을 기준으로 할 때 성인도 아이와 비슷하게 유형별로 분류할 수 있다. 안정적으로 배우자나 연인을 믿는 사람들은 시간이 갈수록 더욱 친밀해진다. 회피하는 사람들은 완벽한 신뢰가 없기 때문에 깊은 친밀감에도 도달하기 어렵다. 세 번째 부류인 불안정 저항 애착의 경우 자신이 거부당하고 말 것이라는 커다란 두려움으로 깊은 관계 자체를 형성하지 못한다. 미국 심리학자인 필립 셰이버와 신디 하잔은 이러한 것이 어린 시절에 형성되어 평생의 인간관계를 결정한다고 본다. 이들은 사람들에게 자신이 세 유형 중 어디에 속한다고 보는지 대답하도록 했는데 어린 시절 부모와의 관계가 성인이 되어 경험한 사랑과 일치하는 성향을 보였다. 물론 항상 그런 것은 아니다. 어렸을 때의 관계를 반복하지 않기 위해 각별히 노력을 기울이는 사람들도 있다. 한편 불안정 회피나 불안정 저항 애착 유형인 경우 몇 년 만에 관계가 깨지는 일이 많다는 점도 드러났다. 일단 열정이 식기 시작하면 이들은 관계에서 가치를 찾지 못하는 것이다. 반면 안정 애착 유형의 사람들은 항상 누군가의 곁에 있고 싶다는 절박한 감정이 없어도 안정감을 느낄 수 있고 따라서 열정적인 사랑이 식어도 문제가 없다.

남녀 관계가 오래 지속되는 경우 열정적 사랑은 시간이 갈수록 사라지지만 대신 일종의 동지애가 점점 더 커진다는 것이 일반적 상식이다. 하지만 해트필드의 연구 결과에 따르면 그렇지 않았다. 해트필드는 위스콘신 주민들(16~90세)을 무작위 추출하여 추적 조사했는데 나이가 들수록 열정적 사랑과 함께 동지애적 사랑도 줄어드는 것으로 나타났던 것이다. 그리고 장기 연구 도중에 결국 이혼으로 끝나는 경우도 많았다. 헤어지지 않은 사람들도 서서히 사랑이 식고 있다고 말하는 경우가 대부분이었다. 장기적인 사랑이 가능하다는 것을 보여 준 예외도 물론 있었다. 매기와 데이비드 같은 경우는 각각 18세와 20세 때 런던의 공공 기숙사에 살면서 만났다. 직장을 구하기 위해 런던에 온 상황이었고 둘 다 고향에 애인이 있었지만 결국 사랑에 빠져 1969년에 결혼했다. 그리고 그때 이후 사랑은 식지 않았다. 그리고 오늘날 두 사람은 그 어느 때보다도 서로를 깊이 사랑한다고 말한다. 두 사람은 어린 시절에 만나 함께 나이 먹고 어른이 되었다고 할 수 있다. 매기는 여러 해 동안 남편이 멀리 떨어진 곳에서 일했기 때문에 주말에만 만나면서 늘 서로를 그리워했기 때문에 사랑이 유지되었다고 생각한다.

데이비드가 퇴직하면서 두 사람의 삶에도 변화가 찾아왔다. 부부가 늘 함께 지내게 된 것이다. 문제가 생기지 않도록 두 사람은 세심한 은퇴 생활 계획을 짰다고 한다. 각자 바쁘게 지내면서 떨어져 지내는 시간을 만들고 이로 인해 이야깃거리도 얻는 방식이다. 매기는 교회와 자원 봉사 모임에서 활동하면서 많은 시간을 보낸다. 매기는 "삶이 어떤 모습이면 좋을지에 대해 솔직할 필요가 있어요. 전 완벽하게 알지 못하는 남자와 평생을 살았고 그래서 남편은 지금도 나를 놀라게 하지요. 바깥에서 기분 전환을 하고 다채로운 삶을 만들어 나가지 않는다면 할 말도 없을 거예요. 물론 늘 무언가 이야기를 하고 있어야 한다는 뜻은 아니에요. 침묵 속에서 함께 있는 것이 크나큰 편안함을 안겨 주기도 하지요."라고 설명한다. 한편 데이비드는 골프를 치고 오래된 차를 수리하는가 하면 오두막에 마련한 작업실에서 이것저것 만드느라 바쁘다. 그리고 그는 어느 때보다도 아내를 사랑한다고 말한다. "사랑은 시간이 갈수록 커집니다. 결혼한 지 35년이 지나자 함께 있는 것이 정말이지 가장 편안하게 되었죠. 매일매일 조금씩 더 사랑하고 좋아하게 된다니까요."

어떤 상황에서 사랑이 이렇게 계속 커지는지를 예측하기란 쉽지 않다. 모든 감정을 통틀어 사랑은 아마 가장 복잡할 것이다. 과학은 사랑을 어떻게 찾을 수 있는지, 혹은 계속할 수 있는지는 고사하고 우리가 사랑을 어떻게 느끼는지조차 제대로 설명하지 못한다. 하지만 언제 우리가 사랑에 빠질 가능성이 높은지, 어째서 저 사람이 아닌 이 사람에게서 매력을 느끼는지, 사랑에 빠졌을 때 화학 물질이 감정에 어떻게 작용하는지 등은 밝힐 수 있다.

사랑이 뇌와 신체에 어떤 작용을 하는지에 대해 일부분이 밝혀졌다고는 해도 여전히 사랑이 가진 대부분의 측면들은 수수께끼로 남아 있다. 프록스마이어 상원의원은 아마 이런 상황에 기뻐할 것이다. 매력이라는 것은 캄캄한 어둠 속에서 데이트를 하는 것처럼 여전히 미지의 대상이다.

죄책감

1974년, 학생이었던 칼은 유럽 배낭 여행을 하고 있었다. 한밤 중에 파리에 도착한 칼은 시 외곽의 한적한 거리를 걸으면서 지나가는 차를 얻어 타기 위해 주위를 두리번거렸다. 그때 갑자기 프랑스 어로 비명을 지르면서 젊은 여자 하나가 달려왔다. 치마는 찢어졌고 윗옷도, 신발도 없었다. 몹쓸 일을 당한 모양이었다. 칼은 어찌할 바를 모르고 주위를 둘러보았다. 누군가 도와줄 사람이 필요했지만 아무도 없었다. 골치 아픈 상

황에 처한 셈이었다. 그저 곤란한 입장을 벗어나고 싶은 생각
만 간절했다. 자기 문제만 해도 머리가 아팠던 것이다. 여자는
칼에게 매달려 미친 듯이 소리를 지르다가 알아듣지 못할 프
랑스 어로 떠들다가 했다. 칼은 여자를 밀쳐 버리고 가까운 대
로까지 달려가 트럭을 세웠다. 차가 출발하자 처음에는 안도
감이 들었다. 하지만 10분쯤 지나자 죄책감이 엄습했다. 완전
히 겁에 질리고 무력한 사람을 어떻게 밀쳐 버릴 수 있었을까?
그 여자는 괜찮을까? 배낭에서 낡은 셔츠를 하나 꺼내 주거나
경찰을 부르는 정도는 할 수 있었을 텐데. 그 여자는 무슨 생각
이 들었을까? 무언가 끔찍한 일을 겪고 나서 도움을 청했는데
냉정하게 거절당하고 만 것이다. 그는 고통스러웠다. 새로이
발견한 자기 모습이 싫었다. ‘그런 식으로 다른 사람을 버려
둘 수 있는 종류의 인간이었다고 생각하고 싶지는 않지만 난
바로 그런 인간이었다.’

　칼이 내게 그 이야기를 들려 준 것은 그로부터 거의 30년이
흐른 후였다. 처음에 나는 죄책감을 주제로 한 책의 서두에 너
무도 완벽하게 어울리는 이 이야기가 사실일까 의심스러웠다.
그리고 잠시 후 죄책감이 들었다. 누구든 감추고 싶어 할 만한
이야기를 솔직하게 털어놓은 사람을 의심하다니 얼마나 미안
한 일인가. 이렇게 죄책감은 언제든 들 수 있다.

　죄책감은 역겨움이나 즐거움보다 한층 복잡한 사고 과정을
포함하기 때문에 고도의 인지적 감정이라고 불린다. 죄책감에
는 상황에 대한 반추나 심사숙고가 포함된다. 사람들은 죄책

감을 느끼는 사건을 계속 떠올리곤 한다. 죄책감은 끈질기게 사람을 괴롭히고 아무리 다른 쪽으로 생각을 돌리려 해도 소용이 없다.

죄책감은 신체에 부정적인 영향을 미치기도 한다. 리딩 대학교의 데이비드 워버튼은 실험 참가자들에게 과거의 행복했던 사건 혹은 죄책감을 느꼈던 사건을 떠올리게 했다. 그리고 그 사건에 대해 상세히 쓴 뒤 읽어 보게 했다. 이 과정 전후에 타액을 채취해 검사하자 행복한 사건을 떠올린 후에는 면역단백질인 sIgA(secretory immunoglibulin A)가 증가했지만 죄책감을 느낀 후에는 변화가 없었다고 한다.

죄책감은 우리가 속한 사회의 영향을 받아 다른 감정들보다 훨씬 더 커진다. 특정 행동이 일반적으로 받아들여질 수 있다고 여겨진다면 죄책감을 느낄 이유도 없다. 물론 사회가 정한 도덕적 틀 안에서도 개인차가 존재한다. 다른 사람이 받은 이메일을 열어 봐도 괜찮다고 생각하는 사람이 있는가 하면 큰 범죄라 여기는 사람도 있다. 죄책감은 또한 사건의 결과뿐 아니라 원인도 평기하려는 욕구 때문에 더욱 복잡해진다. 친구가 다리를 부러뜨렸다면 안됐다고 가슴 아파할 뿐이지만 당신이 권해서 함께 떠난 여행길에 그런 일을 당했다면 죄책감을 느낄 것이다. 뒤로 물러서다가 꽃병을 건드려 떨어뜨렸다면 주인에게 사과하고 약간 죄책감을 느낄 테지만 우연한 사고였다는 생각에 죄책감은 그리 크지 않게 된다. 심리학의 귀인 이론(attribution theory)에 따르면 동일한 사건에 대한 감정

은 어떤 설명이 부여되는가에 따라 달라진다. 홧김에 꽃병을
던져 버린 상황이었다면 죄책감은 훨씬 커질 것이다. 죄책감
을 많이 느끼는 사람은 이런 행동을 하고 난 후 자신을 비난하
다가 이어 자신은 늘 잘못된 행동을 한다는 일반화에 이른다.
이런 식의 원인 규명은 우울증을 부를 수 있다. 반면 같은 상황
에서 자신의 미숙한 행동을 반성한 사람은 죄책감에 압도되거
나 자신을 부정적인 존재로 단정하기보다 행동을 고치려고 노
력하는 모습을 보인다.

죄책감의 학습

30개월이 된 윌리가 부엌에서 나오다가 갑자기 아버지 찰스
다윈과 마주쳤다. 켄트 지방의 장원으로 이사 가기 얼마 전, 런
던 블룸스버리에 살던 시절이었다. 윌리의 두 눈이 불안하게
흔들렸다. 무언가 아버지가 모르는 일이 있었던 것이다. 분명
죄책감을 드러내는 행동이었다. 입가에 묻은 흰 가루가 이를
증명했다. 선반에 올려놓은 설탕 가루에 손을 대지 말라고 했
지만 유혹을 못 이긴 것이다. 꼬마 윌리는 눈과 몸짓으로 자기
잘못을 인정하고 있었다. 다윈은 그 전에 벌을 받아 본 일이 없
는 만큼 윌리의 그런 표현은 두려움 때문이 아니라고 보았다.
대신 그는 이를 "양심과의 갈등"이라고 기록했다. 2주 후의 기
록을 보면 윌리가 또다시 부엌에서 죄책감 어린 표정을 짓고

나타났다고 적혀 있다. 걷어 올린 옷자락에 무언가 숨기지 않았는지 물었을 때 윌리는 극구 부인했다. 확인해 보니 옷자락이 피클 액으로 얼룩져 있었다. 다시 한번 윌리는 죄책감을 감추지 못했던 것이다.

이론적으로 볼 때 유아와 어린아이는 죄책감을 느끼지 못한다. 책임감이라는 개념을 포함해 더 복잡한 판단을 내릴 만큼 성장하기 전 단계이기 때문이다. 최소한 앞의 예에 나온 다윈의 아들 정도는 자라야 한다. 하지만 리카르도 드라기로렌츠는 질투라는 감정이 그렇듯 죄책감에 있어서도 심리학자들이 어린아이의 능력을 과소평가하고 있다고 주장한다. 그리고 2~3세가 되기 훨씬 이전, 심지어는 출생 직후부터 죄책감이 발달한다고 설명한다. 젖을 먹는 아이가 이가 난 후에는 가끔 어머니의 젖꼭지를 세게 깨물 때가 있다. 그러면 어머니는 비명을 지르며 아이를 떼어 놓게 된다. 난생 처음 어머니의 분노를 목격한 어린아이는 대개 울음을 터뜨린다. 드라기로렌츠는 그 다음 번에 아이가 또다시 젖꼭지를 깨물게 되면 어머니가 반응을 보이기도 전에 울어 버린다고 지적한다. 이는 어머니를 아프게 했다는 죄책감의 표현이라는 것이다. 그리고 곧 깨물지 말아야 한다는 것을 배우게 된다. 여기서 문제는 아이가 느끼는 감정이 정확히 무엇인지 추측하기 힘들다는 데 있다. 아이의 울음은 두려움 때문일 수도 있고 깨무는 행동과 연관된 어머니의 강한 반응을 학습한 상태인 만큼 그 반응에 대한 기대 때문일 수도 있다. 내가 이야기를 나눠 본 어머니들은 그럴 때 아이가 죄책감을 느낀다고는 확신하지 못했다. 하지만 다른 경우 아이들이 잘못했다는 것을 아는 듯 보이는 일은 있었다고 했다.

7개월이 되었을 때 제이크는 바닥에 떨어진 음식 부스러기를 주워 먹기 시작했어요. 그래서는 안 된다는 점을 알면서도 말이죠. 잠시 동작을 멈추고 나를 바라보다가는 이어 미소를 짓고 나를 흘끔흘끔 바라보면서 다시 부스러기를 주워 먹는 일도 있었죠.

제이크는 죄책감을 느꼈던 걸까, 아니면 그저 자기가 해도 괜찮을 일의 한계를 시험하고 있었던 걸까? 알 수 없는 일이다. 하지만 드라기로렌츠의 연구는 감정의 중요한 측면을 지적했다는 데 의의가 있다. 감정을 표현하기에는 너무 어리다는 근거를 내세워 아이가 그 감정을 아예 느끼지 못한다고 말할 수는 없다는 점이 그것이다.

일단 자기 죄책감을 표현할 수 있게 된 후 아이는 죄책감을 이해하는 과정에서 일련의 변화 단계를 거친다. 아이들에게 두 가지 자전거 사고 상황을 제시한 연구를 보자. 첫 번째는 자전거를 타고 가던 소년이 길에 뛰어나온 아이를 보지 못해 실수로 사고를 일으킨 상황이다. 두 번째는 복잡한 공원에서 자전거 묘기를 부린다고 하다가 사고를 일으킨 상황이다. 5~6세 아이들은 어느 쪽이 피할 수 있는 사고였는지에 대해 올바른

JAM

대답을 했다. 하지만 두 상황에서 사고를 일으킨 소년들이 똑같은 정도로 죄책감을 느낄 것이라 생각했다. 또 일부러 다른 아이를 때린 후에 어떤 느낌이 들 것 같으냐는 질문을 던진 연구를 보면, 친구를 때리는 것은 나쁜 일이지만 어쨌든 자기가 하고 싶었던 행동을 했으므로 죄책감보다는 행복감을 느낄 것이라는 대답이 나왔다.

다양한 감정에 대한 아이들의 개념화를 오래 연구한 폴 해리스는 아이들은 처음으로 죄책감을 이해하기 시작할 때 부모가 자신들의 행동을 어떻게 생각할지를 상상한다고 설명한다. 그리고 잘못된 행동이라는 판단이 서면 스스로에게 책임을 돌리고, 기대에 못 미치게 행동했다는 느낌을 갖는다. 스스로의 행동을 관찰하는 입장이 되는 것이다.

이 분야에서 가장 유명한 연구자는 로렌스 콜버그이다. 그는 1950년대에 어른과 아이 모두에게 다음과 같은 도덕적 딜레마 상황을 제시했다. 아픈 아내를 살리기 위한 약값 1000파운드를 마련하지 못한 남자가 있다. 그런데 그는 그 약값이 지나치게 부풀려진 것임을 알고 있다. 그러면 그는 약국에 숨어들어 약을 훔쳐도 되는 것일까? 콜버그의 관심사는 '된다.' 혹은 '안 된다.'라는 응답이 아니라 그 아래 깔린 논거였다. 그에 따르면 우리는 일련의 도덕성 발달 단계들을 거치게 된다고 한다. 첫 단계에 속한 경우, 밤중에 약국에 숨어들어 아무에게도 들킬 염려가 없다면 약을 훔쳐도 좋다는 주장이 나온다. 혹은 안 된다는 주장을 펴는 경우 혹시라도 들켜서 감옥에 가게 되면 아내를 보살필 수 없기 때문이라는 이유를 댄다. 이런 논거는 가장 기본적인 도덕적 판단에 해당하며 9세 이하의 아이들에게서 주로 발견된다. 이 단계에서 행동을 좌우하는 것은 사회가 부여한 규칙이다.

반면 마지막 단계의 논거는 더 복잡한 윤리적 원칙에 근거를 둔다. 모든 사람이 이 단계까지 이르게 되는 것은 아니다. (아마 콜버그는 여기에 도달했던 모양이다.) 남자는 사회의 규칙과 개인의 양심 사이에서 선택을 하게 된다. 도둑질을 하면 안 된다는 것보다는 생명을 구하는 것이 더욱 큰 원칙이기 때문에 약을 훔쳐야 한다는 결정을 내릴 수도 있고 혹은 사회는 개인들이 규칙을 준수한다는 약속을 바탕으로 존재하는 것이기 때문에 결국 도둑질은 안 된다고 할 수도 있다. 그러면 그는 약사의 권리를 침해하지 않고 약을 얻을 수 있는 다른 방법을 찾아야 할 것이다.

콜버그는 청소년기까지 대부분의 아이들이 두 번째 단계에 도달한다고 설명했다. 그런데 여기서 문제가 존재한다. 콜버그는 고차원 추론과 저차원 추론 사이의 구분 문제를 설명하지 않았다. 예를 들어 실제로는 경찰에 적발되어 운전면허를 취소당하지 않기 위해 과속을 하지 않는 것이지만(낮은 차원의 추론) 다른 사람의 생명을 위협하는 것은 윤리적으로 잘못된 일이라는 식의 논거(높은 수준의 추론)를 제시할 수 있다.

죄책감은 다른 사람이 있는지 없는지에 따라서도 영향을 받는다. 나는 2001년 9월 리스본으로 휴가를 갔다. 어느 날 저녁, 뒷골목에서 약속 장소를 찾고 있는데 한 남자가 나를 붙잡았다. 어둑어둑했지만 아직 8시밖에 안 되었고 주변에 사람도 많았다. 어쩌면 너무 많은 것이 문제였다. 나는 본능적으로 위험을 느꼈고 힘껏 소리를 질렀지만 아무도 다가와 주지 않았다. 남자는 내 가방을 낚아채고는 도망가 버렸다. 그때서야 비명을 지르는 내 곁에 사람들이 몰려들었고 남자는 인파를 뚫고 유유히 사라지고 말았다. 아무도 남자를 제지하지 않았다. 아마 내가 다른 사람 입장이라도 그랬을 것이다. 이는 보편적인 반응이다. 심리학에서는 이를 방관자 효과(bystander effect)라고 부른다.

1964년에 뉴욕에서 키티 제로비스라는 여성이 아파트에서 사망한 사건은 유명하다. 강도는 세 차례나 아파트 건물을 들락거리며 그녀를 찔렀다. 모두 36명이나 되는 이웃 주민들이 창문으로 그 광경을 목격했지만 아무도 경찰에 신고하지 않았다. 다른 사람들도 그 광경을 보았으니 누군가 전화했겠거니 생각했던 것이다. 목격자가 많을수록 아무도 필요한 조치를 하지 않을 가능성이 커진다. 여기에는 죄책감도 개입한다. 무언가를 홀로 목격했다면 그것은 자기 책임이고 자기가 돕지 않으면 커다란 죄책감을 느끼리라고 생각하게 된다. 하지만 자신을 포함해 목격자가 여럿이라면 설사 아무도 나서서 돕지 않았다 해도 마음속으로 느끼는 책임감과 죄책감은 작아진다.

죄수의 딜레마

클라이브와 세라는 안정된 직장과 아담한 아파트, 그리고 주
말이면 취미 활동을 즐길 수 있는 시골 별장까지 보유한 완벽
해 보이는 부부였다. 하지만 실제 상황은 겉모습만큼 완벽하
지 않았다. 두 사람 다 직장 일과 사회 활동으로 바빴다. 42세
의 클라이브는 두 사람이 사실상 따로 사는 셈이라는 것을 깨
달았다. 같은 집에 산다고는 했지만 함께 사는 삶이라고는 할
수 없었던 것이다. 결국 클라이브는 헤어져야 한다는 결정을
내리고 별장으로 옮겨 가겠다고 세라에게 통보했다. 세라는
큰 충격을 받았다. 두 사람이 아무 문제없이 살고 있다고 생각
하고 있었기 때문이다. 삶이란 늘 그렇게 흥미진진한 것은 아
니지 않는가. 세라는 나름대로 행복했었다.

　결혼 생활을 깨 버렸다는 죄책감이 클라이브를 무겁게 짓
눌렀다. 하지만 2개월 후 세라가 기혼남과 뜨거운 관계였다는
사실을 알게 되었다. 누구나 다 알던 세라의 외도를 남편인 클
라이브만 모르고 있었던 셈이었다.

　그러는 와중에 클라이브의 연로한 부모가 오스트레일리아
로 이사를 했다. 클라이브는 꾸준히 편지를 보냈고 카세트테
이프에 인사말을 녹음해 선물하기도 했다. 세라의 외도 사실
을 전혀 모른 부모는 세라가 오스트레일리아로 여행을 온다고
해서 초대했노라고 클라이브에게 알려 왔다. 클라이브는 머리
끝까지 화가 나서 세라의 외도를 알렸지만 이미 초대를 해 버

렸으니 어쩔 수 없다는 답을 들었다. 클라이브는 흥분한 나머지 자기와 세라 사이에 한쪽을 선택하라고 말해 버렸다. 그리고 그때부터 클라이브와 부모 사이에는 연락이 끊어졌다.

18개월 후 그는 아버지의 친구에게서 전화를 받았다. 아버지가 뇌졸중으로 쓰러져 반신이 마비된 상태인데 위독해져 곧 돌아가실지도 모른다는 소식이었다. 어머니에게 전화를 해 보니 연락을 끊었던 동안 아버지는 뇌졸중 외에도 두 차례나 대장암 수술을 받았다고 했다. 게다가 세라는 부모 집에 찾아오지도 않았다고 했다. 클라이브가 몹시 화가 났다는 것을 알고 방문을 취소해 버렸다는 것이었다. 모든 상황을 알고 난 클라이브에게는 커다란 죄책감만이 남았다.

하지만 그 죄책감이 무슨 소용이 있을까? 이미 빚어진 상황은 되돌릴 수 없지 않은가. 그래서 죄책감으로 스스로를 괴롭혀 보았자 얻을 수 있는 것은 아무것도 없다고 하는 사람도 있다. 하지만 때로는 죄책감이 유용하다. 우선 같은 실수를 되풀이하지 않도록 교훈을 남길 수 있다. 클라이브는 당장 오스트레일리아로 가서 부모를 만났다. 다행히 아버지는 회복되었고 클라이브와 부모는 다시 예전의 다정한 관계를 회복했다.

죄책감은 또한 우리 자신과 우리 행동에 대해 정보를 제공해 주기도 한다. 이 장 처음에 소개했던 칼은 프랑스 여인을 뿌리친 행동을 통해 자신의 새로운 면을 발견했다고 했다. 마음에 드는 면은 아니라 해도 말이다. 죄책감을 느끼게 될 것이라는 생각만으로도 우리는 올바른 행동을 할 동기를 부여받는다. 영화관 화장실 세면대에 탐나는 시계가 놓여 있을 경우 우리는 냉큼 시계를 집어 들기에 앞서 향후 그 시계로 시간을 확인할 때마다 죄책감을 느끼리라는 생각을 하게 된다.

대개 가장 나쁜 일을 한 사람이 가장 큰 죄책감을 느낄 것이라 생각하지만 기존 연구에 따르면 그 반대다. 죄책감을 많이 느끼는 사람은 그 감정을 피하기 위해 올바른 행동을 선택한다는 것이다. 1938년에 이루어진 연구에서는 93명의 실험 참가자들이 혼자서 시험을 보게 했다. 방 안에는 여러 참고 도서가 있었는데 응시자들은 그중 일부만 볼 수 있고 나머지는 보지 말라는 지시를 받았다. 몰래 관찰해 보니 절반 정도의 사람들이 금지 도서를 보는 부정행위를 했다. 4주 후 부정행위를 했는지를 묻자 실제의 절반 정도가 부정행위를 자백했다. 또한 부정행위를 했을 경우 죄책감을 느낄 것 같은지 물었더니 실제로 부정행위를 한 사람 중에서는 25퍼센트만이 그럴 것 같다고 대답한 반면 부정행위를 하지 않은 사람들 중에서는 84퍼센트나 그럴 것 같다고 대답하여 대조를 이루었다. 이는 죄책감에 대한 두려움이 부정행위를 사전에 막아 준다는 점을 보여 준다.

죄책감은 사태를 진정시키는 신호도 될 수 있다. 사람들은 상대가 느끼는 죄책감이 잘못을 인정하는 태도라 여기고 노여움을 누그러뜨린다. 우리는 사회적인 동물로 생존을 위해 서로에게 의지해야 한다. 그리고 신뢰할 수 있는 사람인지 판단하기 위해 죄책감을 느낄 능력을 가졌는지 확인한다. 죄책감은 그 사람이 양심을 가졌다는 것, 따라서 양심에 따라 지각 있게 행동하리라는 것을 드러내 준다.

경제학자들은 감정에 그리 큰 관심을 가지지 않지만 코넬 대학교의 경제학 교수인 로버트 프랭크는 비즈니스에서도 죄책감이 핵심적 감정이라고 설명한다. 대개의 비즈니스 모델은 인간이 이성적으로 이기적 선택을 하리라 가정하며 감정을 무시하곤 한다. 하지만 거액이 든 돈 봉투를 잃어버렸다고 하자. 누가 그것을 발견하게 될지 선택할 수 있다면 과연 누구를 선택할 것인가? 예전에 거액을 발견하고 꿀꺽 했던 사람을 알지 못하는 한, 과거 경험에 바탕한 선택은 불가능하다. 중요한 것은 돈을 돌려 줄 사람을 골라야 한다는 점이다. 돌려 주지 않는다면 죄책감을 견디지 못할 사람 말이다. 프랭크는 비즈니스에서도 똑같은 과정이 일어난다고 주장한다. 누군가와 거래를 할 때 우리는 상대가 속임수를 썼다가는 죄책감을 느끼는 유형이라는 것을 확인해야 한다.

협력에 대한 고전적 테스트로 1950년대 수학의 게임 이론에서 만들어진 '죄수의 딜레마'라는 것이 있다. 그 테스트에 담긴 기본적인 이야기는 다음과 같다. 당신과 친구가 은행 강도 혐의로 체포되었다. 경찰은 두 사람을 따로 취조하면서 당신이 범행을 자백하면 무죄 방면되고 친구만 20년 형을 살지만, 친구만 자백하고 당신이 입을 다문다면 당신 혼자 20년 동안 감옥에 들어가 있어야 한다고 설명한다. 두 사람 모두 자백하면 형이 8년으로 줄어들고 두 사람이 모두 입을 다문다면 경

범죄로 처리되어 1년만 복역하면 된다. 개인적 관점에서 볼 때 이성적인 반응은 자백하여 최악의 결과, 즉 20년 형을 피하는 것이다. 하지만 친구가 협력할 것이라 확신한다면 끝까지 입을 다물고 있다가 1년 형을 받는 것이 두 사람 모두에게 가장 유리하다. 결국 핵심은 당신이 친구를 신뢰할 수 있는가이다. 친구는 혼자 입을 연 경우 죄책감을 느끼는 유형인가? 그 죄책감이 충분히 크다면 당신은 친구를 믿고 위험을 감수할 수 있을 것이다.

수년 동안 죄수의 딜레마를 바탕으로 수많은 실험이 이루어져 왔다. 피를 나누는 흡혈 박쥐가 등장하는 시나리오도 있었고 극장에 화재가 발생했을 때 비상구로 향하는 의사 결정도 있었다. 후자의 경우 중요한 것은 다른 사람들이 올바로 행동할 것인가에 대한 추측이다. 재빠른 사람들이 비상구로 돌진한다면 당신 역시 어물거리다가 뒤에 남겨져서는 안 될 것이다. 하지만 모두가 협력하여 한 번에 한 사람씩 빠져나간다면 모두가 살아남을 수 있다.

남들을 배려하고 위하는 행동은 뇌에서도 보상을 받는 것 같다. 에모리 대학교의 제임스 릴링 연구팀이 최근 밝힌 바에 따르면 죄수의 딜레마 상황에서 협력을 택한 여성들의 뇌에서는 보상과 관련된 세 영역이 활성화되었다고 한다. 친절하게 행동하면 뇌도 즐겁게 화답하는 것이다.

상대의 죄책감 알아차리기

누군가를 신뢰할 수 있는가를 판단하려면 그 사람이 미래에 죄책감을 느끼게 될 것인지 결정해야 한다. 이는 과거에 나쁜 일을 저질렀는지의 여부를 판단하는 것과는 전혀 다른 문제다. 슬픔이나 두려움과 달리 죄책감에는 정해진 얼굴 표정이 없다. 하지만 단서는 있다. 죄수의 딜레마를 바탕으로 한 연구 중에는 죄책감을 드러내는 방식인 얼굴 붉힘을 대상으로 한 피터 드 종의 연구도 있다. 이 흥미로운 연구에서는 마스트리히트 대학교의 학생 집단을 대상으로 가장 협력적이고 사려 깊은 사람을 골라낸 후 학생들의 얼굴 붉힘 정도를 기계로 측정했다. 그리고 '협력을 위한 도덕성 정도 측정하기'라는 명목의 게임을 시작했다. 돈을 따기 위한 게임이었는데 협력하면 초록 카드를, 그렇지 않으면 붉은 카드를 들어야 했다. 둘 중 한 사람에게는 사전에 네 번째 판에서는 반드시 협력하지 말아야 한다는 이야기를 해 주었다. 실험을 시작하자 협력하지 않는 쪽이 늘 얼굴을 붉히는 모습이 발견되었다. 이런 결과는 죄책감이 일종의 유화책이고 또한 얼굴을 붉히는 현상은 자신의 잘못을 알고 죄책감을 느낀다는 무의식적 신호라는 주장에 힘을 실어 주었다. 이 신호를 받은 상대는 당신을 용서하고 결국 갈등이 예방되는 것이다.

다음으로 실험에 참여한 학생들은 서로의 신뢰성과 호감도를 평가했다. 얼굴 붉힘이 갈등을 완화시키는 역할을 한다면 얼굴을 붉히는 학생은 상대의 눈에 신뢰를 주고 얼굴을 붉히지 않는 학생은 그 반대일 것으로 예상되었다. 하지만 결과는 예상과 달랐다. 얼굴을 많이 붉히는 학생일수록 상대에게서 받는 신뢰감 점수가 낮았던 것이다. 처음에는 게임을 다양하게 하기 위해 협력을 하지 않는 것 같다고 생각하다가도 얼굴이 붉어진 모습을 보게 되면 돈을 따기 위해 의도적으로 배신한 것이라 여기게 되었기 때문이다.

어린아이들은 30개월이 되기 전까지는 놀라거나 죄책감을 느껴 얼굴을 붉히는 법이 없다. 이는 얼굴을 붉히게 되기에 앞서 명백한 죄책감을 경험할 필요가 있다는 뜻이다. 또 어른들은 아이에 비해 얼굴을 덜 붉힌다. 그 이유가 성인은 덜 당황하기 때문인지, 혹은 성장하면서 자율 신경 체계가 변화하기 때문인지는 분명치 않다. 다윈은 얼굴을 붉히는 사람이 당황한 나머지 말까지 더듬거리게 된다는 점을 주목했다. 그리고 이는 뇌의 혈액이 얼굴로 향하기 때문이라고 생각했다. 하지만 실상 얼굴을 붉히는 데 사용되는 혈액은 극히 소량이다. 더욱이 우리 몸은 어떤 상황에서도 뇌로 가는 혈액은 최우선으로 공급하도록 되어 있다. 동상으로 손을 잃을 수는 있어도 머리는 언제나 충분한 혈액을 받아 안전하게 보호되지 않는가. 따라서 사람들이 당황하는 것은 뇌의 혈액이 부족하기 때문이라기보다는 얼굴이 붉어졌다는 점을 스스로 인식하기 때문이라고 보아야 한다.

얼굴을 붉히는 목적이 죄책감을 드러내 분위기를 누그러뜨리기 위함이라는 데 모두가 동의하지는 않는다. 다윈은 얼굴 붉힘이 의사소통의 형태가 아니라고 고집했다. 그 자신이 수집한 명백한 증거에도 아랑곳하지 않고 말이다. 그는 상대적으로 추운 나라인 영국에서는 얼굴부터 목, 가슴 윗부분까지 붉어지는 반면 셔츠를 입지 않는 더운 나라 사람들은 허리까지 붉어진다는 점을 지적했다. 이를 입증하기 위해 다윈은 의사들에게 부탁해 여자 환자가 진찰 중에 얼굴 붉히는 모습을 관찰·기록하게 했다고 한다.

얼굴 붉힘은 두 유형으로 나뉜다. 갑자기 얼굴이 달아오르는 것을 느끼게 되는 경우와 서서히 붉어지는 경우이다. 나는 라디오 인터뷰를 하면서 출연자들의 목과 어깨가 아주 천천히 붉어지는 모습을 보곤 한다. 최고조에 이를 때까지 걸리는 시간은 20분 정도이다. 자율 신경 체계의 조절로 인해 얼굴로 내려오는 혈액은 늘 일정하다. 다만 얼굴을 붉힐 때는 피부 아래의 혈관이 확장되어 혈액으로 가득 차면서 붉고 뜨거운 느낌을 주는 것이다. 이 두 현상이 항상 동시에 나타나지는 않는다. 이를 확인하기 위한 연구를 보면 실험 참가자들이 국가를 부르는 모습을 촬영한 후 다 함께 그 촬영한 테이프를 감상했다. 누구든 얼굴을 붉히지 않을 수 없는 상황이었다. 그리고 피부의 붉은 정도와 온도 변화를 측정했다. 그러자 피부 온도가 상승하기에 앞서 얼굴이 붉게 상기된다는 점이 드러났다. 거울을 보지 않는 한 자신의 얼굴이 붉어졌다는 것은 온도 변화로만 인식할 수 있다. 결국 우리 스스로 얼굴이 붉어졌음을 깨닫기 전에 다른 사람들은 이미 그 사실을 알게 되는 셈이다.

의지에 따라 얼굴을 붉히기란 불가능하다. 이 때문에 얼굴 붉힘은 진실한 감정을 전달하고 갈등을 해소하는 유용한 방법이 된다. 당신이 충분히 죄책감을 느끼고 있다는 점이 겉으로 드러난다면 의도적으로 피해를 입히려 한 것이었다고는 아무도 생각지 않을 것이다. 얼굴 붉힘이 통제 불가능하다는 바로 그 사실 때문에 사람들은 얼굴 붉힘으로 드러나는 죄책감이 진실하다고 여긴다.

남보다 얼굴이 더 잘 붉어지는 사람들도 있다. 이를 불편하게 여기는 경우에는 얼굴 혈관을 확장시키는 신경을 아예 제거해 버리는 수술을 받기도 한다. 그 효과는 상당히 좋다. 이 수술을 받은 환자 200명 이상을 대상으로 한 최근 연구를 보면 85퍼센트가 결과에 만족하고 있었다. 하지만 상체에 땀 분비가 많아지는 등 부작용을 호소하는 경우도 있다.

반대로 얼굴이 거의 붉어지지 않는 사람들도 있다. 죄책감을 느끼더라도 여전히 냉정한 표정이 유지되는 유형이다. 이런 유형을 고려한다면 얼굴 붉힘은 범인 색출을 위한 완벽한 도구는 되지 못한다고 할 수 있다.

죄책감의 표정

다윈은 여러 동료들이 얼굴 외에 신체의 어떤 부분이 죄책감을 드러낼 수 있는지에 관심을 가졌다고 기록한다. 헨리 메인 경은 인도인들이 거짓말을 할 때 발끝을 비틀더라고 다윈에게 말했다고 한다. 다윈은 얼굴 중에서는 특히 눈이 죄를 자백하는 역할을 한다고 보았다. 눈이 불안하게 움직이면서 남의 시선을 피하면 수상하다는 것이다. 아들이 설탕을 훔쳐 먹고 난 후에 보인 모습을 기록하면서도 "두 눈이 이상하게 빛났고 어색한 태도를 보여" 죄가 드러났다고 했다.

그러면 누구나 속아 넘어가게끔 거짓말을 하고 또 자기 잘못을 감추는 최선의 방법은 무엇일까? 우선 순간적으로 떠오르기보다는 사전에 준비한 거짓말을 하는 편이 더 쉽다. 다윈이 그랬듯 우리 역시 거짓말쟁이를 색출하는 최고의 방법은 얼굴을 관찰하는 것이라 생각한다. 하지만 실상 우리는 얼굴 표정을 통제하는 데 아주 능숙하며 자신이 어떤 표정을 짓고 있는지 정확하게 아는 편이다. 한편 목소리도 단서가 될 수 있다. 비디오를 보면서 참말을 하는지 거짓말을 하는지 가려내도록 하는 실험을 보면 목소리 톤에 집중하도록 했던 경우에 거짓말을 가장 잘 잡아냈다고 한다. 결국 거짓말을 할 때에는 얼굴을 관리해야 하고, 남의 거짓말을 잡아내야 할 때에는 목소리에 주목해야 하는 셈이다. 하지만 누구나 여기에 동의하지는 않는다. 수년 동안 얼굴 표정을 연구한 폴 에크먼은 상대가 거짓말을 하는지 아닌지 맞히는 데 얼굴을 주로 본다. 다만 내기에서, 그것도 건 돈이 높을 때만 그 방법을 쓴다고 한다. 그래서 텔레비전이나 라디오에 출연해 상대가 하는 말이 거짓인지 참인지 맞히는 내기를 할 때 상대가 자기 연봉의 3분의 1 이상을 걸 때에만 응한다. 걸린 돈이 많아야 표정이 사실을 드러낸다는 것이다. 잃을 것이 없는 거짓말, 예를 들어 실제로는 새우를 좋아하는데 카레를 가장 좋아한다는 식의 거짓말은 너무도 쉽게 할 수 있으니 말이다.

거짓말 탐지기

남자가 나무 탁자 앞에 앉아 있다. 다리를 쭉 뻗은 상태라 발뒤꿈치는 땅바닥에 닿았지만 발가락 끝은 허공을 향한다. 양말 속에는 날카로운 못이 들어 있다. 오늘 날짜와 이름, 주소를 묻는 질문이 나오자 그는 발 앞부분을 못에 대고 힘껏 누른다. 하지만 고통스러운 표정은 감춘다. 다음으로 2월 24일 저녁에 어디 있었냐는 질문이 나왔을 때에는 못을 누르지 않는다. 그는 거짓말 탐지기를 속이려 하는 중이다.

죄책감이 신체에 영향을 미친다는 점은 오래전부터 알려져 있었다. 1730년 대니얼 디포는 "손목을 잡고 맥박을 느끼면 범인을 잡을 수 있다. 표정이 제아무리 뻔뻔하고 혀를 교활하게 놀린다 해도 불규칙하거나 갑작스럽게 빨라지는 맥박은 바로 그가 범인임을 알려 준다."라고 썼다.

거짓말 탐지기는 다양한 찬반 논란을 불러일으켜 왔고 앞으로는 점점 더 많은 나라에서 법정 증거로 채택되지 못할 것

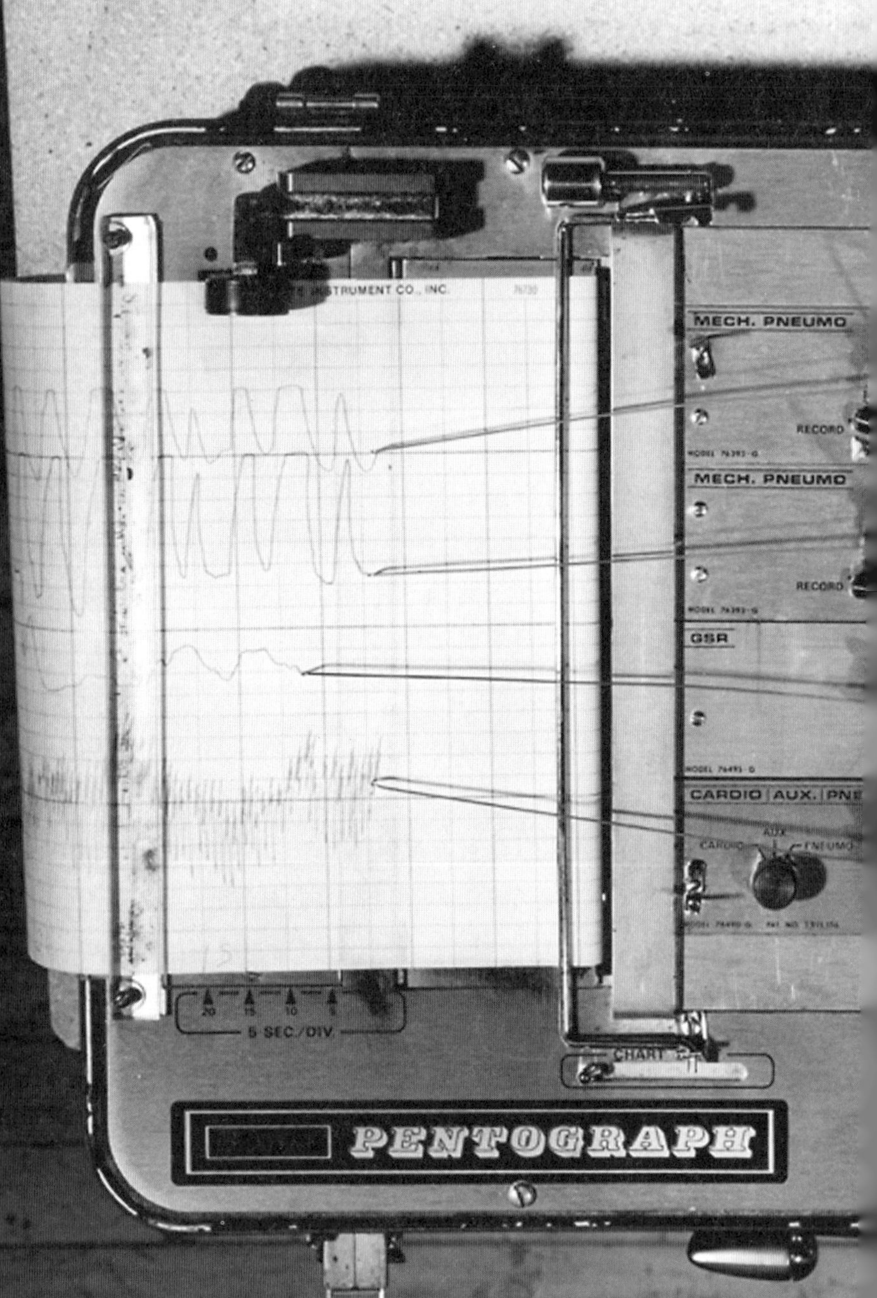
INSTRUMENT CO., INC.
MECH. PNEUMO
RECORD
MECH. PNEUMO
RECORD
GSR
CARDIO AUX. PNE
AUX
CARDIO PNEUMO
5 SEC./DIV.
CHART
PENTOGRAPH

CENTER
LOCK
CENTER
LOCK
CENTER
AUTO. MAN
SENSITIVITY
1K
CENTER RESPONSE SENSITIVITY

같다. 기본적으로 이 기계는 맥박, 호흡, 땀 배출의 변화를 측정한 수치가 크면 유죄로 본다. 문제는 엉뚱한 오해를 받아 범인으로 몰린 경우에도 마찬가지 효과가 나타난다는 데 있다. 일반적인 질문 사이에 핵심적인 질문을 집어넣어 대답하는 상대의 불안을 야기하는 것은 어렵지 않은 일이다. 앞서 언급한 양말 속에 못을 넣는 방법은 일반적 질문에 답하는 동안 스스로 고통을 느껴 땀을 흘리고 맥박이 올라가게 해서 범죄와 관련된 핵심 질문에 대답하는 상황과 아무런 차이가 없도록 만드는 것이다. 범죄자들은 이런 방법을 잘 알고 있지만 정작 억울하게 죄를 덮어쓴 사람은 아무것도 모른 채 거짓말 탐지에 걸려들고 만다. 1960년대에 정신 의학자인 데이비드 라이켄은 미국 공군을 위한 비밀 프로젝트를 수행했다. 거짓말 탐지기가 무용지물이 되도록 스스로 생리 반응을 조절하게끔 훈련시키는 프로젝트였다. 이 프로젝트는 끝까지 가지 못하고 취소되었지만 라이켄은 실제로 생리적 반응을 조절할 수 있는 사람들이 존재한다는 점을 발견했다. 그리고 거짓말 탐지에 걸려들지 않도록 하는 다른 방법을 연구하기 시작했다. 결정적 질문에 대해 차분한 반응을 보이는 대신 기준치를 얻기 위해 던져지는 일반적 질문에 대해 과장된 반응을 보이는 것도 방법이다. 이는 굳이 신발 속에 못을 넣지 않고도 가능하다. 그는 사람들이 혀를 깨물거나 항문을 수축시키고 발끝을 비틀거나 빠른 속도로 숫자를 거꾸로 세게끔(이때 시작을 큰 수, 예를 들어 436과 같은 수로 해야 한다.) 훈련시켰다. 이와 함께 팔이나 배 근육에 힘을 주지 않도록 주의를 주었다. 이런 행동은 거짓말 탐지기에 잡힐 수 있기 때문이다.

라이켄은 실제 죄수를 통해 자기 이론을 시험하는 기회를 얻기도 했다. 플로이드 페이라는 죄수가 그의 책을 읽고 편지를 보낸 것이다. 그는 거짓말 탐지기 때문에 자신이 살인 누명을 썼다고 호소했다. 그는 교도소 내 규칙을 어겼다는 혐의를 받았을 때 9명의 동료 죄수들과 함께 라이켄의 방법을 사용해 거짓말 탐지기를 손쉽게 속여 넘기는 모습을 보여 주었다. 실제로는 다들 규칙을 어겼지만 거짓말 탐지기에는 모두 무죄로 나왔던 것이다. 유타 대학교에서 이루어진 실험에서도 거짓말 탐지 결과는 잘못될 수 있다는 점이 확인되었다. 심각한 것은 결백한 사람의 경우 거짓말 탐지기에 잡히지 않을 확률이 50퍼센트에 불과했다는 점이다. 1980년 이후 라이켄은 거짓말 탐지기 결과를 근거로 이루어진 재판 사례를 분석하면서 문제를 지적했지만 거짓말 탐지기의 문제를 법원에 납득시키기는 쉽지 않았다. 모두들 간단하게 유죄 여부를 확인하는 방법을 원했기 때문이다.

라이켄은 대안으로 유죄 지식 검사(Guilty Knowledge Test)를 내놓았다. 여기서는 생리적 변화를 추적하는 대신 용의자가 사건에 대해 무언가 알고 있는지에 주목한다. 그래서 "당신이 훔친 것으로 의심받는 물건은 무엇이지요? 자, 나를 따라 반복해 보세요. 20파운드, 총 한 자루, 위스키 몇 병, 비디오, 휴대 전화지요?" 용의자가 실제로 범인이라면 이 물건들을 언급할 때 신체의 자율 신경 반응이 변화한다는 것이 기본 개념이다. 이 장치는 아직 범죄 수사에 사용되지 않지만 실험실에서의 결과는 긍정적이다.

죄책감 감지 카메라

텅 빈 방 한가운데 마네킹이 있다. 손에 20달러 지폐가 들려 있다. 남자 하나가 방으로 뛰어 들어와 마네킹을 칼로 찌르고는 돈을 낚아채 달아난다. 다른 남자가 들어와 마네킹에 다시 20달러를 꽂아 둔다. 10분 후 마네킹은 다시 칼에 찔리고 돈이 사라진다. 이런 일이 모두 10회 반복된다. 이후 결백하거나 죄가 있는 모든 사람이 질문을 받는다. 카메라는 이들의 얼굴을 찍는다.

이상은 미네소타의 마요 클리닉에서 최근에 이루어진 실험의 일부이다. 실험 참가자들은 마네킹의 돈을 훔치되 나중에 죄를 부인하라는 지시를 받았다. 나중에 질문을 던지는 사람은 누가 유죄인지를 모르는 채 열 감지 카메라에 의존한다. 열 감지 카메라를 통해 보면 얼굴에서 가장 뜨거운 부분이 주황색으로 나타난다. 거짓말을 하는 사람은 눈 주위 피부가 달아오른다는 것이 이 실험의 핵심이다. 이는 '싸울 것인가, 도망갈 것인가' 메커니즘이 작용하는 결과로 보인다. 카메라를 사용한 결과 유죄인 경우의 80퍼센트를 잡아냈지만 결백한 사람

중 10퍼센트도 걸려들었다. 어떻든 거짓말 탐지기보다는 열 감지 카메라의 정확도가 훨씬 높은 셈이다. 또한 열 감지 카메라는 작동이 더 쉽고 용의자를 기계 장치에 연결할 필요가 없기 때문에 공공장소에서 사용하기도 편리하다. 이 장치를 출국 심사대에 설치해 입국자들의 대답이 진실한지 확인하자는 제안도 나왔다. 물론 그러려면 결백한 사람까지 거짓말쟁이로 판명되는 비율이 10퍼센트보다 낮아져야 하겠지만 말이다.

죄의식과 뇌

우리가 느끼는 감정들은 뇌의 어느 한 특정 부위에서 생겨나지 않는다. 여러 뇌 체계가 서로 다르게 연결되면서 다양한 감정이 만들어진다고 보는 편이 더 정확하다. 간질병을 앓는 환자가 부분 마취 수술을 받을 때면 외과의가 뇌의 다양한 부위에 전기 자극을 주면서 어느 곳을 수술해야 할지 결정한다. 환자는 정신이 말짱한 상태기 때문에 그 과정을 통해 뇌의 특정 부위가 자극받을 때 어떤 감정이 생기는지를 경험할 수 있다. 편도체의 특정 부위에 자극이 가해지면 공포심이 들고 다른 부분이 자극되면 황홀한 즐거움이 느껴지는 식이다. 측두엽을 자극하면 깊은 죄책감이 생겨난다. 이유 없는 막연한 죄책감이라는 것이 불가능하다는 점을 고려하면 참으로 신기한 일이다. 수술대 위에 누운 상태로 이 모든 감정을 경험할 수 있다는 것은 아주 기이한 경험임에 틀림없다. 환자들에 따르면 그럴 때 느끼는 감정은 일상생활에서 느꼈던 것보다도 더욱 강하고 순수하다고 한다.

죄의식과 관련된 뇌 부위를 조사해 거짓말 탐지에 사용하려는 시도도 이루어지고 있다. 셰필드 대학교의 션 스펜스는 거짓말이나 참말을 하는 사람들의 뇌 사진을 찍어 비교하는 연구를 했다. 그런데 거짓 대답보다는 참 대답이 훨씬 더 신속하게 나왔다고 한다. 거짓말을 하려면 뇌의 더 많은 부위를 사용하면서 대답을 꾸며 내야 하기 때문이다.

죄의식 결핍

자기가 잘못하지도 않은 일에 대해 끊임없이 죄의식을 느끼는 사람들이 있는가 하면 어떤 짓을 저질러도 죄의식을 느끼지 않는 사람들도 있다. 후자의 경우는 반사회적 성격 장애의 한 증상일 수 있다. 이런 사람들은 절대 후회하는 법이 없고 다른 사람의 감정이나 권리에 무관심하며 남을 속이거나 거짓말하기를 즐긴다. 심지어는 살인까지도 저지른다. 남성의 3퍼센트, 여성의 1퍼센트가 이런 부류라고 한다. 죄책감 결핍의 생물학적 원인은 알려져 있지 않다. 다만 이렇게 반사회적으로 행동하는 사람들은 평소의 심장 박동 수나 땀 배출량이 정상인보다 적다고 한다. 폭발물 처리 전문가에게서도 동일한 신체적 특징이 나타난다. 이런 특징 덕분에 이들은 침착성을 유지할 수 있고 범죄를 저지르기도 쉬우리라 추측된다.

심리학자 에이드리언 레인은 이러한 추측을 확인하기 위해 15세 영국 소년들을 대상으로 생리적 반응 수치를 측정한 후 9년 뒤 추적 조사를 실시했다. 그러자 생리적 수치가 낮은 소년들이 나중에 범죄를 저지를 가능성이 높다는 점이 드러났다. 아마도 이들은 애초부터 생리 작용이 안정되어 있는 탓에 잘못된 행동을 할 때 신체가 보내는 신호를 제대로 받지 못하는 것 같다. 따라서 잠시 행동을 멈추고 결과를 예견하거나 죄책감을 느낄 기회가 없는 것이다. 흥분을 느끼기 위해 이들은 상점 털이와 같은 극단적인 짓을 저지른다. 하지만 이 연결 관계는 불명확하다. 신체 감각이 둔화되는 것은 범죄 상황에서 두려움이 없는 이유를 설명할 수는 있지만 나중까지 죄의식이나 후회를 느끼지 못한다는 의미는 아니다. 더욱이 심장 박동수가 낮은 사람 모두가 범죄자가 되는 것도 아니다. 범죄를 저지르는 순간에도 심장 박동이 그리 빨라지지 않는다는 사실은 이것이 범죄의 원인이라기보다는 상대에 대한 배려 결핍을 드러낼 뿐이라고 해석될 수 있다. 범죄의 결과에 대해 전혀 생각지 않는다면 당연히 불안을 느낄 필요도 없을 것이다.

이런 논의는 윌리엄 제임스와 월터 캐논 사이에 벌어진 한 세기 전의 논쟁을 다시 상기시킨다. 문제는 감정적 경험과 신체적 반응 중 어느 것이 먼저인가이다. 상식적인 설명은 두려움을 느낀 다음 심장이 두근거리는 것을 알아차린다는 것이지만 윌리엄 제임스는 그 반대, 즉 신체의 변화를 감지했기 때문에 감정을 느끼는 것이라 주장했다. 얼핏 듣기에는 말도 안 되는 소리 같지만 실제로 이런 경험을 하는 순간이 있다. 결혼식에서 축하 인사를 하게 되었다고 하자. 집에서 미리 연습을 했고 또 하객들을 잘 아는 터라 긴장할 이유도 없다. 그런데 자리에서 일어설 순간이 되자 갑자기 가슴이 쿵쾅거리고 손바닥에 땀이 흐르는 것이다. 그리고 신경이 날카로워지면서 어떻게든 그 자리를 피했으면 좋겠다는 생각이 들게 된다.

심리학자인 월터 캐논은 윌리엄 제임스에 반대했다. 그리고 생리 반응을 바꾸어 놓는 것만으로 감정을 불러일으키는 것은 불가능하다고 주장했다. 하지만 최근 그의 주장이 틀렸음이 입증되었다. 앞에서도 웃는 표정으로 얼굴 근육을 움직이면 실제로 기분이 좋아진다는 사례를 설명한 적이 있다. 사회 심리학자인 스튜어트 발린스도 흥미로운 실험을 했다. 사람들을 기계 장치에 연결한 다음 심장 소리를 들려 준 것이다. 그런데 여기서 심장 소리는 실험 참가자 본인의 것이 아니라 연구자가 속도를 조절한 것이었다. 반라의 여성들 사진을 보여 주면서 심장 박동을 실제보다 빠르게, 또는 느리게 조절한 후 여성들의 매력 정도를 평가하도록 했다. 그러자 빠른 심장 박동을 들었던 사람들이 그렇지 않은 경우에 비해 여성들의 매력 정도를 더 높이 평가했다. 자신의 신체 반응이라고 지각한 것이 감정에 영향을 미쳤던 것이다.

신체가 감정을 야기한다는 이 이론이 가진 한 가지 문제는 동일한 신체 반응이 서로 다른 감정들과 연결된다는 점이다. 동일하게 숨 가쁘게 뛰었다 하더라도 누군가 뒤쫓아 오는 상황이라면 두려움을 느낄 것이고, 마라톤의 결승선을 향하고 있는 경우라면 환희에 휩싸일 것이다. 우리가 상황을 바라보는 방식도 분명 감정에 영향을 미친다. 가짜 심장 박동 소리를 사용한 실험에서 진짜 생리 반응은 완전히 감춰졌다. 이는 신체의 반응 그 자체보다는 반응에 대한 우리의 인식이 중요하다는 점을 알려 준다. 인식에는 사고와 믿음이 개입될 수밖에 없다. 또한 우리 몸이 더 복잡한 감정을 이끌어 내는 방법을 알아내기도 어렵다. 신체는 어떻게 해서 우리가 죄책감을 느끼도록 만드는 것일까?

감정 연구에서 이는 거대한 주제이고 앞으로도 수많은 실험과 연구가 진행되어야 할 것이다. 아마도 양쪽 방향이 모두 작용할 것 같다. 즉 감정이 신체적 감각을 고양시키고 또한 신체적 감각이 감정을 이끌어 내는 것이다. 어쩌면 신체적 징후는 우리가 현재 느끼는 감정에 정신을 집중하도록 만드는지도 모른다. 신체적 측면과 감정적 측면의 상호 영향력은 순환하는 것일 수도 있다. 얼굴 붉힘에 대한 연구를 다시 기억해 보자. 사람들은 먼저 얼굴을 붉힌 후 얼굴 온도가 상승했다는 것을 느낀다고 했다. 이를 영향력 순환으로 설명해 보자면 일단 얼굴이 붉어졌음을 인식한 후 한층 당황하고 이로 인해 얼굴이 더욱 붉어지며 다시 더 큰 당황으로 이어지는 식이다.

생존자의 죄책감

1973년 4월, 17세의 벤 길로우는 브리스톨에서 바젤로 향하는 비행기를 탔다. 바젤에 도착한 비행기가 착륙하려 했을 때 날씨가 나빠지면서 눈이 내리기 시작했다. 활주로 유도등 불빛을 보지 못한 조종사는 다시 날아올라 한 바퀴 선회했다. 두 번째로 착륙을 시도했을 때에는 첫 번째와 두 번째 유도등이 보였지만 그 다음이 보이지 않았다. 어쩔 수 없이 조종사는 한 차례 더 선회하기로 했다. 기내 분위기는 함께 여행을 떠나온 무리로 시끌벅적했다. 착륙 시도가 여러 차례 실패했다는 것을 눈치 챈 사람은 아무도 없었다. 세 번째 시도에서 착륙이 감행되었다. 하지만 시계가 너무도 나빴던 탓에 조종사가 첫 번째 유도등이라 생각했던 것이 실은 두 번째였다. 너무 늦게 활주로로 내려온 셈이었다. 실수를 깨달은 조종사는 비행기를 상승시켰지만 날개가 산을 스치고 말았다. 기내에 일제히 불이 꺼졌다. 갑자기 비행기가 기울면서 벤은 앞으로 나뒹굴었다. 몇 초 후 비행기는 다시 전나무 가지를 스쳤고 결국 눈밭에 추락했다.

벤이 정신을 차렸을 때 그는 안전벨트를 맨 채 거꾸로 매달려 있었다. 의자를 벗어난 그는 비상 도끼를 찾아내 문을 부수었고 누구든 살아 있는 사람은 비행기 뒤로 오라고 소리쳤다. 그리고 눈밭에 내려서서 사람들이 뛰어내리는 것을 도왔다. 생존자들은 비행기에서 약간 떨어진 곳에 모여 앉아 기다리기 시작했다. 관제탑은 비행기의 비상 상황을 알아차렸을 테고 그러면 곧 구조대가 올 것이었다. 나이가 제일 어렸던 벤은 모닥불을 피우기로 하고 성냥을 가지러 비행기로 되돌아왔다. 거꾸로 매달린 채 죽어 있는 승객들 사이를 오가면서 혹시 생존자가 없는지 살폈다. 그리고 숨을 쉬고 있는 모자(母子)를 발견해 비행기 밖으로 끌어냈다. 다른 생존자들은 쇼크 상태에 빠져 멍하니 눈밭에 앉아 있을 뿐이었다. 벤은 도움을 청하러 가야 한다는 사실을 깨달았다. 얼마나 시간이 흘렀을까. 멀리서 개를 데리고 걸어가는 소년이 보였다. 벤은 갈비뼈가 세 군데나 부러진 상태였지만 뛰어가 소년을 따라잡았고 넓적다리까지 빠지는 눈길을 800미터나 걸어 인가를 찾아내 구조 요청 전화를 걸었다.

수십 년이 지났지만 벤은 아직도 그 추락 사고의 악몽에서 벗어나지 못한다. 그가 목격한 끔찍한 사고 현장의 모습 때문은 아니다. 이제 그는 비행기 안에 시체들이 거꾸로 매달려 있던 장면은 거의 기억하지 못한다. 그를 괴롭히는 것은 승객 108명이 사망하고 자신은 살아남았다는 사실이다. 그에게 살아남을 자격이 있었을까? 있었다면 그것은 대체 무엇이었을까? "전 17세였고 책임질 사람도 없었어요. 저는 살아남고 다섯 아이의 어머니는 그렇지 못했던 이유가 대체 무엇일까요?" 그는 추락 사고의 원인과 아무 상관도 없지만 그저 살아남은 것에 죄책감을 느낀다. 하지만 실제로 그는 비행기 문을 열고 생존자들의 탈출을 도우며 승객을 구하는 등 영웅적인 행동을 했다. 그런데도 그가 느끼는 가장 큰 감정은 죄책감이다.

생존자의 죄책감이라는 용어는 1964년, 나치 수용소의 일부 생존자들이 보인 우울증을 일컫는 말로 생겨났다. 그리고 지금은 사망자가 발생한 사고라면 늘 발견할 수 있는 현상이다. 사상 최악의 석유 굴착 사고였던 1988년의 파이퍼 알파 참사를 보자. 160명이 사망한 그 참사에서 생존자 59명은 파이프를 타고 미끄러져 내려온 후 바다에 뛰어들어 불길을 피했다. 생존자의 절반 이상이 동료가 죽거나 중상을 입는 광경을 목격했고 자신들도 죽게 되리라 생각했다. 사고 후 10년 이상이 흘렀을 때 정신과 의사인 앨리스테어 헐은 추적 조사를 실시했는데 생존자의 3분의 1은 여전히 자신들이 살아남았다는 데 죄책감을 느끼고 있었다고 한다.

생존자 죄책감은 비슷한 상황에 놓였고 자신과 똑같이 살아남을 기회를 가졌으나 그만큼 운이 좋지 못했던 이들에 대한 동정과 연민을 포함한다. 첫눈에 보기에 이런 감정은 아무 쓸모없는 낭비로도 여겨진다. 이미 일어난 일을 뒤집을 수는 없는 일이 아닌가. 또 죽은 이들도 친구나 동료가 죄책감으로 세월을 허비하기를 바라지 않을 것이다. 그런데 신기하게도 생존자 죄책감은 상황에 대한 통제력을 부여하여 실제로 사건의 후유증을 극복하는 데 도움을 주기도 한다. 사고 후 우리는 무력감을 느낀다. 삶이 얼마나 불공평한지를 경험했기 때문이다. 이럴 경우 무언가의 도움으로 통제력을 다시 얻을 수 있다면 가장 유용한 감정인 희망을 느끼는 것이 가능해진다. 마지막 장에서 살펴보겠지만 우리는 제대로 살아가기 위해 낙관주의를 필요로 하는 것 같다. 우울한 기분에서 벗어나게 되면 다시 모든 것이 잘 되리라는 생각을 할 수 있다. 상황에 대해 통제력을 가졌다고 여긴다면 기분도 나아질 것이다. 물론 통제력을 가졌다는 생각은 결국 혼자 살아남았다는 죄책감을 불러일으키는 측면도 있다.

보스턴의 의사인 리처드 블래커는 심장 수술 후 환자들이 우울증에 빠지는 경우가 종종 있다는 점을 알아차렸다. 많은 사람들은 심장 수술 후 생존 가능성을 과소평가한다. 그런데 살아남았다는 기쁨이 수술 3~4일째부터는 우울증으로 바뀌는 경향이 있다. 블래커의 조사에 따르면 이런 환자들에게는 더 젊은 나이에 병으로 사망한 형제자매나 친구들이 있었다. 결국 이 환자들도 생존자 죄책감을 느꼈던 것이다. 누군가의 죽음을 통해 자기가 생명을 얻었다는 점을 분명히 인식하는 장기 이식 환자들에게도 생존자 죄책감이 자주 나타난다.

화학자 출신의 작가 프리모 레비는 아우슈비츠를 벗어난 지 40년 후에도 생존자 죄책감에 괴로워했다.

나는 다른 사람이 살아야 할 자리를 차지하고 있는지도 모른다. 내가 그 자리를 빼앗은 것이다. 살아남은 사람들은 가장 훌륭한 이들도, 무언가 중요한 일을 해야 하는 이들도, 인류를 위한 메시지를 가진 이들도 아니었다. 오히려 그 반대였다. 최악의 사람들, 이기적이고 폭력적이며 무감각한 이들, 양쪽을 오가며 첩자 짓을 했던 이들이 살아남았던 것이다. 전부 그런 것은 아니지만(어차피 인간의 문제에서 규칙이란 없는 것이니까.) 그런 경향은 분명 존재했다. 나는 결백했지만 살아남은 사람들 틈에 끼어 평생 자신을 정당화하는 입장에 놓였다. 최악의 사람들은 살았고, 최고의 사람들은 모두 죽고 말았다.

1987년, 프리모 레비는 토리노의 자택 층계 아래에서 숨진 채 발견되었다. 유서는 없었지만 당시 우울증이 심각했던 것으로 보아 자살로 추정되었다. 그날 아침 그는 로마의 랍비에게 전화를 걸어 "어떻게 살아야 할지 모르겠어요. 더 이상 삶을 견딜 수 없어요. 어머니는 암에 걸렸는데 그 얼굴을 볼 때마다 아우슈비츠 수용소의 널빤지 위에 누워 죽어 가던 사람들이 떠올라요."라고 말했다고 한다. 아우슈비츠에서의 경험담을 담은 책으로 국제적인 유명인사가 된 그였지만, 늘 자신의 책은 살아남은 자의 증언일 뿐이며 진정한 목격자들은 모두 죽어 버린 탓에 자신들의 이야기를 할 기회조차 갖지 못했다는 점을 강조하곤 했다. 그의 죄책감은 평생 이어졌고 결국 죽음까지 불렀다. 이런 극단적인 사례를 보면 생존자 죄책감에 유용한 면이 있다고는 여겨지지 않는다.

치료를 받는다 해도 생존자 죄책감에서 벗어나기란 쉽지 않다. 콜로라도 외상 후 치료 센터의 톰 윌리엄스는 베트남 참전 용사들을 접하면서 생존자 죄책감이 끔찍했던 현장을 떠올리지 않도록 해 준다는 점을 발견했다. 참전 용사들은 그 현장의 모습 대신 자신이 어떻게 다른 행동을 할 수 있었을까 상상하면서 시간을 보냈다. 윌리엄스는 직접적으로 죄책감 문제를 지적하는 대신 그런 경험 후에는 슬픈 감정을 느끼는 것이 당연하고 전우들의 죽음은 살아남은 자들의 잘못이 아니라고 강조했다. 그리고 정보도 거의 없고 시간적인 압박이 극심한 상태에서 어떻게 다른 결정을 내릴 수 있었겠느냐고 반문했다. 윌리엄스가 보기에 당시 참전 용사들은 너무 어렸기 때문에 옳고 그름에 대해 청소년적인 시각을 견지했다. 그래서 그는 상황을 흑백으로 나누어 보지 않도록 도와주었다. 고국에 돌아온 후의 삶이 혼란스러웠고, 그래서인지 살아남았다는 것을 정당화할 만큼 훌륭하게 지내지 못했다며 죄책감을 느끼는 경우도 있었다. 윌리엄스는 참전 용사들 각각에게 그들이 전우를 돕기 위해 어떤 노력을 했는지 설명하게 했다. 한 병사는 땅위에 난 흔적이 전우가 끌려갈 때 생긴 군화 자국임을 알았다. 그는 사흘 동안이나 전우를 찾아 헤맸지만 마침내 찾아냈을 때는 너무 늦었다. 방금 전에 죽임을 당했던 것이다. 그는 자신이 조금만 더 빨리 움직였다면 그 전우를 구할 수 있었으리라는 자책에 휩싸였다. 윌리엄스는 그가 전우를 찾기 위해 기울인 노력에 대해 자신감을 가져야 한다고 격려했다. 죽은 전우도 자신을 찾으려 했던 친구의 노력에, 그리고 결국 자기 시체를 찾아 가족에게 전해 준 것에 고마워할 것이라고 말이다.

이런 사례나 프리모 레비의 경우는 다소 극단적이다. 생존자 죄책감은 이보다 더 온건한 형태로 나타날 수도 있다. 예를 들어 어려운 시험에 친구들은 떨어지고 자기 혼자 붙었을 때에도 생존자 죄책감이 나타날 수 있다. 일부 연구자들은 이런 생존자 죄책감은 사회에 유용하다고 주장한다. 사회 안에서 우리는 끊임없이 남과 자신을 비교하면서 자신의 위치를 상승시키거나 유지하려 한다. 하지만 이와 동시에 너무 높이 올라가면 다른 사람들이 싫어할 것이라는 점도 안다. 성공에 대해 죄책감을 느끼는 것은 자신을 다시 이전 자리로 되돌려놓으려는 시도이다. 이 죄책감으로 인해 가장 성공적인 사람들도 지나치게 자신을 과시하지 않게 되고 결국 모두 평화롭게 공존할 수 있다는 것이다.

심각한 생존자 죄책감이 여전히 수수께끼로 남아 있기는 하지만 기본적인 죄책감은 나름대로 유용성이 있다. 우리가 실수로부터 배울 수 있게 하고 나쁜 행동을 반복하지 않게 하며 상대를 신뢰하면서 협력할 수 있도록 하는 것이다. 또한 죄책감은 아주 오랜 시간 동안 지속된다는 특징이 있다. 칼은 파리에서 우연히 만난 여성을 뿌리친 후 30년이 지난 지금도 여전히 죄책감을 느끼며, 차를 태워 달라고 하는 도보 여행객을 만나면 늘 원하는 곳까지 데려다 주곤 한다. 그때 그 여성을 돕지는 못했지만 세상 사람들을 대상으로 당시의 실수를 만회할 수는 있다고 말하면서 말이다.

희망

내가 피레네 산맥에 있는 한 프랑스 마을을 찾은 때는 5월의 비 오는 어느 오후였다. 골목마다 플라스틱 병을 파는 가게들이 즐비했다. 이곳을 찾는 사람들은 누구나 기념품점에 들러 플라스틱 병을 샀다. 사는 사람의 나이에 따라 통의 크기는 달라졌다. 어린아이들은 호텔 샴푸 통만 한 50센트짜리 작은 병을 골랐고 나이 많은 여인들은 5리터들이 큰 병을 사느라 야단이었다. 걸어가는 군중들은 디즈니 만화에 나오는 궁전처럼

양 갈래 계단이 웅장하게 내려진 멋진 건물로 향하는 듯했다. 그러나 다들 그 궁전을 그냥 지나쳤다. 사람들은 어디로 가야 하는지 분명히 알고 있었다. 먼저 흰 초가 산처럼 쌓인 간이 상점에 들러 초를 산다. 2유로면 자신의 초가 생긴다. 여기서도 얼마나 큰 것을 고를 것인가가 문제가 된다. 원하는 크기의 초를 마련한 사람들은 빗속에서 조용히 줄을 선다. 바위를 만져 보기 위한 줄이다. 궂은 날씨 탓에 촛불 행렬은 취소되었지만 사람들은 실망하기는커녕 기대와 희망에 들뜬 표정이다. 이곳은 바로 루르드이기 때문이다.

질병이나 장애가 있는 사람들은 차양이 달린 휠체어에 앉아 있다. 휠체어를 미는 간호사들은 흰 모자에 망토를 입었다. 마치 제1차 세계 대전의 한 장면을 보는 것 같은 느낌도 든다. 병이 중한 사람들은 바퀴 달린 간이침대에 누워서 이동한다. 뚝뚝 떨어지는 빗물을 맞아야 하는 상황이라 불쾌할 텐데도 모두 표정이 밝다. 빗줄기가 강해져도 줄에서 빠져나와 발길을 돌리는 사람은 없다. 마침내 벨라뎃다 성녀가 성모 마리아의 모습을 보았다는 동굴 안으로 들어서자 모두 바위를 어루만진다. 휠체어에 탄 사람들도 열심히 바위를 쓰다듬는다. 동굴에서 나오는 사람들의 얼굴에는 환희가 담겨 있다.

다음으로 사람들은 경사진 내리막길을 지나 지하 주차장처럼 보이는 곳으로 향한다. 수많은 버팀목들이 콘크리트 천장을 떠받치고 있다. 파란 휠체어를 탄 사람들이 차양을 내린 채 다시 줄을 선다. 매년 6개월 동안 매일같이 수천 명이 여기 모여 여러 언어로 진행되는 미사에 참여한다. 록 콘서트 장처럼 거대한 스크린이 설치되어 신부의 모습을 비추고 있다. 그래서 어디에 서 있든 미사를 지켜볼 수 있다. 몇몇 참배객들은 미사 중에 무대로 올라가 마이크에 대고 성서를 읽는 영광을 누리기도 한다.

루르드를 찾는 모든 사람이 기적을 기대하지는 않는다. 하지만 가톨릭 신자가 아닌 나도 그곳에서 일종의 소속감을 느낄 수 있었다. 환자들이 그토록 많은 곳이지만 절망감은 찾을 수 없었다. 그저 온 사방이 희망이라는 따뜻한 감정으로 가득 차 있었다.

희망은 한마디로 설명하기 어려운 감정이다. 과학적으로 볼 때 희망은 감정이라 볼 수 없다고 주장하는 사람도 있다. 희망을 드러내는 얼굴 표정은 정해져 있지 않다. 희망은 이익에 대한 기대 혹은 종교적 감정과 쉽게 혼동된다. 워낙 고요한 감정이어서 잊고 지나가기 일쑤지만 우리 모두가 분명히 인식하는 감정이기도 하다. 희망은 우리가 생각하는 방식을 바꾼다. 희망에 찬 사람들은 남보다 자신을 더 긍정적으로 평가한다. 얼핏 생각하기에 희망은 신체적으로 드러나지 않는 것 같다. 두려움이 그렇듯 심장 박동을 빠르게 한다거나 하는 일이 없는 것이다. 또 죄책감처럼 얼굴을 붉게 만들지도 않는다. 하지만 생각하는 방식을 변화시킴으로써 희망은 신체에 커다란 영향을 미친다. 앞으로 언급하겠지만 희망은 죽음까지도 늦출 수 있는 힘을 가지고 있다.

두려움과 마찬가지로 희망은 가능한 결과에 대한 기대를 포함한다. 세네카는 "희망하기를 멈추면 두려움도 멈춘다. 이 두 가지는 모두 결과를 알 수 없는 불안한 마음과 연결된다."라고 말했다. 두려움과 희망은 실제로 불확실한 대상에 관련된다. 하지만 불확실성이 희망을 낳는가, 아니면 두려움을 야기하는가 하는 것은 상황을 어떻게 바라보는가에 달려 있다. 무슨 일이 일어나리라는 희망은 일어나지 않을지 모른다는 두려움을 동반한다. 어떤 불확실한 상황이든, 나쁜 결과를 예견하고 두려워하거나 좋은 결과를 희망하거나 선택은 두 가지이다. 유리잔이 반쯤 찼는지, 혹은 반쯤 비었는지에 대한 판단인 것이다.

희망의 중요성

희망은 삶의 많은 부분에서 토대가 된다. 상대가 잘 대해 주리라는 희망이 없다면 친밀한 관계가 시작될 수 없다. 우리는 상대가 내게 친절할 것을 기대하고 믿는다. 부부는 자녀를 갖기 위해 노력한다. 어떤 아이가 태어날지, 부모가 된 후 삶이 어떻게 바뀔지 전혀 모르는 채 말이다. 하지만 자녀가 살아갈 미래 세상은 지금보다 훨씬 나을 것이라는 희망이 있다. 희망은 미래의 계획을 세우도록 하고 행복을 위해 노력하게끔 한다.

제임스 애브릴은 감정을 연구하는 학자들 중 희망에 초점을 맞추는 드문 존재이다. 한 연구에서 그는 실험 참가자들에게 지난 1년 동안 겪은 일 중에서 희망을 나타내는 일화를 생각해 보라고 부탁했다. 한 해가 흐르는 동안 시작되고 끝난 것이라면 어떤 것이든 좋았다. 그러자 전체 응답자의 40퍼센트 이상이 좋은 성적을 받고 직장을 잡거나 운동 경기에서 승리한 것과 같은 성취 사례를 들었다. 연인을 만나거나 결혼한 것, 친구나 가족과 잘 지낸 것을 언급한 응답자가 25퍼센트, 다른 사람에게 일어난 일, 예를 들어 가족이 병에 걸렸다가 쾌유한 것을 지적한 경우는 8.7퍼센트였다. 나머지는 외향적 성격에서부터 새로 산 차에 이르기까지 다양한 예를 들었다고 한다. 이러한 결과는 희망이 아주 다양한 상황에 개입된다는 것을 보여 준다. 자신이 원하는 바가 이루어진다는 확신이 얼마나 되느냐는 질문에 대한 응답을 보면 평균이 58퍼센트였다. 이렇게 보면 희망이란 원하는 일이 일어나게끔 하기 위해 필요한 것이라고도 정의할 수 있다.

스스로 운이 좋다고 생각하는 사람의 경우, 미래에 대한 희망이 가장 큰 것으로 나타났다. 이는 일견 당연해 보인다. 모든 일이 잘 풀려 가는 삶을 살았다면 앞으로도 그럴 것을 기대하지 않겠는가. 이는 일종의 자기 성취적 예언일 수 있다. 리처드 와이즈먼은 영국 허트포드셔 대학교에서 행운 훈련 교실을 운영했다. 다각적인 실험을 통해 그는 스스로 운이 좋다고 여기는 사람은 스스로 불운하다고 생각하는 사람과 달리 행동한다는 점을 발견했다. 실험 참가자들에게 신문을 훑어보며 사진수를 세도록 했던 실험을 보자. 두 번째 면에는 "그만 세시오! 이 신문에는 사진이 모두 43개 있습니다!"라고 쓰인 커다란 광고가 실려 있었다. 운이 좋다고 생각한 사람들은 불과 몇 초 만에 이 광고를 발견하고 과제를 마친 반면 불운하다고 여기는 사람들은 이를 보지 못한 채 2분 정도의 시간을 들여 사진을 하나씩 세었다. 와이즈먼은 "그만 세시오! 그리고 조교에게 이 광고를 보았다고 말하고 250달러를 받아 가시오!"라는 다른 광고도 넣어 보았는데 이때 역시 광고를 발견한 사람은 스스로 운이 좋다고 여기는 이들이었다. 와이즈먼은 운이 좋다고 여기는 사람은 특별한 방식으로 행동하여 스스로의 행운을 만들어 나간다고 설명한다. 좋은 기회를 더 잘 찾고 본능에 귀를 기울여 운 좋은 결정을 하며 모든 일이 잘 풀릴 것으로 기대하는 것이다. 설사 무언가 잘못된다 해도 그것을 예외 상황이라 여긴다. 행운 훈련 교실에서 그는 자신이 불운하다고 믿는 이들에게 행동을 바꾸라고 가르쳤다. 그러자 80퍼센트의 교육생들이 전보다 운이 더 좋다고 느끼게 되었으며 일부는 새로운 연인이나 직장을 찾기도 했다. 희망을 가지는 것은 단순히 미래를 바라보는 방법에 그치지 않는다. 여기서 더 나아가 실제로 미래를 바꿀 수 있는 것이다.

희망을 키우기 위해 사람들이 사용하는 방법 중 하나가 미신이다. 일이 제대로 되도록 무언가 자신이 할 수 있는 일이 있다면 좀 더 희망이 커지게 된다. 그것이 검은 고양이를 피하는 것이든 혹은 찾아다니는 것이든 간에 말이다. 1948년, 저명한 심리학자 스키너는 매 15초마다 규칙적으로 먹이를 넣어 주는 상황에서도 우리 안의 펭귄들이 '미신적'인 행동을 한다는 점을 발견했다. 펭귄들은 먹이가 주어질 때 자신이 우연히 하고 있었던 행동을 계속 반복했다. 한 마리는 쉴 새 없이 시계 반대 방향으로 걸어 다니고 또 다른 한 마리는 우리의 한쪽 구석에 자꾸만 머리를 쑤셔 넣는 식이었다. 인간도 이와 마찬가지로 자기 행동과 뒤이어 벌어진 사건을 연결시키곤 한다. 실제로는 아무런 연관 관계가 없다 해도 이런 생각은 우리에게 통제감을 부여한다. 재미있게도 특정 행동을 하면 안 된다는 부정적인 미신보다는 하면 좋다는 긍정적인 미신이 훨씬 더 일반적인 것 같다. 예를 들어 사다리 아래를 지나가면 안 된다는 것은 말도 안 되는 소리라고 주장하는 사람들도 나무를 만진다든지 집게손가락 위에 가운뎃손가락을 포개면서 행운을 빌곤 한다.

사람이 언제 처음으로 희망을 느끼는지는 알기 어렵다. 배고픈 아이는 울음을 터뜨리면 누군가 곧 반응을 보일 것이라 희망하는 것일까? 비트겐슈타인은 어린아이에게서 희망을 관찰할 수는 없다고 말했다. 아이가 성장하면서 서서히 희망이라는 감정이 생겨난다는 것이다. 유아가 희망을 느낀다고 주장하려면 유아들이 특정한 목적을 인식하고 그 목적의 실현 가능성은 얼마나 되며 그 실현을 위해 세상에서 어떤 도움을 받을 수 있는지 등을 안다는 점을 증명해야 한다.

희망의 이러한 구성 요소들은 희망에 관한 세계적 권위자인 릭 스나이더가 발전시킨 이론과 잘 들어맞는다. 캔자스 대학교 교수인 스나이더는 희망의 여러 측면들을 끊임없이 밝혀내고 있다. 그에 따르면 희망을 느끼려면 우선 목표가 필요하다고 한다. 특별히 바라는 무언가가 있어야 하는 것이다. 그 무언가가 꼭 구체적인 대상만은 아니다. 미래에는 좀 더 행복했으면 좋겠다는 식의 막연한 목표도 가능하다. 목표가 있다면 이제 그것을 달성할 수 있는 가능한 길이 보여야 한다. 또 원하는 바를 이룰 수 있으리라는 믿음도 있어야 한다. 이 세 가지 요소를 다 가졌다면 희망을 느낄 수 있다. 새로운 희망은 활력을 준다. 그래서 새로운 계획을 가진 사람들이 그렇게 기분이 좋은 것이다. 다이어트를 시작하는 사람들은 특히 행복감이 높다. 모든 것이 바뀌리라는 희망은 그토록 강력하다. 희망은 전체 사회로 퍼져 나가기도 한다. 이를테면 집권당이 바뀌면서 생기는 희망이 그렇다.

희망 점수가 높은 사람은 낙관주의 점수도 높다. 낙관주의와 희망은 여러 가지 공통점을 갖는다. 사람마다 낙관주의 수준은 다양하다. 하지만 이것은 살아가면서 경험했던 시련의 정도와는 무관하다. 미시건 대학교의 크리스 피터슨은 낙관주의를 중점적으로 연구하는 학자이다. 그는 작은 낙관주의와 큰 낙관주의를 구분하면서 사람들은 일상의 작은 일, 예를 들어 기차가 제시간에 올 것이라는 데 대해서는 낙관적인 경향이 있지만 더 큰 그림, 이를테면 '세상이 점점 더 잔혹한 곳이 될 것이다.'와 같은 문제에서는 비관적이라고 분석한다. 이러한 구분은 유용해 보인다. 나 같은 경우는 장기적 전망에 있어서는 낙관적이지만 버스나 지하철 등 교통수단에 있어서는 늘 비관적이다. 경험상 나는 교통 문제에서는 운이 나쁜 편이다. 뚜렷한 이유는 알 수 없지만 말이다. 지하철 운전사들은 에스컬레이터를 타고 내려가는 나를 한번도 기다려 준 적이 없다. 하루아침에 열차 배차 간격이 1분에서 13분으로 늘어나기도 한다. 하지만 내 친구들 중에는 전광판이 고장 나는 것을 한번도 보지 못했을 정도로 운이 좋은 사람도 있다. 그런 친구들과 어울려 다닐 때면 나한테도 모든 것이 순조로워 혼자서도 괜찮을 것 같다는 생각이 들지만 막상 해 보면 역시 기대에 미치지 못한다. 이렇게 보면 나는 작은 낙관주의를 갖지 못한 것 같다.

희망에 찬 사람들이 누리는 이점은 끝이 없다. 직장에서든, 스포츠에서든, 혹은 학계나 정계에서든 성공할 가능성이 높다. 맡은 일을 끝까지 해내고 문제를 해결하는 데에도 능숙하고 그 과정에서 더 행복하다. 희망은 노력하면 좋은 결과를 얻을 수 있는 삶의 영역들에서 유용하다. 희망에 찬 사람들이 성공하는 이유 중 하나는 목표를 더 높게, 그리고 더 많이 세운다는 데 있는 것 같다. 목표가 여러 개면 실망하지 않을 수 있는 방어막이 만들어진다. 한쪽에서 실패하더라도 다른 쪽이 남아 있는 것이다. 정말로 실망할 수밖에 없는 상황이 찾아와도 낙관적인 아이와 어른은 우울해 할 가능성이 적다.

스나이더의 실험 결과 중에는 대학 신입생이 지닌 희망 수준이 졸업 성적의 가장 큰 예측 요인이라는 것도 있다. 희망 정도는 입학 시험 성적보다도 예측력이 높았다. 그리고 중도에 학업을 포기하게 될 가능성도 설명해 주었다. 스나이더는 신입생들의 희망을 고취시키면 그들이 걸어갈 삶의 궤도까지도 바꿀 수 있으리라 본다. 희망에 찬 사람들은 더 큰 동기를 부여받고 더 열심히 일하기 때문이다.

낙관적인 사람은 더 많이 성취할 뿐 아니라 더 건강하고 더 인기 있다. 즐거움과 마찬가지로 행복한 사람은 더 많이 웃고 웃음 덕분에 더욱 행복해진다. 이것이 희망이 가진 순환 고리이다. 더 낙관적이라면 성공 가능성이 더 커지고 그 성공은 다음번의 또 다른 성공을 기대하도록 만든다.

우리는 주변 사람들이 가진 희망 정도에 따라서도 영향을 받는다. 모두가 희망적이라면 당신도 거기 물들기 쉽다. 마찬가지로 절망감도 빨리 퍼져 나간다. 전시에 치안 유지법을 시행하는 것은 패전할지도 모른다는 암시가 되기 때문에 범죄나 마찬가지다. 일단 땅에 떨어진 사기를 다시 높이기는 대단히 어렵다. 때로 희망은 사람들이 가진 유일한 것이 되기도 하다. 콜롬비아 정글에서 102일간 인질 생활을 한 마크 헨더슨이 2003년, 크리스마스를 사흘 앞두고 풀려났을 때 그는 매일매일 감정이 오르락내리락했지만 결국 자신을 지탱한 것은 희망이었다고 말했다.

부정적인 사건이 희망을 높여 줄 수도 있다. 2001년 9월 11일, 뉴욕의 세계 무역 센터 빌딩 참사가 일어나고 9일이 지났을 때 바버라 프레드릭슨은 미시건 대학교 학생들을 대상으

로 2차 조사를 실시했다. 몇 개월 전 실시한 1차 조사에서 감
정 회복 능력이나 낙관주의 등 다양한 성격 특성을 평가받았
던 바로 그 학생들이었다. 놀랍게도 일부 학생들은 테러 공격
이후 더 낙관적이 된 것으로 나타났다. 이들은 불행에서 회복
하는 능력이 가장 강한 학생들이기도 했다. 물론 전체적으로
는 낙관주의가 감소했다. 9·11 사태 이후 미국 전역에서 이루
어진 설문 조사에서는 스스로를 낙관적이라고 평가하는 사람
이 겨우 21퍼센트에 불과해 11년 전 통계치인 68퍼센트와 대
조를 이루었다. 하지만 불행에서 잘 벗어나는 사람들은 어려
운 상황을 쉽게 극복할 뿐 아니라 전보다 오히려 더 기분이 좋
아지는 것 같다.

학습된 낙관주의

2002년 1월의 어느 아침, 레이철은 출근하는 남편 찰리와 작
별 인사를 했다. 남편은 런던 중심부의 직장까지 자전거로 통
근을 했다. 하지만 그날 출근길에 남편은 탱크로리와 충돌해
세상을 떠났다. 노련하게 자전거를 몰았던 꼼꼼한 성격의 그
가 그런 사고를 당해 불과 39세에 사망했다는 것은 가족에게
엄청난 충격이었다. 여기까지였다면 이 이야기는 슬픔의 장에
소개되어야 했을 것이다. 하지만 레이철은 지금도 자신이 운
좋은 사람이라 생각한다. 남편을 떠나보낸 후에도 늘 그렇듯

밝은 면을 보는 것이다. 레이첼은 남편을 만난 것도, 18개월이 아닌 18년을 함께 산 것도, 훌륭한 아이들을 낳아 키울 수 있었던 것도 커다란 행운이었다고 생각한다. 쓸쓸한 순간, 레이첼은 예전에 일어났던 좋은 일들을 생각하면서 희망을 되찾곤 한다.

그리고 희망 속에서 원대한 계획을 세우기도 했다. 찰리는 40회 생일을 기념해 자전거로 피레네 산맥을 넘어 보겠다고 입버릇처럼 말하곤 했다. 자전거 경주 대회인 투르 드 프랑스의 코스로 유명한 곳이었다. 레이첼은 남편 대신 자신이 그곳에 가겠다고 작정했다. 후원사를 구했고 함께 가겠다는 친구들도 확보했다. 산꼭대기에 위치한 카페에 도착했을 때 일행은 슬픔보다는 환희를 느꼈다. 그렇게 높은 산에 오르니 세상 꼭대기에 도달한 것 같은 느낌이 들었던 것이다. 레이첼의 시어머니는 그날 밤 성대한 파티를 열었다. 그리고 이제는 세상에 없는 찰리의 40회 생일을 떠들썩하게 축하했다. 레이첼은 슬픔 속에 보내기 십상이었을 그날을 기쁜 시간으로 바꿔 놓았다. 희망이 없었다면 그런 여행은 엄두조차 내지 못했을 것이다.

레이첼의 이야기는 희망에 찬 사람들이라 해서 나쁜 일을 덜 겪는 것은 아니라는 점을 보여 준다. 다만 차이가 있다면 이들이 상황을 보는 방식이다. 좋은 일이 일어나면 자기 덕분이고 나쁜 일이 일어나면 외부 환경 탓이라 생각하는 식이다. 이런 사고방식은 늘 겉으로 드러나지는 않는다. 예를 들어 프로젝트를 망쳐 버린 부하 직원에 대해 공개적으로는 책임을 지지만 마음속으로는 자기 잘못이 아니라고 생각할 수 있다. 약속 시간에 늦었을 때 당신은 늘 허둥지둥하다 늦고 마는 자신을 비난하겠는가, 아니면 유달리 도로가 복잡했던 불운을 탓하겠는가? 반대로 정확한 시간에 도착했다면 당신은 교통 운이 좋았다고 생각하겠는가, 정확히 시간을 예측한 자신을 자랑스러워 하겠는가? 낙관적이고 싶다면 후자의 태도를 가져야 한다. 좋은 일은 내 덕분이지만 나쁜 일은 내 책임이 아니라고 보는 것이다. 이것이 바로 마틴 셀리그먼이 개발한 '학습된 낙관주의'의 핵심이다. 그에 따르면 희망에 찬 사람들은 좋은 일이 자기 성격 덕분이고 이후로도 다시 일어날 것이라 보는 반면 나쁜 일은 우연히 한번 일어난 불운으로 본다고 한다. 이것은 상황을 설명하는 방식인 동시에 죄책감을 느끼는 정도와도 연결된다. 우리가 내리는 모든 판단에는 다음과 같은 세 가지 중요한 요소가 포함된다. 첫째, 외부적 요인에 의한 것인가, 혹은 나 자신에 의한 것인가? 둘째, 특정 상황에만 적용되는 것인가, 아니면 일반적인가? (예를 들어 유리컵을 깨뜨렸다고 할 때 이는 순간적으로 주의가 산만해졌기 때문인가, 아니면 당신이 늘 서툴기 때문인가?) 셋째, 지속적인가, 아닌가? (한번 발생하고 지나가는 일인가, 아니면 반복되는 일인가?)

학습된 낙관주의 개념은 학습된 무기력 이론에 바탕을 둔다. 학습된 무기력 이론에 따르면 희망이 전혀 없을 경우 생존 능력도 떨어진다. 미국의 심리학자 칼 리히터가 1950년대에 실시한 쥐 실험을 보자. 그는 쥐를 90센티미터 높이의 유리병에 넣었다. 둥둥 떠 있는 쥐의 머리 위로 물이 뿌려졌고 쥐는 빠져 죽지 않기 위해 계속해서 헤엄을 쳐야 했다. 그러자 쥐는 무려 60~80시간이나 헤엄을 쳤다. 다음으로는 버둥거리지 않을 때까지 쇠사슬로 잡아 두며 무력감을 학습시킨 쥐들을 유리병에 넣었다. 그러자 겨우 3~4시간을 헤엄치고는 가라앉아 죽고 말았다. 그는 두 번째 쥐들이 희망을 잃은 탓에 죽은 것이라 설명했다. 실험 중간에 물에서 건져 준 쥐들을 다시 유리병에 넣자 희망이 되살아난 쥐는 다른 쥐와 마찬가지로 60~80시간을 헤엄쳤다고 한다.

희망과 건강

코네티컷의 아든 양로원은 평판이 아주 좋은 곳이다. 4층이나 되는 큰 규모에 시설도 현대식이다. 이 양로원에서 무작위로 두 층을 골라내 그곳의 노인들이 양로원 생활을 더 편안하고 즐겁게 할 수 있도록 계획을 세웠다고 발표했다. 2층에 사는 노인들은 방에 놓을 화분을 하나씩 선물로 받았다. 화분을 전달한 직원은 간호사가 매일 물을 줄 것이라고 말했다. 또 목요일이나 금요일 저녁에는 영화 관람을 하게 될 것인데 요일이 언제로 정해질지는 나중에 말해 준다고 했다. 노인 44명은 모두 변화를 환영했다.

4층 노인들에게 일어난 변화도 2층과 비슷했지만 약간의 차이가 있었다. 영화 상영을 언제 하면 좋을지, 혹은 아예 하지 않는 편이 좋을지 선택하도록 했던 것이다. 또 노인들에게 마음에 드는 화분을 골라 직접 물을 주며 돌보도록 했다. 그밖에 방안의 가구 배치를 원하는 대로 결정하게 했고 불만이나 제안이 있으면 즉각 직원에게 말해 달라고 부탁했다. 이후 연구를 이끈 엘렌 랭거와 주디스 로딘이 설문 조사를 통해 노인들의 행복도를 측정했다.

18개월이 지나자 뚜렷한 차이가 나타나기 시작했다. 실험 초기에는 두 층 노인들의 건강 상태가 비슷했지만 도중에 사망한 노인 수가 2층이 4층보다 2배나 더 많았다. 두 층의 차이라고는 삶에 대해 가지는 통제감뿐이었다. 자기 식물을 직접 돌본 노인들은 스스로 작은 결정이나마 내릴 수 있었다. 하지만 모든 것을 남에게 의지했던 노인들은 무력감을 느끼고 희망도 상실했던 것이다. 물병에서 헤엄치는 쥐 실험에서 드러났듯 희망을 잃는 것은 죽음을 재촉하게 된다. 아주 미미한 것이라 해도 자기 상황을 통제할 수 있다는 생각은 희망을 불러일으킨다.

희망은 또한 스트레스에 대항하는 데도 도움이 된다. 제2차 세계 대전 기간 중에 심리학자들은 폭격기 조종사들이 향후 남은 출격 횟수가 몇 번인지 아는 경우 위험 상황에 훨씬 잘 대처한다는 점을 알아냈다. 죽거나 포로가 되거나 부상할 때까지 출격을 계속하면서 동료들이 하나둘씩 전사하는 모습을 지켜보도록 하는 경우에는 자포자기하기 쉬웠다. 결국 30회 출격 후 휴식기를 갖고 다시 20회를 출격하도록 하는 것이 최상이라는 결론이 내려졌다. 이론상으로는 무사 생환과 전사의 확률이 50 대 50이었지만 출격 횟수가 정해져 있다는 것을 알자 신경 쇠약 발생 빈도가 크게 감소했다. 한 가지 문제는 출격 회수가 몇 번 남지 않게 되면서 서서히 스트레스가 높아지다가 마지막 출격 때 최고조에 달한다는 점이었다. 정신 의학 연구자인 벤 셰퍼드에 따르면 당시 미신적 믿음이 급격히 퍼져 나갔다고 한다. 조종사들은 행운의 마스코트를 지니고 다녔고 또 사망한 조종사들과 함께 외출했던 여자들은 재수 없는 존재로 여겨져 아무도 가까이 하지 않았다. 이런 행동의 바탕이 된 것은 희망, 죽지 않고 살아남고 싶다는 희망이었다.

희망이 만드는 '우아한 노년'

1930년 9월 22일, 밀워키의 노트르담 수녀회의 수녀원장은 책상에 앉아 서원을 앞둔 수녀들에게 편지를 쓰고 있었다. 청원기와 수련기를 거친 수녀들은 이제 신 앞에 일생을 바치게 될 참이었다. 서원식에서는 흰 베일을 검은 베일로 바꾸고 가시관을 쓴 채 제대 앞에 엎드려 자신을 봉헌하는 의식을 한다. 검은 천으로 온몸을 휘감아 세속에서의 자신이 죽었음을 나타내기도 한다. 이어 가난, 순결, 순명을 맹세한다. 수녀원장은 편지를 통해 각자의 인생을 간략하게 정리한 글을 쓰라고 지시했다. 출생지, 가족 관계, 어린 시절의 특별한 경험, 학력, 성직을 택한 계기 등이 포함되어야 했다. 그 글을 통해 수녀원장은 각 수녀에게 적합한 역할을 할당하고 더 나아가서는 장례식 때 참고할 것이었다.

이렇게 해서 글을 쓰게 된 수녀들은 70년 후 자신의 글이 학문적으로 분석되리라고는 전혀 예상치 못했을 것이다. 그 분석을 통해 장수의 비결이 밝혀지리라는 점은 물론이고 말이다. 1990년대에 알츠하이머 병의 세계적인 권위자인 데이비드 스노든은 1917년 이전에 출생한 수녀 678명의 기록을 추적할 수 있게 해 달라고 수녀회에 요청했다. 수녀들은 죽은 후 뇌를 기증하는 데 동의했다. 알츠하이머 병 연구에 있어 수녀들은 이상적인 연구 대상이었다. 절제된 삶을 살았던 수녀들은 흡연도, 성관계나 출산도 하지 않았을뿐더러 식생활이나 일, 건강 관리나 소득 등 많은 부분이 동일했다. 이 연구의 큰 줄기는 알츠하이머 병의 진행 과정이었지만 스노든은 여기서 한 걸음 더 나아가 수녀들의 수명 차이를 좌우하는 요소가 무엇인지 밝히고자 했다. 평생 살아온 모습이 극히 유사한 수녀들이 보이는 수명 차이에는 무언가 다른 원인이 있을 것이었다. 교단이 문서 보관소를 개방해 주었을 때 스노든은 수녀들이 서원 시점에 작성했던 인생 기록을 발견했다. 1930년대의 그 글이 장수의 비결을 알려 줄 것인가? 글은 희망이나 행복과 같은 긍정적 감정, 놀라움과 같은 중립적 감정, 그리고 분노와 같은 부정적 감정을 얼마나 많이 담고 있는가를 기준으로 분석되었다. 글을 썼을 당시 수녀들의 평균 나이는 22세였다. 하지만 60년 후에 이루어진 분석 결과 긍정적인 감정을 가장 많이 표현한 수녀들이 가장 장수한 바로 그 수녀들임이 밝혀졌다.

이 결과는 놀랍기 그지없다. 더욱이 수녀들의 글이 감정을 털어놓기 위한 것이 아니었음을 감안하면 더욱 그렇다. 수녀들은 서원을 앞두고 있었고 따라서 모두들 미래에 대한 희망에 가득 찬 상태였을 것이며 가능하면 수녀원장에게 좋은 면을 보이고 싶었을 것이다. 긍정적인 감정을 가장 많이 드러낸 수녀들 25퍼센트는 부정적이었던 수녀들에 비해 평균 9.6년을 더 살았다. 이는 흡연자와 비흡연자의 기대 수명 평균 차이보다도 더 큰 것이다.

이 연구 결과가 희망과 수명의 연관 관계를 보여 주는 유일한 자료는 아니다. 미국에서 30년 동안 추적 조사를 실시한 결과 낙관론자들은 질병에 덜 걸리고 더 오래 사는 것으로 나타났다. 연구 시작 시점에서는 낙관론자와 비관론자의 건강 상태가 비슷했지만 시간이 흐를수록 비관론자들이 질병에 많이 걸렸던 것이다.

희망은 또한 투병 과정 중에도 나름의 역할을 담당한다. 유방암 환자들을 대상으로 한 스티븐 그리어의 연구에서는 '맞서 싸우겠다는' 의지를 가진 여성 환자들이 희망을 잃은 경우보다 예후가 훨씬 좋았다. 이는 심지어 초기에 상태가 더 나빴던 경우에도 마찬가지였다. 그런데 맞서 싸우려는 의지 외에 똑같은 효과를 나타내는 요인이 하나 더 있었다. 바로 '부정과 부인'이었다. 물론 그렇다고 자신이 암에 걸렸다는 사실을 꼭 부정하고 부인해야 한다는 뜻은 아니다. 이는 오히려 병이 심각하지 않다고 생각함으로써 당당히 맞서려는 의지를 주는 것이라 여겨진다. 예를 들어 수술을 받고 난 후에도 "그저 암세포 몇 개를 잘라 낸 거야. 심각한 상황은 전혀 아니라고!"라고 스스로를 설득하는 식이다. 이런 태도는 맞서 싸우는 것 못지않게 효과적이었다.

이 발견 이후 그리어는 '보조적인 심리 치료 요법'을 개발했다. 그 목적은 환자들에게 맞서 싸우려는 의지를 심어 주는 데 있다. 하지만 부정과 부인을 강화하지는 않는다고 한다. 아마 이런 환자들을 다루는 것이 의사 입장에서는 쉽지 않기 때문으로 보인다. 싸우려는 의지를 북돋는 상담은 아주 세심하게 이루어져야 한다. 자칫 잘못하면 이것이 심각한 질환에서 벗어나는 방법이라는 잘못된 암시를 줄 수 있기 때문이다. 그러다가 병세가 악화되면 환자들은 자신을 탓하게 된다. 그리어의 연구 결과를 보면 맞서 싸우겠다는 의지를 가진 환자 중에서도 10명 중 4명 정도만이 15년 후 생존했다. 다만 사망한 6명 중에서 유방암 외의 다른 원인으로 사망한 경우가 4명이나 되었다는 점이 독특하다. 부정과 부인 또한 싸우려는 의지만큼이나 효과적이라는 점을 감안하면 희망이 병의 진전을 늦춘다기보다는 절망이 병의 진전을 빠르게 한다고 말하는 편이 정확한지도 모른다.

절망은 분명 죽음을 재촉할 수 있다. 배우자가 죽은 뒤 몇 주 만에 따라 죽는 노인들 이야기는 누구나 들어 보았을 것이다. 특히 아내와 사별한 지 6개월 이내인 남편들의 사망률은 매우 높다. 이 시기가 지나면 사망률은 다시 정상으로 돌아간다. 절망이 죽음을 부를 수 있다면 희망을 잃어버리는 것이 크나큰 공포를 낳는 것도 당연하다. 존 버니언의 『천로역정(*The Pilgrim's Progress*)』에서부터 조앤 롤링의 『해리 포터와 아즈카반의 죄수(*Harry Potter and the Prisoner of Azkaban*)』에 이르기까지 희망을 잃어버린 죄수들을 그린 작품은 아주 많다. 희망이 얼마나 중요한 것인지 오래전부터 모두들 알고 있었던 셈이다.

절망은 수명을 단축시키지만 이와 반대로 희망은 수명을 늘린다. 새천년이 찾아오기 전 마지막 주에는 사망률이 크게 낮아졌다가 새해가 시작된 첫 번째 주 이후에는 다시 사망률이 크게 높아졌다. 새로운 세기를 맞겠다는 생각으로 생명을 이어 간 노인들이 그만큼 많았던 것이다.

희망이나 절망은 면역 체계의 기능에 작용함으로써 건강에 영향을 미친다고 여겨진다. 낙관주의자들은 외과 수술을 받은 후에도 더 빨리 회복한다. 스나이더는 희망에 찬 사람들이 운동 등 건강관리에 더 열심이라는 점을 발견했다. 희망적인 사람은 자신이 질병에 걸리지 않을 것으로 생각하고 따라서 굳이 운동 따위는 하지 않을 것 같은데 말이다. 스나이더의 또 다른 연구를 보면 희망에 찬 사람은 화상 치료 속도가 빨랐다. 다른 연구자들은 희망이 척추 질환, 심각한 관절염, 심지어는 시력 상실에서도 회복을 촉진한다고 주장했다.

희망은 통증을 참는 데도 도움을 준다. 슐로모 브리즈니츠는 실험 참가자들에게 한 팔을 얼음물 속에 집어넣도록 했다. 얼음물은 단시간에 엄청난 고통을 주기 때문에 고통 관련 연구에서 많이 사용된다. 그런데 실험 참가자 절반에게는 총 실험 시간이 4분이라고 말해 주었고 나머지 절반에게는 가능한 한 오랫동안 참아 보라고 했다. 물론 후자의 경우에도 실험 시간은 4분으로 한정했다. 그런데 실험 시간을 사전에 알았던 이들은 60퍼센트가 끝까지 버틴 반면 몰랐던 이들 중에는 30퍼센트만이 4분 동안 참아냈다고 한다. 이 원칙은 사실상 많은 상황에서 사용되고 있다. 체육 교사들은 학생들이 도저히 더 이상은 팔 굽혀 펴기를 못하겠다는 심정이 되는 바로 그 순간에 "자, 여덟 번만 더!"라고 외치곤 한다. 그러면 거의 다 끝났다는 걸 알게 된 학생들이 안간힘을 다해 여덟 번을 더 하게 된다. 교사의 외침이 없었다면 도저히 못했을 텐데 말이다.

희망 불어넣기

위에 소개한 모든 연구는 희망이 좋은 감정이고 우리를 더 행복하게, 더 성취하게, 심지어 더 오래 살게 만들어 준다는 점을 보여 준다. 나쁜 일이 일어나도 좋은 면만을 본다면 불행한 상황을 유리하게 바꿀 수 있다는 것이다. 예를 들어 실직을 재난보다는 새로운 기회로 보는 식이다. 물론 말처럼 쉽지는 않다. 다시 그런 직장을 얻기 어렵다는 것을 알면서도 희망적으로 생각하기란 어렵다. 밝은 면을 보라는 것은 좋은 충고지만 때로는 도무지 밝은 면이 없어 보이는 경우도 있다.

희망에 찬 사람들이 그렇지 않은 사람들에 비해 어떻게 다른지 규명하는 과정에서 릭 스나이더는 희망 수준을 높이는 상담 방법을 고안했다. 여기서는 구체적인 목표를 여러 가지 수립하도록 한다. 예를 들어 더 날씬해진다는 목표 대신 한주에 두 번씩 운동한다는 식의 성취 가능한, 또 손에 잡히는 목표를 세우는 것이다. 이 목표가 실현되기 시작하면 사람들은 더 큰 희망을 가지고 다른 목표도 실현할 수 있다. 크리스 피터슨은 적절한 과제를 부여함으로써 어린이들의 낙관주의를 높일 수 있다고 주장한다. 다만 여기서는 실현 가능하면서도 너무 쉽지는 않은 과제를 적절히 골라야 한다. 마틴 셀리그먼은 이러한 접근법을 체계적으로 검증했다. 어린이들을 보다 낙관적으로 훈련시키기 위해 '펜실베이니아 낙관주의 프로그램'을 실시한 것이다. 우울증 직전 상태라고 판단되는 중학생들을 대상으로 감정과 사고의 관계를 12주 동안 교육하는 프로그램이었다. 중학생들은 특정 상황에서 자신의 생각을 선택할 수 있다는 점을 배웠다. 예를 들어 함께 춤추자고 권했다가 거절을 당하는 경우 당장 자신이 매력이 없다거나 인기가 없다는 결론에 이르는 대신 다른 이유를 생각하는 것이다. 한 사건에서 일반적인 결론을 이끌어 내지 말고 스스로를 모든 면에서 비난하지 말라는 것도 배웠다. 하지만 동시에 언제든 나쁜 일이 벌어질 수 있다는 점을 인정해야 하며, 또한 그 일은 걱정하는 만큼 끔찍하지만은 않을 수 있다는 것도 알게 되었다. 2년 후 셀리그먼이 추적 조사를 실시했을 때 훈련받은 학생들 중 심각한 우울증을 앓게 된 경우는 22퍼센트에 불과했다. 반면 훈련을 받지 않은 통제 집단의 경우에는 이 비율이 44퍼센트에 달했다.

여기서 셀리그먼의 프로그램은 단순히 긍정적인 사고를 강조하지 않고 '현실적인' 사고를 가르치려 했다는 점이 중요하다. 엘리노어 포터의 아동 소설 『폴리아나(*Pollyanna*)』에 나오는 주인공과는 다른 것이다. 폴리아나는 '기쁨 놀이'라는 것을 통해 어떤 상황에서도 좋은 점을 발견한다. 그리고 다른 사람도 그렇게 하도록 한다. 아픈 환자에게 문병을 가서는 다른 사람들은 아무도 누워 지내지 않으니 얼마나 다행이냐고 말할 정도이다. 좀 고약한 독자인지는 몰라도 나는 결국 폴리아나가 교통사고를 당해 입원했을 때 잘 됐다는 생각이 들었다. 드디어 폴리아나도 다른 사람과 같은 고통을 느끼게 되었으니 말이다. 물론 내 기대와 달리 폴리아나는 다리가 마비된 상태에서도 즐거운 일을 찾고 심지어 다시 걷는 법까지 익히기 시작했다.

폴리아나는 극단적으로 희망에 넘치는 경우이다. 우리는 대부분 좀 더 현실적인 눈으로 삶을 바라볼 수 있었으면 하고 바라지만 실상 우리 대부분에게는 과도하게 낙관적인 면이 있다. 자신이 심각한 병에 걸리거나 사고를 당할 가능성이 평균보다 높을 것 같은지 낮을 것 같은지 물어보면 대다수 사람들은 낮다고 대답한다. 하지만 실제로는 평균보다 운이 나쁜 사람이 적지 않다. "나한테 그런 일이 닥칠지 몰랐어."라는 표현은 그래서 아직도 많이 사용된다. 미래는 누구에게나 불확실성을 안고 있지만 우리는 자기 자신에게만큼은 아무 문제도 없을 것이라 희망한다.

보통 사람은 과도하게 낙관적인 경향이 있는 반면 우울증 환자들은 현실적이라는 점을 보여 주는 흥미로운 실험도 있다. 우발성 연구라는 영역에 속하는 이 실험에서는 실험 참가자가 불빛이 명멸하는 화면을 보면서 원할 때 스페이스바를 누르도록 한다. 실험이 끝난 후 자신이 키를 누른 결과 나타난 불빛이 전체의 몇 퍼센트나 되는지 평가하게 된다. 대부분의 사람들은 자기가 가진 통제력을 과대평가한다. 하지만 우울증 환자들은 정확하게 맞추는 경향이 있다. 이를 우울증 현실주의(depressive realism)라 부른다. 이 실험 결과는 신빙성이 아주 높기 때문에 일부 병원에서는 이 실험을 통해 우울증 치료 정도를 평가하기까지 한다. 환자의 평가가 덜 정확할수록 우울증에서 벗어난 것으로 판단하는 것이다.

이 현상은 "더 슬프지만 더 현명한(sadder but wiser)"이라고 표현되기도 한다. 처음으로 이 실험 결과가 발표되었던 논문의 제목에서 따온 표현이다. 우리는 애초부터 희망이 넘치는 존재로 만들어진 것일까? 과도한 낙관주의는 만족스러운 삶의 요소가 되는 것일까? 우리는 모든 것이 계획대로 이루어질 가능성은 없다는 것, 나이를 먹을수록 주위 사람들이 질병으로 고통받으리라는 것, 결국에는 내가 아는 모두가 죽고 만다는 것을 알고 있다. 미래는 쓸쓸해 보이지만 그렇다고 해서 두려움에 질려 버리는 사람은 없다. 대부분은 그저 모든 것이 잘되리라 생각하며 살아간다. 우울증이나 불안증 진단을 받지 않았다면 말이다.

판도라의 상자

희망이 위험을 판단하는 능력에 영향을 미친다면 제아무리 성공과 건강에 기여한다고 해도 희망이 크면 클수록 좋다고 말하기는 어렵게 된다. 낙관적인 사람들은 상황이 기대대로 풀릴 것이라 생각하기 때문에 위험을 잘 계산하지 못한다. 예를 들어 비행기를 타고 여행할 때 크리스 피터슨은 그 비행기 기장이 낙관주의자가 아니기를 바란다. 거센 폭풍우를 만나 회항할지 계속 운항할지를 선택해야 할 때 기장이 더 신중하기를 기대하는 것이다. 피터슨의 생각이 옳다는 것을 보여 주는 증거도 있다. 뉴질랜드 오타고 대학교에서는 뉴질랜드에서 추락한 소형 자가용 비행기가 왜 매년 네 대씩으로 일정한지 원인을 분석했다. 사고 보고서를 검토하자 추락 사고는 두 가지 유형으로 나뉘었다. 우선 기장이 지상의 누군가에게 손을 흔들기 위해 혹은 비행기에 탄 승객에게 무언가 보여 주기 위해 비행기를 너무 낮게 운행했기 때문인 경우가 있었다. 그래서는 안 된다는 것을 알고 있었지만 유혹을 억누르지 못했던 것이다. 다음으로는 기상이 나빴지만 위험 가능성을 무시하고 막연히 괜찮을 것이라 생각하며 무리하게 운행한 경우였다.

물론 낙관주의 덕분에 더 나은 의사 결정을 내리게 되기도 한다. 영국 바스 대학교에서는 이성적으로 판단하는 가상 인간, 그리고 낙관주의자처럼 행동하는 가상 인간들이 경쟁하며 컴퓨터 게임을 하도록 하는 실험을 했다. 그러자 특정 상황에서는 낙관주의자 가상 인간들이 실제로 더 좋은 성과를 올렸다. 이런 것을 보면 지나친 낙관주의에도 나름의 가치가 있다. 낙관주의로 인한 실패의 영향이 그리 부정적이지 않고 때로 커다란 보상까지 기대할 수 있다면 말이다. 예를 들어 경쟁에 뛰어들 때에는 낙관주의가 용기를 북돋울 수 있다. 실패할 확률이 높지만 그래 봐야 잃는 것은 약간의 시간인 반면 성공한다면 멋진 휴가를 떠날 수 있다고 하자. 그러면 당연히 도전해야 하지 않는가. 그러나 도망친 사람을 뒤쫓아 위험한 낭떠러지 위를 걸어가야 하는 상황이라면 지나친 낙관주의가 자칫 목숨을 앗아 갈 수 있다.

때로는 신중한 비관주의가 유용할 수 있다. 방어적 비관주의가 그 예이다. 실패할 것 같다고 생각함으로써 정말로 실패했을 때 실망하지 않게 되는 식이다. 대신 성공했다면 기쁨은 한층 더 커진다. 실패를 예상하면 불안이 줄어들기 때문에 이런 방어적 비관주의가 효과적인 상황 대처 전략이 된다는 연구 결과도 있다. 심리학자인 줄리 노렘은 방어적 비관주의자

들이 과제 전에 부정적인 생각을 미처 하지 못하도록 하게 되
면 과제 수행 결과가 나빠진다는 점을 발견했다. 이들에게는
비관주의가 필요했던 셈이다. 또한 셀리그먼은 사람들이 나이
를 먹을수록 과도한 낙관주의자보다 현실적 비관주의자가 상
황에 잘 대처한다고 했다. 하지만 젊은 사람들의 경우는 달랐
다. 앞서 9·11 사태 사례에서 보았듯 낙관적인 사람들이 충격
에서 더 빨리 회복했던 것이다.

어쩌면 판도라 신화에서 희망이 모호한 역할을 맡았던 이
유도 바로 여기 있는지 모른다. 누구의 시각에서 바라보는가
에 따라 희망은 인류의 구원자일 수도, 우리 삶을 비참하게 만
드는 또 다른 부정적인 감정일 수도 있다. 신들은 판도라를 땅
으로 내려 보내 프로메테우스의 아우인 에피메테우스의 아내
가 되도록 하면서 인간의 불행이 가득 담긴 상자를 들려 보내
주었다. 어떤 경우에도 절대 상자를 열지 말라고 했지만 궁금
증을 이기지 못한 판도라는 상자를 열고 말았다. 그러자 역병,
통풍, 류머티즘, 복통, 원한, 시기심, 복수심 등이 튀어나왔다.
뒤늦게 상자를 닫았을 때에는 희망만이 남아 있었다. 이야기
에 따라 희망이 제일 마지막에 빠져나와 인간들로 하여금 불
가능한 일에 시간을 쏟게끔 했다고도 하고 이미 빠져나간 불
행을 극복할 수 있도록 희망이 남은 것이라고도 한다. 여기서
희망은 긍정적인 면과 부정적인 면을 모두 가진다. 니체는 희
망을 일컬어 "고통을 연장시키는 존재이며 악 중에 가장 악한
것"이라 했다.

제임스 애브릴은 여러 학생들의 도움을 받아 희망에 대한 은유 300개를 수집했다. 희망을 부정적으로 본 것 중에는 "희망은 훌륭한 아침 식사이지만 나쁜 저녁 식사다.", "희망으로 살아가는 사람은 굶어 죽는다.", "희망은 가난한 자의 양식이다." 등이 있었다. 희망이 우리를 속인다는 내용의 "희망은 늘 우리를 속이는 협잡꾼이다.", "희망은 절망처럼 값싸다.", "희망에 눈이 멀다.", "희망이 지은 집은 공중에 뜬 성이다."도 있었다.

질병에 걸렸을 경우 희망은 문제를 낳기도 한다. 싸워 이기려는 의지가 갖는 긍정적인 힘에도 불구하고 말이다. 네덜란드 위트레흐트 대학교의 연구자들에 따르면 다발성 경화증처럼 불확실성이 높고 의료적 지침이 별로 없는 질환을 앓는 환자들의 경우 낙관주의가 우울증을 예방하는 역할을 하지만 식이 요법 등 정해진 치료 방법을 따라야 할 질환의 경우에는 낙관주의가 의사의 지시를 제대로 이행하지 않도록 만든다고 한다.

어린 시절의 희망이 평생 간다

토론토 대학교의 자넷 폴리비는 거짓 희망 증후군(false hope syndrome)을 연구하고 있다. 이는 비현실적인 목표를 세우고 결국 실패했을 때 자책하게 되는 현상을 말한다. 매년 똑같은 새해 목표를 세우는 일을 길게는 10년이나 반복하는 경우도 있다고 한다. 그리고 매년 실패한 후에도 문제의 핵심이 의지력이 아닌 목표 자체에 있었음을 깨닫지 못하는 것이다. 또다시 다이어트에 도전하는 사람들이 이번만은 꼭 성공할 것이라고 생각하는 낙관주의는 과연 놀랄 만하다. 이는 희망이 얼마나 강력할 수 있는지 보여 준다. 한 해 동안 열다섯 번이나 새로운 다이어트를 시작하는 학생들도 있다. 여기서 문제는 그 희망에 현실적 바탕이 결여되어 있다는 점이다.

폴리비는 다이어트를 시작하는 여성들에게 행복한 결과, 만족스러운 결과, 실망스러운 결과, 실패한 결과라고 여겨지는 감량 무게를 말하도록 했다. 다이어트 과정이 끝났을 때 평균 감량 무게는 17킬로그램이었다. 나쁘지 않은 결과였지만 정작 여성들은 애초에 너무도 낙관적이었기 때문에 실제로 감량한 수준이 '실망스러운 결과'라 여겼던 수준에도 미치지 못할 정도였다. 이렇게 된 이유 중에는 다이어트의 특성도 작용했다. 처음에 몇 킬로그램이 빠지기 시작하면 먹는 양을 더욱 줄이고 운동량은 늘려 추세를 유지해야 하는데 이 단계가 생각보다 훨씬 힘든 것이다. 하지만 폴리비가 다이어트 외에 다른 목표, 운동을 많이 한다든지, 더 친절한 사람이 된다든지 하는 것을 연구 대상으로 삼았을 때에도 잘못된 희망이 개입하는 현상이 나타났다. 비현실적인 기대는 크게 다음 네 가지 측면을 가진다. 기대가 너무 높다는 것, 변화가 빨리 이루어지리라는 것, 변화가 쉽게 얻어지리라는 것, 한 변화에서 다른 변화들이 연달아 생겨나리라는 것이다. 예를 들어 몸무게가 줄면

새 남자 친구를 만날 수 있을 뿐 아니라 학점도 오르고 좋은 직장을 얻는다는 식이다. 이렇게 생각하다가는 설사 원하는 만큼 감량한다 해도 실망할 수밖에 없다. 애초에 희망하는 수준이 너무 높아 불행하게 되는 것이다. 매주 2회씩 꼬박꼬박 운동을 하는 사람도 애초의 목표는 매일 운동하는 것이었기 때문에 결국 실패한 셈이라 생각한다. 1주일에 2회 운동하는 것이 실패의 증거가 아닌 진전의 표시라고는 생각지 못하고 말이다.

하지만 희망은 힘을 북돋는 역할도 한다. 새로운 계획이 시작될 때 잘못된 희망은 통제감을 부여해 기분을 좋게 만들고 다시 도전할 용기를 준다. 폴리비에 따르면 막 운동 프로그램을 시작하는 사람은 자기 키가 커졌다는 생각까지 한다고 한다. 물론 이러한 의지와 희망에도 불구하고 새해를 맞아 세운 목표의 25퍼센트는 1주일 안에 폐기되고 1월 말이면 대부분의 사람들이 포기하고 만다. 하지만 10명 중 6명은 다음 해에 또 다시 똑같은 계획을 세운다. 폴리비는 왜 계획을 세우기 위해 새해를 기다리는지 알 수 없다고 지적했는데 내가 보기에 여기에는 타당한 근거가 있다. 새해 계획은 대부분 건강한 삶에 관련된다. 그런데 연말과 성탄절을 보내다 보면 덜 먹고 덜 마시고 운동한다는 계획이 실패하기 십상이 아닌가. 또 새로운 한 해가 시작되었다는 것은 우리를 심리적으로 들뜨게 하여 계획 수립을 돕는다.

폴리비의 연구 결과는 결국 잔이 반쯤 찼는지, 혹은 반쯤 비었는지에 대한 시각 차이로 볼 수도 있다. 사람들은 계속 실패하지만 놀라운 의지로 또다시 시도한다. 다시 실패할 가능성이 높다 해도 말이다. 문제는 실패에는 대가가 따르고 실패가 잇따르다 보면 자아 존중감이 손상된다는 데 있다. 하지만 폴리비는 희망을 버리는 것이 해결책이 아니라고 주장한다. 대신 스스로에게서 무엇을 바꾸고 싶은지, 그것은 왜 중요한지, 이를 통해 실제적으로 얻을 수 있는 것은 무엇인지 등을 치밀하게 분석한 후 한 번에 한 걸음씩 전진하라고 제안한다. 작은 목표 하나를 이루었다면 다음 목표로 나아갈 수 있다. 폴리비는 자기 주장을 검증하기 위해 현실적인 몸무게 감량 프로그램을 만들었다. 그리고 그 결과 학생들은 현실적인 목표를 세워 감량했고 결과에 만족했다고 한다.

때로는 잘못된 희망에 맞서기 위해 약간의 현실주의가 필요하다. 교통사고로 남편을 잃은 레이철은 과거 남편이 자기 계획에 찬물을 끼얹었던 일들을 떠올리곤 한다. 그리고 이제서야 당시 열정만 앞섰던 자신이 남편 덕분에 잠시 속도를 늦추고 앞뒤를 찬찬히 생각해 볼 수 있었음을 깨닫는다고 한다. 낙관적인 사람과 현실적인 사람이 만난 것이었기에 레이철 부부는 그렇게 행복했던 것이다.

때로 잘못된 희망은 사람들에게 꼭 필요하기도 하다. 프리모 레비는 아우슈비츠 수용소 생활을 그린 책에서 두 주 안에 전쟁이 끝난다거나 더 이상은 유태인을 가스실에 보내지 않기로 했다는 등의 근거 없는 소문이 때때로 퍼지곤 했다고 썼다.

그의 친구인 알베르토는 잘못된 희망으로 스스로를 위로하는 사람들을 늘 비판하는 입장이었지만 자기 아버지가 가스실에 가게 되자 태도가 변했다고 한다. "겨우 몇 시간 만에 알베르토는 완전히 바뀌어 버렸다." 러시아 군이 이미 근처에 당도했다거나 오늘 선정된 사람들은 가스실이 아닌 요양 캠프로 보내진다는 식의 이야기를 그 자신이 만들어 냈던 것이다. 1945년, 수용소가 해방되었을 때 알베르토는 실종되었다. 프리모 레비가 알베르토의 어머니를 찾아가 그 사실을 알리자 어머니 역시 거짓 희망으로 스스로를 위로했다고 한다. 아들은 틀림없이 총살을 피해 현장을 무사히 빠져나왔다면서 말이다. 1년이 흐른 후에도 여전히 그 어머니는 알베르토가 러시아의 어느 병원에 있으며 기억 상실증 때문에 연락을 하지 못하는 것이라고 믿었다.

희망을 키우면서도 그것이 우리를 잘못된 방향으로 인도하지 않도록 만들기란 쉽지 않다. 우리가 원하는 것은 환상만으로 그치지 않는 꿈이다. 목소리가 예쁜 13세의 아이가 커서 가수가 되고 싶다고 한다면 어떻게 하겠는가? 결국 실패하고 실망할 가능성이 많은 만큼 처음부터 희망을 억누르겠는가, 아니면 20세에 가수로 성공한 몇몇의 예를 바탕으로 용기를 북돋워야 하는가?

희망이 실제로 그런 영향력을 가진다면 우리는 희망을 붙잡아 놓을 전략을 연구하면서 더 신경을 집중해야 할 것이다. 어린 시절에 가지는 희망의 정도가 평생 이어진다는 점을 보면 어린 시절이 특히 중요하다. 희망은 건강, 직장, 시험 성적, 운동 경기, 수명 등 여러 영역에서 성공을 가져온다. 희망이 흡연보다 수명에 더 큰 차이를 낳는다는 것, 이는 우리에게 절대 절망하지 말라는 경고인지도 모른다.

즐거움과 마찬가지로 여기에도 불공평한 측면이 있다. 애초부터 희망에 넘쳐 있던 사람은 일이 잘 풀릴 가능성이 높고 그러면 희망이 더욱 커지지만 이미 절망해 버린 사람은 이후에 더 기대할 것이 별로 없는 것이다. 하지만 어쩌면 이 역시 비관적인 접근인지 모른다. 희망을 크게 할 방법이 존재한다면 타고난 운 역시 바꿀 수 있을 것이기 때문이다.

맺음말

머리말에서 소개했던 레그 이야기로 돌아가 보자. 1944년, 독일군 포로수용소에 있던 레그는 곧 전쟁이 끝나고 사랑스러운 마조리를 만날 수 있으리라는 희망을 품고 있었다. 한편 마조리는 놀라운 의지력을 발휘해 등과 골반의 부상을 이겨 냈다. 하반신이 마비된 채 평생 누워 지내게 될 것이라는 비관적 진단을 넘어선 것이다. 목발에 의지한 채 병원까지 걸어갈 수도 있게 되었다.

어느 날 마조리가 엑스선 사진을 찍기 위해 침상에 누워 있는데 간호사가 뛰어 들어와 당장 모두 나와 방송을 들으라고 했다. 촬영 기사가 밖으로 달려 나갔고 꼼짝 못하는 마조리 혼자 남았다. 열린 문틈으로 처칠 수상의 목소리가 들렸다. 부주의한 의료진에 대한 분노가 순간 환희로 바뀌었다. 처칠은 유럽에서 전쟁이 끝났다고 선언했던 것이다. 이제 레그도 집으로 돌아올 수 있었다.

하지만 레그에게는 아직도 불유쾌한 경험이 남아 있었다. 영국으로 돌아오기 직전 전쟁의 참상을 직접 목격하게 되었던 것이다. 미군은 아우슈비츠에 대해 증언할 영국군 몇몇을 뽑았는데 그중에 레그도 들어 있었다. 그는 나치에게 학살당한 시체들이 여전히 불타는 광경을 보았고 그 냄새를 아직까지도 기억한다고 한다. "전쟁이 끝나고 행복해야 할 순간에 우리는 그런 광경을 본 겁니다."

아우슈비츠의 공포를 여전히 가슴에 담은 채 레그는 영국으로 돌아왔다. 그가 도착한 직후, 함께 수용되어 있던 포로들을 태운 비행기가 추락해 전원 사망하고 말았다는 슬픈 소식이 전해졌다. 포로 생활을 하며 5년을 버티다가 고향으로 돌아오는 순간에 죽고 말았던 것이었다. 잔혹한 운명이라 할 수밖에 없었다. 어째서 그들은 죽고 레그 자신은 살아남았을까? 전쟁 때의 경험은 쉽게 잊히지 않았다. 수십 년 동안이나 그는 땅굴이 무너져 내리는 악몽을 꾸었다. 분노를 가라앉히기까지 몇 년이라는 세월이 걸렸다. 길거리에서 독일인을 만나면 마구 고함을 치기도 했다.

전쟁이 끝난 뒤 여러 해가 지나 몰타에서 휴가를 보내던 중 그는 한 독일인을 만났다. 그는 전쟁 전에 영국으로 탈출했던 유태인으로 포로수용소의 영국 병사들을 위한 각종 물품을 발명했다고 했다. 그 물건들이 실제로 사용되었는지는 전혀 모르는 채로 말이다. 가장 자랑스럽게 여기는 발명품은 썩은 냄새를 풍기는 만년필이라고 했다. 레그가 수용소에서 독일 경비병들을 괴롭힐 때 사용했던 바로 그 만년필이었다. 오랜 시간이 지난 후에 비로소 자기 발명품을 사용했던 사람과 만난 그는 기쁨을 감추지 못했다.

레그는 영국으로 돌아온 다음 날, 마조리를 만나 오랫동안 미뤄졌던 첫 데이트를 했다. 워털루 역 시계탑 아래에서 만난 두 사람에게는 지난 5년간의 세월이 흔적을 남기고 있었다. 젊은 장교는 여전히 미남에 부드러운 갈색 머리카락을 지녔지만 형편없는 음식을 먹으며 지낸 탓에 바싹 여윈 모습이었다. 한편 마조리는 사랑스러운 무용수였던 시절과 똑같이 예쁜 보조개와 풍성한 금발 머리를 가지고 있었지만 이제 굽 높은 구두는 신지 못했고 대신 다리에 받침대를 대고 목발을 짚고 걸었다. 그래도 두 사람의 데이트에는 더 바랄 것이 없었다. 템스 강이 내려다보이는 사보이 호텔로 가서 샴페인을 곁들인 멋진 식사를 했던 것이다. 몇 주 후 두 사람은 약혼했고 일본이 항복하던 날에 결혼식을 올렸다. 두 사람은 곧 결혼 60주년을 맞게 된다. 내 고모할머니 부부의 이 경험담에는 분노, 역겨움, 두려움, 죄책감, 기쁨과 희망, 그리고 다른 무엇보다도 사랑이 담겨 있다.

이 각각의 감정들은 단순하게 긍정적인 부류와 부정적인 부류로 나눌 수 없다. 제대로 된 상황이라면 이 감정들은 각자의 자리를 지키며 우리를 현명하게 만들어 준다. 우선 감정들은 정보를 제공한다. 어떤 행동이 우리를 즐겁게 만들었다면 우리는 그 행동을 더 많이 하려고 할 것이다. 반면 누군가 던진 말에 화가 났다면 왜 화가 났는지를 곰곰 생각할 것이다. 감정을 규명하고 인식하면 정보를 얻을 수 있다. 화가 났다고 생각하지만 실은 친밀한 관계가 깨어진 것이 슬픈 것은 아닐까? 혹은 상대가 나보다는 다른 곳에 관심을 쏟는 것에 질투를 느끼는 것은 아닐까? 어쩌면 상대를 잃어버릴까 봐 두려운 것은 아닐까? 우리 몸 또한 감정 상태에 대한 단서를 제공한다. 이런 단서를 인식하면 이는 다시 감정에 영향을 미치게 된다.

감정이 문젯거리로 여겨지는 경우도 종종 있다. 이는 감정이 우리를 사로잡기 때문이 아니라 비이성적으로 행동하게끔 만들기 때문이다. 문제는 늘 제대로 상황에 맞는 감정이 생겨나는 것이 아니라는 데 있다. 감정은 의사소통에 핵심적인 역할을 한다. 화내야 할 때가 있고 두려워해야 할 때가 있다. 모두가 다양한 감정을 가지고 있지만 제때 제 감정을 느끼기란 쉽지 않다.

이 책에서 나는 신경학자, 심리학자, 생물학자 들의 연구를 다양하게 소개했다. 수십 년 동안 연구자들은 감정이 진화적 적응의 결과물인지 혹은 사회적 산물인지를 둘러싸고 논쟁을 벌였다. 두려움이나 분노 같은 기본적 감정은 진화된 것이고 사랑이나 죄책감 같은 복잡한 감정은 사회적으로 형성된 것이라 하여 두 이론을 조화시키려는 사람도 있다. 하지만 사랑, 죄책감, 질투 같은 감정 또한 앞서 살펴본 것처럼 생존에 기여한다. 그래서인지 모든 감정은 생존에 유익한 동시에 사회의 영향을 받았다고 주장하는 노스캐롤라이나 대학교의 제스 프린츠의 말이 가장 설득력 있게 들린다. 우리는 두려움을 느끼도록 진화했지만 이와 함께 상황을 고려해야 한다는 점을 배운다. 런던에 살면서 1미터 거리에서 사자를 보았다면 그것은 동물원 안일 것이고 따라서 두려움을 느낄 필요가 없다. 반면 케냐의 야생동물 보호 구역에서 그런 일이 일어났다면 반응이 달라야 할 것이다. 또 같은 감정이라 해도 즉각적이고 원시적으로 나타나는 경우가 있는가 하면 복잡한 추론을 거치는 경우도 있다. 밤에 혼자 집에 있을 때 아래층에서 무슨 소리가 났다면 갑자기 두려움에 휩싸이겠지만 몇 년에 걸쳐 배우자의 행동이 변화하는 것을 지켜보며 결국 그가 떠나갈 것이라 깨닫는 상황이라면 서서히 두려움이 커질 것이다.

우리는 문화권 안에서 성장하면서 감정을 형성하기 때문에 사회마다 두려움이나 역겨움의 대상이 다르다. 감정을 표현할 수 있거나 없는 상황도 다르고 감정에 따라 행동하는 방식도 다르다.

어떤 방식으로 감정에 접근하든 감정을 이해하면 수수께끼는 줄어든다. 감정은 우리가 상황을 평가하고 신속히 반응하도록 돕는다. 여기서 상대는 공격할 잠재력을 가진 사람일 수도 있고 독성을 가진 음식일 수도 있다. 즐거움과 기쁨 같은 감정을 통해서는 새로운 가능성과 행복을 찾을 힘을 부여받는다. 콜롬비아 정글에서 인질로 잡혀 있다가 3개월 만에 풀려난 마크 헨더슨은 사흘 내내 콩만 먹은 다음날 동료 인질과 함께 자신들의 부어오른 배를 보며 한참을 웃었다고 한다. 아무리 끔찍한 순간이라 해도 즐거운 측면을 발견해 내는 우리 능력은 정말이지 대단하다.

두뇌 화학의 수준에서 감정을 분석하면 외부적 사건이 서로 다른 신경 전달 물질에 영향을 미친다는 점이 분명히 드러난다. 하지만 우리는 가벼운 산책이나 음악 감상 등의 방법으로 그 화학 물질을 바꿀 수 있다. 인지적 수준에서 상황을 바라보는 방식을 바꿈으로써 감정에 영향을 미치기도 한다. 감정은 여전히 커다란 수수께끼로 남아 있다. 감정은 도구라기보다는 우리를 압도하는 느낌이라 여겨지곤 한다. 하지만 실상은 우리가 알고 이용해야 할 대상이다.

옮긴이의 글

우리 모두 매일같이 다양한 감정을 느끼며 살아가지만 정작 그 감정에 대해서 곰곰이 생각할 기회는 별로 없는 것이 사실이다. 또 강한 감정에 사로잡히면 거기 빠져 허우적대느라 자기 감정을 객관적으로 바라보기가 쉽지 않다.

이 책은 그런 감정들을 찬찬히 살펴볼 수 있는 기회를 준다. 즐거움, 슬픔, 역겨움, 분노, 두려움, 질투, 사랑, 죄책감 그리고 희망이라는 아홉 가지 감정이 어떤 생리적 경로로 생겨나는지, 우리 삶에서 어떤 역할을 하는지, 어떻게 유용한 도구로서 사용될 수 있는지를 흥미진진하게 알려 주는 것이다. 감정을 연구하기 위해 이루어졌던 실험이 소개되기도 하고 태어난 후 언제부터 우리가 특정 감정을 느끼게 되는지가 다뤄지기도 한다. 특히 역겨움이나 죄책감 같은 감정은 흔히 다루어지지 않는 주제여서 더욱 관심을 끈다.

기본적으로 이 책은 과학적인 시각에서 감정에 접근한다. 그래서 어떤 호르몬이 작용하고 뇌의 어떤 부분이 어떤 감정에 관여하는지 분석된다. 마음속의 감정을 잡아내기란 어려운 노릇이므로 표정, 심장 박동, 얼굴 붉힘, 눈물 등의 표면적 현상에 초점이 맞춰지기도 한다.

분명 감정은 과학적으로 100퍼센트 분석 가능한 대상은 아닐 것이다. 하지만 나만의 고민과 어려움을 객관화시켜 바라보도록 한다는 점만으로도 과학적 분석은 나름의 가치를 가진다고 본다. 그리고 이런 과정을 거쳐 우리는 스스로를 조금 더 이해하게 될 것이다.

이상원

참고 문헌

워낙 감정의 과학에 대한 연구가 방대하므로 이 목록이 완벽한 것은 아니지만 가장 유용하다고 여겨지는 참고 문헌들을 모아 보았다. 공간상의 이유로 부득이하게 논문의 공동 저자 명단에서 제1저자만을 표시했음을 밝혀 둔다.

감정의 과학: 여러 가지 감정을 다루는 개론서

Cornelius, R. R. (1996) *The Science of Emotion*. New Jersey: Prentice-Hall.

Damasio, A. (2000) *The Feeling of What Happens - Body, Emotion and the Making of Consciousness*. London: Vintage.

Darwin, C. (1872/1999) *The Expression of the Emotions in Man and Animals*. London: HarperCollins.

Davision, R. (2003) *Handbook of Affective Sciences*. New York: Oxford University Press.

Ekman, P. (2003) *Emotions Revealed - Understanding Faces and Feelings*. London: Weidenfeld & Nicolson.

Evans, D. (2001) *Emotion - The Science of Sentiment*. Oxford: Oxford University Press.

Frijda, N. H. (1986) *The Emotions*. Cambridge: Cambridge University Press.

Goleman, D. (1996) *Emotional Intelligence*. London: Bloomsbury.

Harre, R. (1996) *The Emotions: social, cultural and biological dimensions*. London: Sage.

Izard, C. E. (1991) The Psychology of Emotions. New York: Plenum Press.

James, W. (1890) 'The Principles of Psychology'. In Jenkins, J. M. et al. (eds) (1998) *Human Emotions: A Reader*. Malden, Massachusetts: Blackwell Publishers.

Lane, R. D. et al. (1997) 'Neuroanatomical Correlates of Happiness, Sadness, and Disgust'. *American Journal of Psychiatry* 154, 926-933.

LeDoux, J. (2002) Synaptic Self: How our brains become who we are. London: Macmillan.

Lewis, M. & Haviland-Jones, J. M. (eds) (2000) *Handbooks of Emotions*. New York: The Guilford Press.

Masson, J. & McCarthy, S. (2000) *When Elephants Weep*. London: Vintage.

Nussbaum, M. C. (2001) *Upheavals of Thought: the intelligence of emotions*. Cambridge: Cambridge University Press.

Oatley, K. & Jenkins, J. M. (1996) *Understanding Emotions*. Oxford: Blackwell Publishers.

Parkinson, B. (1995) Ideas and Realities of Emotion. London: Routledge.

Ratey, J. (2001) *A User's Guide to the Brain*. London: Little Brown & Co.

Rolls, E. T. (1999) *The Brain and Emotions*. Oxford: Oxford University Press.

Strong, K. T. (1996) *The Psychology of Emotion*. Chichester: John Wiley.

아동 감정 발달

Berryman, J. C. et al. (1991) *Developmental Psychology and you*. Leicester:

British Psychological Society.

Darwin, C. (1877) 'A biological sketch of an infant'. *Mind Quarterly Review of Psychology and Philosophy* 7 (July), 285-294.

Draghi-Lorenz, R. (2003) *Young Infants are Capable of 'Non-Basic' Emotion.* PhD thesis.

Harris, P. (1989) *Children & Emotion: The Development og Psychological Understanding.* Oxford: Blackwell.

Hobson, P. (2002) *The Cradle of Thought.* London: Macmillan.

Izard, C. E. & Malatesta, C. Z. (1987) 'Perspectives on Emotional Development'. In Osofsky, J. D. (ed.) *Handbook of Infant Development.* New York: Wiley.

Lewis, M. (2000) 'The Emergence of Human Emotion'. In Lewis, M. & Haviland-Jones, J. M. (개론서 목록 참조)

Malatesta, C. Z. et al. (1989) 'The Development of Emotional Expression During the First Two Years of Life'. *Monographs of the Society for Research in child Development*

즐거움

Alexander, B. et al. (1998) 'Adult, infant and animal addiction'. In Peele, S. (ed.) *The Meaning of Addiction.* San Francisco: Jossey-Bass.

Apter. M. (2001) Motivational Style in Everyday Life.

Argyle, M. (1987) *The Psychology of Happiness.* London: Methuen.

Damasio, A. (2003) *Looking for Spinoza.* London: William Heinemann.

Fernandes-Dols, J. & Ruiz-Belda, M. (1995) 'Are Smiles a Sign of Happiness?: Good Medal Winners at the Olympic Games'. *Journal of Personality & Social Psychology* 69, 1113-1119.

Fredrickson, B. L. (1998) 'What Good are Positive Emotions?' *Review of General Psychology* 2, 300~319.

Fredrickson, B. L. (2003) 'The Value of Positive Emotions'. *American Scientist* 01, 330~335.

Isen, A. M. (2000) 'The Emergence of Human Emotion'. In Lewis, M. & Haviland-Jones, J. M.

Morgan, W. (ed.) (1997) *Physical Activity and Mental Health*. Philadelphia: Taylor & Francis.

Noble, E. P. (2000) 'Addiction and its reward process through polymorphism of the D2 dopamine receptor gene: A review'. *European Psychiatry* 15(2), 7~89.

Olds, J. & Milner, P. (1954) 'Positive reinforcement produced by electrical stimulation of sepatal areas and other regions of rat brains'. *Journal of Comparative and Physiological Psychology* 47, 419~427.

Panksepp, J. & Gordon, N. (2003) 'The instinctual basis of human affect: affective imaging of laughter and crying'. *Consciousness & Emotions* 4(2), 197~205.

Phillips, W. T. et al. (2001) 'The Effects of Physical Activity on Physical and Psychological Health'. In Baum, A. et al. (eds) *Handbook of Health Psychology*. New Jersey: Lawrence Erlbaum.

Raleigh, M. J. et al. (1991) 'Serotonergic mechanism promote dominant acquisition in adult male vervet monkeys'. *Brain Research* 559, 181~190.

Rankin, A. M. & Philip, P. J. (1963) 'An Epidemic of Laughing in the Bukoba District of Tanganyika'. *Central African Journal of Medicine* 12(9), 167~170.

Steinberg, H. & Sykes, E. A. (1985) 'Introduction to symposium on endorphins and behavioural processes: review of literature on endorphins and exercise'. *Pharmacology, Biochemistry & Behavior* 23, 857~862.

Steinberg, H. et al. (1999) 'Weekly Exercise Consistently Reinstates Positive Mood'. *Psychologie on Osterreich* 4~5, 265~274.

슬픔

Alloy, L. B. & Abramson, L. Y. (1979) 'Judgement of contingency in depressed and non-depressed subjects: Sadder but wiser?' *Journal of Experimental Psychology: General* 108, 443~479.

Arborelius, L. et al. (1999) 'The role of contricotrophin-releasing factor in depression and anxiety disorders'. *Journal of Epidemiology* 160, 1~12.

Barr-Zisowitz, C. (2000). '"Sadness" - Is There Such a Thing?' In Lewis, M. & Haviland-Jones, J. M. (개괄서 목록 참조)

Brecht, M. C. et al. (2001) 'Crying Across Countries'. In Vingerhoets, A. J. J. M. & Cornelius, R. R. (eds), *Adult Crying: A Biopsychosocial Approach*. Hove: Brunner-Routledge.

Brammer, G. L. et al. (1994) 'Neurotransmitters and social status'. In Ellis, L. (ed.) *Social Stratification and Socioeconomic Quality Vol.2: Reproductive and Interpersonal Aspects of Dominance and Status*. Westport, CT: Praeger.

Brown, G. W. & Harris, T. (1978) *Social Origins of Depression*. London: Tavistock.

Frey, W. H. (1986) *Crying: The Mystery of Tears*. USA: Winston Press.

Izard, C. E. (1991) *Psychology of Emotions*. New York: Plenum Press

Matthews, K. A. et al. (2000) 'Does Socioeconomic status relate to central serotonergic responsivity in healthy adults?' *Psychosomatic Medicine* 62, 231~237.

Nemeroff, C. B. (1998) 'The neurobiology of depression'. *Scientific American* 278, 42~49.

Nesse, R. M. (2001) 'Motivation and Melancholy: A Darwinian Perspective'. Nebraska Symposium on Motivation.

Stevens, A. & Price, J. (1996) *Evolutionary Psychiatry*. London: Routledge.

Tse, W. A. & Bond, A. J. (2002) 'Serotonergic intervention affects both social dominance and affiliative behaviour'. *Psychopharmacology* 161(3), 324~330.

Vingerhoets, A. J. J. M. & Cornelius, R. R. (eds) (2001) *Adults Crying: A Biopsychosocial Approach*. Hove: Brunner-Routledge.

역겨움

Arens, W. (1979) *The Man-Eating Myth - Anthropology and Anthropophagy*. Oxford: Oxford University Press.

Brown, P. & Tunzin, D. (eds) (1983) *The Ethnography of Cannibalism*. Washington DC: Society for Psychological Athropology.

Conklin, B. A. (2001) *Consuming Grief: Compassionate Cannibalism in an Amazonian Society*. Austin: University of Texas Press.

De Jong, P. J. et al. (2002) 'Disgust and disgust sensitivity in spider phobia: Facial EMG in response to spider and oral disgust imagery'. *Journal of Anxiety Disorders* 16, 477~493.

Douglas, M. (1966) *Purity and Danger*. London: Ark Paperbacks.

Graham, H. (1899/2000) *Ruthless Rhymes for Heartless Homes & More Ruthless Rhymes*. New York: Dover Publications.

McNally, R. J. (2002) 'Disgust had arrived'. *Journal of Anxiety Disorders* 16, 561~566.

Miller, W. I. (1997) *The Anatomy of Disgust*. Cambridge, Massachusetts: Harvard University Press.

Philips, M. L. et al. (1997) A specific neural substrate for perception of facial expressions of disgust'. *Nature* 389, 495~498.

Philips, M. L. et al. (1998) 'Disgust - the forgotten emotion of psychiatry'. *British Journal of Psychiatry* 172, 373~375.

Philips, M. L. et al. (2000) 'A differential neural response in obsessive-compulsive disorder patients with washing compared with checking symptoms to disgust'. *Psychological Medicine* 30, 1037~1050.

Rozin, P., Haidt, J. & McCauley, C. R. (2000) 'Disgust' In Lewis., M. & Haviland-Jones, J. M. (개론서 목록 참조)

분노

Aldridge, S. (2001) Seeing Red and Feeling Blue: The New Understanding of Mood and Emotion. London: Arrow Books.

Averill, J. R. (1982) *Anger and Aggression: An Essay on Emotion*. New York: Springer-Verlag.

Basore, J. W. (trans.) (1935) Seneca: Moral Essays. London: Heinemann.

Briner, R. B. (1999) 'The Neglect and Importance of Emotion at Work'. *European Journal of Work and Organizational Psychology* 8, 323~356.

Briner, R. B. & Totterdell, P. (2002) 'The experience, expression and management of emotion at work'. In Warr, P. (ed.) *Psychology at Work*. Fifth Edition. London: Penguin.

Dryden, W. (1996) *Overcoming Anger*. London: Sheldon Press.

Gammie, S. C. & Nelson, R. J. (1999) 'Maternal aggression is reduced in neuronal nitric oxide synthase-deficient mice'. *Journal of Neuroscience* 19, 8027~8035.

Gold, A. & Johnston, D. W. (1991) 'Anger, hypertension and heart disease'. *Current Developments in Health Psychology*. London: Harwood Academic Press.

Hansen, C. H. & Hansen, R. S. (1994) 'Emotion: Attention and Facial Efference'. In Niedental, Paula M. & Kitayama, S. (eds) *The Heart's Eye: Emotional Influence in Perception and Attention*. San Diego: Academic Press.

Keinan, G. et al. (1992) 'Anger in or out, which is healthier: An attempt to reconcile inconsistent findings'. *Psychology and Health* 7, 83~98.

McDermott, M. R. et al. (2001) 'Components of the anger-hostility complex as risk factors for coronary artery disease severity: a multi-measure study'. *Journal of Health Psychology* 6, 309~319.

Martin, P.)1998) *The Sickening Mind: Brain, Behavior, Immunity & Disease*. London: Flamingo.

Parkinson, B. (2001) 'Anger on and off the road'. *British Journal of Psychology* 92, 507~526.

Ramsey, J. M. C. et al. (2001) 'Components of anger-hostility complex and symptom reporting in patients with coronary artery disease: a multi-measure study'. *Journal of Health Psychology* 6, 713~729.

Travis, C. (1989) *Anger - The Misunderstood Emotion*. New York: Simon and Schuster.

두려움

Ainsworth, M. et al. (1978) *Patterns of Attachment: A Psychological Study of the Strange Situation*. New Jersey: Lawrence Erlbaum.

Ax, A. F. (1953) 'The physiological differentiation between fear and anger in humans'. *Psychosomatic Medicine* XV(5). 433~442.

Critchley, H. D. et al. (2004) 'Neural systems supporting interoceptive aware-ness'. *Nature Neuroscience* 7, 189~195.

Ekman, P. et al. (1985) 'Is the startle reaction an emotion?' *Journal of Personality and Social Psychology* 49, 1416~1426.

Field, A. P. et al. (2001) 'Who's afraid of the big bad wolf?: a prospective paradigm to test Rachman's indirect pathways in children'. *Behavior Research and Therapy* 39, 1259~1276.

Field, A. P. et al. (2002) 'Fear information and social phobic beliefs in children: a prospect paradigm and preliminary results'. *Behavior Research and Therapy* 41, 113~123.

Field, A. P. & Lawson, J. (2003) 'Fear information and the development of fears during childhood: effects on implicit fear responses and behavioural avoidance'. *Behavior Research and Therapy* 41, 1277~1293.

Flegr, J. et al. (2002) 'Increased risk of traffic accidents in subjects with latent toxoplasmosis: a retrospective case-control study'. *BMC Infectious Diseases* 2(11), 1~13.

Jones, G. E. (1994) 'Perceptions of visceral sensations: a review of recent findings, methodologies and future directions'. In Jennings, J. R. et al. (eds) *Advances in Psychophysiology* 5. London: Jessica Kingsley Publishers.

LeDoux, J. (1998) *The Emotional Brain*. London: Simon & Schuster.

Manyande, A. & Salmon, P. (1998) 'Effects of pre-operative relaxation on post-operative analgesia; immediate increase and delayed reduction'. *British Journal of Health Psychology* 3, 215~224.

Screech, M. A. (trans.) (1993) Michel de Montaigne: *The essays: A selection*. London: Penguin.

Shephard, B. (2002) *A War of Nerves: Soldiers and psychiatrists 1914~1994*. London: Pimlico.

Simons, R. C. (1996) *Boo! Culture, Experience and the Startle Reflex*. Oxford: Oxford University Press.

Skirrow, P. et al. (2001) 'Intensive care - easing the trauma'. *The Psychologist* 14(12), 640~642.

Tucker, N. (1994) 'Suffer Little Children'. *The Times Higher*, 18th November, 18~20.

Waddell, J., Heldt, S. & Falls, W. A. (2003) Posttraining leision of the superior colliculus interferes with feature-negative discrimination of fear-potentiated startle'. *Behavioural Brain Research* 142, 115~124.

질투

Brown, W. M. & Moore, G. (2004) 'Fluctuating asymmetry and romantic jealousy'. *evolution and Human Behavior* 24, 13~117.

Buss, D. (2000) *The Dangerous Passion – Why Jealousy is as Necessary as Love and Sex.* New York: Free Press.

Delgado, A. R. & Bond, R. A. (1993) 'Attenuating the attribution of responsibility: the lay perception of jealousy as a motive for wife battery'. *Journal of Applied Social Psychology* 23, 1337~1356.

DeSteno, D. & Salovey, P. (1996) 'Jealousy and the characteristics of one's rival: a self-evaluation maintenance perspective'. *Personality and Social Psychology Bulletin* 22(9), 920~932.

DeSteno, D. et al. (2002) 'Sex differences in jealousy: evolutionary mechanism or artefact of measurement? *Journal of Personality and Social Psychology* 83(5), 1103~1116.

Dijkstra, P. & Buunk, B. P. (1998) ' Jealousy as a function of rival characteristics: an evolutionary perspective'. *Personality and Social Psychology Bulletin* 24(11), 158~1166.

Dolan, M. & Bishay, N. R. (1996) 'The role of the sexual behavior/attractiveness schema in morbid jealousy'. *Journal of Cognitive Psychotherapy* 10(1), 41~61.

Draghi-Lorenz, R. (2003) *Young Infants are Capable of 'Non-Basic' Emotions.* PhD thesis.

Dunn, J. (1983) 'Sibling Relationships in Early Childhood'. *Children Development* 54, 787~811.

Dunn, J. & Kendrick, C. (1982) *Siblings.* London: Grant McIntyre.

Ellis, A. (1977) 'Rational and Irrational Jealousy'. In Clanton, G. & Smith, L. G. (eds) *Jealousy.* New Jersey: Prentice-Hall.

Gilmartin, B. G. (1977) 'Jelousy Amongst the Swingers'. In Clanton, G. Smith,

L. G. (eds) *Jealousy*. New Jersey: Prentice-Hall.

Harris, C. R. (2000) 'Psychophysiological responses to imagined infidelity: the specific innate modular view of jealousy reconsidered'. *Journal of Personality and Social Psychology* 78(6), 1082~1091.

Harris, C. R. (2003) 'A review of sex differences in sexual jealousy, including self-report data, psychophysiological responses, interpersonal violence, and morbid jealousy'. *Personality and Social Psychology Review* 7(2), 102~128.

Mayr, E. (2002) *What Evolution Is*. London: Phoenix.

Mead, M. (1931/1977) 'Jealousy: Primitive and Civilised'. In Clanton, G. & Smith, L. G. (eds) *Jealousy*. New Jersey: Prentice-Hall.

Parks, C. D. et al. (2002) 'The effects of envy on reciprocation in a social dilemma'. *Personality and Social Psychology Bulletin* 28(4), 509~520.

Pines, A. & Aronson, E. (1983) 'antecedents, correlates, and consequences of sexual jealousy' *Journal of Personality* 51(1), 108~136.

Rose, H. & Rose, S. (2001) Alas Poor Darwin - Arguments Against Evolutionary Psychology. London: Vintage.

Salovey, P. & Rodin, J. (1986) 'The differentiation of social-comparison jealousy and romantic jealousy'. *Journal of Personality and Social Psychology* 50(6), 1100~1112.

smith, R. H. et al. (1988) 'Envy and jealousy: semantic problems and experiential distinctions'. *Personality and Social Psychology Bulletin* 14(2) 401~409.

Sokoloff, B. (1948) *Jealousy - a psychological study*. London: Caroll & Nicholson.

Stenner, P. & Rogers, R. S. (1998) 'Jealousy as a manifold of divergent understandings: a Q methodological investigation'. *European Journal of Social Psychology* 28, 71~94.

Tarrier, N. et al. (1990) 'Morbid jealousy: a review and cognitive-behavioural formulation'. *British Journal of Psychiatry* 157, 319~326.

Zizzo, D. J. & Oswald, A. (2001) 'Are people willing to pay to reduce other' incomes?' *Annales d'Economie et de Statistique* 63~64, 39~62.

사랑

Ainsworth, M. et al. (1978) *Patterns of Attachment: A Psychological Study of the Strange Situation*. New Jersey: Lawrence Erlbaum.

Andreaae, S. (1998) *Anatomy of Desire: The Science and Psychology of Sex, Love and Marriage*. London: Little, Brown & Co.

Aron, A. (1988) 'The matching hypothesis reconsidered again: comments on Kalick and Hamilton'. *Journal of Personality and Social Psychology* 54(3), 441~446.

Aron, A. et al. (1995) 'Falling in Love: prospective studies of self-concept change'. *Journal of Personality and Social Psychology* 69(6), 1102~1112.

Aron, A. et al. (1998) 'Motivations for unreciprocated love'. *Personality and social Psychology* 30, 510~517.

Bartels, A. & Zeki, S. (2000) 'The neural basis of romantic love'. *NeuroReport* 11(17), 3829~3834.

Ben-Ari, E. T. (1998) 'Pheromones: what's in a name?' *Bioscience* 48, 505~511.

Dutton, D. & Aron, A. (1974) 'some evidence for heightened sexual attraction under conditions of high anxiety'. *Journal of Personality and Social Psychology* 30, 510~517.

Fisher, H. E. (1992) *Anatomy of Love*. New York: W. W. Norton & Co.

Gangestad, S. W. et al. (1994) 'Facial attractiveness, developmental stability and fluctuating asymmetry'. *Ethology and Sociobiology* 15, 73~85.

Hatfield, E. & Rapson, R. L. (1993) *Love, Sex and Intimacy: Their Psychology,*

Biology, and History. New York: HarperCollins.

Hatfield, E. & Rapson, R. L. (1996) *Love and Sex: Cross-Cultural Perspectives*. Needham Heights, Massachusetts: Allyn & Bacon.

Jankowiak, W. R. & Fischer, E. F. (1992) 'A cross-cultural perspective on romantic love'. In Jenkins, J. M. et al. (1998) *Human Emotions: a Reader*. Malden, Massachusetts: Blackwell Publishers.

Lohl, J. V. et al. (2001) 'Human pheromones; integrating neuroendocrinology and ethology'. *Neuroendocrinology Letter* 22, 309~321.

Liebowitz, M. R. (1983) *The Chemistry of Love*. Boston: Little, Brown.

Miller, G. (2001) *The Mating Mind*. London: Vintage.

Perrett, D. I. et al. (1998) 'Effects of sexual dimorphism on facial attractiveness'. *Nature* 394, 884~887.

Schachter, S. & Singer, J. (1962) 'Cognitive, social and physiological determinants of emotional state'. *Psychological Review* 69, 379~399.

Scholey, A. et al. (1999) 'The effects of exposure to human pheromones on mood and sexual attraction'. *Proceedings of the British Psychological Society* 7(1), 77.

Sergeant, M. J. T. (2003) 'Review of the scent of Eros: mysteries of odour'. In *Human Sexuality* by Kohl, J. V. & Francouer, R. T. *Human Nature Review* 3, 284~288.

Shaver, P. et al. (1988) 'Love as attachment: the integration of three behavioural systems'. In Sternberg, R. J. & Barnes, M. L. (eds) New Haven: Yale University Press.

Solomon, R. C. (1988) *About Love*. New York: Simon & Schuster.

Stendhal (1839/1975) *Love*. London: Penguin.

Sternberg, R. & Barnes, M. L. (eds) (1988) *The Psychology of Love*. New Haven: Yale University Press.

Wedekind, C. et al. (2001) 'MHC-dependent mate preferences in humans'.

Nature 260, 245~249.

White, G. L. et al. (1981) 'Passionate love and the misattribution of arousal'. *Journal of Personality and Social Psychology* 41, 56~62.

죄책감

Anissimov, M. (trans.) (1998) Primo Levi: *Tragedy of an Optimist*. London: Aurum.

Blacker, R. S. (2000) '"It isn't fair": post-operative depression and other manifestation of survivor guilt'. *General Hospital Psychiatry* 22(1), 43~48.

De Jong, P. J. et al. (2992) 'Blushing after a moral transggression in a prisoner's dilemma game: appeasing or revealing?' *European Journal of Social Psychology* 32, 627~644.

Draghi-Lorenz, R. (2003) *Young Infants are capable of 'Non-Basic' Emotions*. PhD thesis.

Hull, A. M. et al. (2002) 'Survivors of the Piper Alpha oil platform disaster: long-term follow-up study' *British Journal of Psychiatry* 181, 433~438.

Levi, P.)1988) *The Drowned and the Saved*. London: Abacus.

Lykken, D. T. (1998) *A Tremor in the Blood: Uses and Abuses of the Lie Detector*. New York: Plenum Press.

Morris, H. (1987) 'Nonmoral guilt'. Im Schoeman, F. (ed.) *Responsibility, Character and the Emotions*. Cambridge: Cambridge University Press.

O'Connor, L. E. et al. (2000) 'Survivor Guilt, submissive behaviour and evolutionary theory: the down-side of winning in social comparrison'. *British Journal of Medical Psychology* 73, 519~530.

Pavlidis, J. et al. (2002) 'Seeing through the face of deception'. *Nature* 415, 35.

Rilling, J. K. et al. (2002) 'A neural basis for social cooperation'. *Neuron* 35, 395~405.

Williams, T. (1988) 'Diagnosis and treatment of survivor guilt'. In Wilson, J. P. et al. (eds) *Human Adaptation to Extreme Stress*. New York: Plenum Press.

Wollheim, R. (1999) *On the Emotions*. New Haven: Yale University Press.

희망

Alloy, L. B. & Abramson, L. Y. (1979) 'Judgement of contingency in depressed and non-depressed subjects: Sadder but wiser?' *Journal of Experimental Psychology: General* 108, 443~479.

Averill, J. R. et al. (1990) *The Rules of Hope*. New York: Springer-Verlag.

Chang, E. C. (ed.) (2001) *Optimism and Pessimism: Implications for Therapy, Research and Practice*. Washington DC: American Psychological Association.

Danner, D. D. et al. (2001) 'Positive emotions in early life and longevity: findings from the nun study'. *Journal of Personality and Social Psychology* 80(5), 804~813.

Evans, D. et al. (2003) *Placebo: The Belief Effect*. London: HarperCollins.

Fredrickson, B. L. et al. (2003) 'What good are positive emotions in crises?: A prospective study of resilience and emotions following the terrorist attacks on the United States on September 11th, 2001'. *Journal of Personality and Social Psychology* 84(2), 365~376.

Greer, S. et al. (1991) 'Psychological response to cancer and survival'. *Psychological Medicine* 21, 43~49.

Langer, E. J. & Rodin, J. (1976) 'The effects of choice and enhanced personal responsibility for the aged: A field experiment in an institutional setting'. *Journal of Personality and Social Psychology* 34, 191~198.

Norem, J. K. (1986) 'Defensive pessimism: Harnessing anxiety as motivation'. *Journal of Personality and Social Psychology* 51(6), 1208~1217.

Peterson, C. (2000) 'The future of optimism'. *American Psychologist* 55(1), 44~55.

Polivy, J. & Herman, C. P. (2000) 'The False Hope Syndrome: Unfulfilled expectations of self-change'. *Current Directions in Psychological Science* 9, 128~131.

Richter, C. P. (1957) 'On the phenomenon of unexplained sudden death in animals and man'. *Psychosomatic Medicine* 19, 191~198.

Seligma, M. E. P. (2002) *Authentic Happiness*. London: Nicholas Brealey.

Shephard, B. (2002) *A War of Nerves: Soldiers and Psychiatrists 1914~1994*. London: Pimlico.

Snowdon, D. (2001) *Aging Grace: What the Nun Study Teaches Us about Leading Longer, Healthier and More Meaningful Lives*. London: Fourth Estate.

Snyder, C. R. (ed.) (2000) *Handbook of Hope: Theory, Measures and Applications*. San Diego, CA: Academic Press.

Tiger, L. (1979) *Optimism: the Biology of Hope*. London: Secker & Warburg.

Wiseman, R. (2003) 'The Luck Factor'. *Skeptical Inquirer* 27(3).

찾아보기

가

나

사

사진 출처

- 102~103쪽 빌 비올라, 「놀라움에 사로잡힌 다섯 사람」, 2000년, 비디오/사운드 설치, 벽에 설치된 스크린에 프로젝션, 사진 촬영: 키라 페로브.

- 110, 136, 160~161, 167, 190~191, 224~225, 343, 358~359쪽 ⓒ 게티 이미지

- 139쪽 뮈터 박물관 소장, 필라델피아 외과 대학

- 279쪽 ⓒ 코르비스

- 322~323쪽 ⓒ 마일스 바튼, Naturepl.com

옮긴이 **이상원**
서울 대학교 대학원 소비자 아동학과와 한국 외국어 대학교 통·번역 대학원 한노과를 졸업했다.
2006년부터 서울 대학교 기초 교육원에서 강의교수로 일하며 인문학 글쓰기를 강의하고 있다.
번역서로는 『야생의 아프리카』, 『개에 대하여』, 『시간을 정복한 남자 류비셰프』, 『프리메이슨』,
『별난 고양이 보르가르의 엉뚱한 수학 교실 1~4』 등이 있다.

감정의 롤러코스터

1판 1쇄 펴냄 2007년 7월 20일
1판 7쇄 펴냄 2020년 7월 9일

지은이 클라우디아 해먼드
옮긴이 이상원
펴낸이 박상준
펴낸곳 (주)사이언스북스

출판등록 1997. 3. 24.(제16-1444호)
(06027) 서울특별시 강남구 도산대로1길 62
대표전화 515-2000, 팩시밀리 515-2007
편집부 517-4263, 팩시밀리 514-2329
www.sciencebooks.co.kr

한국어판 ⓒ (주)사이언스북스, 2007. Printed in Seoul, Korea.
ISBN 978-89-8371-195-3 03180